Christian Jäger / Erhard Schütz
Städtebilder zwischen Literatur und Journalismus

Literaturwissenschaft / Kulturwissenschaft

Herausgegeben von Klaus-Michael Bogdal
(Gerhard Mercator Universität Duisburg),
Erhard Schütz (Humboldt-Universität zu Berlin)
und Jochen Vogt (Universität Essen)

In den Bänden dieser Reihe werden – ohne dogmatische Fixierung – neuere methodische Entwicklungen der Literaturwissenschaft, insbesondere ihre kulturwissenschaftliche Neuakzentuierung reflektiert. Zentraler Gegenstandsbereich ist die deutschsprachige Literatur des 18. bis 20. Jahrhunderts in sozialgeschichtlicher, diskursanalytischer und narratologischer sowie kulturtheoretischer Perspektive. Ausblicke auf das Wirkungspotential publizistischer Formen, auf die Genres der ‚Paraliteratur' und den Problemkreis ‚Literatur in der Medienkonkurrenz' erweitern das thematische und methodische Spektrum.

Christian Jäger / Erhard Schütz

Städtebilder zwischen Literatur und Journalismus

Wien, Berlin und das Feuilleton der Weimarer Republik

Deutscher Universitäts-Verlag

Die Deutsche Bibliothek – CIP-Einheitsaufnahme

Jäger, Christian:
Städtebilder zwischen Literatur und Journalismus : Wien, Berlin und das Feuilleton der
Weimarer Republik / Christian Jäger/Erhard Schütz. –
Wiesbaden : DUV, Dt. Univ.-Verl., 1999
  (DUV : Literaturwissenschaft) (Literaturwissenschaft / Kulturwissenschaft)
  ISBN 3-8244-4349-X

Alle Rechte vorbehalten
© Deutscher Universitäts-Verlag GmbH, Wiesbaden, 1999

Lektorat: Ute Wrasmann / Monika Mülhausen

Der Deutsche Universitäts-Verlag ist ein Unternehmen der
Bertelsmann Fachinformation GmbH.

Das Werk einschließlich aller seiner Teile ist urheberrechtlich
geschützt. Jede Verwertung außerhalb der engen Grenzen des
Urheberrechtsgesetzes ist ohne Zustimmung des Verlages unzulässig und strafbar. Das gilt insbesondere für Vervielfältigun-
gen, Übersetzungen, Mikroverfilmungen und die Einspeiche-
rung und Verarbeitung in elektronischen Systemen.

http://www.duv.de

Höchste inhaltliche und technische Qualität unserer Produkte ist unser Ziel. Bei der
Produktion und Verbreitung unserer Bücher wollen wir die Umwelt schonen. Dieses
Buch ist deshalb auf säurefreiem und chlorfrei gebleichtem Papier gedruckt. Die Ein-
schweißfolie besteht aus Polyäthylen und damit aus organischen Grundstoffen, die
weder bei der Herstellung noch bei der Verbrennung Schadstoffe freisetzen.

Die Wiedergabe von Gebrauchsnamen, Handelsnamen, Warenbezeichnungen
usw. in diesem Werk berechtigt auch ohne besondere Kennzeichnung nicht zu der
Annahme, daß solche Namen im Sinne der Warenzeichen- und Markenschutz-Ge-
setzgebung als frei zu betrachten wären und daher von jedermann benutzt werden
dürften.

Druck und Buchbinder: Rosch-Buch, Scheßlitz
Printed in Germany

ISBN 3-8244-4349-X

Inhalt

Vorbemerkung	7
Vorwort	9
1. Wien im Berliner Feuilleton der Weimarer Republik	23
1.1 Ende und Anfang. Zur historischen Konstellation	23
1.2 Vom Außen des Außen. Die Topographie Wiens im Berliner Feuilleton	36
1.3 Perfekt. Die Zeitlichkeit Wiens	46
1.4 Chronik, chronisch. Die Geschichte der (Be-)Deutungsmuster Wiens in der Weimarer Republik	52
Exkurs 1: Weiblichkeit in und an Wien. Feminine Figurationen als Stereotypen der Wienwahrnehmung	86
1.4 Chronik chronisch (Fortsetzung)	101
Exkurs 2: Phänomenologie des Wieners	113
1. Wiener Mischung. Die Phylogenese des Wieners	113
2. Der Hausbesorger. Die Ontogenese des Wieners	123
1.4 Chronik, chronisch (Fortsetzung)	136
1.5 Das zweite Wien. Die Stadt in Bild und Ton	147
2. Wien und Berlin. Konkurrenz, Differenz und Kongruenz im Metropolenvergleich	160
2.1 Verbindungen. Technisch-mediale Verknüpfungen der Metropolen	160
2.2 Kulturartikel	168
2.2.1 Theater	168
2.2.2 Bücher	179
Exkurs: Musik (Wien)	197
2.2.3 Fundamente	199
Exkurs: Revue (Berlin)	205
2.3 Wien und Wiener in Berlin	207
2.4 Arbeiten	224

3. Feuilleton im Feuilleton. Zur Geschichte des autoreflexiven Diskurses 237
   3.1 Viennoiserien 237
   3.2 Journalismus und Journalisten 240
   3.3 Unter dem Strich. Der Meta-Diskurs des Feuilletons 252
      3.3.1 Einleitung 252
      3.3.2 Die Feuilletonisten und ihre Arbeiten 254
      3.3.3 Kritik der Kritik 264
      3.3.4 Feuilleton schreiben. Narration und Reflexion 282

Nachwort 313
Bibliographie 328

Vorbemerkung

Die vorliegende Arbeit, deren Manuskript Ende 1997 abgeschlossen wurde, ist im Rahmen des trilateralen Forschungsprogramms ‚Differenzierung und Integration' von der Deutschen Forschungsgemeinschaft gefördert worden. Dafür haben wir ebenso zu danken wie für die Anregungen während der Tagungen in Blaubeuren, Wien, Heidelberg, Stuttgart, Zürich und Berlin.

Namentlich danken möchten wir Prof. Michael Boehler (Zürich), Dr. Manfred Briegel (Bonn), Prof. Georg Jäger (München), Christiane Schneider (Berlin), Prof. Peter Sprengel (Berlin), Dr. Gregor Streim (Berlin), Prof. Peter Utz (Lausanne), Thomas Wegmann (Berlin) und Prof. Werner Welzig (Wien), der Staatsbibliothek (Berlin), dem Mikrofilmarchiv des Otto-Suhr-Institutes (Berlin), der Österreichischen Nationalbibliothek in Wien, dem Pressearchiv Lankwitz sowie der Fachbibliothek Germanistik der Freien Universität Berlin.

Ein besonderer Dank für Unterstützung bei der Drucklegung gilt Yvonne Dietl für kritische Lektüre, David Kassner für Findigkeit und Ausdauer bei der Herstellung der Druckvorlage und der Preußischen Seehandlung für ihren Zuschuß zu den Druckkosten.

Berlin im Juni 1999

Christian Jäger
Erhard Schütz

Vorwort

Wien und Berlin, das sind nicht nur die Namen zweier Städte, es sind darüber hinaus Chiffren für Kulturen, eng verknüpft mit bestimmten Zeiten. Im einen Fall mit dem Fin de siécle, einer überfeinerten Kultur und ihrer Dekadenz, zwischen Nervenkunst und Psychoanalyse, schwülstigen Erotizismen und Zwölftonmusik, im andern Fall die Zwanziger Jahre, zwischen Revolution und Machtergreifung, neuer Sachlichkeit und Tanz auf dem Vulkan. Von der Jahrhundertwende zu den roaring twenties hat offenbar eine signifikante Verschiebung in der Bedeutung der Kulturmetropolen stattgefunden, wie auch eine Zäsur in der kulturellen Produktion selbst, die dazu führt, daß Berlin und Wien fast immer isoliert und in bezug auf die jeweils für bedeutsam angesehene Zeitspanne betrachtet werden. Diese historisch isolierende Betrachtungsweise entspricht keineswegs den tatsächlichen Gegebenheiten, da zwischen Donau- und Spreemetropole sowohl personell wie in der Berichterstattung ein reger Austausch stattfand. Das Problematische des Kommunikationsverhältnisses liegt allerdings in seiner Medialität: Um die personalen Verbindungen herauszuarbeiten, bedürfte es umfangreicher und ausgefeilter Recherchen in Tagebüchern und Briefen, die meist nur für die erfolgreichen Großautoren in hochwertigen Editionen vorliegen oder überhaupt zugänglich sind. Mit ihnen allein wäre aber die umfangreiche Basis dieser intermetropolitanen Beziehungen keineswegs zu erfassen. Die Problematik läßt sich umgehen, wenn man sich einem von Literaturwissenschaftlern oder Kulturgeschichtlern meist vernachlässigten Medium zuwendet: dem Feuilleton.

Das Feuilleton kann für die Zeit der Weimarer Republik als kulturhistorische Quelle ersten Ranges gelten, waren doch heutzutage mit dem Feuilleton konkurrierende Medien wie Radio oder Fernsehen – geschweige denn Internet – in jenen Jahren noch gar nicht oder erst in Anfängen vorhanden.

Um einen Eindruck von der Monopolstellung zu gewinnen, die das Feuilleton seinerzeit innehatte, führe man sich vor Augen, wie die Zeitungslandschaft in Berlin beschaffen war: Morgens, mittags und abends erschienen Zeitungen jeglicher politischen Couleur, für jedes Bildungsniveau und jeden Geldbeutel, die bei Bedarf durch Extrablätter ergänzt wurden. Die großen bürgerlich-demokratischen Blätter, aus denen die Mehrzahl der im folgenden untersuchten Texte stammen, erschienen unter der Woche grundsätzlich zweimal täglich; lediglich am Sonntag gab es nur eine, dafür im Umfang wesentlich stärkere Ausgabe und mit Beginn der Zwanziger Jahre wurde die montägliche Frühausgabe eingestellt. Die heutzutage kaum noch vorzustellende Intensität der Zeitungsproduktion angesichts von zirca neunzig Tageszeitungen in Berlin verdeutlicht, mit welcher Ausschließlichkeit die Perspektivierung der politischen und kulturellen Tagesereignisse bei den Zeitungen und ihrem Feuilleton lag. Wer sich über aktuelle Ereignisse informieren wollte, war auf dieses Medium angewiesen. War die große Politik meist der Titelseite und dem Leitartikel vorbehalten, so wurde den mehr oder minder großen kulturellen Ereignissen unter dem Strich Rechnung getragen. Das jüngste Drama Brechts oder Bronnens, die letzte Inszenierung Reinhardts oder Piscators, Anna Seghers' Debüt und der neue Roman Thomas Manns wurden dort ebenso besprochen wie die Relativitätstheorie oder medizinische Fortschritte. Die Konstruktion der Wirklichkeit im umfassenden Sinne bildete den Gegenstandsbereich des zumindest unter der Woche deutlich durch einen starken Balken über dem unteren Drittel von der übrigen Zeitungsseite abgesetzten Feuilletons. Das Feuilleton kannte in bürgerlichen Zeitungen nur ein Verbot: direkte politische Äußerungen waren nicht gestattet. Gestattet und gefördert hingegen wurden selbst literarische Artikulationen: erzählerische Skizze oder Kurzgeschichte, Anekdote und Parabel sowie das Denkbild, kurz, das Feuilleton im engeren Sinne, das literarische Genre der ‚Kleinen Form'. Die Texte, zunächst dem Bericht kultureller Ereignisse gewidmet, wurden mehr und mehr selbst zu kulturellen Ereignissen. Pointen Victor Auburtins, sprachkritische Skizzen Alfred Polgars oder Reportagen des „rasenden" Egon Erwin Kisch boten Feuilletons, die über das Tagesgeschehen hinauswiesen, literarische Bezugspunkte bildeten, die, wenn sie schließlich als Sammelbände vorgelegt wurden, selber wiederum zu Gegenständen der Feuilletonberichterstattung gerieten. Das Feuilleton kann somit als ein Medium betrachtet werden, das sich täglich mit der Konstruktion von Wirklichkeit auf verschiedenen Ebenen befaßt. Hier wird bewertet und formuliert, gespiegelt und gestaltet, Tag für Tag. Die Feuilletons gelten mithin als Auskunftei zu Selbstwahrnehmung und Selbstbildentwürfen einer intellektuell bestimmenden Schreiberschaft. Zu den Feuilletonisten, die in Berlins Zeitungen Zeilen füllten, zählte eine Vielzahl von Österreichern bzw. von Autoren aus der ehemaligen Donaumonarchie, bekannte wie Polgar oder Bahr, Roth oder Kisch, neben unbekannteren wie Karl Lahm oder Herbert Rainalter.

In gewisser Weise hat der feuilletonistische Fließtext, zu dessen Quellen wir herabgestiegen sind, die Forschung selbst gesteuert. Bei der Durchsicht mehrerer tausend Feuilletons aus der Zeit vom Oktober 1918 bis zum März 1933 ergaben sich Serien von Motiven, eine Topologie der Selbst- und der

Fremdwahrnehmung zeichnete sich ab, die ihre eigene Regularität auswies. Es galt also vornehmlich zu strukturieren, signifikante Textfragmente zu isolieren und in einen aussagekräftigen Zusammenhang zu stellen sowie die Anschlüsse an theoretische Diskurse auszuweisen, die entweder den historischen Sub- oder den gegenwärtigen Metatext mit den Feuilletons verbinden.

Was die Forschung zum Feuilletonismus anbelangt, so bessert sich die Lage zwar, nachdem über Jahrzehnte im Nachkriegsdeutschland das Feuilleton äußerst stiefväterlich behandelt worden war, zumal es den Status, den es sich während der Weimarer Republik erworben hatte, mit Beginn der nationalsozialistischen Kulturpolitik verloren hatte und nach dem Ende des ‚Dritten Reichs' nicht mehr an die vergangene Größe anzuknüpfen vermochte. In dem Maße jedoch, in dem eine soziologisch orientierte Literaturwissenschaft sich auf die Produktions- und Lebensbedingungen der Literaten kaprizierte, wurde das Feuilleton wieder entdeckt. Zunächst da die Arbeit für Zeitungen und Zeitschriften den Autoren oftmals den Lebensunterhalt sicherte und schließlich wegen der historischen Aussagekraft dieser Texte, die wesentlich unmittelbarere Zugänge zur jeweils zeitgenössischen Wahrnehmungswirklichkeit versprachen als die komplexen und kunstvoll stilisierten längeren Prosastücke oder gar kunstvoll verdichtete Lyrik.[1]

Suchen wir also einen Überblick über die gegenwärtige Forschungslage zu geben, gilt noch immer uneingeschränkt, was Hackert 1977 polemisch, nüchtern Jäger und Todorow 1988 über den desolaten Zustand der Feuilletonforschung ausführen, wobei die letzteren Beiträge – Jäger hinsichtlich zukünftiger Aufgaben, Todorow am Beispiel der ‚Frankfurter Zeitung' exemplarisch – nützliche Ansätze zur Überwindung der Misere darstellen.[2]

---

1 Vgl. dazu Jäger, Georg: Das Zeitungsfeuilleton als literaturwissenschaftliche Quelle. Probleme und Perspektiven seiner Erschließung. In: Wolfgang Martens (Hg.): Bibliographische Probleme im Zeichen eines erweiterten Literaturbegriffs: 2. Kolloquium zur bibliographischen Lage in der germanistischen Literaturwissenschaft, Weinheim 1988, 53–71, bes. 55 f. (= Mitteilungen 4 der Kommission für Germanistische Forschung).

2 Hackert, Fritz: Robert Walser, Feuilletonist. In: Der Deutschunterricht, Jg. 23 (1971), Beiheft 1: Provokation und Idylle, 7–27; vgl. auch Jäger, Georg: Das Zeitungsfeuilleton als literaturwissenschaftliche Quelle, a. a. O.; Todorow, Almut: „Wollten die Eintagsfliegen in den Rang höherer Insekten aufsteigen?" Die Feuilletonkonzeption der *Frankfurter Zeitung* während der Weimarer Republik im redaktionellen Selbstverständnis. In: Deutsche Vierteljahresschrift [...], Jg. 62 (1988), H. 4, 697–740; Utz, Peter: Tanz auf den Rändern, Frankfurt a. M. 1998 und Kauffmann, Kai: „Es ist nur ein Wien!" Stadtbeschreibungen von Wien 1700–1873, Wien 1994; als positive Ausnahmen der frühen Forschung sind zu vermerken Eckstein, Ernst: Beiträge zur Geschichte des Feuilletons, 2 Bde., Berlin 1876, 2. Auflage, und Meunier, Ernst / Jessen, Hans: Das deutsche Feuilleton. Ein Beitrag zur Zeitungskunde; Berlin 1931 (= Zeitung und Zeit, Bd. 2).

Pointiert gesprochen, liegt das Problem der wissenschaftlichen Auseinandersetzung mit dem Feuilleton darin, daß die Germanistik – abgesehen von Arbeiten zum journalistisch-publizistischen Werk einzelner Autoren wie etwa Kracauer, Polgar, Roth – das Feuilleton der Zuständigkeit der Publizistikwissenschaft bzw. Kommunikationsgeschichte überlassen hat. Aber dort gibt es seit den frühen Jahren von Wilmont Haacke keine nennenswerte Forschung mehr.

> »Unser Wissen fußt noch weitgehend auf den Arbeiten der älteren Zeitungswissenschaftler wie Emil Dovifat, Karl d'Ester oder Wilmont Haacke und deren zahlreichen Schülern und wird daher von kulturkonservativen bis nazistischen Wertungen mitgeprägt.«[3]

Dies tangiert grundsätzlich die Definition von Feuilleton, in der durchweg in einer Reduktionsform geistesgeschichtlicher Typologisierung (und: Wertung) nicht nur historische Entwicklungen, Differenzen und Widersprüche zum Verschwinden gebracht werden,[4] sondern Feuilleton entweder biologistisch als Degenerationsphänomen erklärt wird, etwa von der Dovifat-Schülerin von Kotze[5], oder – positiv – auf das festgelegt wird, was nationalsozialistische Kulturpolitik ihm vorgeschrieben hat, zu sein: „Mobilisierung der Kräfte des Herzens und Gemüts". Dies entweder überzeitlich-,wesenhaft', wie bei Haacke, oder in deklariert zeitgeschichtlichem Anspruch, wie bei Dovifat:

> »Beides [die Wendung aufs „Beschauliche" und „zum Menschlichen"] entspringt einer Neigung unserer Zeit, die aus aller Technisierung zurück möchte zur menschlichen Mitte, in die Wärme des Herzens.«[6]

Dies ist cum grano salis das letzte Wort der Publizistikwissenschaft zum Feuilleton. Durch ihre sozialwissenschaftlich-empiristische und informationstheoretische Akzentuierung bis zur völligen Dominanz – nicht unwesentlich gerade eine Reaktion auf das so manifest ideologiehaltige, spekulative Wesens-Wertende – hat sich die Kommunikationsgeschichte von diesem Forschungsbereich völlig abgewandt. Exemplarisch für die Situation mag

---

3   Jäger, Georg: Das Zeitungsfeuilleton als literaturwissenschaftliche Quelle, a. a. O., 66, vgl. a. 57; vgl. a. Todorow Almut: „Wollten die Eintagsfliegen [...]", a. a. O, 699f).

4   Vgl. Jäger, Georg: Das Zeitungsfeuilleton als literaturwissenschaftliche Quelle, a. a. O, 57; a. Hackert, Fritz: Robert Walser, Feuilletonist, a. a. O, 12 f.

5   Kotze, Hildegard von: Feuilleton und Feuilletonismus als Stilmerkmal impressionistischer Kulturepochen, Diss. Masch. Berlin 1957, 25.

6   Dovifat, Emil: Der Feuilletonismus - Stilform und journalistische Haltung. In: Zeitungslehre, Bd. II, Berlin 1962, 4. Auflage, 82 - 91, 91; vgl. a. Berlin 1967, 5. Aufl., 86 - 95, 95.

gelten, daß selbst für das wohl meistuntersuchte Presseorgan, die ‚Frankfurter Zeitung', es – bis auf die jüngste und verdienstvolle Arbeit von Todorow[7] – keine systematische Analyse und Darstellung von deren Feuilleton gegeben hat. Die systematische Erschließung der Feuilletons wenigstens der wichtigsten Tageszeitungen des Zeitraums, der einhellig als Höhepunkt feuilletonistischen Schreibens gilt, ist ein Desiderat, das wohl noch lange unerfüllt bleiben wird. Um so wichtiger scheint es, der Genese der einseitigen wissenschaftlichen Feuilleton-Festlegung, dem Wechselverhältnis von feuilletonistischen Selbstdefinitionen und feuilletonwissenschaftlichen, normativen Festschreibungen nachzugehen. ‚Systematisch' heißt hier aber vor allem, ohne den Mythen der Forschung zu folgen. Mythen, die von den großen Helden des Feuilletons künden, heißen sie nun Alfred Polgar, Joseph Roth oder Egon Erwin Kisch. Zu den genannten Autoren liegen Aufsätze oder Monografien vor,[8] sind Werkausgaben entstanden oder Auswahlausgaben stets greifbar.[9]

---

[7] Todorow, Almut: Das Feuilleton der Frankfurter Zeitung. Zur Grundlegung einer rhetorischen Medienforschung. Tübingen 1995.

[8] Vgl. z. Alfred Polgar: Bohn, Volker: Kritische Erzählungen. Zur Prosa Alfred Polgars, Diss. Frankfurt a. M. 1978; Fritsche, Gerhard: Die Kritiken Alfred Polgars in der ‚Weltbühne' als Spiegel des Wiener Theaters 1906–1929, Diss. masch. Wien 1964; Greuner, Ruth: Alfred Polgar. Epitaph auf einen Dichter. In: Ruth Greuner: Gegenspieler. Profile linksbürgerlicher Publizisten aus Kaiserreich und Weimarer Republik, Berlin (O) 1969, 127–157; Nienhaus, Stefan: Das Prosagedicht im Wien der Jahrhundertwende. Altenberg – Hofmannsthal – Polgar, Berlin u. New York (de Gruyter) 1986; Schwedler, Rainer: Das Werk Alfred Polgars. Die Spiegelung der politischen und sozialen Realität in der Kurzprosa des Wiener Feuilletonisten, Diss. Hamburg 1973; Philippoff, Eva: Alfred Polgar. Ein moralischer Chronist seiner Zeit, München 1980; Weinzierl, Ulrich: Er war Zeuge. Alfred Polgar. Ein Leben zwischen Publizistik und Literatur, Wien 1978; Weinzierl, Ulrich: Alfred Polgar. Eine Biographie, Wien u. München (Löcker) 1985 [enthält eine ausführliche Bibliografie]; vgl. z. Joseph Roth: Boveri, Margret: Joseph Roth und die Frankfurter Zeitung. In: Merkur, Jg. 25 (1971), H. 280, 786–798; Bronsen, David: Joseph Roth. Eine Biographie, Köln u. Berlin 1974; Müller-Funk, Wolfgang: Joseph Roth, München 1989; Nürnberger, Helmut: Joseph Roth, Reinbek 1981; Plank, Ilse: Joseph Roth als Feuilletonist. Eine Untersuchung von Themen, Stil und Aufbau seiner Feuilletons, Diss. Erlangen 1967; Sültemeyer, Ingeborg: Das Frühwerk Joseph Roths 1915–1926. Studien und Texte, Wien, Freiburg u. Basel 1976; Westermann, Klaus: Joseph Roth, Journalist. Eine Karriere 1915–1939, Bonn 1987 (zugl. Diss. Tübingen 1985); vgl. z. Egon Erwin Kisch: Geisler, Michael: Die literarische Reportage in Deutschland. Möglichkeiten und Grenzen eines operativen Genres, Königstein/Ts. 1982; Grab, Walter: Egon Erwin Kisch und das Judentum. In: Walter Grab u. Julius H. Schoeps (Hg.): Juden in der Weimarer Republik, Stuttgart u. Bonn 1986, 218–243; Hofmann, Fritz: u. Mitarb. v. Josef Polacek (Hg.): Servus Kisch. Erinnerungen, Rezensionen, Anekdoten, Berlin u. Weimar 1985; Hofmann, Fritz: Egon Erwin Kisch. Der rasende Reporter. Biografie, Berlin 1988; Kronberger, Hans: Zwischen Kriegsproaganda und Subversion. Egon Erwin Kisch an der Wende vom bürgerlichen Journalisten zum Revolutionär. In: Text u. Kritik 67: Egon Er-

Um die biographisch stärker mit Berlin verknüpften Autoren ist es sowohl in editorischer wie literaturwissenschaftlicher Hinsicht schlechter bestellt, was an zweien der prominentesten Vertreter des Berliner Journalismus, Bernard von Brentano und Fred Hildenbrandt, ohne weiteres veranschaulicht werden kann.[10] Der Heldengesang sucht den Feuilletonisten als Dichter im Sinne der herausragenden Autorpersönlichkeit zu retten, wobei eher ein Schwanengesang anzustimmen wäre. Das Feuilleton ist der Ort, der wie kaum ein anderer deutlich macht, das die Individualität des Schriftstellers nicht in der Schrift, sondern – wenn überhaupt – im Diskurs über die Schrift begründet liegt. Das feuilletonistische Schreiben als eines, das sich tagtäglich auf einem seinerzeit nahezu unübersehbaren Markt behaupten mußte, ist in Abhängigkeit von den Gesetzen dieses Marktes zwar einerseits einem Zwang zur Individualisierung oder Besonderung ausgesetzt, doch korreliert diesem Zwang ein gleichzeitiger Normierungsdruck, der die Schreibenden das Besondere an immer denselben Plätzen finden läßt.[11] Die Schneisen, die die literaturwissenschaftliche Forschung in den Wald der Zeitungsblätter schlägt, um an begehrte Großmeister zu gelangen, führen allesamt auf das alte Sprichwort vom Wald, den man vor lauter Bäumen nicht sieht.

---

    win Kisch, München 1980, 48–54; Polacek, Josef: Egon Erwin Kisch und das Theater in Berlin. In: Margarita Pazi u. Hans Dieter Zimmermann (Hg.): Berlin und der Prager Kreis, Würzburg 1991, 243–264; Schlenstedt, Dieter: Egon Erwin Kisch. Leben und Werk, Berlin 1985; Schütz, Erhard: Kritik der literarischen Reportage. Reportagen und Reiseberichte aus der Weimarer Republik über die USA und die Sowjetunion, München 1977; Schütz, Erhard: Moral aus der Geschichte. Zur Wahrheit des Egon Erwin Kisch. In: Text u. Kritik 67: Egon Erwin Kisch, München 1980, 38–47; Siegel, Christian: Egon Erwin Kisch. Reportage und politischer Journalismus, Bremen 1973; Siegel, Christian Ernst: Reporter: Schriftsteller der Wahrheit. In: Text u. Kritik 67: Egon Erwin Kisch, München 1980, 16–23.

9   Kisch, Egon Erwin: Gesammelte Werke in Einzelausgaben, hg. v. Bodo Uhse u. Gisela Kisch. Fortgeführt von Fritz Hofmann und Josef Polacek, 10 Bände, Berlin u. Weimar 1960–1985; Polgar, Alfred: Kleine Schriften, 6 Bände, hg. v. Marcel Reich-Ranicki i. Zus. m. Ulrich Weinzierl, Reinbek 1982–1986; Roth, Joseph: Werke, Bd. 1: Das journalistische Werk 1915–1923, hg. v. Klaus Westermann, Köln 1989; Roth, Joseph: Werke, Bd. 2: Das journalistische Werk 1924–1928, hg. v. Klaus Westermann, Köln 1990.

10   Es liegen in Buchform vor: Brentano, Bernard von: Wo in Europa ist Berlin? Bilder aus den zwanziger Jahren, Frankfurt a. M. 1981 (Tb. 1987); vgl. zu v. Brentano: Hessler, Ulrike: Bernard von Brentano – ein deutscher Schriftsteller ohne Deutschland: Tendenzen des Romans zwischen Weimarer Republik und Exil, Frankfurt a. M., Bern. New York u. Nancy 1984; Hildenbrandt, Fred: Tageblätter: Gesammelte Aufsätze. Erster Band 1923/1924, Berlin (Landsberg) 1925, u. Hildenbrandt, Fred: Grosses schönes Berlin, Berlin 1929.

11   Vgl. dazu auch Jäger, Christian: „Die Wirklichkeit ist eine Konstruktion". Überlegungen zur Bestimmung des feuilletonistischen Diskurses. In: Les annuelles. Littérature „bas de page" 7/96, 149-158.

Eine systematische Erschließung des Feuilletons kann sich folglich nicht an Autoren, sondern nur an der Chronologie orientieren, am Tag für Tag – oder gar zweimal täglich – publizierten Feuilleton, und zwar nicht einer Zeitung, da diese „Hausautoren" und Redakteure haben, die den Zeitungen ein jeweils spezifisches Profil zu geben suchen. Es bedarf der Durchsicht mehrerer Tageszeitungen, die nicht zu konträr hinsichtlich ihres Publikums und ihrer Politik orientiert sind, um einen Eindruck zu gewinnen von einer sozial spezifizierbaren Wahrnehmungsweise historischer Wirklichkeit.

Für das vorliegende Projekt diente als Reservoir einer bürgerlich-demokratischen Perspektivierung der gegebenen Problemstellung das Feuilleton folgender Zeitungen und Zeitschriften: *Berliner Tageblatt, Vossische Zeitung, Berliner Börsen Courier, Deutsche Allgemeine Zeitung, Weltbühne, Neue Rundschau, Literarische Welt, Tagebuch, Neuer Merkur.*

Diese Arbeit bietet auf der genannten Grundlage eine Menge an Material, das bisher von der Forschung nicht berücksichtigt wurde, erschließt einen Fundus von Texten, der für vergleichbare kulturhistorische Untersuchungen zum Feuilleton der Weimarer Republik in diesem Umfang bisher noch nie herangezogen wurde.

Wie sind nun aber diese Texte, mit einem Wort Fred Hildenbrandts diese „Tageblätter", zu lesen? Welche Art von Erkenntnis läßt sich wie aus ihnen gewinnen?

Wir haben uns für das Verfahren der symptomalen Lektüre entschieden. Ohne diese Einleitung allzu sehr mit theoretischen Überlegungen zu belasten, soll folgend knapp der Versuch unternommen werden, das Lektüreverfahren der Untersuchung in Rückgriff auf Althussers Begriff der symptomalen Lektüre zu bestimmen.

Die Theoreme Althussers, zu Hochzeiten der Studentenbewegung heftig im Schwange, sind in der Folgezeit fast völlig aus dem Fokus intellektueller Aufmerksamkeit geschwunden. Eingespannt in ein Wertungsgefälle, das vom politischen Vorwurf „Stalinismus!" bis zur Pathologisierung „Der Fall Althusser"[12] reichte, setzte erst in den ausgehenden achtziger Jahren, nach einer Phase politischer Entspannung der geisteswissenschaftlichen Diskurse, eine neuerliche Auseinandersetzung mit den mehrheitlich in den sechziger und frühen siebziger Jahren formulierten Thesen Althussers ein.[13]

---

12 Vgl. Müller, Heiner: „Mich interessiert der Fall Althusser...". Gesprächsprotokoll. Alternative 137/1981, 70–72.
13 Vgl. Bogdal, Klaus Michael: Symptomatische Lektüre und historische Funktionsanalyse. In: Ders. (Hg.): Neue Literaturtheorien. Opladen 1990, 82–106. Des weiteren: Balibar,

Das erste Problem, das sich bei Darlegung des Konzeptes ‚symptomale Lektüre' stellt, liegt in der Übersetzung des Begriffs „symptômale"[14], der offenbar etwas anderes meint als die geläufige Wendung „symptomatique", die ohne weiteres als Entsprechung des deutschen „symptomatisch" zu identifizieren ist. Bereits in der Übersetzung von 1972[15] ist das französische Kunstwort in den deutschen Alltagsbegriff übertragen worden. Das Kunstwort ist jedoch angebracht, weil es größere Eindeutigkeit herstellt: Althusser spricht dort, wo er den Ausdruck einführt, über Marx' Lektürepraktik, die er eben nicht als symptomatisch bestimmen will, insofern als diese selbst ein Symptom, ein Anzeichen für etwas anderes wäre, sondern als eine Lektüre, die Symptome erschließt. Wichtig an dieser Erschließung ist die zeitliche Dimension, die die übertragene Bedeutung der Vokabel „symptôme" im Französischen besitzt und die ins Deutsche als „Vorbote" zu übersetzen ist. Bei einer symptomalen Lektüre geht es also um die Identifizierung einer Ankündigung, um die Ahnung des Künftigen, die sich gegenwärtigen Texten eingeschrieben hat. Als Beispiel dient die Marxsche Lektüre der Texte von Adam Smith, „„in der es Marx gelang, das Unlesbare bei Smith zu lesen, indem er den expliziten Diskurs Smiths ins Verhältnis zu seinem latenten setzte; die Strenge und Kontinuität seiner Aussagen zur Strenge und zur Kontinuität seiner Problematik; seine sichtbare Problematik enthielt im Aufbruch zur unsichtbaren Problematik das Paradox *einer Antwort, die keiner der gestellten Fragen entsprach*".[16]

Daß eine Problemstellung erst gefunden werden muß, verweist darauf, daß die symptomale Lektüre von Althusser vor allem auf theoretische Texte gemünzt worden und für diesen Geltungsbereich konzipiert ist.[17] Eine Applikation auf literarische Texte wie die hier untersuchten Feuilletons bedarf also vorab einer Transformation des Konzepts.

Etienne: Für Althusser. Mainz 1994; Böke, H. et al. (Hg.): Denk-Prozesse nach Althusser. Hamburg 1994; Müller, J. C. et al.: Der Staat in den Köpfen – Anschlüsse an Louis Althusser und Nicos Poulantzas. Mainz 1994; Nagl, Tobias: Louis Althusser. In: Spex 9/1995, 50–53. Zur Zeit der Textabfassung war lediglich angekündigt: Pfaller, Robert: Althusser – Das Schweigen im Text. Epistemologie, Psychoanalyse und Nominalismus in Louis Althussers Theorie der Lektüre. München 1996.

14 Althusser, Louis: Du »Capital« à la philosophie de Marx. In: Ders./ Macherey, Pierre / Rancière, Jacques: Lire le Capital. Bd. 1. Paris 1965, 10–89; hier 31.
15 Althusser, Louis et al.: Das Kapital lesen. Reinbek 1972.
16 Althusser 1965, 32 (hier und im folgenden handelt es sich um unsere Übertragung; kursiv im Original).
17 Vgl. Althussers explizite Äußerung dazu: »aux textes theoriques (les seuls dont il s'agisse ici d'analyser la lecture)«. Ebd.

Literatur ist nicht primär charakterisiert durch die Stellung eines Problems, wie dies für theoretische Diskurse zutrifft, sondern behandelt die formale Gestaltung einer Wirklichkeitswahrnehmung, sei dies eine innere oder eine äußere.[18] Insofern ist das Symptom, das Literatur indiziert, nicht als zeitliche Verschiebung einer Problemstellung aufzufassen, vielmehr stiftet oder erfordert sie Anschlüsse an theoretische Diskurse, die die Problematiken artikulieren, welche dem Text vorhergehen oder von diesem aufgerufen werden. Letzteres verweist auf die Produktivität der Verschränkung von theoretischen Diskursen mit literarischen: Aus und in dieser Begegnung ergibt sich für die Theorie eine der Möglichkeiten ihrer Innovation, da sie im literarischen Text das zu finden vermag, was sich dem begrifflichen Instrumentarium bisher entzogen hat und was der Reflexion neue Konzepte abnötigt.

Wenn nun aber Gegenstand von Literatur die sprachliche Gestaltung wahrgenommener Wirklichkeit ist, stellt sich die Frage, wo welche Symptome ausgewiesen sind. Bevor die Frage angemessen zu beantworten ist, gilt es nochmals auf, die Begriffsbestimmung zurückzukommen und diese zu präzisieren.

Ein weiteres Kennzeichen symptomaler Lektüre besteht in ihrer Doppelung.[19] Althusser unterscheidet bei Marx zwei Lektüren: eine erste, die den Text der klassischen politischen Ökonomen untersucht mit Blick auf Konkordanzen und Diskordanzen zum Marxschen Text. Eine registrierende Lektüre mithin, die Anwesenheiten und Abwesenheiten verzeichnet, feststellt, was vorhanden ist und was fehlt. Eine Ebene zwischen zwei verschiedenen, historisch ungleichzeitigen Texten wird durch diese erste Lektüre konstituiert.[20]

Die zweite Lektüre, die im engeren Sinn symptomale, bezieht sich in keiner Weise auf diese vorgängige Lektüre, sondern beschränkt ihre Lesearbeit auf den ersten Text, im gegebenen Beispiel also auf den Textkorpus der klassischen politischen Ökonomie. Die lesbare Textebene wird auf ihr Nicht-Lesbares befragt. Das Nicht- oder gar Unlesbare (l'illisible), so Althussers Annahme, ist dem ersten Text immer schon eingeschrieben: dort, wo er

---

18 Um die Fiktionalität literarischer Texte kategorial adäquat erfassen zu können, nehmen wir eine innere Wahrnehmung an, die zwar in mittelbarem Bezug zur äußeren Realität steht, sich aber in Erzählungs- und Bildentwürfen, die sich zunächst nur dem Schreibenden darstellen, in symbolisches und imaginäres Territorium schafft, einen Innenraum der schriftstellerischen Produktion, dessen Verweisungszusammenhang zu tatsächlichen Wahrnehmbarkeiten auf Umwegen zu erschließen ist.
19 »Wir rekurrierten, um *Das Kapital* zu lesen, auf eine Serie von doppelten Lektüren, d. h. „symptomale".« Althusser 1965, 39; kursiv im Original.
20 Vgl. Althusser 1965, 18 f.

schweigt, verstummt. Es ist mithin nicht Marx oder sonst ein Leser, der die interpretatorische Leistung zu bewerkstelligen vermag, sondern die klassischen Texte selbst sprechen ihr Schweigen aus, nachdem zuvor ihre „leeren Stellen" (*blancs*) von Marx gezeigt wurden.

> »Es ist Marx, der uns die leeren Stellen in den Antworttexten der klassischen Ökonomie sehen läßt: aber er läßt uns nur dadurch sehen, daß der klassische Text selbst sagt, wovon er nichts sagt, daß er nicht sagt, wovon er etwas sagt. Es ist also nicht Marx, der sagt, was der klassische Text nicht sagt [...] – es ist der klassische Text selbst, der uns sagt, was er sich verschweigt; sein Schweigen, das sind seine eigenen Worte.«[21]

Wie aber kann angesichts der oben angeführten zeitlichen Verschiebung der klassische Text bereits sagen, was er verschweigt? Ein Rekurs auf Foucaults Studie zu *Folie et déraison*[22] dient der Bestimmung des Textes als eines diskursiven Systems, das sich über seine Ausschlüsse definiert, die zugleich bestimmt sind durch das Eingeschlossene. Althusser wendet den Foucaultschen Gedanken dergestalt, daß nicht mehr ein aus unklaren Gründen innerhalb einer epoché existentiell Anderes oder Fremdes ausgegrenzt wird, sondern daß im Rahmen einer historischen Praktik etwas fremd gemacht wird. Das heißt, daß das „Fremde", bevor es fremd wird, wahrgenommen wird, ein Umgang damit besteht, eine Kenntnis, die aber negiert wird im Gründungsakt des Aussagensystems, dessen systematischer Charakter sich über den Ausschluß dieses Bekannten erstellt.

Auf diese Weise ist das Ausgeschlossene – das, um ausgeschlossen zu werden, ja erkannt sein muß – zwar im System unsichtbar oder unsagbar, zugleich aber anwesend und als Abwesendes der Grund der Rede. Einleuchtend scheint so die zeitliche Dimensionierung, die Althusser dieser Denkfigur gegeben hat: Einerseits ist die „verdrängte" Problematik bereits im historischen Diskurs anwesend, kann aber innerhalb desselben nicht artikuliert werden, da die „Verdrängung" oder der Ausschluß den Diskurs begründet. Erst wenn dieser Diskurs sich aufgrund veränderter historischer Bedingungen überlebt hat, seine Kohärenz verlorengegangen ist, vermag im diskursiven Bruch oder im epistemologischen Einschnitt, um mit Althusser zu sprechen, die ausgeschlossene Problematik artikuliert zu werden. Diese Konzeption der Texte als in einem diskursiven Ausschlußsystem verankerter verunmöglicht die Gleichsetzung des Begriffs der *blancs* mit dem Begriff der Leerstellen,[23] denn im Gegensatz zur Offenheit und Polyvozität der rezeptionsästhetischen

---

21 A. a. O., 23.
22 Foucault, Michel: Folie et déraison. Histoire de la folie à l'âge classique. Paris 1961.
23 So aber Bogdal 1990, 87.

Leerstelle ist die leere Stelle innerhalb eines Textes für Althusser streng bestimmt und gestattet, wie er an einem Beispiel vorführt,[24] nur die Einsetzung eines, eben des ausgeschlossenen Begriffs.

Eine symptomale Lektüre literarischer Texte verlangt daher, auch die Literatur als diskursives Aussagensystem aufzufassen. Paradoxerweise führt die Adaption einer Methodik, die ein Großmeister der Ideologiekritik entwickelt hat, zur Suspension des Ideologiebegriffs[25] und auf die Diskurstheorie. Allerdings kann, selbst wenn der feuilletonistische Fließtext als Diskurssystem aufgefaßt wird, die vorliegende Untersuchung nicht guten Gewissens als Diskursanalyse bezeichnet werden, da zu einer solchen immer die Bestimmung der Relation von diskursiven und nicht-diskursiven Praktiken gehörte – dies aber ermöglicht die gegebene Materialität des Untersuchungsgegenstands nicht. Statt dessen beschränken wir uns auf die Suche nach Symptomen der Wahrnehmungen, die nicht thematisiert und grundlegend ausgeschlossen sind. Wir verschieben somit die Kategorie der Problemstellung auf die Kategorie der Wahrnehmung, wobei die Wahrnehmung als auch-reflexive zugleich Problemstellungen umfaßt. Um die blancs oder leeren Stellen aufzuweisen, bedarf es einer Rekonstruktion der diskursiven Systematik des Feuilletontexts, einer funktionalen Beschreibung seiner Motive, Redemuster und Schreibweisen. Diese Ebene läßt sich in Anlehnung an Scherpes Ebenenmodell,[26] das noch unter dem Eindruck einer ideologiekritischen Produktionsästhetik entstanden ist, als diejenige der Präsentation bezeichnen. Für den gegebenen Korpus von Texten ist diese Präsentation am Beispiel der Wienbeschreibung unternommen worden, also der Reiseberichte von Berliner Feuilletonisten, die nach Wien gefahren sind, oder der Berichte der in Wien lebenden Korrespondenten der Berliner Zeitungen. In diesen Texten finden sich Serien und Muster, die als maßgeblich für die feuilletonistische Präsentation der Donaustadt gelten können, ebenso, wie sich im chronologischen Durchgang für manche Zeitsegmente dominante Erzählweisen und stereotype Redewendungen finden, die entgegen den kulturell umfassenderen Entwürfe eng an aktuelle Konjunkturen geknüpft sind. Die Entwürfe von Wienimagines stiften jedoch keine hermetische Totalität, sondern bilden le-

---

24 Vgl. Althusser 1965, 23 f.
25 Angesichts der Überzeitlichkeit und Unausweichlichkeit des Ideologischen, die Althusser für alle Bereiche außerhalb der Wissenschaft und Theorie – in dem von ihm eng definierten Sinne – behauptet, verwundert dieser Vorgang allerdings nicht sonderlich. Vgl. expl. Althusser, Louis: Für Marx. Frankfurt a. M. 1974, 184.
26 Vgl. dazu Scherpe, Klaus R.: Ideologie im Verhältnis zur Literatur: Versuch einer methodischen Orientierung am Beispiel von Wolfgang Koeppens Roman *Tauben im Gras*. The German Quarterly 1983, 6–26.

diglich Dominanzen aus, denen gelegentlich andere Wienvorstellungen entgegengestellt werden – vornehmlich von Wiener Autoren, die sich dem vermeintlichen Fremdbild nicht unterordnen oder fügen wollen.

Die nächste Ebene ist die der Figuration, d. h. eine Ebene der genuin literarischen Gestaltungs- oder Umgehensweise mit dem präsentierten Material, daß wir hier begreifen als diskursive Grenzziehung. Wird auf der Ebene der Präsentation die interne Funktionsweise geklärt, findet auf diesem Niveau eine Konturierung nach außen statt, eine Absetzung von möglichen anderen Diskursen. In unserem Fall handelt es sich um eine andere Stadt und das heißt, um eine andere Schreibweise von Stadt. Der Vergleich von Wien und Berlin, der eine Zeitlang zur feuilletonistischen Mode geraten war, kontrastiert zwei differente, zum Teil als komplementär aufgefaßte Metropolenmodelle. Auf diese Weise entsteht ein Eindruck des diskursiven Feldes und seiner Möglichkeiten, auf dem sich die unterschiedlichen feuilletonistischen Stadtdiskurse bewegen und das sie konstituieren. Daher ist zu klären, was zu den Auslassungen oder Ausschließungen in bezug auf die eine Stadt bzw. auf den verfügbaren Diskurs des Feuilletons zu rechnen ist.

Letztgenannter Problemstellung widmet sich ein dritter Abschnitt, der dem autoreflexiven Diskurs des Feuilletons nachfragt und dabei erstaunlicherweise Relationen zu den Stadtdiskursen herauszuarbeiten vermag. Das liegt nicht zuletzt daran, daß auf diesem Niveau des feuilletonistischen Diskurses, der Anschluß an die symptomale Lektüre aufgrund der theoretischen Aussageformationen ohne weitere Transformation möglich ist. Es geht auf dieser Ebene, die wir als diejenige der Allusion bezeichnen, um grundsätzliche Probleme des Journalismus und im engeren des Feuilletonismus, kurz, um die Selbstbehauptungen der Schreibenden hinsichtlich ihrer Existenz und ihres Status. Die zu verhandelnde Grundsätzlichkeit etabliert genau die Vergleichbarkeit bestimmter Stadtkonzeptionen und feuilletonistischer Selbstreflexion – darüber hinaus verweist der selbstreflexive Diskurs aber auch auf die für den Gesamtdiskurs erforderlichen und konstitutiven Ausschlüsse. Unsere Untersuchung bedient sich zur Rekonstruktion des Ausgeschlossenen, zur Verschriftlichung dessen, was der feuilletonistische Text als sein Schweigen aussagt, der Grunderkenntnisse der Marxschen Kapitalanalyse und der Freudianischen Psychoanalyse, da diese unseres Erachtens für den Untersuchungszeitraum als präsent – wenn auch innerhalb des Feuilletons verschwiegen – vorausgesetzt werden können.

Was vorstehend analytisch in drei verschiedene Ebenen geteilt wurde, findet sich in praxi fast nie in Reinform: Auch in den Feuilletonfragmenten geringen Umfangs, die wir aus der Masse von Texten destilliert haben, stehen Elemente der Präsentation neben solchen der Figuration oder Allusion, durchdringen und vermischen sich, doch rechtfertigt sich die angegebene Gliederung, wenn man vom methodologischen Purismus, der die Sachverhalte eher entstellt denn entbirgt, Abstand nimmt zugunsten eines Relativismus, der sich mit Dominanzanordnungen begnügt. Den Gegenständen einer kulturgeschichtlich und literaturwissenschaftlich orientierten Untersuchung verspricht dies Vorgehen jedenfalls eher gerecht zu werden.

Ist so weit die Methodologie klar zu bestimmen, ergibt sich aus ihr doch ein Darstellungsproblem, das den Leser irritieren mag: Im Gegensatz zu konventionelleren Arbeiten, die sich mit einem vergleichbaren Sujet befassen, verschwindet eine meist mit besonderer Liebe gepflegte Ebene der Darstellung fast völlig: die der Auseinandersetzung mit vorgängigen Forschungen. Zum einen liegt das an der eingangs erwähnten geringen Zahl solcher Arbeiten, zum anderen aber daran, daß die vorhandenen Arbeiten mit anderen Problemstellungen und methodischen Verfahren operieren, so daß ein hoher Erläuterungsbedarf entstünde, um zu zeigen, warum die Ergebnisse unterschiedlich ausfallen, wollte man nicht ständig die grundsätzlichen Argumente der divergenten Materialbasis, Fragestellung und Methodologie wiederholen. So dominiert in dieser Untersuchung das historische Material, das in seiner systematischen Anordnung teilweise für sich spricht, oder dort, wo dies nicht deutlich genug ist, durch das Verfahren der symptomalen Lektüre zum Sprechen gebracht wird. Es stellen sich auf diese Weise Anschlüsse zu theoretischen Diskursen unterschiedlicher Provenienz her, die aber nicht der Sekundärliteratur zugeschlagen werden können. Die Verbindungen von den Feuilletons zu den theoretischen Aussageformationen bilden einen eigenen Text, der das Protokoll einer Forschungsarbeit darstellt, mit der wir hoffen, zum Verständnis der historischen Wahrnehmungswirklichkeit und ihres Funktionszusammenhanges beizutragen – und die Beschäftigung mit der Geschichte hat den Sinn, die Konturen der Gegenwart deutlicher zu zeichnen.

Christian Jäger
Erhard Schütz

1. Wien im Berliner Feuilleton der Weimarer Republik

1.1 Ende und Anfang. Zur historischen Konstellation

Am Anfang steht das Ende: Am dritten Oktober 1918 bietet die deutsche Regierung den Alliierten den Waffenstillstand an, nachdem bereits Mitte August desselben Jahres die Oberste Heeresleitung die Fortführung des Krieges für aussichtslos erklärt hatte und die beiden Generäle Ludendorff und Hindenburg nach dem Zusammenbruch der bulgarischen Front verstärkt auf ein solches Angebot gedrängt hatten. Acht Tage vor dem deutschen Reich, am 3.11.1918, unterzeichnen die Bevollmächtigten Österreich-Ungarns das Waffenstillstandsabkommen. Am elften November schließlich verzichtet Kaiser und König Karl I. auf jede Regierungsbeteiligung und vollzieht damit das Ende der Habsburger Monarchie. Die revolutionären Ereignisse in Wien und die Konstituierung einer deutsch-österreichischen Nationalversammlung hatten im Oktober den Weg dazu bereitet. Doch nicht nur politisch-formal war damit der Untergang des Imperiums gekommen: Erste nationale Gruppen waren bereits aus der multinationalen Ordnung Kakaniens aus- und in nationale Selbständigkeit aufgebrochen. Die Tschechoslowakei erklärte ihre Unabhängigkeit am 28.10.1918. Nur einen Tag später folgten Kroaten, Serben und Slowenen, am ersten November auch Ungarn. Doch damit nicht genug der territorialen Verluste: Im Friedensvertrag von Saint-Germain – geschlossen am 10.09.1919 – tritt Österreich die oberitalienischen und adriatischen Territorien ab und verzichtet auf einen Anschluß an das Deutsche Reich.

So die historisch-trockenen Rahmenbedingungen für das zukünftige Textaufkommen über Österreich und Wien in Berlin. Die bloße Abfolge von Daten historischer Faktizitäten verschafft allerdings keinen Eindruck vom Trauma, das dies Ende der Habsburger Monarchie den meisten Zeitgenossen zufügte. Um festzustellen, welche Effekte das Kriegsende auf die Affekte hatte, muß man die Presse befragen, vor allem das Feuilleton der großen liberal-demokratischen Tageszeitungen.

> »Unkundige Hände haben einen Diamanten aus der Fassung gerissen; er wurde in den Staub getreten, verunreinigt, zerstückt. Und doch verdiente er es, in unvergänglicher Helle zu erstrahlen. Dieser Edelstein heißt Österreich. [...] im November 1918 zerfiel nach tausendjährigem Wachstum das alte Österreich; aus den Bausteinen des Palastes haben die Nachbarn sich Hütten erbaut und ihre Häuser vergrößert.«[1]

Der konservative Standpunkt verklärt die Vergangenheit, um die Gegenwart zu diskreditieren. Die vom Odem der Arbeiter-und-Soldaten-Räte anrüchige Republik im Kleinmaßstab soll vor der Größe des Vergangenen vergehen. Zugleich zeigt sich Ressentiment gegenüber den ehemaligen Teilhabern am Vielvölkerstaat; sie sind, wie die feindlichen Alliierten ringsum, kulturlose Barbaren. Nicht alle sehen sich als Opfer und beklagen den Verlust vorgeblich glorreicher Tradition. Mit Kriegsende, so etwa Robert Musil, sei nur manifest geworden, was zuvor schon latent war, bedeckt allenfalls vom Schleier des Selbstbetrugs:

> »Erstens haben weder die Slawen, noch die Romanen, noch die Madjaren der Monarchie eine österreichische Kultur anerkannt, sie kannten nur ihre eigene und eine deutsche, die sie nicht mochten; die „österreichische" Kultur war eine Spezialität der Deutschösterreicher, welche gleichfalls eine deutsche nicht haben wollten. Zweitens waren auch innerhalb des österreichischen Deutschtums drei in Lebens- und Menschenart ganz verschiedene Gebiete zu scheiden, Wien, die Alpen- und die Sudetenländer; worin soll die gemeinsame Kultur bestanden haben?«[2]

Musil kann keinerlei kulturellen Konsens erkennen, keine produktiven Mischprozesse in der kakanischen Kulturgeschichte, nichts was als österreichisch einen wirklichen Zusammenhang konstituiert hätte. Österreich, das waren demnach nur die Deutschen dieses Reiches, die weder kulturell noch politisch dem Reich, das die Nationalität voranstellte, zugehören wollten.

Genau die Frage der Zugehörigkeit stellt sich nun aber für die Deutsch-Österreicher 1918/19 mit neuer Dringlichkeit. Zwar gab es bereits im ausgehenden 19. Jahrhundert starke politische Kräfte, die in Konkurrenz zu den Bestrebungen nach nationaler Identität der Tschechen und Ungarn auf Anschluß an das Reich drängten, doch existierten dafür zunächst nur wenig einsehbare Gründe. Zudem hatte man ja noch bis zur definitiven Niederlage bei Königgrätz 1866 Krieg gegen die dominante Macht des nur-deutschen Reiches geführt. Nun jedoch scheinen rationale – und das sind, wie fast immer, ökonomische – Gründe für einen Anschluß zu sprechen.

---

1 Brockhausen, Karl: Das neue Österreich. Vossische Zeitung 02.11.24.
2 Musil, Robert: Der Anschluß an Deutschland. Neue Rundschau 1919/1, 349.

1919 spricht zuallerst die Situation der Währung dafür, und man kann noch davon ausgehen, daß der Anschluß an das Deutsche Reich unzweifelhaft bevorsteht.

»Der Mann in Wien, Prag, Budapest, Agram, Krakau hatte noch immer ein Stück Österreich-Ungarn an seinem Herzen liegen: dieses bedruckte Stück Papier in der Brieftasche. In diesem Lager war Österreich, als es sonst nirgends mehr war. Nun wird der schäbige Schein, für den man nichts zu kaufen bekommt, mit den schönsten Stempeln verziert werden. Wir werden mit gerechtem Stolz empfinden, daß von jetzt an unsere eigene, unabhängige Valuta sinkt. Der komplizierte Staat, der in zehn Sprachen sagen mußte, was sein Geld wert war, ist durch einen unkomplizierten ersetzt, der in einer einzigen Sprache sagen kann, was es nicht wert ist. Unseres Reiches Krone ist zerbrochen. Aber wir werden ja nun bald eines anderen Reiches Mark.«[3]

Rettung vorm schon deutlich wahrnehmbaren Währungsverfall, vor der drohenden Inflation soll der Anschluß bieten. Für Deutsch-Österreichs Selbstaufgabe sprechen, so scheint es, wirtschaftliche Gründe, die noch über die rein monetären hinausgehen. Erstaunlicherweise werden die weiteren Argumente gerade von einem „Sprecher des katholischen Oberösterreich" ins Feld geführt, wovon der Wiener Korrespondent der *Vossischen Zeitung*, Karl Lahm, denn auch direkt auf der Titelseite berichtet:

»Aber dennoch beschloß der Sprecher des katholischen Oberösterreich seine Begrüßungsansprache mit den Worten: Auch die extremsten Länderpartikularisten sind sich nicht im Zweifel darüber, daß zur dauernden Wiedererstarkung der Anschluß an ein möglichst großes Wirtschaftsgebiet unbedingt erforderlich ist, und auch hier sind wir wieder einig darin, daß Kopf und Herz uns nur einen Weg zeigen, den Weg zu unseren Stammesbrüdern im Reiche."«[4]

An diesem Votum kann zum damaligen Zeitpunkt der Kopf nur begrenzt beteiligt gewesen sein: Die Ökonomie der Weimarer Republik lag im Sommer 1921 kaum weniger im argen als die Österreichs. Vor allem steht nach dem Friedensvertrag ein solches Begehren klar gegen internationales Recht. 1922 treten beide Gegengründe deutlich vor die Augen der Zeitungsleser:

»Reichsdeutsche mögen gütigst nicht in ihren Taschenspiegel hineinlachen. Sind die Wiener schon beim Abbau der Nullen, so die Berliner erst beim Anbau der Nullen. Für 1 Mark gab es unlängst 70 Kronen, heute 17, was beweist, daß die Krone gegenüber der Mark steigt und entschuldigt, wenn man sich in Österreich plötzlich etwas hochvalutarisch vorkommt. Was in Versailles und St. Germain nicht verboten wurde, vollzieht sich: der Anschluß Deutschlands an Deutschösterreich, der Mark an die Krone [...] – wir erleben die

---

3   Höllriegel, Arnold: Die zerbrochene Krone. Vossische Zeitung 22.03.19 (m).
4   Lahm, Karl: Wien antwortet. Vossische Zeitung 25.07.21.

Angleichung des Geldes für beide deutsche Volksteile, leider in der Nähe der Null. Wir hätten es uns anders gedacht. Worüber einem dann der Humor vergehen könnte. Hätte man doch rechtzeitig manch große Null abgebaut, die daran schuld ist.«[5]

Im unklaren gehalten, welche politischen Nullen hier gemeint sind – ob diejenigen, welche den Krieg begonnen, oder diejenigen, die ihn beendet haben –, wird hier vermeintlich witzig vorgeführt, daß die Rechtslage zu umgehen sei. Der Status, der den Friedensverträgen eingeräumt wird, ist darin zur Genüge beleuchtet. So wird denn auch der Anschlußgedanke in der politischen Berichterstattung aus und über Österreich ein Jahrzehnt lang bis ins Feuilleton hinein eine immer wiederkehrende Größe sein, dabei selten aber jene ironische Höhe erhalten, mit der Arnold Höllriegel[6] bereits im Februar 1919 folgendes sah:

»Wenn es zum Anschluß an Deutschland kommt, werden wenigstens unsere deutsch-österreichischen Seeleute wieder ein Meer haben.«[7]

Der Diskurs, der über den Anschluß geführt wird, bedient sich gern des Rekurses auf die sprachlich-kulturelle Gemeinschaft – exemplarisch dafür der Chefredakteur der *Vossischen Zeitung*, Georg Bernhard:

»Österreich ist deutsch. Die in der jetzigen Republik Österreich vereinigten Völker gehören mit den anderen Stämmen der deutschen Zunge, die im Reich vereinigt sind, zusammen. Dieses Österreich kann in seiner heutigen Isoliertheit nicht leben und nicht sterben.«[8]

Von dieser Position aus ergeht der Vorwurf an „die sozialistischen Parteiführer in Berlin, nicht in die willig dargebotene österreichische Bruderhand eingeschlagen [zu] haben. Wäre damals die Vereinigung zustande gekommen, kein Machtgebot und kein Vertrag hätte die vereinigten deutschen Stämme wieder trennen können."[9] Die Faktizität des Historischen wird nicht anerkannt. Diese Mißachtung des Faktischen führt zu der Forderung, die gegen-

---

5   Lahm, Karl: Abbau der Nullen. Vossische Zeitung 30.10.22 (a).
6   D. i. Richard A. Bermann. Vgl. für eine umfassende Würdigung dieses zu Unrecht vergessenen Publizisten und Dichters den von Hans-Harald Müller und Brita Eckert eingerichten Band „Richard A. Bermann alias Arnold Höllriegel. Österreicher – Demokrat – Weltbürger. Eine Ausstellung des Deutschen Exilarchivs 1933–1945." München, New Providence, London, Paris 1995. Wir bleiben aber im folgenden als Verfasserangabe bei der Nennung des Pseudonyms, unter dem Bermann in der Weimarer Republik reüssierte.
7   Höllriegel, Arnold: Die Marine auf dem Trockenen. Vossische Zeitung 20.02.19 (m).
8   Bernhard, Georg: Anschluß oder Abschluß. Vossische Zeitung 27.08.22.
9   Ebd.

wärtige Politik einer Revision zu unterziehen. Es sei „notwendig", so meint zumindest Bernhard, „daß in Deutschland und in Österreich gerade in diesem Augenblick die nationale Zusammengehörigkeit aller deutschen Stämme betont wird".[10]

Derartigen Postulaten trägt die kulturpolitische Praxis offenbar aber schon seit längerem Rechnung: Im Mai des Jahres 1920 findet im Berliner Schauspielhaus eine Matinee statt, die sich dem Thema *Österreichische Kunst* widmet.

»Das Ganze war eine wirksame, überaus zeitgemäße Deutsch-Österreich-Feier, und wie man zuversichtlich hoffen darf, eine Vorfeier der Wiedervereinigung aller deutschen Stämme, ein Werbegruß an das sehnsüchtige Land, von dem schon Grillparzer sagt: „Schaut rings umher, wohin der Blick sich wendet, lacht's wie dem Bräutigam die Braut entgegen."«[11]

Möglicherweise will das „sehnsüchtige Land" zumindest nicht in toto so, wie es die Strategen der öffentlichen Rede und Schrift formulieren. Als Ausnahme findet sich die gelegentliche Artikulation all jener, die mit dem Untergang Habsburgs ihren ohnedies geringen Einfluß tatsächlich vollends verloren haben.

»Es sind augenblicklich nur die Politiker, die einerseits für und andererseits gegen den Anschluß Österreichs manifestieren. Noch hörte man keine Stimme, die Alt-Österreichs Art vor dem Dammbruch schützen möchte, dem schwindelerregenden Zahlen von HP a reissender Betriebsamkeit, der kategorische Imperativ und andere „reichsdeutsche" Eigentümlichkeiten nachfluten und die Harmlosigkeit und Sorglosigkeit der einfachen Menschen, die stille, ein wenig greisenhafte Gepflegtheit des Beamten- und Bürgertums überschwemmen werden. Und wenn es nicht Deutschland ist, das die historische Zukunftsaufgabe erfüllt, so wird irgend eine andere mechanistische Großmaschine die Schwachen aufzusaugen haben, wie ich sie noch unvermischt im Sommer 1918 erlebt habe, führe ich sie hier vor.«[12]

Diese Befürchtungen, österreichische Eigenart zu verlieren, sind wohl kennzeichnend für den politischen Mittelstand, für die Rentiers und Ex-Hoflieferanten und Ex-Zulieferer von Hoflieferanten, die Lakaien und Ministerialangestellten, die nun von den Quellen ihrer ökonomischen Reproduktion und kulturellen Repräsentation abgeschnitten sind.

---

10 Ebd.
11 K.: Österreichische Kunst. Mittagsveranstaltung im Schauspielhaus. Vossische Zeitung 03.05.20 (a).
12 Langer, Annette: Alt-Österreichisches Albumblatt. Berliner Börsen Courier 19.07.21.

Andererseits stehen anderen diese Quellen anscheinend jetzt zum erstenmal offen – und mithin für die neue politische Klasse auch andere Dinge auf der Tagesordnung.

»wie die Dinge stehen, kann allein der internationale Sozialismus Österreich – oder wenigstens die Österreicher – retten«.[13]

Was rational anmutet, Rettung verspricht, ist aber nicht einlösbar, wenn sich die Machtverhältnisse verschieben und Rettung anderen gilt – und mithin andere Konzepte gefordert sind.

»Die nächste Gegenwart dort ist nationaler Sozialismus oder kosmopolitische Schiebung, Süddeutschland oder Levante [...].«[14]

Im Rückblick ist schwer zu entscheiden, was schlimmer ist. Bemerkenswert jedoch, daß beides – zeitlich versetzt – Realität wurde. Was aus Österreich wurde und geworden ist, soll hier nur den Rahmen bilden, den Kontext angeben für das Zentrum der Aufmerksamkeit, die Metropole des ehedem territorialen Großreiches: Wien. Und Wien ist zugleich auch der Fokus für das Österreich der Vorvergangenheit, des Präsens und der Zukunft.

»Empfinden die deutschen Österreicher österreichisch?, fühlen sie sich in ihrem „Vaterland"? Gibt es einen österreichischen Patriotismus? [...] Macht man hierauf einen Altwiener aufmerksam, [...] wird er ohne zu viel Überzeugung sagen: „Wir sind Österreicher" [...]. Er könnte eben so gut sagen: Wienerisch. Denn was er meint, wenn er antwortet: „Wir sind Österreicher", das ist in Wahrheit: „Wir sind Wiener".«[15]

Solch – ein wenig snobistische – Selbstwahrnehmung wendet Robert Müller apodiktisch zum historischen Tatbestand.

»Öster-Reich ist tot. Was lebt ist wieder Ostmark und Wien.«[16]

Österreich ist als Reich am Ende. Die Beobachtung ist weder von der Hand zu weisen noch – angesichts ihrer Evidenz – sonderlich überraschend. Bemerkens- und buchenswert hingegen ist der Fort-Satz, den der Autor anfügt und in dem er das Schisma Österreichs nach dem Ende des Weltkrieges knapp und präzise faßt.

---

13 Handl, Willi: Österreichische Erzähler. Neue Rundschau 1919/2, 1401.
14 Ebd., 1403.
15 Lahm, Karl: Österreichisch. Vossische Zeitung 24.09.22.
16 Müller, Robert: Der letzte Österreicher. Neue Rundschau 1923/1, 560.

So stellt es sich für die Feuilletonisten dar: Was jetzt Österreich heißt, besteht aus zwei politischen und kulturellen Formationen. Es gibt die ehemalige Metropole, die aber allmählich ihren Glanz verliert. Und dann gibt es einen eher agrarisch orientierten, rustikalen Teil, der Wien umgibt, ohne aber mit ihm wirklich in Verbindung zu treten. Für das Gefälle zwischen der Stadt und dem Umland sehen die Feuilletonisten naheliegende Gründe:

> »Furchtbare Mißstände wies das neue Staatswesen auf. [...] seine Hauptstadt Wien, der glanzvolle Repräsentant mitteleuropäischer Kultur, erschien wie ein unnatürlich geschwollener Wasserkopf, großzügige Bahnen wurden Lokalstrecken, die Industrien waren plötzlich auf ein Viertel ihres Absatzgebietes eingeschränkt, und die Landwirtschaft konnte das Land nicht ernähren. So siechte Österreich unmittelbar nach dem Zusammenbruch dahin und schien gänzlich verloren.«[17]

Die Spannungen aus der Disproportion der Zentralinstanz – die Metaphorik wechselt hierbei zwischen Kopf und Herz [18] – zum Umland werden dann ergänzt durch die politischen Differenzen, formuliert im Grobraster rotschwarz:

> »Ein „schwarzes" Land und ein „rotes" Wien, regiert von einem fremden Kommissar und einer grauen Eminenz.«[19]

Das städtische Proletariat, das es in Wien außerhalb des zweiten Rings ja auch gibt, steht gegen die klerikal dominierte Landbevölkerung.

Man könnte differenzierend anführen, daß es Industrie in Städten wie Linz und Graz ebenfalls gab, doch ist die Polarisierung innerhalb des Gefüges Österreich treffend wiedergegeben:

> »Wir schließen den Kreis heutigen Zustandes auf dem Boden des Alt-Reiches und kehren zu unseren wieder „wild" gewordenen Alpenmenschen zurück. Im Vergleich zu ihnen sind die zerwühlten Kroaten noch staatengründende Genies. Diese sympathischen, sehnigen,

---

17 Brockhausen, Karl: Das neue Österreich. Vossische Zeitung 02.11.24.
18 Die Zentraleinheit kann Kopf oder Herz sein; vgl. die folgenden Beispiele: »Bertold Löffler türmte seiner Austria einen Haarschopf auf, umrankt von wildem Weinlaub, dreimal so hoch wie der Kopf selbst – besser ließe sich nicht illustrieren, daß das arme Alpenland mit seinem überschweren, wenn auch schönen Haupte Wien nicht leben kann.« (Lahm, Karl: Wiener Briefmarkenentwürfe. Vossische Zeitung 20.05.21 (a)) »[...] in der sonderbaren Hauptstadt „Wien", die gleich einem Froschherz in Spiritus, ihren eigenen Körper überlebt hat.« (Latzko, Andreas: Wiener Studie. Berliner Börsen Courier 15.06.24.)
19 Lahm, Karl: Die Lehre. Vossische Zeitung 30.04.23.

kniebloßen, bracchialen, jodelnden Indianerstämme mit ihren Bauern-Großstädten bildeten ursprünglich wieder ebensoviele kleine, um sich selbst rotierende Globen. Erst nach und nach griff ein umspannenderer Rhythmus Raum: und das war der Haß gegen Wien.«[20]

Im Schisma von Stadt und Land sieht der Dichter und Essayist Robert Müller immerhin insoweit einen Gewinn, als sie einer im Grunde anarchischen Bauernbevölkerung so viel zivilisatorische Solidität abtrotzte, daß es zu einer Staatenbildung kommen konnte. Gerade die spannungsvolle Disproportion von Wien und übrigem Österreich ist es, worin andere die Notwendigkeit des Anschlusses begründet sehen.

»Fast zwei Millionen Großstädter in einem Sechsmillionenstaat – ein Problem, das bis zur Ironie schmerzhaft ist: was sollen sie in diesem Kleinstaat Österreich anfangen, und was soll er mit ihrer Vielzahl? Die Ornamente der vielen menschlichen Einzelschicksale überwuchern den kleingezogenen Umriß. Notwendig vollzieht sich aus diesem Mißverhältnis der Anschluß an das Deutsche Reich in allen Gemütern.«[21]

Wenn Österreich in zwei Teile zerfällt, die im Anschluß verbunden werden sollen, gilt doch Wien als das eigentliche Österreich: Es ist nicht allein Metropole, die die Provinz verdichtet, sondern – weit wichtiger – die retrospektive Verdichtung der Donaumonarchie. Umgeben ist es von „Ländern" wie Kärnten oder dem Burgenland,[22] die mit der Kapitale kaum mehr gemein haben als Puszta oder Karpaten, jedenfalls weniger als Budapest oder Prag.

In dem Maße freilich, in dem sich Österreich als rustikale Ferienlandschaft profiliert und die Reichsdeutschen, befördert von professioneller Organisation des Fremdenverkehrs – einem Wirtschaftsfaktor mit schon damals

---

20 Müller, Robert: Austria ... ultima. Neue Rundschau 1923/2, 655.
21 Sinsheimer, Hermann: Kleine Woche Wien. Berliner Tageblatt 21.05.31. Vgl. dazu auch den über zehn Jahre zuvor geschriebenen, nachstehenden Passus. »Es würde lächerlich sein, wenn es nicht so tragisch wäre, daß dieses kleine Sechsmillionenvolk sich eine „bundesstaatliche" Verfassung gibt. Tiefste Ursache dieser Bewegung ist die Abneigung der Provinz gegen Wien, die Flucht von diesem unverschuldet ohnmächtigem Zentrum weg. Aber diese Erscheinung würde verschwinden, wenn die Deutschen Österreichs durch den Zusammenschluß mit dem Reich ein wirkliches kräftiges Zentrum erhielten [...].« Redlich, Alexander: Reise durch Österreich. Vossische Zeitung 06.10.20.
22 »Das, was als spezifisch österreichisch dem Wiener vorschwebt, wenn er [...] mehr kulturell und an Volkseigenart denkt, ist darum nur fast ausschließlich wienerisch, weil man davon eine Bahnstunde über Wien hinaus nichts oder fast gar nichts findet, abgesehen vielleicht von Graz, wo sich ein provinzialisiertes Wienertum spiegelt. Kaum eine Hauptstadt hat je so wenig Beziehung zu ihrem Lande gefunden, wie Wien. Man unterstehe sich auch darum nicht von „Provinzen" zu sprechen – „Länder" muß man sagen. Selbst der Wiener wagt es nicht von österreichischer Provinz zu reden.« Lahm, Karl: Österreichisch. Vossische Zeitung 24.09.22.

stetig wachsender Bedeutung –, weniger nach Wien als „in die Berge" fahren, in dem Maße verschiebt sich der Vorstellungsgehalt, der mit dem Ausdruck *Österreich* verbunden wird. 1928 heißt es schließlich im Gegensatz zur unmittelbaren Nachkriegszeit:

> »Ich spreche von Oesterreich. Ich spreche nicht von Wien. Über dieser Stadt liegt die Trauer einer entthronten Kaiserin. Sie ist wesentlich Museum, trotz aller Modernität der Stadtverwaltung. Ihre Zukunft ist zweite Hauptstadt Großdeutschlands zu sein und erster Handelsplatz des Balkan. Das ist viel und gewiß wert, die Hände zu regen; es ist wenig gemessen an dem, was Wien war.«[23]

Insbesondere dort, wo man es sowieso im Reich eher mit der Provinz gegen Berlin hielt, sieht man die Vorzüge der Provinz:

> »In Wien, wo die Leute an den Quellen zu sitzen meinen, ist man deprimiert und wagt sich an keine neuen großen Leistungen. In Salzburg aber kennt man keine Angst, das Selbstvertrauen vermag auch unter den ungünstigsten Verhältnissen keine Einbuße zu erleiden. Und damit ist etwas sehr wichtiges festgestellt […], was dem neuen Österreich sein Gepräge gibt: in der Provinz haben sich schöpferische Kräfte gelöst, die sich nun machtvoll auswirken. Das ist ein durchaus neuer Zustand. Denn ehedem stand die Provinz so sehr und so vollkommen im Schatten Wiens, daß in ihr kaum eigene Regungen zu spüren waren. Sie empfing alle Impulse vom Zentrum her, dort dachte man, sorgte man, plante man. Die große Stadt herrschte und die Provinz erkannte ihre Herrschaft auch neidlos an. Wer das Zeug in sich fühlte, Tüchtiges zu leisten, ging nach Wien, das wie ein Magnet Talente an sich saugte. Aus den Alpenländern, aus den Sudetenländern kamen geistige Menschen hin, weil sie hier allein die Möglichkeit sahen, sich zu entfalten. Für sich selbst hatte man in der Provinz keinen Ehrgeiz. Das hat nach dem Kriege immer mehr aufgehört. Mehr und mehr wurde die Provinz mündig, sie wuchs zum vollen Bewußtsein ihrer Kraft heran. […] Der Wiener kannte bisher die Provinz nur als Reiseland und ein paar Wochen genügten ihm nicht, die Leute kennenzulernen, die dort leben. Nun kennt er die Österreicher in der Provinz. Und nachdenklich geworden erwägt er, ob die Erneuerung Österreichs nicht überhaupt die Sache dieser Provinz sein wird., die so plötzlich an die Sonne getreten ist […].«[24]

Das Geschehen wirkt symptomatisch für das Bild Wiens in jenen Jahren. Ihm wird die Bedeutung für die Gegenwart bestritten. Statt dessen wird es auf einer Leerstelle zwischen Vergangenheit und Zukunft situiert. Welche Position aber kann Wien dann für das Reich nach dem gedachten Anschluß beanspruchen? Zunächst scheint ihm bloß das Schicksal gewiß, dem untergegangenen Imperium nachzufolgen. Bereits der Titel einer Wienbetrachtung aus dem Jahre 1920 nennt es „versinkende Stadt". Immerhin sieht der Autor auch für *Wieneta* noch eine Funktion – an das zu erinnern, was hätte sein können:

---

23 Mahrholz, Werner: Felix Austria. Vossische Zeitung 13.11.28.
24 Rainalter, Erwin H.: Schöpferische Provinz. Deutsche Allgemeine Zeitung 27.08.30.

»Wien ist ein Punkt deutscher Welt, von dem aus Form, Maß, Flüssigkeit, Duft, Charme über das deutsche Wesen hätten gebreitet werden können.«[25]

Was hier im Irrealis als ein Vorzug Wiens scheint, läßt sich aus anderer Perspektive in Mangel verkehren:

»Viel geschadet hat dem Wiener in der Schätzung des ernsteren Deutschland das alte Vorurteil, als ob Wien nur die Stadt des lustigen und guten Lebens wäre. Im letzten Grund geht dies alles auf Grillparzer [Abschied von Wien] und Schiller [Donau] zurück, die Schöpfer zweier Schlagwörter, die bis zum Krieg fortwirkten: [...] Dieses „Capua der Geister" und „die Stadt der Phäaken mit dem sich drehenden Spieß" spuken seit hundert Jahren in der Literatur.«[26]

Was *Form, Maß, Flüssigkeit, Duft* und *Charme* einerseits als notwendige Komponente des unnötigen *deutschen Wesen*s auszeichnet, eine historische Vorstellung von Südlichkeit, zeigt sich auf der Kehrseite, wo das ernstere Deutschland auf Reinlichkeit bedacht ist, als lokale Qualität, die direkt in die Stigmatisierung als „Capua der Geister" und „Stadt der Phäaken" führt. Die Grenzlinie für die Bewertung Wiens, die dieser Stadt zugemessene Bedeutung, ist offenbar das Imago des Südens, von Italianität und Mediterranität oder Romanität. Eine Vorstellung von höherer Lebenskultur, der eine entbehrungsreiche Arbeits- oder Geisteskultur des Nordens sehnsüchtig oder herablassend gegenübersteht. Dieses Schema, das für die Geschichte kultureller Imagination des Anderen in Deutschland von Winckelmann über Seume, Goethe und nicht zuletzt Nietzsche stetig mit Nachdruck wieder eingebracht wird, ist allerdings Mitte der zwanziger Jahre im Nachfragen eines süddeutschen Autors fragwürdig geworden:

»Diese Gelassenheit Wiens und der Wiener ist wohl das, was die Dichter und Künstler Deutschlands [...] stets hergezogen hat [...]. Es ist ja nicht nur Schlamperei in dieser Gelassenheit, in diesem stillen Sichfügen ins Unvermeidliche, sondern auch ein gut Teil Lebensweisheit und tapferer Weltanschauung. Darum sollte man die in Wien so wenig beliebten norddeutschen Sprüche, wie „zusammenreißen", „sittliche Ertüchtigung", „tatkräftige Wiedergeburt", mit denen man den Leuten hier seit jeher gern vom kalten, kühlen Norden zu Leibe rückt, einmal beiseite lassen. [...] Und vollends Berlin hat heute gar kein Anrecht darauf, die Rolle des Abraham a Santa Clara gegen Wien zu spielen.«[27]

---

25 Müller, Robert: Wien, die versinkende Stadt. Neue Rundschau 1920/2, 872.
26 Wolffenstein, Yella: Deutsches Geistesleben in Wien. Berliner Börsen Courier 06.02.1919.
27 Eulenberg, Herbert: Wien. Vossische Zeitung 25.01.24 (a).

Möglicherweise hat es eine Annäherung in der Wahrnehmung beider Städte gegeben, beflügelt durch die Einsicht, daß ebenso in Wien gearbeitet wie in Berlin gefeiert wird. Daß die Differenz in den Stadtvorstellungen relativiert wird, hängt mit der historischen Bedeutungsverschiebung zusammen: Während Wien Repräsentationsfunktionen verloren hat, vermochte Berlin seine politische Monopolstellung im Reich noch weiter auszubauen. Zieht man die Linie so klar, daß der Norden durch Berlin repräsentiert wird und Wien den Süden vorstellt, wird die Forderung Hermann Sinsheimers verständlich:

»Aus dem Zwielicht des Gartens [...] hat man den Blick auf die erleuchtete Stadt, auf das arme, reiche Wien, auf diese bestrickend weiträumige, von hohem Himmel überwölbte Stadt, deren Bestimmung von diesem Standort besonders einleuchtet: dem Reich den Traum vom Süden zur nahen Wirklichkeit zu machen.«[28]

Vom poetischen Ort aus wird der poetische Ort reklamiert, das Reale der Imagination wird eingeklagt. Wien ist nicht nur die Stadt der Träumer und ihrer Analytiker, sondern selbst der Traum vom Süden, das Heilmittel eines an sich leidenden Nordens. Der Irrealis Robert Müllers gerät zur offenen Forderung. Wien wird gegen Berlin an den Südpol einer Achse gesetzt, die den deutschen Kulturraum in Nord-Süd-Richtung durchzieht. Aber Wien besitzt auch Elemente des „Artfremden", die exponierte Südlichkeit läßt die Stadt ein wenig suspekt werden.

»Man sieht: der Süden und der Westen haben auf dem Wiener Boden eine breite Basis gefunden; Wien ist ein echtes Stück Europa! Aber um die Wahrheit zu sagen: es ist auch schon, nicht anders als Venedig, wenn auch mit anderer Figur, ein Stück Levante.«[29]

Fraglos ist *Levante* kein Kompliment, sondern eine pejorative Bezeichnung, die antisemitische Implikationen trägt. Gegen diese ein wenig zweifelhafte Südlichkeit, Mediterranität, behaupteten die Anschlußfreunde, welche sich auf Deutsch-Österreich mit starker Akzentuierung des Präfixes beziehen, die uneingeschränkte Zugehörigkeit Wiens zum deutschen Kulturraum.

»Der Reichsdeutsche darf, gleichviel, wie sich die politischen Verhältnisse gestalten, nie vergessen, daß Wien auch heute nicht nur Vorposten und Grenzmark, sondern ein entscheidendes Zentrum deutscher Kultur und deutschen Geistes ist.«[30]

---

28 Sinsheimer, Hermann: Kleine Woche Wien. Berliner Tageblatt 21.05.31.
29 Hausenstein, Wilhelm: Wiener Tagebuch II. Neue Rundschau 1932/1, 645.
30 Pfister, Kurt: Die Kunststadt Wien. Berliner Tageblatt 09.05.22 (a).

So militärisch-strategisch verliert die österreichische Idylle ein wenig von ihrem traumhaften Savoirvivre, das sie dem Rest-Reich mitteilen soll.

Zugleich mit der Betonung des Grenzmärkischen verschiebt sich auch das geostrategische Wahrnehmungsraster: nicht mehr Norden und Süden werden gegeneinander ausgespielt oder zu glücklichem Zusammenspiel aufgerufen, sondern hier steht westliche Kultur gegen östliche Barbarei.

Österreich, das ist eben die Ostmark, bevölkert von Gestalten wie Rüdiger von Bechlarn, die die Vorhut gegen die andrängenden Hunnenhorden eines Etzel bildeten, oder wie Prinz Eugen, dem tapferen Ritter, der Europa vor den Türken bewahrte.

> »Oesterreich ist ein glückliches Land. [...] Luzifer Geist hat in Oesterreich lange nicht die Rolle, die er im Norden spielt. So bleibt der österreichische Mensch in der Umfriedung einer rein seelischen Lebensform: Musik und Kultus, die Freuden des Leibes, die Beseligung durch schöne Natur sind ihre Äußerungen. Wie eine große Glocke überspannt der Himmel des Barock heut noch das glückliche Oesterreich. Die breite Lust am Leben. [...] Nirgends in der Welt hört man mit so viel Liebe, ja Andacht, von Essen und Trinken reden wie in Oesterreich. [...] So ist auch der österreichische Geist in der Literatur; private Schicksale und das Idyllisch-Zuständliche reizen ihn zur Gestaltung. Die große Problematik des Geistes im Bruderlande Deutschland vor sich, der stillen Sehnsucht und Hoffnung aller Österreicher, die das Geschichtslose ihres idyllischen Träumens fühlen. [...] Auf Schritt und Tritt trifft man auf Erinnerungen aus der Ungarnzeit im Mittelalter, aus der Türkenzeit im Barock. Die östliche Welt ist immer auf ihrem Zug nach Westen von Oesterreich aufgehalten worden: das ist die eigentliche Bedeutung der Grenzmark Oesterreich.«[31]

Barocke Sinnlichkeit vor dem Hintergrund eines toleranten Katholizismus ist das eine Beschreibungsschema – hier angereichert mit der Erinnerung an die Aufgabe des Widerstands gegen osteuropäische Kultureinflüsse, durch die sich eine Nation von Phäaken gebildet hat, die nicht mehr denken oder arbeiten, nur genußvoll leben, träumen. Das andere Bild vertritt gegen die passiv-elegischen Motive aktivere, um nicht zu sagen: aggressivere Varianten des Mark-Gedankens.

Friedrich Schreyvogel, später überzeugter Nationalsozialist, antwortet auf ein ‚defätistisches' Feuilleton Franz Bleis, das Wien nicht im gewünscht reinen Licht erstrahlen ließ:

> »Innerhalb des östlichen Mitteleuropa wird das Deutschtum eben immer dieselbe Ordnungs- und Vermittlungsaufgabe haben, ob nun ein Habsburger mit Lipizzanerschimmeln durch Wien fährt, oder ein „mitteleuropäisches Locarno" das Getrennte anders binden soll. [...] Man soll nur überhaupt einmal den Begriff neu werdendes Oesterreich denken, statt

---

31 Mahrholz, Werner: Felix Austria. Vossische Zeitung 13.11.28.

auf dem ausgefahrenen Geleise sterbendes Oesterreich zu beharren. Auch hier geht es um einen Anschluß. An das, was wirklich vorgeht (statt feuilletonistisch nahezuliegen).«[32]

Außerhalb des pangermanischen Kontextes soll es für Österreich keine historische oder kulturelle Identität Österreichs geben. Folgerichtig ist der sprachlich zum „Zusammenschluß" gewandelte Anschluß auch der sichere „Weg zur endlichen Gestaltung der deutschen Nation und damit zu ihrer sichersten Weltgeltung".[33] Das einzig spezifisch Österreichische ist die Funktion innerhalb des ersehnten Gesamtdeutschland:

»Die österreichische Sendung ist es, Straße und Festung nach Südosten zu sein [...].«[34]

Gut wienerisch gesprochen, spricht sich hier im Wiederholungszwang Thanatos aus. Denn was den Nibelungen, die die Donau hinabzogen, geschah, war auch Schreyvogel bekannt.

»Der Schutzbund zieht den uralten Weg der Nibelungen. In Passau sammeln sich seine Getreuen. Aus allen Gauen Deutschlands sind sie herbeigeströmt: Schleswig-Holsteiner, Ostpreußen, Danziger, Memelländer, Balten, Posen, Westpreußen, Oberschlesier, Sudetendeutsche, Banater Schwaben, Siebenbürger Sachsen, Elsaß-Lothringer, Pfälzer, Saar-, Rhein- und Ruhrländer. Eine Flamme, die beim Wiedersehen hoch auflodert, steht leuchtend der Gedanke der Volksgemeinschaft, einer großen Schicksalsverbundenheit über ihnen.«[35]

So wird Österreich einmal mehr zum Ort zwischen Vergangenheit und Zukunft.

Bevor wir aber das Ende der ersten österreichischen und der Weimarer Republik vorwegnehmen, fangen wir lieber noch einmal von vorn an, gehen zurück auf Wien als Verdichtungspunkt jener Geschichte der Wahrnehmung der österreichischen Kultur, wie sie sich im Feuilleton der Berliner Zeitungen darstellte.

---

32 Schreyvogel, Friedrich: Antwort aus Wien. Berliner Tageblatt 05.04.28 (m).
33 Ebd.
34 Ebd.
35 E. F. (mutmaßlich Else Frobenius): Donaufahrt des Schutzbundes. Deutsche Allgemeine Zeitung 05.06.24.

1.2 Vom Außen des Außen. Die Topographie Wiens im Berliner Feuilleton

Bevor die Handlung einsetzt, ist der Raum zu bestimmen, in dem die Ereignisse spielen, wo die feuilletonistische Inszenierung ihre Stätte hat. Nicht die eigentliche Stadt gilt es zu kartographieren, sondern jene Punkte, die bemerkt und beschrieben werden. Solches Vorgehen ist natürlich nicht völlig von der realen Stadt, ihren Verkehrswegen, Gebäuden, Handels- und Kommunikationsstrukturen abzulösen, evident ist jedoch, daß die literarisierte Wirklichkeit eine Eigendynamik aufweist, die die Wahrnehmung über das Gegebene hinauszuführen vermag.

Das Gegebene ließe sich in einer gleichermaßen feuilletonistischen Beschreibung der Stadtstruktur so darstellen: Am ehesten ähnelt das Stadtbild noch einem Spiegelei im Spinatbett durch das zweimal mit einem Messer diagonal gefahren wurde, um die Donau hindurchzulassen. Das Gelbe vom Ei ist die im inneren Ring gelegene alte Stadt, um die sich der sogenannte Gürtel legt. Dann franst das Stadtgebiet in das grüne Umland aus und weist keine klaren Konturen mehr auf. Innerhalb des Rings bildet der Stephansdom den Mittelpunkt, und auf den Domplatz führt ausgehend vom Karlsplatz die Kärntnerstraße, die zentrale Einfallschneise in das Gewimmel der Gassen. Der Ring selbst ist überladen mit repräsentativen Großgebäuden, die, durch weitläufige Parkanlagen voneinander abgesetzt, zum Großteil in der zweiten Hälfte des neunzehnten Jahrhunderts erbaut wurden. Markante Merkpunkte außerhalb des Rings bieten dann nur noch die raumgreifenden fürstlichen Anlagen wie zum Beispiel das Belvedere, das Palais Lichtenstein oder Schloß Schönbrunn.

»Peterskirche, Palais Kinsky, Relief im Michaeler-Durchhaus, Fliegeraufnahmen des Rings in der Gegend des Burgtheaters, Donauarm, Wurstelprater, Belvedere, Gestalten vom Naschmarkt, Beethovenhaus in Heiligenstadt, Amalienbad, Krematorium, Schloß Kobenzl, Gumpoldskirchen, die Rax. Das In- und Nebeneinander des gotischen, des barocken, des heutigen, des kaiserlichen, des adligen, des bürgerlichen, des sozialistischen Wien, die Fülle dieser mächtigen Stadt, die von der innersten und inneren Stadt über die Kreise des Rings und des Gürtels hinausgreift zu den Waldbergen und über den Donaustrom fort – diese Gesamtheit ist in diesem anmutig ansehnlichen Heft gut ergriffen und dargebracht.«[36]

---

36 Lissauer, Ernst: Oesterreich in Bildern. Berliner Börsen Courier 15.11.28.

1.2 Vom Außen des Außen. Die Topographie Wiens im Berliner Feuilleton 37

Eine Passage, welche einen selten guten Überblick bietet, insofern sie benennt und nicht beschreibt; sie gibt die Orte nur an, was dem Entstehungsanlaß geschuldet ist: Ein Bildband über Österreich wird besprochen, die Benennung folgt den publizierten Bildern und kann so einlösen, was im folgenden kaum noch zu lesen sein wird – eine aus Fragmenten erschaffene Übersicht. Gemeinhin werden die Autoren bei ihren literarischen Streifzügen durch die Stadt nämlich von einem Orientierungsbedürfnis geleitet, das sie dazu verführt, sich eher an herausragenden Bauwerken festzuhalten.

> »Das ergibt einmal am Schwedenplatz, ein einzig schönes Stadtbild, das sich nördlich von dem dunklen Höhenzug des Wiener Waldes umrahmen läßt. Im Rücken hat man das älteste, vom Stefansdom beherrschte Wien mit dem Spinnennetz der krummen in sich verwebten Straßenzüge, die noch gar keinen Trieb nach außen haben. [...] Aus diesem Spinnennetz ineinanderverschobener Gassen würde ich mich schwer herausfinden, wenn mir die überragende Dominikanerbastei nicht den Gesichtspunkt angäbe, den Entstehungskern andeutete.«[37]

Der Stephansdom dient nicht nur Ortsfremden als Wegweiser durch den städtischen Raum, auch die mit der Stadt Vertrauten haben an ihm einen festen Halt.

> »Dem Heimkehrenden bleibt eine unvergeßliche Vision: breit ausladende Pracht barocker Paläste, und aus ihnen sich hebend, hochreckend die granitene Monstranz der Domkirche des heiligen Stephan. Unten die treibende Flut des alltäglichen Lebens, das heute brandet und morgen nicht mehr sein wird, und darüber schwebend die feierliche steinerne Gebärde der Jahrhunderte. Keine Stadt im mittleren Europa ist dieser zu vergleichen, durch die noch das Blut vieler Generationen rinnt.«[38]

Kurt Pfister bestimmt sein Bild bereits im Text als Vision, und in der Tat ist die Exponiertheit des Stephansdoms mehr eine imaginäre Konstruktion, als durch die Praxis eines tatsächlichen Stadtganges gedeckt. Die Wiener Altstadtgassen sind so eng und winklig, daß man aus ihnen heraus den Dom eben nicht sehen kann und mithin auch keine Orientierung an ihm hat, keine hundert Meter vom Stephansplatz entfernt, sieht man den blauen oder grauen Himmel und keine granitene Monstranz. Offenbar wirken aber für die Feuilletonisten Fernsichten auf die Stadt – seien es Karten oder Stiche – weiter und rufen bis in ihre Beschreibung hinein den im panoramatischen Blick überragenden Dom auf. Lesen wir diese Fehlleistung als Chiffre und nicht als Erlebnisbericht, ergibt sich zumindest als Indiz eine Dominanz des Klerus

---

37 Eloesser, Arthur: An der schönen blauen Donau. Vossische Zeitung 13.07.29.
38 Pfister, Kurt: Die Kunststadt Wien. Berliner Tageblatt 09.05.22 (a).

und seiner Kultur. Wien erscheint in den vorstehenden Zitaten als klerikal dominierter Stadtraum, dem genau diese Kulturgeschichte eine gewisse Zeitlosigkeit garantiert. Nur ein aus den Anfangstagen Österreichs stammender, mit repulikanischem Optimismus getränkter Versuch, säkulare Gebäude als architektonische Wahrzeichen Wiens zu behaupten, ließ sich nachweisen.

»Mir taucht ein Herbstmorgen in der Erinnerung auf, an dem ich über die Ringstraße ging, da wo sie am schönsten ist, zwischen Burgtheater und Rathaus. Dichter Nebel lag über der Stadt, als mit einemmal die Sonne durchbrach, die Nebel sanken, und aus einem Meer von weißem Glanz die drei stolzen Bauten: das Parlament, das Rathaus, die Universität in den blaugoldenen Himmel ragten. Drei Wahrzeichen Wiens!«[39]

Diese Zeichen fanden über die Jahre der Republik hinweg keine Aufnahme ins Ensemble der Wienerischen Symbolbestände. Herausragende Bedeutung innerhalb der Stadt besitzen lediglich der Graben und die Kärntnerstraße, wobei der Graben nach der Revolution offenbar sein Vorkriegsflair verliert.

»Natürlich der Graben in Wien. Eine Lokalität von Weltruf, man hat hier aus erster Hand, was das Wiener Leben lebenswert macht, den Stefansturm und die schönen Frauen, deren Scheidungsprozesse, Modistenrechnungen sowie der Salon, in dem sie gestern [...] von der Polizei [...] erwischt wurden, im heutigen Morgenblatt stehen. Ein Walzertraum von Operettensternen wogt hier, oder pflegte zu wogen, denn ich spreche nicht eigentlich von heute, ach nein. [...] Nun wogt nichts, wandelt niemand gelassen [...]. Und auf dem schönen, sommersonnenbeschienenen Asphalt liegt [...] ein Stummel von einem Menschen. Eine entfernte, grauenhafte Erinnerung an etwas, das sich einst menschliches Wesen und Gottes Geschöpf nannte.«[40]

„Die Straße unserer Freuden" wird besetzt von den Schrecken des Krieges. Wie andernorts auch – erinnert sei nur an die zeitweilig für Berlin geradezu topischen Bilder – besetzen Kriegskrüppel die prominente Einkaufsmeile durch Bettelei und hergezeigte Wunden. Nicht nur die Versehrten nehmen den Ort öffentlicher Selbstdarstellung einer – ehedem exklusiven – Gesellschaft in Besitz, auch deren Pendant, die Demimonde, wird dort gesichtet.

»Brünette Damen, brillantenglitzernd, schreiten laut über den Graben und die Kärntnerstraße und hinterlassen jenen Streif von Puder, Parfüm und Muff, bei dem man sich so vieles denken kann.«[41]

---

39 Wolffenstein, Yella: Deutsches Geistesleben in Wien. Berliner Börsen Courier 06.02.1919.
40 Marilaun, Carl: Die Straße unserer Freuden. Berliner Tageblatt 05.07.19 (a).
41 Auburtin, Victor: Wien. Berliner Tageblatt 01.05.23 (m1b).

1.2 Vom Außen des Außen. Die Topographie Wiens im Berliner Feuilleton 39

Auffällig (und damit beschreibenswert) wirkt lediglich der Bruch mit dem Bekannten, der Verlust einer historisch erworbenen Aura. Allerdings bemerken diesen nur die mit der Örtlichkeit Vertrauten, wohingegen der angereiste Feuilletonredakteur des *Berliner Börsen Courier*, Emil Faktor, am selben Platz nur die geheimnisvolle Normalität der fremden Stadt zu entdecken meint.

> »Als wir begrüßt und herumgeführt wurden, konnte man sehr genau den Fischer von Erlachschen Meisterbau der Hofstallungen, Prunksäle der neuen Burg oder die kräftig durchhämmerte Riesenrotunde im Prater bewundern. [...] Ich selber verlegte den Messebesuch ins Stadtinnere, wo mir die eigentlichen Schauobjekte ausgestellt zu sein schienen. In der Kärntner Straße, am Graben und in den Ausläufern dieses Bezirks drängt sich das arbeitende, das mit feinstem Geschmackswillen begabte Wien vors Gesicht.«[42]

Was sich so vordrängt, ist Resultat einer Verdrängung, denn den Hintergrund des von Faktor bemerkten feinen Wiens bilden als sichtbare Zeichen der ungelösten sozialen Probleme – zumindest in den ersten fünf Jahren nach dem Krieg – die Krüppel und Dirnen.

> »Im dunklen Ring der Vorstädte frieren Kinder und versiechen [!] am Milchmangel. Die in Luxus und Licht leuchtende innere Stadt der großen Hotels und der eleganten Läden prasst Indianerkrapfen mit Schlagsahne. An den Rinnsteinen der Kärntnerstraße faulen Kriegskrüppeln dem Straßenschmutz entgegen, mit dem sie die blumengeschmückten Autos der Dirnen bespritzen [...].«[43]

Der soziale Konflikt, der sich auf den beiden größeren Geschäftsstraßen des inneren Rings zur Wahrnehmbarkeit verdichtet, findet sich weniger kontrastiv auch zwischen den Vorstädten und der inneren Stadt.

> »Man muß scharf unterscheiden zwischen dem Ringstraßen-Wien und dem wirklichen Wien, zwischen der internationalen Fremdenstadt mit ihren luxuriösen Hotels, mit ihren Läden, in denen die Waren nur französisch bezeichnet sind, und dem anderen Wien, der Zweimillionenstadt, die nach ihrem Flächenausmaß überhaupt die größte Stadt des Kontinents ist.«[44]

Die soziale Spaltung setzt sich zwar einerseits in architektonische Separation um, andererseits dringen dennoch extreme Ausläufer in die Gefilde der Seligen vor. In dem Maße, in dem sich die Wirtschaft von den Kriegsfolgen erholt, verschwinden auch die Deklassierten wieder aus dem renovierten Stras-

---

42 Faktor, Emil: Wiener Messefahrt II. Berliner Börsen Courier 21.09.21.
43 Baumgarten, Franz Ferdinand: Wien. Berliner Tageblatt 10.11.21 (a).
44 Strobel, Heinrich: Wiener Frühling. Berliner Börsen Courier 17.05.31.

senbild. Statt dessen kommen die Fremden, ja mehr noch, scheinen die einheimischen Wohlhabenden nicht mehr zu kommen, so daß der innere Ring sich von der Lokalbühne zum Museum wandelt.

> »Das schönste Museum Wiens ist die innere Stadt selbst. In den Vorstädten sieht es ja stellenweis [!] recht grauslich aus. Innerhalb der Ringstraßen aber ist Wien eine herrliche alt-neue Stadt; es ist Großstadt und zugleich das determinierteste Stadtindividuum, es ist eine festlich reiche Barockstadt, in deren Mitte sich das gotische Spitzengebirge des St. Stephan erhebt, es ist heute mehr als je, das Tor zum Osten, durch das die seltsamsten Gestalten ein- und ausziehen, es ist eine Stadt, in der die Gegenwart brünstig fast genossen wird, in der die Vergangenheit herrlich aufglänzt – und die Zukunft ganz dunkel ist. Unmöglich diese schönste Stadt des Deutschtums nicht zu lieben.«[45]

Das Wien-Feuilleton reflektiert also zum einen den grundsätzlichen Riß, der durch die Stadt geht und das innerhalb des Rings gelegene Wien von den Vorstädten separiert, zum anderen aber kaprizieren sich die Feuilletonisten auf genau diese innere Stadt, flanieren um den Ring, um über die Kärntnerstraße bis zum Stephansdom vorzudringen, und daraufhin entweder den Graben entlangzuschlendern oder sich ins pittoreske Gewirr der Gassen zu verlieren. An diesen letztgenannten Fixpunkten der Wienerischen Topographie machen sich zeitbedingte Wahrnehmungsmuster fest, die zusehends eine Entfremdung des „eigentlichen" Wien ausmachen. Das wahrhaft Wienerische geht offenbar in der zweiten Modernisierung der österreichischen Nachkriegszeit verloren, jedenfalls in seiner Lebendigkeit, Wien wird immer mehr wahrgenommen als eigene Nekropole, als Ausstellungsort.

In den Kontext von Ausstellung rechnet gleichfalls eine der Insignien der Wiener Kultur, welche sich angeblich seit der Belagerung durch die Türken Stadtrecht zu verschaffen wußte: das Caféhaus. Dominant wurde es als Sujet spätestens seit der Literatur des Fin de siècle, die untrennbar verbunden scheint mit Namen wie dem Griensteidl oder dem Café Zentral, den Orten, an denen sich die Dichterszene – Schnitzler, Hofmannsthal, Bahr, Altenberg und viele andere – öffentlich zu treffen pflegte, die als ständige Austauschbörsen eine kulturelle Homogenität suggerierten und teilweise ermöglichten, die im Reich nach dem Untergang feudaler Repräsentationspolitik, welche in Weimar ihren Höhepunkt gefunden hatte, und spätfeudaler Salonkultur nicht mehr selbstverständlich war. Die öffentliche Organisation des kulturellen Zusammenhangs nun schien in der neuen Republik bedroht zu werden, gefährdet von kulturfeindlichen Elementen.

---

45 Scheffler, Karl: Wiener Revue. Vossische Zeitung 16.02.24.

1.2 Vom Außen des Außen. Die Topographie Wiens im Berliner Feuilleton

> »Ich sprach in der Herrengasse, vor dem von ungarischen Kommunisten bevorzugten Café Zentral, mit einem Wiener Kommunisten [...].«[46]

Eine doppelte Entfremdung greift Platz, Ungarn und Kommunisten verdrängen die der hohen Kunst geweihten Dichter von ihren angestammten Sitzen. Die Krise des Caféhauses ist im Wiener Selbstverständnis (und auch im Fremdverständnis) gleichzusetzen mit einer Krise der Kultur. Einer derjenigen, die zumindest zeitweise den Kommunisten zugerechnet wurden, sieht das Problem ebenfalls, verschiebt aber die Bewertung in signifikanter Weise:

> »Durch die Aufrichtung der Räteregierung dortselbst ist die zueinanderstrebende Entwicklung Wiens und Budapests aufs Empfindlichste gestört worden. Vor dem Krieg schien nämlich eine Konfluenz dieser beiden Kulturstätten – Verlängerung der Praterstraße einer-, der Andrassystraße andererseits, hier wie dort erwirkt durch Angliederung immer noch eines Kaffeehauses – in absehbarer Zeit zu erwarten. Krieg und Revolution haben aber bekanntlich den zivilisatorischen Fortschritt gestoppt und der lebentragenden Urzelle des wienerischen und budapesterischen Kulturorganismus, dem Kaffeehaus, jede Möglichkeit der Fortpflanzung benommen.«[47]

Das oben als fremd Vorgeführte erscheint lediglich als Doublette, das dem Wienerischen wo nicht identisch, so doch verwandt ist. Daß es zur suggerierten Verschmelzung des Ähnlichen doch nicht kommt, indiziert für Alfred Polgar den Bruch mit einer Traditionslinie. Ein Ende dieser Tradition, bestimmt als Expansion der Caféhauskultur, ist gleichbedeutend mit dem Stop zivilisatorischen Fortschritts. Die ironische Wendung schreibt den zeitgenössischen Diskurs über den Verfall der Kultur aus, in dem paradoxerweise Krieg und Revolution den gleichen Status zu haben scheinen, obgleich das eine die Beendigung des anderen bedeutet und in diesem Enden von einem humanistischen Standpunkt aus überhaupt erst die Wiederaufnahme zivilisatorischen Fortschritts gestattet wird. Die Vertreter oder gar Verfechter solcher Rede sitzen nun aber genau in den Caféhäusern: Es sind die Literaten und Journalisten, die sich nach anfänglicher Koketterie mit der idealisierten sozialistischen Revolution von den banalen Realitäten des täglichen Politikgeschäftes enttäuscht auf sich zurückgezogen haben.

> »Das Café Central ist nämlich kein Kaffeehaus wie andere Kaffeehäuser, sondern eine Weltanschauung; und zwar eine deren essentieller Inhalt es ist, die Welt nicht anzuschauen. [...] Das Café Central – um die Sache auf eine Formel zu bringen – stellt also eine Art Organisation der Desorganisierten dar. [...] Der Arkadenhof des Café Central ist

---

46 Preis, Max: Wiedersehen mit Wien. Berliner Börsen Courier 30.07.1919.
47 Polgar, Alfred: Sommer in Wien. Berliner Tageblatt 29.07.19 (a).

ein Provinznest im Schoß der Großstadt, dampfend von Klatsch, Neugier und Médisance.«[48]

1923 ist dieses Café längst nicht mehr ein von ungarischen und anderen Kommunisten besuchter Ort. Wienfremde Autoren, die sich der sozialistischen Sache angenommen hatten, wie Joseph Roth oder Egon Erwin Kisch, waren bereits weitergezogen. Nachdem die vormalige Dichtergeneration entweder verstorben oder schon zu etabliert war, als daß sie noch in Cafés ihre Tage und Nächte verbracht hätte, war es zum eher provinziellen Ort geworden. Auch Polgar wird Wien und seinen Caféhäusern bald den Rücken kehren, um nach Berlin zu gehen. Nach der Abwanderung und ohne neuen Zuzug blieb die Wiener Autorenschaft der Selbstbespiegelung überlassen. Nur selten freilich war sie so produktiv wie im vorhergehenden Zitat – Kritik der eigenen Kultur, eine der Eigenarten der Wiener Publizistik, welche ihren anerkannten Höhepunkt im Schaffen von Karl Kraus besaß.

»Unbesiegbar von der Zeiten Wandel bleibt aber das Wiener Kaffeehaus. Während die Straße in ihrem Trieb zur Lebendigkeit sich einschränkt, kommt die Drehtür nicht zur Ruhe. Sektquellen sind versiegt, der Mocca sprudelt. Die Büffetdamen in den Bars frösteln, ihre Kolleginnen der bürgerlichen Atmosphäre haben bei der Verteilung von Zuckertäßchen Dauersaison. Melange und Schlagobers triumphieren über die Tücke der Stabilisierung, der Zahlkellner zerreißt sich – in aller Gemütlichkeit natürlich. Mancher Gast flitzt hastig herein [...] und bleibt dann stundenlang sitzen. Andere haben tatsächlich nur ein halbes Stündchen Zeit [...] Sie sind noch in ein anderes Kaffeehaus verabredet. Die meisten bleiben sitzen und debattieren bis in den späten Abend.«[49]

Gerät das Caféhaus als Treffpunkt der Kulturszene zusehends in die Krise, gilt dies für das Café als Ort der Alltagskultur keineswegs. Anders als in Paris oder Berlin, wo entweder Restaurants oder Bars den Mittelpunkt öffentlicher Geselligkeit bilden, bleibt es in Wien das Café, das sich in der Regel neben der ausdifferenzierten Vielfalt an Kaffeegetränken durch eine an Zeitungen und Zeitschriften auszeichnete.

»Welche der großen Straßen Wiens man immer geht, sie führen in ihrer logischen Fortsetzung zu einem Bahnhof. Diese Anlage ist kein Zufall, sie entspricht dem Wesen dieser Stadt, die einen Durchgang und eine Überschneidung vieler Kulturen darstellt, die im Materiellen wie im Geistigen ein Umschlagplatz ist. Sie lebt davon, daß sie Weltrichtungen überleitet und ineinander verwandelt. [...] Jede Wiener Straße von heute zeigt es, viele Jahrhunderte sind über sie hinweg gegangen, aber die noble verachtungsvolle Lässigkeit ihrer Menschen allem Tempo und Betrieb gegenüber ist geblieben. [...] Daß die Wiener

---

48 Polgar, Alfred: Theorie des „Café Central". Berliner Tageblatt 30.12.23 (m).
49 Faktor, Emil: Drei Tage Wien. Berliner Börsen Courier 18.04.24.

1.2 Vom Außen des Außen. Die Topographie Wiens im Berliner Feuilleton 43

Straße vom Caféhaus beherrscht wird, hat seinen Grund nicht in der Türkenbelagerung, die den Wienern das Caféhaus zurückgelassen haben soll. Viel mehr glaube ich, das Wiener Klima, der Scirocco, der hier fast immer, die Menschen leicht erschlaffend, weht, hat das Caféhaus notwendig gemacht. Man kann nicht lange in Wien spazieren gehen. Man wird leicht und bald müde, man möchte sich niedersetzen, ein wenig ruhen und, da an der Ecke ist ein Caféhaus. [...] Noch eine andere Funktion hat die Wiener Straße: eine gesellschaftliche, eine in den anderen Großstädten schon aufgegebene; in gewissen Straßen zeigt sich die Welt (die ganze und die halbe) zu bestimmten Tageszeiten. Man spaziert, man grüßt einander, man bleibt stehen, man plaudert ein wenig, man geht wieder weiter: das ist die Straße als Gesellschaft. Aber niemals gewinnt die Straße von sich aus Leben, auch die Wiener Straße zeigt eine österreichische Merkwürdigkeit; Verschlossenheit bei großer Gesprächigkeit.«[50]

Die Stadt als eine Art Durchgangsbahnhof diverser Kulturen[51] bildet zugleich den kommunikativen Kontext der Caféhauskultur, die sich zudem aus den klimatischen Gegebenheiten erklärt – das legendäre Phäakentum ein meteorologisches Produkt? Um so erstaunlicher dann, daß diese naturgegebene Notwendigkeit nicht in erwartbarer Weise im Feuilleton der Nachkriegszeit ihren Niederschlag findet. Es mag daran liegen, daß die kulturproduktiven Implikationen des Caféhauses nicht mehr zum Tragen kamen und von normalen Nutzern der Lokalitäten in den Kulturspalten der Zeitschriften kaum zu berichten ist; so bleibt nur gelegentlich in Anspielung auf die gloriose Tradition davon zu erzählen, das Café ansonsten aber in die hall of fame feuilletonistischer Orte zu stellen.

Auffällig in der urbanen Topographie der Feuilletons hingegen ist der Prater, der als häufig wiederkehrendes Sujet weder der Innenstadt noch den Vorstädten – im Sinne von suburbia oder banlieues – zu subsumieren ist. Es nimmt nicht wunder, daß auch darin, wie an Staatsgebilde und Stadt, Untergang geahnt wird.

»Tödliche Schläge aber fügten dem Prater andere Entwicklungen zu: die von seinen Rändern unaufhaltsam gegen sein Herz fortschreitende Bebauung, die Verbesserung der Fernverkehrsmittel, die es ermöglichte, fast in derselben Zeit in der unsere Väter in den Prater gelangten, nun bis an die Voralpen heranzukommen, und die Änderung des Geschmackes. Die Massen suchen heute ihre Erholung im Gebirge, in Bädern, an Fluß-, See- und Meeresstrand, auf Sport- und Tanzplätzen. Seit Jahren ist im Prater kaum mehr ein Herrenreiter zu sehen. Der Kraftwagen hat das Pferd verdrängt. [...] An einem schönen Spätsommerabend schleiche ich durch die Stätten einstigen Jugendglücks. Verschwunden die drallen Mariankas mit ihren soldatischen Rittern vom Korporal abwärts; verschwunden das behäbige Bürgertum; verschwunden die Fremden, die staunend und verständnislos die „Chose mit-

---

50 Fontana, Oskar Maurus: Die Straße als Gesellschaft. Berliner Börsen Courier 01.01.32.
51 In einem späteren Abschnitt wird genauer auf die „Wiener Mischung" und ihre feuilletonistische Präsentation eingegangen werden.

machten", weil man in Wien eben auch den Prater gesehen haben mußte wie in Rom den Pabst; verschwunden die feine Welt, die einst in den Prater ging, weil er allen Wienern gehörte; verschwunden selbst ein Großteil der Arbeiter. Finster liegen viele, fast leer die meisten der Stätten der Fröhlichkeit [...]. Kein Laut dringt aus verödeten Gärten. Ein Paar Wirts- und Kaffeehäuser machen noch den verzweifelten Versuch, dem unerbittlichen Sensenmann zu trotzen, die alte Herrlichkeit zu erneuern. Eitles Bemühen! Ein Blick genügt, um alle Hoffnung welken zu lassen. Ein strahlend erleuchteter Garten, groß genug für tausend Gäste zwei Dutzend sind da. Küche und Getränk vorzüglich und billig; eine ausgezeichnete Musikkapelle, zahlreicher als die wenigen Gäste, spielt hinreißende Melodien: Zigeunerbaron und schöne Helena. Der Garten füllt sich ein wenig mehr; hauptsächlich Liebespaare mit Bubiköpfen und abfallenden Schultern, auch ein paar Gruppen von „neuen Reichen". Sofort stellt der Kapellmeister sein Programm um. Es ertönen die Negerweisen, nach denen die herrliche Jugend Negertänze tanzt [...].«[52]

Der Prater dient bevorzugt als Topos zur Indikation der sozialen Situation und politischen Verhältnisse.

»Folgt mir in den K. K. Prater, dem die winterliche Holznot etliche Bäume und die Revolution die besitzanzeigenden Initialen K. K. ausgerupft hat. In diesem Prater, in dem noch immer das wiener Herz schlägt [...], in dem sukzessionsstaatliche Köchinnen mit kommunistisch gewordenem „Deutschmeister"-Ersatz dralle Abenteuer auf der Grottenbahn erleben; [...] in diesem Zweikreuzer-Prater von einst fiebern der [!] Preise von heute.«[53]

Hier ist es der Umbruch von Kaiserreich in Republik, den der Prater anzeigen muß – alt und neu, Gegensätzlichkeit und Kontinuität. Die politischen Zäsuren verlangen scheinbar nur andere Adjektive, und was sich de facto verändert hat, ist das Eintrittsgeld. Womit zugleich gesagt ist, daß das Geld in der neuen Zeit eine andere, entscheidende Bedeutung hat. Das Geld dominiert und bricht destruktiv in eine Welt der Repräsentation ein, wie sie der Prater par excellence darstellt.

»Der Prater wird zertrampelt und das Riesenrad wird verkauft. Das Riesenrad war eines der neueren Wahrzeichen des vor kurzem noch so wohlhäbigen und glücklichen Wien. Der Prater ist ein alter und ein ehrwürdiger Reichtum dieser Stadt.«[54]

Welche Affinität haben Wahrzeichen zu dem von ihnen Bezeichneten? Im Prater schlägt das Wiener Herz noch, das Riesenrad war dessen Symbol, und im weiteren etabliert sich der Prater als Verdichtungspunkt der Wienwahrnehmung.

---

52 Enderes, Bruno v.: Der sterbende Prater. Deutsche Allgemeine Zeitung 16.12.26.
53 Preis, Max: Der Watschenmann. Berliner Börsen Courier 01.06.20.
54 Salten, Felix. Der verarmte Prater. Berliner Tageblatt 04.05.20 (m).

1.2 Vom Außen des Außen. Die Topographie Wiens im Berliner Feuilleton

Er erscheint als Gelände, auf dem mehr noch als in der urbanen Architektur semantische Besetzungen zur Verfügung stehen, die Auskunft geben über Wien als Kulturereignis.

> »Des Praters liebste, vorzügliche Eigenschaft vor anderen hauptstädtischen Parks ist seine glückliche Unerzogenheit. Er hat nichts von Dressur; Gärtner kümmern sich nicht um ihn, weder englische noch französische. Für einen Wald hat er zu edle Bäume, für einen Park allzu „schlamperte" Wiesen. „Es ist verboten" spielt keine Rolle; nur die Hauptallee geht kerzengerade und hat ihre Polizei. Sonst legt sich ins Grüne, in Sonne oder Schatten, wem es gefällt. Der Prater ist der Wiener in die Hortikultur übertragen. Es geht auch so und wäre hier gar nicht anders schön.«[55]

Der Prater als Wahrzeichen, so scheint es, funktioniert nicht nur als Ikon oder Indiz, sondern zeigt geradezu strukturelle Identität mit der spezifisch Wienerischen Lebensform. Er kennzeichnet eine Lebenskunst, die sich durch Toleranz und eine gewisse Freizügigkeit als eigentümliche, für Individualisten geschaffene behauptet. Seine Reglements genügen der Aufrechterhaltung der Ordnung, ohne einzuengen.

> »Der Wurstelprater wurde an einem Sonntagnachmittag besichtigt, die Dame ohne Kopf, Chingachgock [!], der letzte Mohikaner, das Rätsel der Sphinx, die letzten Überbleibsel aller europäischen Jahrmärkte führen hier ihr mumifiziertes Dasein. Die hübschen, noch immer drallen Wiener Mädeln aus den Vorstädten drehen sich im Tanz mit den Kavalieren, dazu blühen pflichtgemäß im Prater wieder die Bäume, und die Burschen und Mädeln verschwinden zwischen ihnen – dort, wo das Gebüsch sich schon [...] zu belauben beginnt.«[56]

Klabund schafft in seiner Skizze eine ironische Distanz, indem er den Schlager „Im Prater blüh'n wieder die Bäume" anspielt und dies noch mit dem Attribut *pflichtgemäß* versieht. In dieser ironischen Wendung zeigt sich, wie sehr die Wahrnehmung vom Klischee bestimmt wird. Doch die Klischierung wird von der Realität eingeholt: Das heitere Schäferspiel im Buschwerk ist die Spur von Lebendigkeit, die über den Verfall der Praterseligkeit ansatzweise hinwegtäuscht. Der Prater ist nur noch ein Rest, ein Fossil, das von vergangenen Zeiten kündet und die Gegenwart in Anbetracht der gloriosen Historie trauern macht.

> »Es war ein bloßer Zufall, der mich an demselben Abend in den „Wurstelprater", den uralten Wiener Rummelplatz führte [...] diese ausladenden, schrillen, maßlos pompösen, barbarisch-bunt bemalten und lächerlich vergoldeten und versilberten Schnitzereien der Karussels und Schaubuden, diese athletenhaften bärtigen Neptune und hochbusigen Fortu-

---

55 Lahm, Karl: Kraft und Schönheit im Wiener Prater. Vossische Zeitung 16.06.25.
56 Klabund: Im Prater blüh'n wieder die Bäume. Berliner Börsen Courier 06.06.28.

nas [...] diese mit Allegorien und Gemälden überladenen Baldachine, die kolossalen mechanischen Kirchenorgeln von falschem Barock, die Gassenhauer dudelten; dies alles unter dem ungesunden grellen Licht von Karbidlampen und elektrischen Birnen inmitten der toddunklen Nacht des alten Parks schien mir, wie ein grotesker Totentanz, wie eine parodistische Gespensterparade, noch einmal die höfischen Barockfiguren [...] aus der habsburgischen Bibliothek vorzuführen. [...] Man wird das dem Norddeutschen, der an seine Rummelplätze denkt, nur schwer klar machen können.«[57]

Potenziert und depotenziert zugleich wird im Prater die Morbidität der Stadt. Indem Autor und Prater die Allegorien zitierend häufen und das Barocke fälschen, der Totentanz nurmehr grotesk und die Gespensterparade eine Parodie ist, scheint die Morbidität, der Genius loci der Stadt, schiere Simulation. Doch die selbst morbide Simulation der Morbidität ersetzt den in seiner Konventionalität immerhin tröstlichen Topos des Wandels von Eros in Thanatos durch größeren Schrecken: Starre ohne Schrecken.

»Dieser Prater, das ist nun freilich eine Welt von gestern, ein Kitsch von gestern. Seit die Soldaten und ihre Dienstmädchen verschwunden sind, seit die alte Monarchie ihr unvermeidliches Ende gefunden und die sprichwörtliche Fiakergemütlichkeit aufgehört hat, ist der Prater mehr eine historische Sehenswürdigkeit.«[58]

Ehedem noch akzeptiert als lebendiger und beredter Zeuge der Vergangenheit ist der Prater zu deren Museum geworden. Ein Museum des Musealen:

»Das schönste Museum Wiens ist die innere Stadt selbst. In den Vorstädten sieht es ja stellenweis [!] recht grauslich aus.«[59]

1.3 Perfekt. Die Zeitlichkeit Wiens

Das Perfekt zeichnet sich als Zeitform bekanntermaßen dadurch aus, daß es vergangene Handlungen oder Sachverhalte bestimmt, die Bedeutung für die Gegenwart haben. Die Vergangenheit Wiens ist ein Faktor, der das Präsens der österreichisch-republikanischen Metropole in ungleich stärkerem Maße prägt als in anderen Städten wie Berlin oder Paris, jedenfalls in der Wahrnehmung der zeitgenössischen Beobachter.

---

57   W. H. [Haas, Willy]: Meine Meinung. Literarische Welt 35/1926, 2.
58   Strobel, Heinrich: Wiener Frühling. Berliner Börsen Courier 17.05.31.
59   Scheffler, Karl: Wiener Revue. Vossische Zeitung 16.02.24.

1.3 Perfekt. Die Zeitlichkeit Wiens

> »Denn Wien ist die Großstadt des Mittelalters in seiner letzten zugespitztesten, raffinierten, schon kaum mehr lebensfähigen Form.«[60]

Robert Müller, einer der wienkritischsten Wiener, situiert Wien einerseits in der Schreckenszeit jeder Aufklärungsmetaphorik – nichts kann finsterer sein als diese gottgefällige und geistfeindliche Epoche der klerikalen Finsternis –, andererseits jedoch wird es als Großstadt behauptet und mithin als jenes urbane Pflaster, das in der Moderne dem geldrationalen Bürger als Inszenierungsfläche dient, und, mehr noch, als Verdichtungspunkt nicht-zünftiger Arbeitskräfte fungiert. Müllers Heimatstadt erscheint folglich genau als Verbindungsstelle, an der sich die Zeiten verschränken. Diese Nähe feudalistischer Vergangenheit, die immer wieder in den Wienbeschreibungen zu finden ist, hat Gründe:

> »Niemand in Wien fragt, was zu tun wäre. [...] Wien empfing ja den Tonus seines Lebens vom Hofe; es war seit tausend Jahren eine höfische Stadt, [...]. Architektonisch drückt sich das unübertrefflich aus. Diese Stadt wurde „gebaut"; die „Burg" stand im Weichbild ihrer In- und Anwohner. Das Palais eines Fürsten oder später eines Erzherzogs gruppierte die Bauentwicklung, aber auch die seelischen Funktionen. Bis in die letzten Tage des alten Reiches beherrschte das Leben des Hofes die Vorstellungen des kleinen Mannes.«[61]

Müller, der schon drei Jahre vor der oben zitierten Definition Wiens Erklärungen für das Manko an Modernität in Wien suchte, greift in seinen Überlegungen weit voraus auf Theoretiker der sogenannten Postmoderne oder – wenn man an deren Kronzeugen denkt – weit zurück.[62]

Er entdeckt die Entsprechungen zwischen urbaner Architektur und Diskurs, so wie dessen Vermittlung in den seelischen Apparat hinein. Bauwerke und deren Anlage dienen eindeutig der Repräsentation. Die Macht der Aristokraten und mehr noch des Monarchen durchdringt die Stadt nicht bloß, errichtet sie vielmehr: Kaiserliches Wien und seine Herrschergestalt werden identisch.

> »Hier ist die symbolische Konzentration der großen deutschen Geschichte, der wirklich großen, der gegenüber die problematische Konstruktion eines norddeutschen, berlinischen

---

60 Müller, Robert: Der letzte Österreicher. Neue Rundschau 1923/1, 565.
61 Müller, Robert: Wien, die versinkende Stadt. Neue Rundschau 1920/2, 871.
62 Gemeint sind die diversen Überlegungen, die Michel Foucault verschiedenenorts zu diesem Problemkreis angestellt hat, die er seinerseits allerdings bei den Praktikern der Machtdispositive vergangener Zeiten vorgedacht fand, wie etwa bei Bentham und dessen Panopticon. Vgl. exemplarisch Foucault, Michel: Überwachen und Strafen. Frankfurt a. M. 1976, 251–292.

Kaisertums die Unwahrscheinlichkeit seines Wesens keinen Augenblick verbergen kann. Der deutsche Kaiser – das ist Wien.«[63]

Wenn Wien der deutsche Kaiser ist, dann wohnt es in Schönbrunn, im Westen, während im Osten das Volk des Kaisers seinen Ort hat: den Prater. Von West nach Ost verläuft ein Gefälle durch die Stadt, das sich vom einsamen, ruhigen und ruhebedürftigen Gipfel bis auf das Meeresspiegelniveau der Volksmasse hinuntererstreckt. Diese natürlich-territoriale Ordnung ist aber eingebrochen, und an ihrer Stelle erstehen die Gespenster.

»Es [Schloß Schönbrunn] war vornehmer als der Prater mit seinen tollen, närrischen Schaubuden, denn über dem gelben Schloße der Habsburger schwebte die Historie wie eine unsichtbare Mahnerin zur Zurückhaltung und Dämpfung allzu wienerisch lauter Hetz und Gaudi. Und dann – der Herr Kaiser wohnte hinter diesen hohen, spiegelnden Fenstern; der Herr Kaiser konnte vielleicht im nächsten Augenblicke irgendwo unter den alten Buchen und Eichen auftauchen. Das ist nun alles anders geworden, so ganz anders. Schönbrunn, das einst war, ist gestorben. Die Äußerlichkeiten vergangener Pracht sind wohl geblieben, aber sie sind wie Skelette, von denen das Fleisch abgefallen ist.«[64]

War der deutsche Kaiser also Wien und das Fleisch? Nun, der *deutsche* Kaiser war immer auch – jedenfalls bis zu den Zeiten des ersten Napoleons der Kaiser des heiligen *römischen* Reiches deutscher Nation, und das Attribut römisch oder gar ost-römisch löst denn doch einige zusätzliche Assoziationen aus.

»Wien sehen, heißt diese Glorie sehen, tagtäglich sehen; diese Glorie, die der Grandezza römisch-barocken Wesens teilhaftig ist und, wie schon die römische Größe des Menschlichen nie entbehrt, ja in einer wunderbaren Steigerung des Menschlichen sich eigentlich ausdrückt, den menschlichen Geist und Ton für uns noch um so gewisser besitzt, als sie wienerisch, österreichisch, als sie süddeutsch ist und dergestalt sich ganz unmittelbar mit unserem schönsten Leben verbindet. Das Heroische ist mit dem Gemütlichen überzeugend und wohltätig zusammengekommen.«[65]

Diese sympathisierende Lesart sowohl des römischen Barock, wie auch einer Verschmelzung von gemütlich und heroisch, gibt als Ursache für den Kulturkonnex Wien–Rom–Ostrom die natürliche Infrastruktur an.

»Die Donau ist der Strom des deutschen Südens; sie ist der Strom Österreichs – und wenn der Rhein den deutschen Westen auf Frankreich, auf die Niederlande, auf England und die

---

63 Hausenstein, Wilhelm: Wiener Tagebuch II. Neue Rundschau 1932/1, 636.
64 Renker, Gustav (Wien): Ein verlassener Herrschersitz. Deutsche Allgemeine Zeitung 15.03.19.
65 Hausenstein, Wilhelm: Wiener Tagebuch I. Neue Rundschau 1932/1, 362.

1.3 Perfekt. Die Zeitlichkeit Wiens

Atlantis bezieht, so ordnet die Donau ihr Österreich, ihr Wien dem schwarzen Meere und dem Mittelmeer zu.«[66]

Die Donau, der sagenhafte Nibelungenfluß, führt aus dem Germanischen hin nach Süden, was weder historisch noch geographisch zu überzeugen vermag, andererseits aber auch nach Südosten, und von dort scheint viel nach Nordwesten gedrungen zu sein, in „das kaiserliche Wien mit seiner eigenen, spätbyzantinischen Atmosphäre, eine verderbte, verrottete, aber unsäglich reizvolle und kultivierte Stadt, in der die seltsam müde und unendlich vergeistigte Kunst eines Klimt oder eines Altenberg [...] geduldet werden konnte; die träge und üppige Stadt, [...] die Stadt der zivilisierten Reichen, der angenehmen Lokale, der gesitteten Müßiggänger, der guten Küche, der wohlgekleideten und schönen Frauen. Diese Stadt ist tot [...]."[67].

Auf der Suche nach dem Perfekt sind wir beim Imperfekt angelangt, das in seiner Abgeschlossenheit Bedingung des geschichtlichen Wandels ist, und trotz aller Behauptungen vom Fortwirken des Vergangenen finden sich genug Spuren in der Stadtstruktur, die Zeugnis ablegen von solchen Wandlungen. Franz Ferdinand Baumgarten inszeniert die urbane Architektur gar als konventionelle Abfolge der kunsthistorischen Epochen:

»Alte Paläste von neu gewachsenem Häusermeer der inneren Stadt bedrängt in der Vorstadt. Schlösser, aus weiten Parken wuchtend, fürstliche Wohnsitze, mit denen einst Habsburgs Prokonsuln in Ungarn, Böhmen, Italien und Deutschland die Hofburg umkreisten und umkränzten. In stillen Gassen Bürgerhäuser, wo über schmalen Toren, von ewigen Lampen angeschienen, Madonnen ihre zieren Hände falten. Lange gerade Straßenzüge zerreißen der alten schlängelnden Gassen und lauschigen Plätzen feingewobenes Netz und stürmen in die Vorstädte. Breite Gürtelringe füllen den Spalt zwischen Stadt und Vorwerk. Vor Bauten, die Kaiser, Krieg und Künstler künden, lärmen jetzt, levantinisch gefärbt, Masse, Markt und Messe.«[68]

Moderne wird als Verfallsgeschichte skizziert. Die Brutalität von Vermassung und Vermarktung verschafft sich, in martialische Wendungen gefaßt, Einlaß in ein feudales und frühbürgerliches Idyll.

So wird die Stadt geschildert, als sei sie von Spitzweg gemalt worden, gewinnt damit ein Aussehen, das nach der deutschen Romantik keine tatsächliche Stadt mehr besaß und das sie wohl nur im Feuilleton besitzen konnte. Die häufigen Nennungen des Architekten Fischer von Erlach bei Angaben zur

---

66 Ebd., 359.
67 Höllriegel, Arnold: Ein Plato gesucht. Berliner Tageblatt 07.02.22 (a).
68 Baumgarten, Franz Ferdinand: Wien. Berliner Tageblatt 10.11.21 (a).

Architektur der Stadt lassen die folgende Bestimmung Heinrich Strobels realistischer scheinen.

> »Der Barock hat in Niederösterreich tiefe Spuren hinterlassen. Er bestimmt heute noch das Stadtbild von Wien.«[69]

Das Barock als Hoch-Zeit klerikaler Machtentfaltung bildet einerseits einen kulturgeschichtlichen Konnex zu Rom, etabliert andererseits aber auch angesichts der säkularisierenden Tendenzen innerhalb des katholischen Klerus, seiner gerade im Barock ausschweifenden Genuß- und Sinnenfreudigkeit, die Assoziation mit Byzanz, das in der west-europäischen Vorstellungswelt mit ähnlichem Sinnenzauber besetzt ist. Doch ist das Wiener Barock verspätet. Wenn andere Kunstgeschichten bereits Rokoko schreiben, steht hier noch das siebzehnte Jahrhundert in Blüte:

> »Das wienerische Palast ist (die Ausnahmen wiederum zugegeben) robenhafter als das römische Barock. Der Charakter ist weiblicher. Metaphorisch würde sich sagen lassen, das Wiener Barock scheine einigermaßen auf jenen Mittelpunkt österreichischer Kultur hinzustreben, der Maria Theresia heißt. Wien ist die Stadt dieser Kaiserin, nicht die Stadt von Päpsten und Kardinälen.«[70]

Wien, das schon der Kaiser war, ist nun der Kaiserin, bedeutet ein matriarchales Gefüge, von dem noch zu sprechen sein wird. Zwar bestreitet Hausenstein zu Unrecht den Einfluß des Klerus auf die Kultur der Stadt, doch ist festzuhalten, daß das Zentrum, der Höhepunkt der Wienerischen Kulturentfaltung in theresianischer Zeit verortet wird. Auch für den Vorzeigedichter der österreichischen Jahrhundertwendeliteraten scheint dies gegolten zu haben:

> »Das eigentliche war ihm das Österreich der großen Habsburger und seine weißgoldene Krone, das theresianische Wien. Die bevorzugte Gesellschaft, an deren Rand der junge Hofmannsthal aufwuchs, lebte noch ganz in seinem Geiste, in einem Geist der ganz Musik und Form geworden war.«[71]

Die Metaphorik will bedeuten, daß mit dem theresianischen Wien eine stark hierarchisierte Sozialstruktur einhergeht, die den einzelnen einen Platz anweist, von dem sie nicht treten dürfen. Die hierarchische Unterteilung der

---

69   Strobel, Heinrich: Kloster, Kirchen und Prälaten. Berliner Börsen Courier 23.05.31.
70   Hausenstein, Wilhelm: Wiener Tagebuch I. Neue Rundschau 1932/1, 370.
71   Auernheimer, Raoul: Hugo von Hofmannsthal als österreichische Erscheinung. Neue Rundschau 1929/2, 661.

1.3 Perfekt. Die Zeitlichkeit Wiens

Macht dient einer zentralen Aufgabe: zu repräsentieren. Die Anweisungen sind nicht nur für die Statik der Macht vonnöten, sondern auch für ihre Spiegelung. Jeder und jede zeigt an, welche Position er oder sie innehaben, und verweist damit zugleich auf den Wert, den diese Position in einer ausdifferenzierten Skala des Machtzuganges hat. Man kann diese Gesellschaftsform natürlich auch naturalistischer beschreiben; so schreibt Auernheimer über Hugo von Hofmannsthal weiter:

> »Er setzte Rangunterschiede voraus, er forderte sie; die Überlegenheit der Qualität schien ihm so natürlich, wie daß der Berg über dem Tale stand. Auch das ist österreichisch-theresianisch. Dem Österreicher scheint es selbstverständlich, die Stufenfolge, die er in seiner Landschaft vorgebildet findet, auf die sittliche, die soziale Welt zu übertragen. [...] So ist die Welt des Österreichers von Haus aus statisch, dynamisch nur der große Wille, der sie, immer von außen, bewegt.«[72]

Selbst wenn man konzediert, daß bei derartigen Einordnungen eines Autors in der Kulturgeschichte die Moden der Gegenwart eine nicht zu unterschätzende Rolle spielen – und eine dieser Moden war in den Zwanziger Jahren das Barock als Forschungs- und Konversationsthema –, so muß man der Behauptung doch eine gewisse Richtigkeit zugestehen. Die barocke Tradition tritt mit einer derartigen Häufigkeit und Kohärenz auf, die so für andere Städte nicht zu beobachten ist. Wer würde Berlin oder Potsdam als Barock-Zentren beschreiben, wenngleich Friedrich, der „Große", Zeitgenosse jener Maria Theresia gewesen ist?

Doch zurück zu Hofmannsthal, der Dichter-Inkarnation des geistigen Österreich. Für seine Bestimmung der österreichischen Form greift auch Heinrich Eduard Jacob, einer der intelligentesten Wien-Korrespondenten, auf Hofmannsthal zurück.

> »In der geistigen Person Hofmannsthals waren Gegenreformation und Barock bis zur Identität verschmolzen. Da er ein Genosse unserer Zeit war, liegt es für Flachköpfe natürlich nahe, zu glauben, daß er am Barock ein lediglich kunstgeschichtliches und am Katholizismus ein nur geistesgeschichtliches Wahlinteresse nahm. Nichts könnte fälscher [!] sein. Er suchte sich nichts aus: diese Dinge waren für ihn von frühester Jugend an persönlichkeitsbildend. Diese so österreichischen Dinge: Barock und Gegenreformation. [...] Warum kurz und karg schreiben, warum zwischen zwei Punkten die gerade Linie wählen, wenn der Umweg doch lockender, reicher, welthaltiger ist? Das ist Hofmannsthals gewundener Stil. Das ist Hofmannsthals katholischer und österreichischer Stil.«[73]

---

72 Ebd., 664.
73 Jacob, Heinrich Eduard: Österreichische Form. Neue Rundschau 1929/2, 667.

Suchen wir also aus den bisher zitierten Passagen einen Extrakt zu ziehen, der die Essenz dessen enthält, was Wien in den Zwanziger Jahren in den Federn der feuilletonistischen Zeitgenossen aus der Vergangenheit an sich trug, ergibt sich ein konzentriertes Gebräu folgender Ingredienzen: ein in die Zeit Maria Theresias verlegtes, von einem sinnesfreudigen Katholizismus durchwirktes Barock, das sich sozial stark hierarchisiert zeigt, architektonisch in den Palästen umgesetzt wird und seine vornehmste Aufgabe in der Repräsentation des gesellschaftlichen Status und der zugrundeliegenden Struktur findet.

An dieser Last der Vergangenheit trägt das Wien der Gegenwart in Form einer offenbaren Handlungsunfähigkeit respektive reduzierten Handlungsbereitschaft.

»Die Bewohner dieser Stadt, nicht weniger barock als ihre Paläste, wissen sich von den Schätzen ihrer fast unübersehbaren Vergangenheit umgeben und suchen nach dem Schutz vor der Zukunft.«[74]

Die Angst vor der Zukunft allerdings kann ein Symptom des Jahres 1931 sein, dem Jahr, in dem der zitierte Text gedruckt wurde. Man muß wohl eine Spaltung der Zukunftsängste annehmen: Während in Wien 1931 eher Hoffnung herrscht, sieht man in Berlin dem Kommenden mehr besorgt entgegen, so daß davon auszugehen ist, daß der in Berlin schreibende Hermann Sinsheimer die dortigen Ängste auf die Donaustadt projiziert. Um dies wirklich zu klären, bedarf es aber eines Durchganges durch die Chronologie der Wienberichterstattung, der das je aktuelle Wien, das Präsens, vom Perfekt scheidet.

1.4 Chronik, chronisch. Die Geschichte der (Be-)Deutungsmuster Wiens in der Weimarer Republik

»Wien ist heute krank, die Stadt fiebert, nun scheint es so, als ob das kommende Wien seine Ähnlichkeit behalten sollte mit jener Stadt, die literarisch so oft gekennzeichnet wurde als das heitere, ein wenig gedankenlose, stets gut gelaunte und immer so gemütliche Wien. Das soll nun, wenn es jemals Wahrheit war, für alle Zeiten vorüber sein. Es ist nicht schlimm, daß wir von jener Fabel nicht mehr hören werden. In derselben Stadt, wo es so süß und niedlich zugehen sollte, arbeiteten hunderttausende von Proletariern, deren Le-

---

74   Sinsheimer, Hermann: Kleine Woche Wien. Berliner Tageblatt 21.05.31.

1.4 Chronik, chronisch. Die Geschichte der (Be-)Deutungsmuster Wiens

> benskampf so gar nicht süß und gemütlich war, in derselben Stadt hungerten Menschen, strebten und litten Ungezählte. Aber die Fassade des gesellschaftlichen Lebens war immer so nett und behaglich, so blank geputzt. Vielleicht war das wirklich eine Kultur der Nettigkeit und der Behaglichkeit, die ihren Wert hatte? [...] Am 12. November 1918 demonstrierte Wien für die deutsche Republik. Es war anders. Zu seinen Demonstrationen von einst verhielt sich das wie Donner zum Zirpen. Da sprach der Wille der Stadt, der wachgerufene, noch unsichere aber gewaltige Wille. Eine halbe Million Menschen mögen es gewesen sein, die den Reden lauschten, die von der Rampe des Parlaments gehalten wurden. Eine halbe Million, die lauschte, – kein gewaltiges Jubeln hätte so stark sein können, als die Gewalt des aufmerksamen Schweigens war. Wien lebt.«[75]

Woher kommt dies Leben, rührt das Fieber oder der Wille der Stadt? Am Anfang war bekanntlich nicht das Wort, bereits Faust korrigierte zur Tat; in der naturwissenschaftlichen Moderne wurde sogar schon vom „Klümpchen Schleim in einem warmen Moor" gedichtet, und die zweite Wiener Moderne startete unter ähnlichen Voraussetzungen. Bereits Mitte Oktober *1918* ist aus Wien zu berichten:

> »Die Straße ist voll Kot.«[76]

Was hier als Symptom des Verfalls dienen mag, den Zusammenbruch selbst noch der bürgerlichen Kriegsordnung zu veranschaulichen, hat im Frühjahr des Folgejahres ganz offenbar eine andere Funktion.

> »In Wien ist es sehr kotig. Der Wind pfeift auf die Republik.«[77]

Die höheren Mächte, wie die Witterung, lehnen die junge Staatsform ab, und – so ist man versucht zu folgern – auch die gerade initiierten Republikaner wissen nicht so recht, was sie von dieser Stammesform halten sollen. Nur einen Monat später, nachdem eine Frostperiode überstanden wurde, meldet sich derselbe Autor wiederum aus Wien zu Wort und leitet seinen Lokalbericht mit selbiger Metaphorik in nochmals gewandelter Funktion ein.

> »Das Wetter macht sich. Die ewige Starrheit zerfließt in Kot: so ähnlich etwa wie unser Krieg in unseren Frieden zerfloß.«[78]

Die Metaphorik zielt auf einen gesellschaftlichen Wandlungsprozeß, der als naturhafte Auflösung beschrieben wird. Zerfließen ist hierbei deutlich einem

---

75 Soyka, Otto: Die Hauptstadt ohne Reich. Deutsche Allgemeine Zeitung 29.11.18.
76 Höllriegel, Arnold: Tagebuch eines Wieners. Berliner Tageblatt 14.10.18.
77 Polgar, Alfred: In Wien. Berliner Tageblatt 08.02.19.
78 Polgar, Alfred: Wien. Berliner Tageblatt 08.03.19.

von außen kommenden Einfluß geschuldet, der den Personen, die in die gesellschaftlichen Veränderungen verwickelt sind, keinerlei gestalterische, konstruktive Beteiligung zukommen läßt, die für ein wirklich politisches Handeln spräche.

Angesichts eines solchen Beginnens, in dem die alten Strukturen nur zerfallen und ein zweifelhaftes Resultat hinterlassen, steht zu erwarten, daß die Wienfeuilletons dieser Anfangsjahre nicht allzuviel Positives zu vermelden wissen.

In der Tat stehen sie im Zeichen der Krise, und zwar zunächst weniger einer politischen oder kulturellen, sondern einer schlicht materiellen.

> »Nebenbei und rundherum gehen ja, was leider in der Gegend des Stephansturmes nicht in Abrede gestellt werden kann, die Berliner an ihren Spartakisten, die gemütlichen Münchener an den telegraphierten Freiheitshymnen des Herren Kurt Eisner, und die Ideale des Mister Wilson an den Reden des Professors Masaryk ein bißchen zugrunde. Aber Wien bleibt Wien, versichert emphatisch Herr Huber; und der Kaffeesieder Riedl, der sich unlängst ins Privatleben zurückgezogen hat, was von seinen zahlreichen Freunden mit Recht so bedauert worden ist, daß er bereits wieder daran geht, nächsten Monat an der Ecke des Stephansplatzes sein renommiertes Kaffeehaus wiederzueröffnen – Herr Riedl also verweist schlicht darauf, daß sich die Wiener Gemütlichkeit, die Wiener Musik, die Wiener Frauen und, nicht zu vergessen, der bekannte unübertreffliche Wiener Kruspelspitz, schon demnächst wieder den Ehrenplatz im momentan noch verstimmten Konzert der Mächte erobern würden. [...] das Verschwinden der Margarine beklagen schließlich nur die, die sich keinen markenfreien prima Speckfilz [-sitz?] verschaffen können, die armen Weiber aus Ottakring also, die im Bild einer Weltstadt ohnehin nichts zu suchen haben. [...] Nein, wir werden nicht sterben; wir bleiben die patentiert gemütlichste Stadt Deutschösterreichs mit Einschluß einiger benachbarter Kontinente [...].«[79]

Es ist ein zynischer Optimismus, der da Platz greift. Carl Marilaun beschreibt deutlich genug die sozialen Gegensätze, die Wien durchziehen und durchzogen haben und sieht in gleicher Deutlichkeit das Elend der arbeitenden Klasse.

Hoffnung richtet sich nun nicht auf die grundsätzliche Aufhebung des Elends und der Gegensätze, sondern auf den Schleier, der beides verdeckt. Diese Hoffnung vergeht zusehends mit dem Näherkommen des ersten Wahlsonntags nach den Nachkriegswirren und wandelt sich zur Furcht vor dem möglichen Wandel.

> »Ottakring. Stadt der Armut. Viertel der Empörung. Bezirk jener wider Gott, die Großköpfigen und den Wachmann an der Ecke aufbegehrenden Megären, die, zu vierhundert an der Tür ihres Milchladens geschart, arme Mütter der Not, Kreuzträgerinnen eines fünfjährigen

---

79 Marilaun, Karl: Was wird aus Wien? Deutsche Allgemeine Zeitung 31.01.19.

1.4 Chronik, chronisch. Die Geschichte der (Be-)Deutungsmuster Wiens

Weltkrieges und zerbrochene, unters Rad geratene Dulderinnen sind. Wie geduldig ein menschliches Lasttier, Heere und Armeen solch unterernährter Lasttiere sein können, lernt man im Bezirk der Armen und Proletariermütter, in deren Ställen, Verließen [!] und Kellerwohnungen das Wasser von den Wänden läuft und Ungeziefer den Schlaf wächserner Kinder bedrängt. Die Mütter ertragen es stumm, langsam sterbend ihre Kinder absterben zu sehen. Oder doch beinahe stumm ertragen sie es, denn zuweilen geschah es, daß eine oder ein Dutzend von ihnen, die Fensterscheibe eines Delikatessenhändlers einschlug, was man bei uns „Ausschreitungen irregeleiteter Elemente" nennt. [...] Auf daß jener Achtelliter blauer Milch und vier Dekagramm Margarine die Woche ihnen erhalten bleibe, bis es auch für arme Proletarierweiber in Ottakring wieder volle Schüsseln der Phäaken, gefüllt bis zum Rand mit dampfender Einbrennsuppe, geben wird. Und Pferdefleischgulasch und Schusterlaiberl dazu, so groß wie eine Hand, und Paprikaspeck und eine dampfende Schüssel Grießkoch für die Kleinsten, deren Ammenmilch heute aus einem gelben, salzigen, in Wasser aufgekochten Suppenwürfel besteht. [...] Grau wie der gestrige, wird der morgige Tag sein. Aber eine ungeheure, in Krämpfen geballte Riesenfaust droht von Ottakring herüber diese leichtsinnige und leichtherzige und doch schon von den ersten Fiebern eines neuen Werdens geschüttelte Stadt. Eine rote Flut, ein blutroter Katarakt von Stimmzetteln fiel an diesem historischen Sonntag aus den Händen der Mütter auf die abertausend Tische der gleichmütigen und gegen Abend beträchtlich durstig gewordenen Wahlkommissionsmitglieder. [...] Wahrhaftig, Welten gebären sich und Vergangenheiten stürzen ein in dieser Wiener Nacht, in der Gottes ewige Sterne, zu Myriaden nach unerforschlichen Ratschlüssen gestellt, über den Häuptern von Wählern und Erwählten, Siegern und Durchgefallenen kreisen."[80]

Bei diesen Wahlen siegen in der Tat die österreichischen Sozialdemokraten, und die mit expressionistischem Gestus aufgebotenen Sterne werden dadurch nicht betroffen; eher scheint diese Wahl eine Entspannung der Verhältnisse zu bewirken.

»Die Hälfte unserer Brotkarte ist bis auf weiteres gestrichen, und abermals regiert die Wruke, gemildert durch städtisches Sauerkraut. [...] Wien hungert, wahrhaftig, und daß vierzehntausend arme Weiber, die mit ihren vier Deka Margarine von der Großmarkthalle heimgehen, auf diesem sorgenbeladenen Heimweg, die Auferstehung der prager Schinken, der steirischen Poularden und der böhmischen Powidlgolatschen keines einzigen bösen Blicks würdigen, nennt der Polizeibericht anerkennend: die bewunderungswürdige Ruhe der Bevölkerung."[81]

Der Bericht spricht bereits von der Auferstehung diverser Köstlichkeiten, worin deutlich wird, daß sie vordem nicht vorhanden waren, ja, daß die existenzielle Not sogar so groß war, daß man nicht einmal daran dachte, sie wünschen zu können. Mit ihrer Wiederkunft einer geht aber komischerweise keine Beunruhigung der arbeitenden Klasse, der es demnach weiterhin schlecht, dabei aber nicht zu schlecht geht. Beunruhigt und aufgeregt ist viel-

---

80 Marilaun, Carl: Der große Wiener Sonntag. Deutsche Allgemeine Zeitung 23.02.19.
81 Marilaun, Carl: Wiener Tagebuch. Vossische Zeitung 14.02.19.

mehr das Kulturpublikum, das es anscheinend wesentlich besser getroffen hat:

> »Er [Karl Kraus] liest aus seinen Schriften, geistreich, oft tief und blendend in Pointe und Folgerung. Aber eine Kritik soll hier nicht gegeben sein. Bei den letzten Vorlesungen war Polizeiaufgebot notwendig. Gegner im Saal protestierten mit Rufen und Schreien, und es kam gegen die überwältigende Zahl der Anhänger zu Faustkämpfen. Kraus greift mit rücksichtsloser Stärke das alte Österreich an. Man ist Für und Wider und steht dafür ein. Die Krausvorlesungen sind ein Maßstab für die Meinungskraft dieser Stadt, die sich so lange das Meinunghaben erließ. Kein unwürdiger Maßstab! [...] Auch sonst scheinen mir die vielfachen heftigen Protestkundgebungen, die mit ebensolchen Beifallskundgebungen zusammenstoßen, ein Zeichen des erwachenden Urteilswillens und der erwachenden Urteilskraft des Wiener Publikums.«[82]

Kraus steht für die Verteidiger der jungen Republik und vermag allein durch diese Verteidigung, sein Publikum zu polarisieren. Was Soyka als erwachende politische Meinungsbildung begrüßt, ist angesichts dessen, was verhandelt wird, als Bildung einer anti-demokratischen Fronde zu werten, die sich genau gegen einen kollektiven Politikzugang wehrt.

Aber es sind nicht allein die politisch dringlichen Tagesfragen, die diskutiert werden. Es geht den Feuilletonisten ganz offensichtlich nicht schlecht, da sie Muße haben, sich Sorgen um die Lektüreversorgung zu machen.

> »In dieser Woche bekommen die Wiener nur die Hälfte der kläglichen Brotration. Aber das ist nicht alles. Der Mensch lebt nicht vom Brot allein. Uns gehen in der letzten Zeit langsam aber sicher die Bücher aus. [...] Bekommt man ein Buch, dann ist es aberwitzig teuer. Auch in Deutschland sind ja die Bücherpreise sehr gestiegen, wir aber müssen immer den doppelten Betrag zahlen, denn die Buchhändler setzen die Mark zwei Kronen gleich, im Budget der Wiener spielt aber ja doch die Krone die gleiche traurige Rolle wie im Budget des Berliners die Mark.«[83]

Statt von der Hungersnot, die der Titel des Feuilletons annonciert, ist von der in Österreich sich deutlich früher als im Deutschen Reich steigernden Inflation zu lesen. Diese beiden Krisen verdichtet Alfred Polgar in einem lakonischen Satz:

> »Das Hungertuch, an dem die Bevölkerung nagt, wird immer teurer.«[84]

---

82 Soyka, Otto: Proteste. Deutsche Allgemeine Zeitung 11.03.19.
83 Höllriegel, Arnold: Eine Hungersnot. Vossische Zeitung 22.01.19.
84 Polgar, Alfred: Wien. Berliner Tageblatt 08.03.19.

1.4 Chronik, chronisch. Die Geschichte der (Be-)Deutungsmuster Wiens 57

Dies mag unter anderem seine Ursache darin haben, daß es einige gibt, die sich die steigenden Preise noch leisten können; gegen einen Teil von diesen werden im Feuilleton die Ressentiments mobilisiert:

> »Es ist kein Zweifel, wir sind auf dem besten Wege, eine internationale Fremdenstadt zu werden. Was unsere sämtlichen Vereine, Komitees, Ausschüsse und kaiserlichen Räte zur Hebung des Fremdenverkehrs seit zwanzig Jahren träumten, und leider ziemlich vergeblich träumten, ist nun auf einmal nichts weniger als ein Traum. Die Fremden sind da. Sie beherrschen unsere Kärntnerstraße: die Korbfauteuils an der Ringstraßenfront unserer großen Hotels sind von ihnen besetzt; man erkennt sie auf dem Graben auf zwanzig Schritt an ihrem ungewendeten Überrock, an ihren Schuhe, die schöne, dicke, echte Ledersohlen haben und deren Absätze im Gegensatz zu denen des einheimischen Korsojünglings nicht im mindesten verlatscht sind. Wir haben jetzt in Wien ganze Gassen, die sozusagen über Nacht ein fremdes Idiom gelernt haben.«[85]

In den Gassen stellen sich jene diskreten Freuden dar, an denen sich moralisch verderbte, aber ökonomisch wohl ausgestattete Kolonialherren zum Untergang der Einheimischen vergnügen.

Der unüberlesbare Neid, der aus diesen Zeilen spricht, zeigt auch zugleich die Ablehnung einer möglichen Kriegsschuld an, durch deren Über- oder Annahme die Schlechterstellung der Österreicher eine Legitimation erfahren würde. Die Krise in Politik, Kultur und Ökonomie wird als unverdient und nicht selbst verschuldet wahrgenommen. Doch zumindest im Sommer des Jahres scheint die Krise der Lebensmittelversorgung in Östereich gebannt zu sein.

> »Es ereignete sich das nie für möglich gehaltene, das Transleithanier nach Wien kommen, in das ausgepowerte, vertrocknete, verschrumpelte Wien, um sich hier einmal satt zu essen. Ein Ungar das Land der Österreicher mit dem Magen suchend [...], welche Wendung durch Gottes Fügung!«[86]

Die Nobilitierung, die die Wiener durch die Ungarn erfahren, wertet diese jedoch nicht absolut auf. Vielmehr ist die Besserstellung der Wiener nur eine relative, die dem zeitgenössischen Leser verdeutlichte, daß es Ungarn noch schlechter ging. Für eine solche Lesart spricht auch der nachfolgend zitierte Artikel, der einen Tag zuvor in einer anderen Berliner Zeitung erschienen war.

---

85 Marilaun, Carl: Die Fremdenstadt wider Willen. Deutsche Allgemeine Zeitung 12.04.19.
86 Polgar, Alfred: Sommer in Wien. Berliner Tageblatt 29.07.19.

> »Nicht mehr Kaiserstadt, nicht mehr Phäakeninsel, nicht mehr Walzerwelt – nein, all das wird dort nicht mehr sein, man weiß es schon, und man weiß auch, daß die Philosophie des alten Wiener Liedes, das behauptet, „es wird a Wein sein, und mir werde nimmer sein" zerstäubt ist, [...]. Wahrhaftig verhungerte Menschen schleichen durch die Wiener Straßen.«[87]

Das entworfene Untergangsszenario erweist seine Unstimmigkeit bereits im letzten Satz des zitierten Passus; im Ausdruck *wahrhaftig* verdeutlicht sich die Fragwürdigkeit der Konstruktion. Von Interesse ist der Text, weil er die feuilletonistischen Phrasen der Vorkriegsfeuilletons zum erstenmal gegen die neue, republikanische Wirklichkeit aufbietet und so im Alt-Neu-Dualismus das Neue der Kritik unterwirft, ohne auf die Wirklichkeit des Alten, die immerhin in den Weltkrieg führte, oder die Entstehungsbedingungen des Neuen zu verweisen. Ein Wertung ganz anderer Art nimmt ein österreichischer Edler vor:

> »Wenn nichts vorläge als diese „Wiener Kultur" mit ihrem esprit de finesse, der immer mehr zum Feuilletonismus entgeisterte, als diese Vornehmheit, die Kraft und Brutalität nicht mehr auseinanderzuhalten vermochte: so wäre das genug, um das Untertauchen in der ganzen deutschen Brause zu wünschen.«[88]

Ob diese Pose, die den Untergang der Kultur begrüßt, nicht selbst Symptom jenes angeklagten *esprit de finesse* ist, bleibt fragenswert; andererseits hat diese Haltung nun scheinbar einen realen Grund, und spätestens im Herbst 1919 ist neben der Inflation auch wieder der Hunger auf den Plan getreten. Ein staatlicher Notverkauf von Kunstwerken beginnt – wenn auch nur für kurze Zeit –, um auf diese Weise den Ankauf von Lebensmitteln sicherzustellen.

> »Dies Wien, das Kunst war, immer mehr Kunst als reale Gegenständlichkeit, hat alle unverlierbaren Wunder, in einem Frieden verloren, der so allem Unvergänglichen den Krieg erklärt. Dies ist mein Wien, die Stadt der Klagelieder [...]. Was liegt näher als der Gedanke an die Kunstwerke selbst, mit deren Erlös der Magen einer entnervten, im Dunkel der Verzweiflung dahindämmernden Stadt gefüllt werden soll.«[89]

Mit der Kunst geht Wien die Künstlichkeit und damit das ureigenste Wesen verloren. Die Stadt der Repräsentation hat nichts mehr zu repräsentieren, wodurch der Frieden schrecklicher als der Krieg wird. Anläßlich eines anderen Vorfalles geißelte bereits im Frühjahr Alfred Polgar:

---

87 Preis, Max: Wiedersehen mit Wien. Berliner Börsen Courier 30.07.19.
88 Musil, Robert: Der Anschluß an Deutschland. Neue Rundschau 1919/1, 350.
89 Schach, Max: Die Kunst geht nach Brot. Berliner Tageblatt 03.10.19.

1.4 Chronik, chronisch. Die Geschichte der (Be-)Deutungsmuster Wiens 59

»Großer Schmerz aber befiel die Stadt, als sie durch die Nachricht, die Italiener hätten ein Paar Bilder [...] requiriert, von der Existenz dieser Bilder erfuhr. Das Empfinden war allgemein, daß man ohne diese Bilder nicht leben, sich niemals von ihnen trennen könne. Die Kulturmenschen, so rund um den Stefansdom angesiedelt sind, erklärten, unter solchen Umständen mache ihnen der ganze Zusammenbruch der Monarchie keinen Spaß mehr.«[90]

Wie Musil wendet sich Polgar im Feuilleton gegen einen Feuilletonismus, der die Wirklichkeit verfehlt und nicht gestalten will, sondern, vor den Anforderungen der Gegenwart zurückschreckend, den Rückzug in eine geschmäcklerische Nischenexistenz wählt.

Die Gegenwart scheint am Ende des Jahres 1919 nicht viel bessere Aussichten zu bieten als zu Beginn desselben.

»Der Wienerwald ist eine der köstlichsten und feinsten Gaben, mit denen die freigebige [!] Natur die alte Habsburgerstadt beschenkt hat. Er hebt seine grünen Arme über die letzten Häuser der Riesenstadt, umrauscht die Heurigenseligkeit der rebengekrausten Vororte und spannt um das steinerne Meer von Wien einen weiten, duftenden Bogen, an dessen Ufer die Rauchschwaden und üblen Dünste der Fabriken und dumpfen Straßen zerfließen. [...] Wie alles, was der Wiener liebt, Eingang in ein Lied gefunden hat, so war der Wienerwald zunächst dem alten Stefansturm und anderen Liebkindern des Wiener Volkes bald in jedem Bänkelgesang und in jedem volksentsprossenen Liede zu finden, das draußen in den schattigen Weinschenken ausflatterte und bald da und dort, auf Gassen und in Zimmern gesungen wurde. [...] Nun aber kam etwas, das allem Anschein nach stärker ist als alle Pietät und Liebe, das auch mit dem sagenberühmten goldenen Wienerherzen gründlich aufgeräumt hat und dabei die kokett tänzelnde Liebe des Wieners zu „seinem" Wald hinweggefegt hat. Die große Not der Zeit, inkarniert in deren Höhepunkten: Lebensmittelmangel und Kälte. Wien friert! Die Kohlequellen des Nordens sind durch die Grenze und die Valuta verstopft worden, an eigener Kohle produziert Deutschösterreich bekanntlich nur ein Minimum, das den ungeheuren, zitternden Leib der Riesenstadt nicht erwärmen kann. [...] Der Wienerwald aber stirbt. Er geht, wenn die Beheizungsnot Wiens nicht bald behoben wird, der Verkarstung entgegen gleich den venezianischen Wäldern vergangener Jahrhunderte.«[91]

Nach der Kunst verschwindet auch der Wald. Und in diesem Bekenntnis zum mythischen Wert der Baumbestände offenbart sich das Deutsche Österreichs, denn wenn es eine kulturelle Konstante in der Naturbetrachtung der deutschen Dichter seit der Romantik gab, so kristallisierte sich diese in Begriffen wie der Waldeinsamkeit im dunklen Waldesgrund, wo das (dichtende) Individuum sich selbst in seinen Tiefen begegnete. Diese Tradition gehört zur deutschsprachigen Literatur und ist nicht auf den territorialen Rahmen des Reiches zu beschränken.

---

90   Polgar, Alfred: Wien. Berliner Tageblatt 08.03.19.
91   Renker, Gustav: Der sterbende Wienerwald. Deutsche Allgemeine Zeitung 30.11.19.

> »Der Wienerwald in einem schönen September aber ist seit zwanzig Jahren von Arthur Schnitzler. Nur in seinen melancholisch profilierten Dramen kommen sie noch vor, die weitläufigen Döblinger Hausgärten, in denen Kastanien edel trauervoll in der gewissen silbermüden Herbstluft stehen und große, gelbe Blätter herbstlich auf einen schwarzen Teich fallen lassen.«[92]

Gegen die Realität wird die Literatur aufgeboten, bestimmt die Differenz von glücklicher Vorzeit, in der sie noch ein Reales bezeichnete, und elender Gegenwart, in der ihr nurmehr die Funktion des kulturellen Gedächtnisses zugewiesen wird – es wäre auch der Schluß möglich gewesen, angesichts der Veränderungen der Wirklichkeit eine veränderte Literatur zu fordern.

> »Die Menschen verhungern und erfrieren. [...] Hier vollzieht sich ohne große Geste, ohne ein heroisches Wort der tragische Untergang eines Volkes, das so gern gelacht hat und heute selbst das Weinen verlernt.«[93]

Die Feuilletons in den Berliner Zeitungen schildern einerseits die materielle Not, die in Wien herrscht, andererseits suchen sie auch ein kulturelles Defizit zu bestimmen, das auf ein Manko an Schein, an Künstlichkeit und Repräsentation hinausläuft: Letztlich kann es als Indiz gelesen werden, daß die Gesellschaft im engeren Sinne, Geld- und Geburtsadel samt dazugehöriger Kultur- und Wasserträger, in dem allgemeinen Untergangsszenario, wenn nicht tatsächlich untergegangen, so doch unsichtbar geworden ist.

1920 wird die Geschichte vom Verfall der Metropole der Donaumonarchie weitergeschrieben.

> »Ich möchte durch die innere Stadt spüren und nachsehen, ob es noch Wiener gibt, von denen das Couplet – voreilig wie mich dünkt – weissagt, daß sie nicht untergehen. Ich möchte, wie damals, den Sankt Stephansturmes hinaufkraxeln, bis ganz hinauf in den Turmknauf, dem der Frühlingswind um die verwitterte Nase pfiff. Und unten, ganz tief unten, auf dem Dach eines „Graben"hauses wehten die Kleider junger Mädchen: Schülerinnen einer Handelslehranstalt vergnügten sich [...]; da kommen auch schon ein Dutzend Stimmchen herauf, recken sich, stellen sich sozusagen auf die Fußspitzen, vergeblich – die brausende Orgel der Großstadt verschlingt die dünnen Rufe. Und dort zwinkert der alte Kahlenberg einen Steffel herüber, und das Riesenrad im Prater dreht sich behäbig herum und und die ganze Stadt hat einen geschäftigen Schlendrian oder eine schlendernde Geschäftigkeit, und es riecht nach Backhendl, und die grünen Bergwiesen ganz weit draußen, wo lange Straßenzeilen sich in den Wald hineinschlängeln, sieht man richtig atmen. – Es ist ein grausiges Gefühl, mitten im schönsten Traum von einem Turm, zumal von einem, der so hoch ist wie St. Stephan, zu stürzen. Das erquickende Bild war plötzlich totgeweht, und ich

---

92 Marilaun, Carl: Wiener September. Deutsche Allgemeine Zeitung 29.09.19.
93 Lucka, Emil: Der Wiener Wald stirbt. Vossische Zeitung 29.12.19.

1.4 Chronik, chronisch. Die Geschichte der (Be-)Deutungsmuster Wiens

> sah das wirkliche Wien und erkannte es nicht wieder. Nein, und hundertmal nein, ich möchte Wien jetzt nicht wiedersehen, wiewohl der Traum vieler Jahre immer und immer dahin zurückgekehrt ist. Ich möchte nicht sehen, wie die Wangen der Wiener Mädchen grau und hohl geworden sind, wie glanzlos die Kinderaugen, wie apathisch die muntere Gemütlichkeit der ganzen Stadt; möchte nicht sehen, wie der Gespensterzug frierender und hungernder Menschen den Wiener Wald keuchend in die Stadt schleppt. Es wäre mir grausam, im lethargischen Wien einen Walzer zu hören.«[94]

Die Wiederholung des Ausdrucks *möchte*, die den Text durchzieht, verdeutlicht die Ebene, auf der diese Wienbeschreibung angesiedelt ist: auf einem Terrain, in dem Wunsch, Phantasie und Wirklichkeit sich eindringlich vermischen. Und es ist weniger wesentlich, daß eine andere Gegenwart gewünscht wird, vielmehr daß die Vergangenheit so gewünscht wird, wie sie beschrieben ist. Der Autor sagt selbst, daß die Vergangenheit bloß ein „erquickendes Bild" ein „Traum" sei. Und dies Traumbild kann nicht nur gegen die Gegenwart eingesetzt werden, es kann auch in ihr gewünscht, d. h. im emphatischen Sinn erfahren werden.

> »Die „Kaiserstadt" hieß Wien einmal, dasselbe Wien, das heut so arm ist, daß eine Trambahnfahrt zum Luxus wird, unerschwinglich für jeden, der nicht auf irgendeine Art zum Kriegsverdiener wurde. Aber so traurig das heutige Wien in seinen Tiefen ist, so heiter ist noch immer seine Oberfläche, so arm der einzelne geworden ist, so reich ist noch immer die Stadt, die auch ohne ihren Kaiser die „Kaiserstadt" bleibt [...]. Noch steht das alte Wien. Noch zeugen die alten Paläste von der Pracht einstmals fürstlicher Lebensführung, sie waren die Zeugen einer versunkenen Zeit, auch ehe der Sturm, der dem Zusammenbruch folgte, den kaiserlichen Hofstaat aus seinem alten Sitze vertrieb.«[95]

Von der Architektur bis zur Lebensweise dominiert in den *Wiener Eindrücken* des Kunstkritikers Curt Glaser das „immer noch". Das Fortleben der monarchischen Attribute gilt zumindest an der Oberfläche. Darunter zeichnen sich innerhalb der andauernden Inflation neue Gestalten wie die der Kriegsgewinnler ab. Solch ein Bild der jungen Republik stimmt – unabhängig von der Position des Feuilletonisten – nicht gerade optimistisch, was die Zukunft der Republik angeht. Denn was bedeutet die Permanenz des so geschätzten, alten Wiens?

> »Noch lebt das alte Wien! Aber an manchen Stellen hat es schon etwas von dem unheimlich spukhaften Scheinleben eines balsamierten Leichnams.«[96]

---

94 H[ans]. N[atonek?].: Wiedersehen mit Wien. Deutsche Allgemeine Zeitung 03.02.20.
95 Glaser, Curt: Wiener Eindrücke I. Berliner Börsen Courier 09.07.20.
96 Glaser, Curt: Wiener Eindrücke II. Berliner Börsen Courier 10.07.20.

Wien als die Stadt der lebenden Toten, Hofburg der Zombies? Auch dies wird ein Stereotyp der Wienwahrnehmung, in dem die Vergangenheit über die lebendige Gegenwart dominiert. Doch nicht nur die feudal-imperial gefärbte Historie greift nach der Jetztzeit, auch fremde Mächte halten Einzug und nehmen auf den verwaisten Sitzen der K. u. k.-Aristokraten ihren Platz ein.

> »Die Eingeborenen an den Tischen ringsum betrachten das kulinarische Stilleben mit Ehrfurcht. Hier mahlzeiten die Sieger, die Amerikaner. Heil ihnen! Ihrem Griff in den Krieg danken wir den Frieden [...], Dollarpakete, Demokratie, Ausspeisung. We are loving America.«[97]

Die Ausspeisung meint öffentliche Mahlzeiten, die frei oder gegen nur geringen Obolus an die notleidende Stadtbevölkerung und besonders deren Kinder verteilt wurden. In dem Feuilleton Polgars wird wiederum, wenn auch mit ironischem Unterton, deutlich, was andernorts schon zu lesen war, daß das neue Wien seine Entstehung fremden Mächten schuldet, selbst wenig für den Frieden oder Krieg in einem wirklich aktiven Sinn getan hat. Statt dessen scheinen die Wiener im August anderes im Sinn zu haben, denn am selben Tag in derselben Berliner Zeitung heißt es von ihnen und ihrer Umgebung:

> »Der Kahlenberg steht noch und die Donau fließt noch, und die Wiener, diese rührendsten Menschen unter der Sonne, lächeln immer noch.«[98]

Es ist zu merken: Das „immer noch" ist in diesen Jahren eine veritable Größe. Doch gibt es in den Feuilletons ebenso eine sommerliche Stimmungslage wie eine winterliche, was nun nicht nur wetterwendisch, sondern auch insofern realistisch ist, als die saisonale Lebensmittelknappheit des Winters die einkommenschwachen Bevölkerungsteile immer besonders hart trifft und in Krisenzeiten in existentielle Not bringen kann.

Im Wiener Winter des Jahres macht sich solche Not wiederum bemerkbar, diesmal aber auch eine verschärfte Klassenlage, denn mittlerweile gibt es reiche Kriegs- und Inflationsgewinnler. Diese Neureichen werden im Feuilleton zum Typus des Schiebers verdichtet, dem im besonderen der Vorwurf gemacht wird, daß er sich nicht scheue, den erworbenen Reichtum zu zeigen.

---

97 Polgar, Alfred: Die Sieger. Berliner Tageblatt 08.08.20.
98 Meier-Graefe, Julius: Im alten Österreich-Ungarn. Berliner Tageblatt 08.08.20.

1.4 Chronik, chronisch. Die Geschichte der (Be-)Deutungsmuster Wiens

> »Nur von dieser Einheit ausgehend, ist die Ungeheuerlichkeit eines solchen Galaabends zu begreifen in einer Stadt, deren Gesicht der Hunger aschgrau gefärbt hat, die ihre Kinder in fremdsprachige Länder schickt, damit sie bei Milch und Weißbrot ihr Heim und ihre Eltern geringschätzen lernen. Wie würde man ein einzelnes Ehepaar wohl ächten, daß seine Kinder auf Bettelei abrichten und selbst fein herausgeputzt ins Theater auteln würde? [...] es gibt Ausreden [...] von den Wienern, die mit der dahingeschmolzenen Golddeckung ihrer Valuta nicht auch ihr einst gepriesenes „goldenes Herz" so offenkundig diskreditiert sehen möchten. Da heißt es dann: die Automobile, die wie sattgefressene Raubtiere durch die Straßen fauchen, seien ebenso wie die Puccini-Logen und die Bars und fashionablen Gasthöfe von den Ausländern okkupiert, die mit der kleinsten Banknoteneinheit ihres Heimatlandes halb Wien aufkaufen könnten. [...] Heute begnügt sich der noch immer nicht ganz erschlagene Wiener Galgenhumor damit, das „SALVE" in den Schuhabstreifern der großen Ringstraßenhotels als Abkürzung für „Schieber Aller Länder Vereinigt Euch" zu deuten.«[99]

Angesprochen wird die Kinderverschickung, welche mit breit angelegten Hilfsaktionen privater und humanitärer Organisationen – vor allen Dingen aus dem Reich und den skandinavischen Ländern – durchgeführt wurden. Nachdem im Winter 1919 das Elend der Wiener Kinder überregionale publizistische Beachtung gefunden hatte, waren zum Winter des Folgejahres Gastfamilien für die Wiener Kinder ausfindig gemacht und deren Transport organisiert und finanziert worden. Ausgerechnet in diese offiziell verelendete Stadt, in der die Eltern gezwungen waren, ihre Kinder zur Pflege abzugeben, bricht nun der Schieber samt Gefolge ein – nach Wiener Selbstbild von außen. Von außen gesehen relativiert sich diese Ansicht allerdings.

> »Wien macht einen lebhaften und in gewissen Stadtteilen sogar einen wohlhabenden Eindruck. Aber die Analyse dieses Wohllebens und der österreichischen Lebensführung überhaupt enthüllt selbst dem flüchtigen Beobachter ein anderes Elend, an das er bisher weniger gedacht hat. Es zeigt ihm die deutlichen Spuren zunehmender moralischer und geistiger Verwahrlosung. Der verschwenderische Firnis der Hauptstadt wird von einem teils einheimischen, teils internationalen Schiebertum bestritten, das sich hier ungenierter ausbreitet, als vielleicht in irgendeiner anderen Stadt. Der Bazillus der Spekulation hat fast die ganze Bevölkerung ergriffen.«[100]

Mit anderen Worten, gegenüber dem Vorjahr hat sich die Lage gebessert; es geht nicht mehr ausschließlich darum, den Hunger zu stillen, sondern womöglich darum, sich zu bereichern. Die Stadt liegt nicht mehr bloß, ihre Ruine wird bereits von einem neuen Anstrich überzogen.

Daß es gleichwohl nicht allen gut geht, sondern nur einem kleineren Teil der Gesamtbevölkerung, war auch in der guten alten Zeit nicht anders: Die

---

99   Ebd.
100   Redlich, Alexander: Reise durch Österreich. Vossische Zeitung 06.10.20.

Schieber waren eben von Adel oder hießen Industrielle. Es hat also durchaus seine Berechtigung, daß in den Feuilletons des Jahres 1920 die Untergangsszenarien von der Behauptung des „immer noch" abgelöst werden, wenn darin auch der Bruch, die Endzeitstimmung der Jahre 1918 und 1919, getilgt ist.

Geradezu panoramatisch schildert der unbestechliche, eher selbst bestechende Chronist Alfred Polgar das erste Halbjahr *1921*:

> »Das Wetter und die Börse sind lebhaften Schwankungen unterworfen. Temperatur- und Kursstürze suchten das schwergeprüfte Land heim, viele zarte Ansätze zur Million starben ab, und die Obstblüte erfror. Jetzt haussiert das Thermometer wieder, aber die Börse bleibt lau, und in den Gesichtern, die auf den Kurszettel starren, spiegeln sich die Niederschläge, die er anzeigt. [...] Am übelsten ist der Mittelstand dran, dem es so schlecht geht, daß es ihn gar nicht mehr gibt und für dessen Förderung, unter Hinweis, daß er nicht mehr vorhanden, sich die bürgerlichen Zeitungen das Herz aus dem Leibe schreiben. Ein Mittelstand gedieh wohl auch unter anderen Breitegraden, aber nirgendwo fand er so gute biologische Voraussetzungen wie an den Hängen des Kahlenbergs. [...] Geistig bildete der Mittelstand die unübersteigliche Menschenbarriere, die das Bestehende vor dem Ansturm sogenannter neuer Ideen sicherte und dem Klima um den Stefansturm jene kostbare Eigentümlichkeiten konservierte, die ihm das ehrende Beiwort „das gemäßigte" erwarben. All das war einmal. Unterdessen ist der Mittelstand bekanntlich zwischen Schieberwelt und Proletariat zerrieben worden und für das traurige Dokument der Zeit nur mehr als Streusand zu verwenden.«[101]

Die „moralische Verwahrlosung der Wiener", die ins allgemeine Schiebertum zu führen droht, findet ebenso Bestätigung wie die sichtbare Zuspitzung des sozialen Gegensatzes. Fast programmatisch mutet die Wendung „All das war einmal" an. Pointiert setzt es sich gegen das „immer noch" ab und weist die darunter behauptete Vergangenheit dem Reich der Märchen zu. War das einmal? Oder ist es nicht doch eher ein „Es war einmal"?

Märchenhaft wirkt das Treiben der Neureichen:

> »Jede Wiener „mondäne" Pension hat ihren Haustelepathen. Wenn bis abends in den Gesellschaftsräumen der stark balkanisierte Cercle unterhalten sein will, macht der zufällig auch in der Pension wohnende elegante Amateur-Hypnotiseur mit den Damen einige Experimente, die natürlich harmlos sind. Man kann nicht alle Abende Jazz tanzen, und ehe das Jeu beginnt, bei dem die Levantiner zu ungarischen [!] Sekt nur 10000 Kronenscheine hantieren, hat der Pensionsinhaber für „Animation" zu sorgen.«[102]

---

101 Polgar, Alfred: Lokalbericht. Berliner Tageblatt 07.06.21 (vgl. dagegen auch Hirschfeld, Georg: Beichte eines Wiener Mädchens. Vossische Zeitung 03.12.22).
102 Lahm, Karl: Das Hysterisieren. Vossische Zeitung 28.07.21.

1.4 Chronik, chronisch. Die Geschichte der (Be-)Deutungsmuster Wiens

Wie das Leben der Schieber findet auch das Leben der Kulturschaffenden erneut Beachtung. Joseph Roth zeichnet ein Bild dieser Kreise, das an die Kaffeehausidylle der Vorkriegszeit gemahnt, sich jedoch nur auf sie rückbezieht, um den Kontrast zur Gegenwart deutlicher zu konturieren.

»Die Wiener Kultur spielt sich zum großen Teil in dem Kaffeehaus ab, in dem ich augenblicklich sitze. [...] Die Wiener Literaten sind freche Menschen und streiten um den Bart des Propheten Tagore, der auch Wien seines Besuchs würdigt. Die Wiener Literaten sind glattrasiert und glauben, daß Bartlosigkeit das Abzeichen des Talentes ist. Der Eine sagte, Rabindranath Tagore stamme aus Prag, wie alle Literaten. Das klang wie eine Anerkennung und war doch Hohn. Denn wenn der Wiener Schriftmensch jemanden verhöhnen will, setzt er ihn sich selbst gleich. Er weiß, daß er minderwertig ist. Und er bleibt es. Er will nicht höher kommen. Er will andere tiefer kommen sehen.«[103]

Die Tendenz, sich mit Lebenskunst oder -stil zu befassen, kann als ein Anzeichen verstanden werden, daß die Fragen des Überlebens sich nicht mehr in der vorherigen Dringlichkeit stellen, daß sich mit dem Fortfall unmittelbarer Not der wiedergewonnene Alltag als feuilletonistischer Gegenstand anbietet. Alltäglichkeit scheint nicht nur in den Künstler- und Schieberkreisen wieder Einzug gehalten zu haben, sondern die Bevölkerung hat sich, nachdem die Lebensmittelknappheit überwunden ist, mit der fortwährenden Inflation eingerichtet und nimmt ihre traditionellen Vergnügungen erneut auf.

»Während der äußersten Bedrängnis infolge der katastrophalen Vorgänge auf dem Valutenmarkt der Beschluß zur Gründung der neuen Notenbank gefaßt wurde und sich zugleich herausstellte, daß niemand eigentlich an deren Wirkung zu glauben vermag, mußte man, um das wirkliche Österreich zu sehen, an schönen Sommerabenden hinaus in die Vorstädte Wiens gehen. Im „Stöckl" in Schönbrunn, bei „Weide" in Lainz, beim „Napoleon" in Ottakring, beim „Urbisch" in Grinzing, beim „Dummen Kerl" in Gersthof und in Döbling beim „Rockenbauer", überall in den populären Heurigenschenken in Nußdorf, Klosterneuburg, Hietzing, Mauer, Sievering und Rodaun saßen Wiener und setzten ihren Spekulationsgewinn oder die Lohnaufbesserung [...] in den köstlichen süßen Wein um [...]. Dort herrschte nicht die laute Fröhlichkeit, die der Norddeutsche zeigt, wenn er nach getaner Arbeit den Becher schwenkt, nicht der „Rummel", den der Berliner liebt, sondern die stille, selbstzufriedene Selbstgenügsamkeit, die der Österreicher zeigt, der nun einmal weiß, daß er unsterblich ist.«[104]

Ebenso wie sich die Heurigenseligkeit dem überlegen, weltweisen Wiener nach der Arbeit auftut, erfreut sich auch die Wirtschaft besserer Aussichten.

---

103 Roth, Joseph: Reise nach Kultur-Wien. Berliner Börsen Courier 19.06.21.
104 Olden, Rudolf: Der erste Österreicher. Berliner Börsen Courier 09.08.22.

> »Die Gesamtbilanz der Messetage ist ein ausgesprochener Erfolg für die Stadt, und die durch sie repräsentierten Industrien. Der Wiener muß nicht mehr bloß auf seinen Humor, auf sein goldenes Herz stolz sein, sondern er kann sich auch allmählich auf seine zunehmende Tüchtigkeit etwas zugute halten. Es geht mit ihm vorwärts.«[105]

Nicht der aufrechte, der Vorwärtsgang führt dazu, daß die Wiener ihre Stadt wieder in Besitz nehmen, jedenfalls innerhalb des im Feuilleton repräsentierten ideologisch-imagologischen Territoriums. De facto war sie schon immer mehr oder weniger in deren Besitz, nur fehlte es in den republikanischen Anfangstagen an einer genügend selbstbewußten, mit ausreichend Muße und Geld versehenen sozialen Schicht, die sich öffentlich dem Müßiggang hätte hingeben können, ohne deshalb von einer notleidenden, ressentimentgeladenen Bevölkerung angegriffen zu werden. Nach ersten Jahren des Mangels gerät nun die selbstverständliche Alltäglichkeit dem Feuilletonisten zum Märchen und Wunder. Verwunderung ist keineswegs eine Selbstverständlichkeit feuilletonistischen Schreibens, denn es dient ja nicht primär einer Verzauberung der Alltagswirklichkeit, die diese als unbegreiflich darstellt. Vielmehr sucht es dem Alltag eine Bedeutung abzugewinnen, die ihn sinnvoll erscheinen läßt. Sinn erhalten die banalen Alltäglichkeiten, wenn darin die Momente einer größeren Ordnung aufscheinen – was nicht eintritt, wenn der Alltag unter den Schleier eines magischen Gespinsts gelegt wird.

> »In Wien an der Donau hat sich in diesem silberhaarig milden Herbstsonnenschein 1921 ein wirkliches und wahres Wunder zugetragen. Es hat, Gott behüte, nichts mit der Wiener Messe zu tun, nichts mit der Theater- und Kinomesse, nichts mit Westungarn, der Kreditaktion, der Konferenz von Portorose. Es hat in solchem Maße nichts mit diesen Dingen zu tun, daß es wirklich und wahrhaftig ein blaues Wunder ist, wie aus dem schönsten Märchenbuch. In Wien an der Donau spazieren jetzt an den köstlichen Spätnachmittagen zwischen den kauderwelschen Messebesuchern, die nicht zählen, wenn auch zahlen, immerhin auch die Wiener um ihre Ringstraße.«[106]

Mit der Rückkehr derartiger Normalität, die mit Ausländerfeindlichkeit und Überfremdungsängsten einhergeht – der Kleinbürger meldet sich gebrochen durch Höllriegels Ironie wieder zu Wort –, erhält auch die Moralität, die in den Zeiten der Not entweder Politik wird oder als verzichtbarer Luxus gilt, den ihr im Feuilleton angestammten Platz zurück.

> »Es war in der Mariahilfer Straße. [...] Zur selben Stunde, zwischen elf und eins – das ist die Zeit, zu der das liederlichste Symbol den ausschweifenden Wünschen der Börsenleute

---

105 Faktor, Emil: Wiener Messefahrt II. Berliner Börsen Courier 21.09.21.
106 Höllriegel, Arnold: Das Herbstwunder. Berliner Tageblatt 23.9.21.

1.4 Chronik, chronisch. Die Geschichte der (Be-)Deutungsmuster Wiens 67

gefügig ist –, fiel wieder einmal die Krone. Noch bekam man in Mariahilf achtzehnhundert Kronen, während am Schottenring schon um dreihundert mehr für den Dollar bezahlt wurden.«[107]

Im Spätfeudalismus, mit der Ausdehnung der Geldwirtschaft im allgemeinen und des Ablaßhandels im besonderen, entstand der Topos vom Geld als Hure, der hier gegen die Börsianer mobilisiert wird. Die unverständlichen internationalen Transaktionen der Hochfinanz bilden eine dunkle Macht, die hinter dem Rücken der ehrlich arbeitenden Bevölkerung in unfaßlich abstrakter Weise das Übel in die Welt setzt. Mit dem ersten wirtschaftlichen Aufschwung wähnen die Wiener ihre Schuldigkeit getan und die Konjunktur selbst bewerkstelligt zu haben. Von diesem Selbstbewußtsein her wird das reale Defizit, in dem zwar der bitterste Mangel behoben, Wohlstand jedoch noch nicht erreicht ist, fremden Mächten angelastet.

»Wien wurde durch den Zusammenbruch der Monarchie schwer verwundet, es fiel, es fieberte. Es fiebert noch, aber es hat sich erhoben, es lebt wieder als ein großer, lebt als ein großer Umschlageplatz, als ein großer Transitverkehrsort Mitteleuropas, zu dem es sich in überraschend kurzer Zeit und unter den schwersten Verhältnissen emporarbeitete. Das alte Talent der Österreicher, zu improvisieren, half da entscheidend mit. [...] Das Valutaelend [...], das bedrängt die Bevölkerung dieser Stadt, die jetzt das Arbeiten gelernt hat. Sie könnte von den Früchten ihrer Arbeit leben, fieberte nicht die Krone in Zürich zwischen 0.16 und 0.17. Ihr Internationalen ordnet die Weltvaluta! Aber da sagen sie: „Nebbich" und gehen vorüber und machen einen Film von der „sterbenden Stadt".«[108]

Im Zentrum der Kränkung, die Österreich durch das Unvollendete seines Wiederaufstiegs erfährt, steht die Währung, die neue Krone, an deren Kaufkraft und Stabilität noch immer gezweifelt wird. Oskar Maurus Fontana sucht durch den jiddischen Ausdruck *Nebbich* zu suggerieren, die Krone der Alpenrepublik sei dem ominösen „internationalen Finanzjudentum" wie ein Spielball in die Hände gelegt, welches sich natürlich nicht scheue, in seinem skrupellosen Eigennutz, damit zu spekulieren.[109] Daß eine Währung staatlicherseits gedeckt sein muß – wozu der angebliche Arbeitswille der Bevölkerung nicht ausreicht –, hat sich bis zu diesem Vielschreiber, der auch im Dritten Reich ungehemmt fortarbeitete, offenbar nicht herumsprechen wollen. Fontana unterstellt den internationalen *Nebbich*-Sagern und Österreich-

---

107 Walter, Adolf: Wiener Valuta. Vossische Zeitung 08.10.21.
108 Fontana, Oskar Maurus: Ein Film von Wien. Berliner Börsen Courier 26.11.21.
109 Zu der Fortdauer, Lebendigkeit und Verbreitung antisemitischer Klischees im 20. Jahrhundert vgl. bspw. Rohrbacher, Stefan und Michael Schmidt: Judenbilder. Kulturgeschichte antijüdischer Mythen und antisemitischer Vorurteile. Reinbek 1991.

feinden, daß die Medien in ihrem Besitz wären und sie Wien als „sterbende Stadt" sehen wollten, was seinesgleichen vor ein oder zwei Jahren nicht anders handhabten. Die Ignoranz des Autors wirkt ebenso skandalös wie die Tatsache, daß solch ein Artikel in einem liberal-bürgerlichen Blatt wie dem *Börsen Courier* 1921 erscheinen konnte. Abgesehen von der Verleumdung der Juden kommt in dem Text eine Erfahrung zur Sprache, der ebenso wie der Antisemitismus zum kollektiven Bestand des öffentlichen oder halböffentlichen Diskurses zu rechnen ist: eine „Erfahrung"[110], die nach der sommerlichen Erleichterung, das Schlimmste hinter sich zu haben, in der zweiten Jahreshälfte die Wien-Feuilletons prägt. Die Wiener erleben sowohl ihr Handeln als fremdbestimmt als auch die Imagines der Stadt als von außen vorgegebene, im Ausland produzierte.

> »Es ist keine Ware zu bekommen. Die österreichischen Fabrikanten müssen Rohstoffe aus dem Ausland haben, für die österreichische Krone gibt das Ausland nichts, also wandert die Ware hinaus. Ganz Österreich arbeitet für die Entente, seine Einkünfte sind nur ein gnädig gewährtes Gehalt. Von außen gesehen ist das alles sehr hübsch. [...] Der Österreicher, der Bürger, kommt sich in diesen Straßen wie ein Fremder vor. Er geht durch eine Ausstellung von Leihgaben. [...] Die Lebensmittelgeschäfte sind überfüllt. [...] Im Prater und beim Heurigen ist man vergnügt trotz 25facher Preiserhöhungen. Aber im Prater dominieren heute die Kinotheater und beim Heurigen hört man schon zuviel „Wiener Lieder", die in Berlin fabriziert wurden.«[111]

Repräsentierte die Habsburgermetropole ehemals die eigene Machtvollkommenheit, so beginnt Wien in dem Augenblick, sich als kulturell konstruiert zu erfahren, in dem es sich auf der Leinwand begegnet und so verdoppelt das Simulakre der Wahrnehmung wahrnimmt. Diese Verfremdung geht mit der Konstruktion der Überfremdung einher: War Österreich-Ungarn noch eine – wenn auch knirschende – multinationale Machtkonstellation mit nationaler Freizügigkeit, die in Wien Personen verschiedenster Herkunft zusammenkommen ließ, so findet nach der Nationalisierung der Machtverhältnisse eine

---

110 *Erfahrung* meint nur insofern tatsächliche Erfahrung, als aufgrund der individualgeschichtlich verfügbaren Wahrnehmungsweisen nur eingeschränkte Möglichkeiten bereitstehen, die Wirklichkeit wahrzunehmen. Bezogen auf das gesamte sozialhistorische Feld stehen selbstverständlich mehr Alternativen zur Verfügung: Ein Psychoanalytiker oder ein Marxist „erfahren" die Geschäfte der Hochfinanz anders als ein katholisch geprägter Kleinbürger. Nichtsdestotrotz ist die subjektive Seite dieser Erfahrung nicht zu unterscheiden: Sie wird vom je einzelnen als gleichermaßen tatsächlich und berechtigt wahrgenommen, so daß sich lediglich zur Objektseite hin Differenzierungen festmachen lassen.
111 Kober, A. H.: Valutareise. Vossische Zeitung 13.10.21.

1.4 Chronik, chronisch. Die Geschichte der (Be-)Deutungsmuster Wiens

Assimilierung unter der Vorherrschaft des Deutschen statt. Die aus den Kronländern hervorgegangenen Nationalstaaten ziehen die Ethnien an, die sich ihnen zurechnen und aus anderen Territorien des habsburger Reichs dorthin zurückkehren. Die Deutschen, die als Verwaltungsbeamte oder in der Wirtschaft Tätige meist zur führenden Gesellschaftsschicht in den Provinzen der Donaumonarchie zählten, ziehen, da sie nun nicht nur fortdauernd ungeliebte, sondern auch machtlose Minderheit geworden sind, in den entstandenen deutsch-österreichischen Kernbereich. Den in diesem deutschen Residuum verbleibenden Ethnien – heißen sie nun Ungarn, Tschechen, Slowenen oder anders – bleibt angesichts der Verfestigung des Deutschnationalen, auf dem sich die kulturgeschichtliche Legitimation Deutsch-Österreichs gründet, nur die Assimilation. Assimilierung bedeutet einerseits, daß diejenigen, die nicht in ihre Herkunftsländer zurückgegangen sind, sich verdeutschen, indem sie bspw. ihre Namen germanisieren – aus Polak wird Polgar –, auf ihre Muttersprache und die Pflege der Traditionen verzichten, andererseits bedeutet es, daß der deutsche Kern ein veritables Fremd- und Feindbild ausbildet. War die ethnische Vermischung zuvor unhintergehbar, so war sie auch den Deutschen kein Problem, waren die anderen doch zumeist Subalterne und dafür der Kaiser von der eigenen Nation, so daß sie sich als bessergestellt und staatstragend empfinden konnten. Daß sie diesen Staat doch nicht getragen haben, sondern er sich auseinandernehmen ließ, daß kein weiterer Bedarf an Deutschen entstand, änderte die Haltung zu den ehemaligen Mituntertanen gravierend. Angesichts dieser Kränkung, die sich auch noch in eigenen Sprach- und Politikräumen manifestiert, werden die anderen, mit denen man leben konnte, zu den Fremden, die sich als Feinde der Deutschen erwiesen haben. Eine diffuse, in sich nicht geschiedene Gruppe von Feinden und Fremden erscheint. Die Metaphorik des Fremden geht ein in das Bild von Byzanz, mit dem sich zugleich die Vorstellung der Dekadenz, des Verfalls verknüpft. Die „hypertrophische Millionenstadt"[112] wird imaginiert als „des Ostens Metropole: ein größeres Saloniki, ein neues Byzanz"[113]. Das byzantinische Wien erscheint als Resultat der Revolution: „Der Umsturz köpfte Wien"[114]; und da Wien zuvor nichts anderes war als „ein Wasserkopf ohne Körper"[115], bleibt nicht mehr viel übrig:

---

112 Baumgarten, Franz Ferdinand: Wien. Berliner Tageblatt 10.11.21.
113 Ebd.
114 Ebd.
115 Ebd.

»Die Luxusstadt der Großrentner wurde die Stadt der großen Geldgewinner: die Schieber-Hauptstadt Europas. Das Stenogramm Wiens, einst Burg und Oper, ist heute Börse und Bar.«[116]

1922 ersetzen Geld und die Fixierung auf dasselbe weiterhin die ausbleibenden Kulturleistungen, bilden eines *der* Themen im wienbezüglichen Feuilleton.

»Die fleißige Banknotenpresse ist die wahre Wiener Werkstätte. [...] Ich stehe an der Ecke, wo die Kärnthner [!] Straße in den Opernring mündet... Alle Sprachen der Welt branden zusammen. Halb sechs Uhr abends. In der herrlichen Oper erwachen schon die ersten Lichter. In einem Geschäftshaus in einer der Nebengassen ist Büroschluß. Kleine Fräuleins schwärmen hinaus. Buchhalterinnen, Stenotypistinnen, Telephonistinnen. Kleine Fräuleins? Nein – große Damen.«[117]

Fremdheit und Gelddominanz erhalten einen Zusatz, der für die Zwanziger Jahre zu einem allgemeinen Kennzeichen wird: die Angestelltenkultur. Die Anverwandlung vergangenen, repräsentativen Scheins durch die im neuen Dienstleistungsgewerbe Tätigen, welche soziokulturell zwischen Proletariat und Bürgertum stehen, wird im vorliegenden Text nur angedeutet, weder expliziert, noch gewertet. Eine Bewertung erforderte die Darlegung politischer Grundannahmen: Plädiert man für eine Demokratisierung der Kultur oder verneint diese als Vermassung. Zu beobachten ist weder das eine noch das andere, statt dessen wandelt sich die Alltagskultur, wie sich schon im neuen Stenogramm Wiens – Börse und Bar – ankündigte.

»Ich wohne ungefähr im Mittelpunkt der Stadt gegenüber den alten kaiserlichen Stallungen. Die Gasse um die Ecke heißt Habsburgergasse, die Kapuzinergruft liegt ganz in der Nähe. Vor mir sehe ich die Dorotheenkirche, hinter mir Sankt Michael. Wenn das nicht verdächtig ist [...] (heimlicher Monarchist, Pfaffenknecht [...]). Dagegen zähle ich in einen [!] Radius von kaum drei Minuten ungefähr 20 Bars. Sie nennen sich Taverne, Stüberl, Halle, Keller, Katakombe oder Mascotte, Pompadour, Mon Bijou, und ähnlich. In meiner Gasse fehlte bis vor kurzem ein solches Wahrzeichen der neuen Zeit, so wie auch eine Bank fehlt. Aber dieser Skandal ist nun, zum Teil wenigstens, behoben. Irgendein überflüssiger Gewerbetreibender wich, und wir haben jetzt – sogar in dem Haus, das ich bewohne – eine Bar. Sie hat den Namen, der allein der Passende, richtige ist und der zuinnerlichst allen Bars zukäme: Sanssouci. [...] Innen kenne ich das Lokal noch nicht. Teils zufälligerweise, teils aus österreicher Schlamperei, teils weil ich mich wirklich nicht sans souci fühle. Ich säße dort wie eine contradictio in subjecto. Aber mein Freund Alfred Polgar, der im selbigen Hause wohnt, ganz oben im 6. Stock in einem fürstlich eingerichteten Atelier, wie

---

116 Ebd.
117 Preis, Max: Reiseandenken an Wien. Berliner Börsen Courier 19.04.22.

1.4 Chronik, chronisch. Die Geschichte der (Be-)Deutungsmuster Wiens

es sich für einen Kommunisten schickt, nimmt seinen Nachmittagsschwarzen täglich in dieser Bar. [...] Frauen lachen, Männer werben, Tschinellen klingen, wahrhaftig Tschinellen und rote Ballons, [!] mit Gas gefüllt durch rauchige Räume schweben. Wen wundert das? Ist es nicht Altwiener Philosophie: Sanssutzismus?«[118]

Bank und Bar werden auch von Sil-Vara als Symbole und Symptome der neuen Zeit bestimmt, die in den klerikalen Stadtraum Wiens dringen und dort Oasen der Sorglosigkeit installieren, wo man sich amüsiert, statt zu büßen. Dem Amusement wird jedoch seine Künstlichkeit vorgeworfen; im Namen *Sanssouci* klingt mehr Preußen durch als Wien an. Die Altwiener Lebens-Philosophie besteht eher in einer Form von Melancholie, der Wiener sieht sich selbst janusgesichtig: mit lachendem und weinendem Auge. Hinter der Ironie wird kenntlich, daß ein Wiener, wenn die Realität Sorge bereitet, sich nicht zurückzieht in die Innenräume einer Bar, um unverbindlich rote Ballons steigen zu lassen, wie der „Freund" und „Kommunist" Polgar, dem hier eine Entfremdung vom Wienerischen vorgeworfen wird. Sowohl der Kommunist als auch der Barbesucher sind demjenigen suspekt, der auf die Traditionen des Wiener Selbstbildes Wert legt, da hier das historisch Verbürgte und vermeintlich Bewährte in Frage gestellt ist. Letztlich geht es mit Banken und Bars also um die Frage, welches Verhalten dem Wiener moralisch angemessen ist. Den Verdacht, daß ein inniger Zusammenhang zwischen sittlichem Gebaren und Banken bestehe, artikuliert im selben Jahr Siegfried Trebitsch.

»Spätere Geschichtschreiber, die sich mit unseren Tagen als mit den historisch drolligsten und zugleich traurigsten aller Epochen befassen könnten, werden vielleicht feststellen, daß das allgemeine Empfinden für Anstand und Sitte haarscharf mit der Valuta eines Landes steigt und fällt.«[119]

Die Valuta in Österreich strebt – anders als in Deutschland – nicht kontinuierlich dem inflationären Höhepunkt zu, sondern beschreibt eher ein Auf und Ab. Die Konjunkturkurve der Devise verläuft nicht nur den Zahlen nach in beachtlichen Berg- und Talkurven, sondern quert auch die sozialen Schichten. Die ersten Spekulationsgewinner sind 1922 bereits wieder vom sozialen Abstieg bedroht. Minutiös verzeichnen die Feuilletons die Stimmmungsschwankungen der Bevölkerung in ihrer Abhängigkeit von den Börsengeschäften.

---

118 Sil-Vana: Sanssutzi. Vossische Zeitung 19.07.22.
119 Trebitsch, Siegfried: Falsches Maß. Wiener Glosse. Berliner Tageblatt 21.07.22.

> »Beim Eintritt in Wien fällt uns gleich die noch größere Dunkelheit auf, die dort gegen uns am Abend und in der Nacht herrscht. Und gleich springt uns auch die in den Zeitungen so oft behauptete Not Wiens an, indem uns der Kofferträger um Brot anbettelt. [...] Ich muß aber gestehen, daß ich [...] Elend in Wien nicht schlimmer, noch auffallender angetroffen habe als bei uns. [...] Freilich findet man in Wien jetzt auch sehr viele, die lange Gesichter machen. Und wenn sie nicht meist so liebenswürdige Kerle wären, so würden sie uns persönlich gern ein paar Fratzen schneiden. Diese Grimassenmacher, das sind die Leute, die früher von dem verhältnismäßig guten Stand der Mark gelebt haben und nun über deren Sturz recht verschnupft sind. Also Schriftsteller, Künstler und andere, die für Deutschland bisher gearbeitet haben und sich von unseren Geldern in Wien gut ernähren konnten.«[120]

„Bei uns", das ist in Berlin, wo die Inflation zwar schon den österreichischen Währungsverfall überrundet hat, andererseits aber noch ein Jahr von ihrem Höhepunkt entfernt ist. Auf diese Weise sind unter anderem auch für diejenigen Autoren, die sich in der ersten Zeit der inflationären Wiener Not mit Beiträgen für reichsdeutsche und insbesondere Berliner Zeitschriften und Zeitungen beholfen hatten, derartige Publikationen uninteressant geworden, so daß sich von der zweiten Jahreshälfte 1922 bis zum Ende der Inflationszeit im Reich ein signifikanter Einbruch der Publikationsaktivitäten von Wienern oder anderen Deutschösterreichern „bei uns" bemerkbar macht.

Der Bericht, den Herbert Eulenburg, ein in Berlin lebender Wiener, von Wien gibt, ist bemerkenswert in der stark subjektivierten Färbung. Nicht einmal der Versuch wird unternommen, objektivierende Distanz zu schaffen. Doch bereits die einleitend beobachtete Dunkelheit der Stadt kann nur in bezug auf Berlin verstanden werden. Das Licht der nächtlichen Großstadt gilt in den Zwanziger Jahren als eines der Kriterien für Modernität und Metropolencharakter einer Großstadt. Wien schneidet im Vergleich zu Berlin, dessen Bewohner sich bereits über unzureichende Beleuchtung beschwert hatten, schlecht ab, hat aber anscheinend denselben Elendssatz wie Berlin, den Eulenburg, gemessen an der übertreibenden Berichterstattung, jedoch für normal und vertretbar hält.

Als unnormal empfindet er hingegen die Feindseligkeit, die er bei den Wienern ausmacht. Der Autor findet mit anderen Worten nichts an Urbanität oder sozialer Lage der Bevölkerung und deren Stimmung von dem, was in den vorigen Reden vom Aufschwung anklang. Offensichtlich enttäuscht, sucht er die peripheren Orte der Donaustadt auf, um seiner Erzählung einen besonderen Gehalt zu geben. Er begibt sich zur Kapuzinergruft und anderen Begräbnisstätten der Nekropole, aber auch dort ist nichts zu entdecken, was

---

120 Eulenburg, Herbert: In Wien. Vossische Zeitung 28.11.22.

seinen Ansprüchen genügte, so daß er nur vom Versagen der Stadt als narrativem Gegenstand zu erzählen vermag.

> »Weil mich die Toten Wiens nicht zu erheben vermocht hatten, entschied ich mich schließlich zum letzten Mittel, zu einer gewaltsamen Aufheiterung und Restauration zu schreiten und nach Grinzing und zum Heurigen hinauszufahren. „Beim Wein! Beim Wein! Beim Wein!" jubelte und schluchzte in meinen Ohren der Kehrreim jenes bekannten süßen Gassenhauers nach. Aber auch dort gab es eine kleine Enttäuschung. Es goß nämlich vom grauen Himmel hoch. [...] Gleichwohl gab es in einer der vielen, reizenden Weinschenken des stillfriedlichen Ortes einen ganz trinkbaren, süßen Most. [...] Und für einen Augenblick, mochte es vom Most herrühren oder mehr noch von der sanft anschwellenden Landschaft, die einen Beethoven beflügelt hat, vergaß man all die flüchtige und doch so niederdrückende Misere, die wir in Nation und Nationchen zerwürfelten, törichten Menschen einander antun. Und vermeinte wieder einmal trügerisch, zum Glück auf Erden geboren zu sein.«[121]

Auf der Suche nach dem klassischen Heurigenglück gerät der Autor in die Umgebung Wiens, in die Natur, in die Landschaft. An einem idyllischen Ort, von dem nicht viel zu erfahren ist, wird er schließlich von den Zitaten der Wiener Lieder durchdrungen und so gestimmt, daß sich das Klischee erfüllen kann. Das Geheimnis des Heurigen enthüllt sich als Form der Überschreitung, in der die Alltagssorgen abfallen und statt dessen eine umfassende Harmonie im Gefühl erahnt wird. Eine Abart des Erhabenen greift Platz und erfaßt das bedürftige Subjekt. Es wird auf einen Standpunkt gehoben, der ihm die Kleinlichkeit des normalen Daseins vor Augen führt. In dieser Bewegung wird der Anspruch des dichterisch-kompensatorischen Feuilletons wahrgemacht, jedoch nicht durch die feuilletonistische Erzählung selbst, sondern nur in der Erzählung von den Erlebnissen des Feuilletonisten. Das Erzählersubjekt durchlebt diesen Vorgang für sich und läßt den Leser als Zuschauer außerhalb dieser Erlebniswelt bleiben. Bezeichnenderweise trägt das Feuilleton den Titel „In Wien", der vollständig heißen müßte: „Herbert Eulenburg in Wien", da es eben um dessen Wahrnehmen und nicht um die Stadt, die reiner Anlaß ist, geht.

> »Im Nebel fällt Regen. Der glitschige Asphalt glänzt unter den Lichtern der Auslagen. Niemand hat Zeit. Die Elektrischen fahren schnell. Der glattrasierte Herr in der Linie 58 entfaltet unruhig seine „Times". Die blonde Dame wird immer dicker. Rasches Leben voll Wichtigkeit und ohne Gewichtigkeit. [...] Gleiches geschieht Menschen an jedem Ort in jedem Augenblick und keiner trauert auch nur eine Minute darüber.«[122]

---

121 Ebd.
122 Fontana, Oskar Maurus: Kleine Tragödien. Berliner Börsen Courier 15.02.23.

1923, im Februar, beschreibt dies Feuilleton Wien als typische, von Tempo, Licht und Asphalt gekennzeichnete Großstadt der Zwanziger Jahre, bleibt dabei aber bewußt unspezifisch, denn dem Verfasser geht es um eine Metropolenspezifik, durch die das metropolitane Leben als seelenlos gekennzeichnet werden soll. Wien wird im Feuilleton zusehends ein moralinsaurer Ort, der als Projektionsfläche der ethischen Wünsche und Vorstellungen seiner Beschreiber dient: dem einen zum großen philanthropischen Entwurf, dem anderen zur kulturpessimistischen Kritik. Nach den Ereignissen der unmittelbaren Nachkriegszeit, die einen Neuheitswert hatten, schleicht sich über die Normalisierung des Alltagslebens die Moralität und schließlich die moralische Beliebigkeit in die Berichterstattung aus Wien, die mitunter kaum noch als solche zu bezeichnen ist. Der seinerzeit anerkannte und bekannte Berliner Autor Victor Auburtin gestaltet dementgegen sein Wienfeuilleton als ortsgebundenen, die Zeitereignisse genau verfolgenden Text.

> »Alle die funkelnden Kaffehäuser des Ringes voll. Abends kein Stuhl zu haben in dem Kokotten- und Schiebercafé, in dem ich vor dem Schlafengehen mein Glas trinke; in diesem Café kennt jeder den anderen und verkauft ihm ein Dutzend Krawatten oder ein Paket seidene Socken; und jeder hat eine Lupe bei sich, um bei Gelegenheit den Brillantring des anderen zu untersuchen. [...] „Wien, Wien, sterbende Märchenstadt, die für jeden ein Lächeln hat." Wenn Wien einmal sterben sollte – es ist noch nicht so weit – werden die Wiener aus dem Todesröcheln eine Walzermelodie machen. [...] Wie ich aus der Burg herauskomme, schreitet ein langer grauer Zug die Ringstraße entlang. Arbeitslose. Kommunisten. [...] Und sie bleiben in der Stadt; und werden ihrer täglich mehr. Offenbar hat die Stadt Wien noch andere Seiten als die Seite zwischen Sacher und Ronacher, die uns Fremde immer wieder von neuem in Entzücken versetzt.«[123]

Der Mythos von Wien, der mehr noch einer des Wiener Liedes als des Wiener Feuilletons ist, wird ebenso benannt wie die Boheme der Spekulationsparvenüs und ihr politisches Pendant, die Arbeiter- und Arbeitslosenklasse, die den Mythos der Phäakenstadt gemeinsam mit dem Autor, der von jener Bericht gibt und sie gegen „Sacher und Ronacher" setzt, in Frage stellt. Es ist allerdings der Blick des Berliners Auburtin, der nach den Unruhen der frühen Zwanziger Jahre in seiner Heimatstadt auch in Wien die Möglichkeit der sozialen Kämpfe sieht. Ein professioneller Wienkorrespondent wie Erwin H. Rainalter erblickt dagegen im Vertrauen auf die Friedlichkeit seiner Landsleute die schon zum Wahrnehmungsmuster gewordene Doppelbewegung von Verfall/Krise gepaart mit Anzeichen des Durchhaltens oder der Besserung.

---

123 Auburtin, Victor: Wien. Berliner Tageblatt 01.05.23.

1.4 Chronik, chronisch. Die Geschichte der (Be-)Deutungsmuster Wiens

»Nun ist es gewiß wahr, daß Ordnung, wenn man sie nicht mehr gewöhnt ist, zur drückendsten Fessel werden kann und in Österreich hatten die letzten schlimmen Jahre auch den spärlichsten Rest von Ordnung so gründlich ausgetilgt, daß sie wahrhaftig zu einem sagenhaften Begriff wurde. Man muß das Wien des Jahres 1920 gekannt haben, um zu wissen, was Zerstörung und Zusammenbruch bedeutet. [...] Ach, was war das für ein Wien! War es noch das Wien, um das sich nachgerade eine liebenswürdige Legende gesponnen hatte, das Wien des Frohsinns und der Anmut, der Lieder und der schönen Frauen? Zu solch einem Wien hätten zweifellos auch die alten Wiener gehört, und sie, Opfer ihrer Zeit, waren von der Bildfläche verschwunden, spurlos und unauffindbar, sie verbargen in immer kahler werdenden Stuben, aus denen ein Stück Hausrat nach dem anderen abwanderte, ein armseliges und verzweifeltes Dasein, während um sie her ein neues und so ganz, ganz anderes Wienertum heranwuchs. In den Theatern spielte man noch die Operetten, ohne die die Stadt an der Donau nun einmal nicht denkbar ist, aber die Leute, deren traditionelle und nunmehr historisch gewordene Gemütlichkeit man auf der Bühne als immer noch frohe Gegenwart vortäuschen wollte, konnten sich's nicht mehr leisten, im Parkett zu sitzen. Die Heurigenschenken in Grinzing, in Döbling, in Nußdorf machten vielleicht bessere Geschäfte als je – aber vor den Eingängen stauten sich Autokolonnen, und ein Heuriger, zu dem man mit dem Auto fährt ist kein richtiger Heuriger. [...] Wie ist die Situation heute? Man wandert durch Straßen, die auf alle hundert Schritte über die ganze Breite aufgerissen sind: an allen Enden und Ecken wird neues Pflaster gelegt. Die Elektrische fährt mit Wagen, deren leuchtendes Rot verrät, daß sie zum größten Teil funkelnagelneu sind. [...] Man spart, indem man wieder Werte schafft, die den Tag zu überdauern vermögen. Man dreht wieder den Kreuzer in der Hand um. Man hat dem Leichtsinn, der zum raschen Genuß drängte, „weil ja doch alles gleich ist", abgeschworen. Vielleicht mag auch dies ausschlaggebend sein, daß die Fremden verschwunden sind, die alles, was Wien nur irgendwie herzugeben hatte, in Saus und Braus genossen, solange sie es halb geschenkt bekamen, und die sofort ihre Koffer packten, als das Resultat der Umrechnung sich zu ihrem Nachteil änderte? Genug: Wien ist solid geworden. [...] Es gibt Dinge, die untrennbar zum Bilde dieser Stadt gehören und zu ihnen zählt dieser willige Heroenkult [im Theater] – es ist im Grunde derselbe, der die Hauptpfeiler der Monarchie – zählt die weiteren die immer strahlend erneute Schönheit koketter Frauen und zählt der Geschmack, den diese Frauen oft mit den bescheidensten Mitteln über Armut und aufgezwungene Sparsamkeit triumphieren lassen konnten.«[124]

Geht es um die Wiener, werden die Traditionen beschworen, wird einerseits vor drohendem Verlust gewarnt und andererseits betont, daß es das „gute Alte" immer noch gibt. Von republikanischem Aufbruchsgeist, Wunsch nach Neuem oder Kritik des Vergangenen ist nicht die Rede, vielmehr kann explizit gesagt und begrüßt werden, daß die „Hauptpfeiler der Monarchie" fortbestehen. Während sich im Mai des Jahres noch ein relatives Wohlleben einer Gesellschafts-Seite zeigen ließ, ist diese im Oktober infolge des inflationären Auf und Ab wieder von einer Baisse gekennzeichnet, die die gesamte Stadt zu betreffen scheint.

---

124 Rainalter Erwin H.: Das sanierte Wien. Deutsche Allgemeine Zeitung 23.09.23 (a).

»Jedoch, was nützt das alles gegen die ökonomische Trübsal, die Wien blasen muß, übertönend alle sonstige Musik, deren es voll! Panische Flucht vor der Krone durchrast die Stadt, und keine Flucht gab es noch vor solcher Flucht. Die tödlich erschreckten Preise klettern aufs Dach, aber die Banknoten Überschwemmung schwillt ihnen nach und treibt sie auf den Turm und vom Turm auf die Turmspitze und von dort ins Blitzblaue. Der fleißige Börseaner, der mit List und Wagemut aus 100000 Kronen in vierzehn Tagen 200000 gemacht hat, muß erfahren, daß seine 200000 genau soviel wert sind, wie vor vierzehn Tagen seine 100000.«[125]

Die klaren ökonomischen Vorgänge, die hier in der Metaphorik einer Naturkatastrophe beschrieben werden, affizieren zwar die finanzielle Lage der Bewohner, doch treffen sie ihre Lebensführung nicht mehr so grundlegend, wie es in der ersten Inflationszeit der Fall war – was sich bereits in der satirischen Überhöhung des Sachverhaltes zeigt.

»Den Lebensmut der Wiener vermögen all diese finsteren und bedrohlichen Zeiterscheinungen nicht auszulöschen. Nicht einmal die „Messe" vermochte das, in der ihnen ihre letzten schönen Sachen, Kleider und Pelze und Lederwaren und Porzellan und Glas gegen elendes Papiergeld herausfiloutiert wurden. Daß an jeder Straßenecke der inneren Stadt heute eine Bar, ist allerdings eine glatte Übertreibung; an den meisten ist ein Bankgeschäft. Theater und Kino haben keine üble Zeit.«[126]

Polgar repliziert auf den Artikel Sil-Varas, der ein Jahr zuvor mehr Bars als Banken in der Stadt sah und scheinbar die Wendung Baumgartens vom Vorjahr aufgriff, das Stenogramm Wiens sei nun nach Burg und Oper Börse und Bar. Die bewußte Bezugnahme scheint angesichts der für das Tagesgeschäft erheblichen zeitlichen Distanzen unrealistisch zu sein, statt dessen bietet sich die Annahme eines feuilletonistischen Subtextes an, an dem verschiedene Autoren zumindest ohne unmittelbare Kenntnis voneinander fortschreiben.

»Wien hat sich in letzter Zeit sehr verändert, es ist geradezu zum Wiedererkennen. Allenthalben treibt das Pflaster und setzt neuen Asphalt an, dem nächtlichen Lichterpark sind zahlreiche Glühbirnen herangereift, ein frischer Autobus streicht belebend durch die Straßen, und die in Lethargie verfallene Stadtbahn wird bald wie elektrisiert gebärden. Mit solcher äußeren Regenerierung hält die innere der Bewohner gleichen Schritt [...] Essen und Trinken, lange Jahre hindurch mit dem Stigma der peinlichen Notwendigkeit behaftet sind wieder ein Kult, das Rindfleisch spaltet sich in seine zahlreichen Wiener Varietäten, [...] in der Revue des großen Variétés erregt die aufziehende Deutschmeisterkapelle solchen Jubel, als wäre Lemberg noch in unserem Besitz, die Studenten randalieren gegen die jüdischen Professoren [...].«[127]

---

125 Polgar, Alfred: Lokalbericht. Berliner Tageblatt 07.10.23.
126 Ebd.
127 Polgar, Alfred: Herbstfrühling in Wien. Berliner Tageblatt 17.11.23.

1.4 Chronik, chronisch. Die Geschichte der (Be-)Deutungsmuster Wiens

So gibt es zumindest partiell, jenseits des oben benannten Subtextes auch die explizite Selbstreflexion auf die Tagesberichterstattung- respektive Beschreibung und auf die Mythen, die über Wien und von diesem geschaffen werden. Man muß derartig kritische Reflexionen des Feuilletons nicht einmal im Zentralorgan feuilletonistischer Selbstkritik, der *Fackel*, aufsuchen, sondern ein Blick in das *Berliner Tageblatt* reicht hin.

»Die Rekonvaleszenz der Stadt spiegelt sich klar in ihrer Tagesliteratur. Vorüber die Zeit, da jeder Schreiber für den Druck ängstlich darauf bedacht war, sein soziales Alibi zu erringen, seine Zugehörigkeit zu den Enterbten zu betonen, gewissermaßen aus dem Stiefel, den er schrieb, die Zehen vorrucken zu lassen. Solches ist heute ziemlich démodé. Das gute Leben findet wieder beherzte Lobredner, der Luxus unbefangene Schilderer, Toilettenschau verdrängt die Elendsbetrachtungen [...], und die braven Frauen, denen in den Zeitungen das Ressort der stimmungsvollen charitativen Zähre anvertraut ist, führen zwischen „Autorennen der Damen" und „was trägt man heuer?" ein beklommenes Dasein.«[128]

Die vorhergehende Moralität wird umstandslos dem genußvollen Konsum der konjunkturellen Früchte geopfert. Mit dem Aufschwung verlieren die Feuilletonisten das Interesse an der sozialen Lage, wofern sie nur zu Elendsschilderungen Anlaß bietet, statt dessen wenden sie sich der wiedererstandenen Bourgeoisie und deren Vergnügungen zu. Das gehobene und Großbürgertum, reich an Bildung oder Besitz oder beidem, umschließt zweifellos jene soziale Gruppe, der die Feuilletonisten der hier untersuchten Zeitungen und Zeitschriften selbst angehören oder zugehören wollen, an die sie sich als Leser wenden und von deren Wohlstand sie letztendlich leben, sei es wegen der Abonnements oder der Annoncen. Der Großteil der Feuilletonisten war denn auch neben seiner Haupt-Tätigkeit, jedenfalls was die Verdienstspanne anbelangt, als freischaffender Dichter tätig und wendet sich aus dieser Position noch einmal besonders an die kulturtragende und -finanzierende Schicht.

1924: Wie um Polgars Beschreibung, sofern sie die feuilletonistische Wirklichkeit noch nicht wahrhaft bezeichnen sollte, im nachhinein zu erfüllen, finden sich in diesem Frühjahr genügend beherzte Lobredner, die das hohe Lied des wiedererstandenen Wien singen.

»Die Schrammeln spielen Wiener Weisen. Alles wiegt sich im Takt und singt gefühlvoll mit: „o du mein Vaterland – du mein Österreich!" und „Dort, wo ich glücklich und selig bin, ist Wien, nur Wien, mein Wien!" Das alte Fiakerlied „Ich hab' zwa harbe Rapperl" wird schnalzend begrüßt. Immer wiegender wird der Rhythmus. Es ist ein weiches Wogen

---

128 Ebd.

und Gleiten in den Tönen. Vom Sekt sind die Geigen berauscht. Das geht ins Blut. Ein Paar beginnt sich zum Donauwellenwalzer zu drehen. [...] Man läßt bunte Luftballons im Takt auf- und niederschweben. [...] Alt-Wiener hinschmelzend süße Lebenslust gaukelt lachend herbei. Sie dauert einen Abend lang und hinterläßt keine Reue. Denn der Heurige geht zwar ins Blut, ist aber so rein, daß man am nächsten Morgen mit völlig klarem Kopf erwacht. Lange jedoch klingt einem noch eine leise Melodie im Ohr: „Wien, Wien, nur du allein – Sollst stets die Stadt meiner Träume sein!"«[129]

Die Stadt der Träume findet ihre Form in den Liedern, die gleich den kirchlichen Ritualen den Gläubigen zum Gläubigen machen; wie es bei Spinoza heißt: Falle auf die Knie, murmele ein Gebet, und du wirst glauben. Die habitualisierte Praktik produziert die Wirklichkeit der Wünsche in den sozial zulässigen Formen. Und ebenso wie Bachtin den Karneval als gesellschaftlich bereitgestellte Auszeit der normalerweise geltenden Normen und Handlungsregeln beschrieb, kann auch der Heurige und seine Seligkeit als konventionalisierte Überschreitung aufgefaßt werden – vielleicht ist die mitunter angeführte Melancholie aus dem Wissen um die Konvention gespeist.

Die Donaumetropole erhält durch den Heurigen ihren Nimbus von Leichtigkeit und Unbeschwertheit, der insbesondere Besucher aus der Provinz zu bezaubern versteht.

»Wien, Stadt meiner Träume! Bei strömendem Regen hielt ich meinen Einzug mit der Linie 58, die den ankommenden Deutschen vom Westbahnhofe ins Stadtinnere führt. Man entzündete gerade die elektrischen Abendfackeln und das Auge des Reichsländers, das nur an das Grau und Dunkel in seinem Vaterlande gewöhnt war, blickt begierig nach dem frohen Lichtschimmer. Wien hat, allerdings nur in den Hauptverkehrsstraßen, fast seine Friedensbeleuchtung wieder und aus den überfüllten Auslagen der Ladenschaufenster quillt eine Lichtflut, die lachend und aufdringlich verkündet: uns Wienern geht es wieder besser. [...] Es ist der alte Fehler oder vielleicht auch die bessere Tugend des Wieners, daß er sich viel Zeit zur Arbeit nimmt und noch mehr Zeit zum Vergnügen, und aus dieser Gemächlichkeit, die in so wohltuendem Gegensatz zu der Hast und Ruhelosigkeit der gehetzten Menschen in den anderen Weltstädten steht, leitet sich auch die Liebenswürdigkeit her, womit der Wiener in seiner gemütlichen, langsamen Art die Herzen der Fremden gewinnt. Unsere Landsleute können aus dieser freundlichen Lebensführung des Brudervolkes sehr viel lernen [...]. Der Reichsdeutsche ist in Wien gern gesehen und wird überall gut aufgenommen und so ist es zu erklären, daß ein großer Künstlerexport aus dem Reiche stattfindet. Die produktive Kunst, mit Ausnahme der Operettenseuche, und das Theater sind noch von der Zeiten Last bedrückt, aber überall regt es sich wie neues Leben. [...] Meine Beobachtungsgabe fahndet vergebens nach der sprichwörtlich schönen Wienerin. Man findet eine Unmenge schlanker, beschwingter und feingliedriger Töchter Evas, auch viele weitläufige behäbige und grobgestaltete des gleichen Geschlechtes, aber die größte Überzahl sind übermalte Kopien eines besseren Originals, die noch in öffentlichen Lokalen mit Pu-

---

129 E[lse] F[robenius]: Beim Heurigen. Wie man in Wien feiert. Deutsche Allgemeine Zeitung 25.06.24.

1.4 Chronik, chronisch. Die Geschichte der (Be-)Deutungsmuster Wiens

> derquaste, Schwarz- und Rotstift vor dem Taschenspiegel den Ausdruck des schönen Gemäldes vervollständigen und dem aufmerksamen Zuschauer Einblicke in die Geheimnisse des Boudoirs gestatten. Das herzige, fesche natürlich anmutige Wiener Maderl wird künftig die Sehnsucht der Dichter und eine Erinnerung an Alt-Wien bleiben. [...] Immerhin, der Wiener ist ein glücklicher Optimist. Er sieht immer das Ziel erreicht und verkennt leicht die Hemmungen. [...] Jedenfalls glänzt in den Konditoreien wieder der Schlagobers und der heurige Grinzinger und Gumpoldskirchener fließt wieder unaufhörlich in den gemütlichen Beiseln, wo die Bevölkerung aller Klassen eng und gemütlich beisammen sitzt, und die Spatzen am Rathausplatz und im Volksgarten genießen ebenfalls in guten Bissen die Sanierung.«[130]

Im Verhalten der Besucher liegt der Schlüssel zu ihrer Berichterstattung, denn auffälligerweise finden diejenigen Autoren, die sich dem Vernehmen nach auf die Heurigenseligkeit einlassen, auch das, was sie suchten, wohingegen diejenigen, die nicht diesem Ritual folgen, oftmals die Differenz von Wienvorstellung und -wirklichkeit beklagen, um dann wie im vorstehend zitierten Passus routinemäßig die Standardmotive der Wienbeschreibung aufzubieten.

> »Man erzählt jetzt viel im Reich bei uns von dem wieder auferstandenen Wien. Von seinem neuen üppigen Leben, der Pracht seiner Läden und seinem allabendlichen Vergnügungsrausch, in dem dies Capua der Geister sich von den leichten Anstrengungen des Tages wieder wie ehedem in den Zeiten des Kongresses [...] erholen soll. Ohne Zweifel: Wien atmet nach den schweren Kriegs- und Nachkriegsträumen endlich aufs neue auf. Den Reisenden, der die Stadt kennt und zuletzt vor einigen Jahre sah, überrascht nachts am Bahnhof gleich die reichere verschwenderische Beleuchtung Wiens. Wo früher eine Bogenlampe trübselig im Abendwind schaukelt, da brennen jetzt drei bis vier. Die Läden die Kärntner Straße entlang funkeln und locken wieder in der früheren Pracht. Und die Theater haben alle wieder ihre schimmernden Himmels- oder Höllenpforten aufgemacht.«[131]

Eulenburgs Feuilleton des Vorjahres war „In Wien" überschrieben gewesen und diente sich als Beispiel für einen subjektiven Impressionismus der Stadtbeschreibung an. Vorstehend zitierter Artikel ist „Wien" betitelt und erweist damit der Stadt seine Reverenz: Es geht nicht mehr um ein im Titel abwesendes Subjekt, das in der Stadt weilt, sondern es geht nur um diese Stadt, die die mythische Kraft ihres Namens zurückgewonnen hat – wenn auch gebrochen durch den Vergleich mit den Eindrücken des Vorjahres. Geradezu beschwörend wird der Text unter das Zeichen des „wieder" gestellt. Das neue Wien erscheint als das alte, als Ort der Versuchung, himmlische Genüsse

---

130 Adelsberger, August (Baden-Baden): Besuch in Wien. Deutsche Allgemeine Zeitung 29.02.24 (a).
131 Eulenberg, Herbert: Wien. Vossische Zeitung 25.01.24.

versprechend, die allerdings mindestens im Fegefeuer zu büßen sein werden. So nimmt es nicht wunder, daß der Vergleich zur anderen großen Stadt der Sünde und des Lasters gezogen wird.

> »Wien hat wieder seine eleganten Läden, sein Getriebe in der Kärtnerstraße, des Abends eine sich mehrende Beleuchtung, auf dem Ring so etwas wie einen kosmopolitischen Korso, seine spannenden Prozesse, die sich um Liebe und Geld drehen und humorvoll-gemütlicher sind als anderswo, seine Theatergeschichten und Operetten ringsum. Es gibt wieder, gleich hinter Paris, in der Mode den Ton an, und von Krakau bis Bukarest kommt der Osten mit Expreßzügen hierher, weil es doch nur halb so weit ist bis an die Seine.«[132]

Wiederum ist Wien das Paris des Ostens geworden, ökonomische Konjunktur scheint mit kultureller einherzugehen. Nicht zuletzt bestätigt sich im Geschäftsleben, dem Indikator metropolitanen Glanzes, diese Annahme als Leitbild einer Großstadtvorstellung, die sich erweitern läßt durch Helligkeit der Straßen und Weltläufigkeit der Bevölkerung.

Euphorisiert von der mutmaßlichen Überwindung der Krisenzeiten schreiben die Feuilletons diese Anzeichen großstädtischer Revitalisierung Wiens in Motiven des „wieder" fort.

> »In der inneren Stadt flammen [...] die Lichter wieder auf, und die alte Lebenslust erwacht. Ununterbrochen schreien die Autos; ein beinahe festliches Treiben auf den Straßen, in den Kaufhäusern, den Cafés und Theatern. In den Schaufenstern bunt leuchtend Gegenstände des Genusses und des Luxus; und über allem eine Atmosphäre von Lebenshunger und Erotik: leben, nur leben! die Stunde, den Augenblick leben!«[133]

Das Alte, das wiederkehrt, heißt Hunger nach dem Augenblick, nach dem Genießen der Präsenz, oder, anders gesagt, handelt es sich um den Traum der Intellektuellen vom unmittelbaren Sein, das sich in der Hingabe an den Moment erfüllte. Wien und die Wiener geraten zur Projektionsfläche einer dionysischen Phantasmagorie, die mit lebensphilosophischem Zeitgeist unterfüttert ist. Doch abseits von derartigen Gelehrtenträumen, die sich bisweilen aus der engen Stube ihren Weg bis ins metropolitane Feuilleton hinein bahnen können, bestehen neben aller an der Oberfläche sich möglicherweise ausdrückenden Erleichterung die Beschwerlichkeiten des alltäglichen Lebens, das sich gewalttätig fortschreibt.

> »Das beliebte Wiener Volkslied behauptet: so lange der Stephansturm steht würden die Wiener nicht aufhören, Wein zu trinken. Diesbezüglich also müßte das ehrwürdige Monu-

---

132 Lahm, Karl: Wien von heute. Vossische Zeitung 07.02.24.
133 Scheffler, Karl: Wiener Revue. Vossische Zeitung 16.02.24.

1.4 Chronik, chronisch. Die Geschichte der (Be-)Deutungsmuster Wiens

ment dem Erdboden gleichgemacht werden, denn Wein trinkt heute nur, wer vor dem Krieg Champagner trank. Die andere Behauptung des Volksliedes hingegen, daß Wien ewig Wien und Österreich ewig Österreich bleiben müsse, bewahrheitet sich. [...] Die unerschöpflich-herrlichen Inflationsgewinne, die man am Kronen-, und dann am Marksturz schon eingestrichen und verjubelt hatte, sollten jetzt aus der Leiche des französischen Franken neu erstehen. Alle Welt war schon auf die neue Konjunktur eingestellt [...]. Das alles ist [...] anders gekommen [...]. Fastenstimmung lastet über dem lustigen Wien [...].«[134]

Sind Feuilletonisten Seismographen gesellschaftlicher Befindlichkeitsumschwünge, so verfeinerten sie in der harten Schule der Nachkriegszeit mit Revolution und Inflation ihre Instrumente zusehends. Bereits für relativ geringe Veränderungen des sozioökonomischen Gefüges mit entsprechenden atmosphärischen Wandlungen stehen Schreibmuster zur Verfügung: das *„immer noch"*, das *„nun wieder"* oder eine ausdifferenzierte Skala von Unglückszuständen, die von der radikal pessimistischen Perspektive, die die Stadt bereits versinken sieht, bis hin zum Fasten – das nur einen Übergangszustand der Knappheit bezeichnet – reichen. In der Berg-und-Tal-Fahrt der Inflation werden Beschreibungsstrategeme, die gerade noch verbraucht erschienen, durch Wiederkehr von Situationen ständig reaktualisiert und neuerlich zum Einsatz gebracht. Solch eine Wiederholung fand auch im Frühjahr 1924 statt, als nach massenhafter Fehlspekulation auf die Baisse des Franc, die auch eine Vielzahl kleiner Währungsspekulanten getroffen hat, sich bisweilen eine umfassende Sammlung derart etablierter Erzählstrategeme innerhalb eines Feuilletons versammelt findet.

»Im letzten Halbjahr kehrte jeder Besucher Wiens mit einem schwärmerisch verliebten Ausdruck des Entzückens heim. Man rühmte der von der Weltgeschichte grausam mißhandelten Donausiedlung die Wiedergeburt von Daseinsschwung, Eleganz, tänzerisch sorglosem Frohsinn nach, gesteigert durch einen Überschuß an Üppigkeit. [...] Es hätte mich [...] durchaus nicht verdrossen, von verführerisch gleißenden Wellen des Lebensstrudels mitbetäubt zu werden. Es kam nicht dazu. Ich geriet in die Tiefebenen der von verfehlten Frankenspekulationen herabgesenkten Stimmung. [...] Schläfrig gewordene Hauptstraßen, mäßig besuchte Gaststätten, desto leerer, je vornehmer. In den Kaufläden mürrischer Fatalismus, vor den kostbarsten Schaufenstern ehrsam unbemittelte Gaffer, die immerhin den Eindruck jener restlosen Idylle verhindern, von der die Elitebazare der berühmten Bäder in der Vorsaison umhaucht sind. Wenn eine Großstadt sich in ihren Schmollwinkel zurückzieht, bleibt immer noch ein stattliches Gewimmel übrig, das Zielen und Zwecken, Bahnen und Büros zustrebt. Die Physiognomie der Straße aber ist von schleichenden und friedlos umherschweifenden Zufallsgestalten beherrscht, die der Osten oder Süden auf die Hinterlassenschaft glorreicher Vorkriegszeiten losließ.«[135]

---

134 Latzko, Andreas: Wiener Ansichtskarten. Berliner Börsen Courier 30.03.24.
135 Faktor, Emil: Drei Tage Wien. Berliner Börsen Courier 18.04.24.

Faktors enttäuschte Erwartung vom Wienerischen Lebensrausch erklärt sich nach den vorstehend zitierten Passagen als Feuilletonvision, die den Feuilletonisten selbst gebannt hat. Die ersten Artikel des Jahres hatten ein Bild von Wien präsentiert, das als Versprechen ausschweifenden Frohsinns gelesen werden konnte. In Berlin wurde dadurch die Wahrnehmung des Feuilletonredakteurs Faktor auf eine Art Bacchanal vorbereitet, das ihm in Wien begegnen würde. Kaum angekommen, stellt er fest, daß die Tageswahrheit, die unter dem Strich zu lesen war, sich nunmehr überlebt hat. Um so größer ist die Enttäuschung, die ihn befällt, da das Versprechen so verheißungsvoll war. Wer den Umbruch der Wienerischen Stimmungslage wie Latzko am Ort verfolgte, sprach lediglich vom Fasten, Faktor gerät seine Wienbeschreibung zum unheimlichen Bild einer Gespensterstadt. Was sind das für *Zufallsgestalten, die friedlos umherschweifen*? Der ewige Jude Ahasver oder *revenants* aus dem Reich der Untoten? Die Richtung ist kaum anzugeben: der *Osten oder Süden*, ein diffuser balkanischer Raum, jenes Hinterland des Habsburger Reiches, das noch während dessen Existenz den Deutschösterreichern ein Ort dunkler Ahnungen und Befürchtungen war. Die Metaphorik indiziert, daß sich eine Vielzahl der zur Wienschilderung genutzten Beschreibungsmuster abgenützt hat, sich nicht mehr tauglich für eine halbwegs neutrale Erfassung des Geschehens erweist, so daß der Raum, in dem man sich über die Bedeutung Wiens verständigt, frei wird für Phantasmagorien der oben geschilderten Art.

Otto Flake versucht im Rekurs auf vergangene Geschehnisse noch einmal, Wien zu einem Gesamtbild zusammenzufügen, auf einen Erzählstrang zu reihen, doch im Mittelpunkt dieses Versuchs steht das Eingeständnis seines Scheiterns.

»Als Österreich noch ein Reich war, besaß es diese höhere und zentrale Einheit; seine Fehler und seine Vorzüge kompensierten sich. [...] Das Expansive des Imperiums an der Donau kompensierte sein „Phäakentum", und Wien war, was immer man gegen es zu sagen hatte, das schlagende Herz eines Organismus. Heute, wenn man durch diese „City" mit den Bureauhäusern und den Bankpalästen geht, weiß man nicht, was man sagen soll. Die sterbende Stadt ist nicht gestorben, dieses Feuilletonschreckwort hat sich nicht erfüllt, und wenn im vorigen Winter die Berliner Damen aus Wien zurückkehrten, wußten sie nicht genug von den Wundern seiner Eleganz, seiner Geldflüssigkeit, seiner Lebenslust zu erzählen.«[136]

---

136   Flake, Otto: In Wien und Prag. Neue Rundschau 1924/2, 977.

1.4 Chronik, chronisch. Die Geschichte der (Be-)Deutungsmuster Wiens

Was aber bleibt den Feuilletonisten zu erzählen? Die Ereignisse überholen die Tagesproduktion. Zwar ist evident, daß Schreiben der Realität nachfolgt, doch ist den Feuilletons wesentlich, daß sie sich – anders als der aktuelle politische oder wirtschaftliche Teil einer Zeitung – um die Produktion von Prosaskizzen bemühen, welche Wesensmomente der thematisierten Wirklichkeit erfassen, also einen Kern freilegen, indem das Äußerliche der Ereignisse zugunsten einer *tieferen* Wahrheit in den Hintergrund tritt.

Das Außen dient als symbolische Form, deren Inhalt zu entbergen ist, wobei freie Sicht auf das Reale natürlich nicht Offensichtlichkeit heißen muß. Kurzum, das literarisch ambitionierte Feuilleton zielt auf den symptomatischen snap-shot, in dem die Bewegung in ihrem signifikantesten Moment erstarrt ist.

Wenn sich nun die Wirklichkeit mit derartiger Behendigkeit wandelt, wie die Wiens in der Inflationszeit, werden zwar zunächst im Verfolg des zu Beschreibenden die Beschreibungsmuster ausdifferenziert und variiert, doch wird die Flexibilität auf eine harte Probe gestellt, wenn der Wechsel schnell erfolgt und sich im wesentlichen wiederholt: Aufschwung auf Abschwung, dann wieder Hausse auf Baisse und so fort. An dieser Stelle scheint es angebracht, an Hegels Überlegungen zum Schreiben der Wahrheit zu erinnern:

> »Auf die Frage: was ist das Jetzt? antworten wir also zum Beispiel: das Jetzt ist die Nacht. Um die Wahrheit dieser sinnlichen Gewißheit zu prüfen, ist ein einfacher Versuch hinreichend. Wir schreiben diese Wahrheit auf; eine Wahrheit kann durch Aufschreiben nicht verlieren; ebensowenig dadurch, daß wir sie aufbewahren. Sehen wir jetzt, diesen Mittag, die aufgeschriebene Wahrheit wieder an, so werden wir sagen müssen, daß sie schal geworden ist.«[137]

Zwar hängt unseres Erachtens die Problematik der Erkenntnis des Jetzt an der Differenz von Majuskel und Minuskel, doch legt Hegel in philosophischer Terminologie dar, wie der Wechsel von hellem Tag und düsterer Nacht, der in der Zeitlichkeit der Wiener Inflation den stetigen Währungsschwankungen entspricht, die Wahrheit des Feuilletons schal werden läßt – daß es im Feuilleton um die Wahrheit geht, das schreiben die Feuilletonisten selber.

> »Nur um der Wahrheit Ehre zu erweisen, muß konstatiert werden, daß die Residenzstadt Wien, seit sie genau 50 pCt. der österreichischen Gesamtbevölkerung beherbergt, ihren Friedensbetrieb zwangsweise auf die Fremdenindustrie überleiten mußte, und also alles

---

137 Hegel, Georg Wilhelm Friedrich: Phänomenologie des Geistes. Frankfurt a. M. 1986, 84.

gerne sieht, was Sensation heißt und Besucher heranlockt. Jede Produktion und jede Sprache ist willkommen, wenn sie Geld nach Wien lockt.«[138]

Auch für die Produktion und Sprache des Feuilletons gilt der letztzitierte Satz, und sogar in verstärktem Maße, bringt doch genau das Feuilleton die Donau-Stadt in die fremden Städte und prägt dort entscheidend die Vorstellungen von Wien.

1925: Endete die Behandlung Wiens im Berliner Feuilleton des Jahres 1924 mit der bereits bekannten Beobachtung, daß Wien eine Stadt der Fremden wird, so mutet die erste feuilletonistische Verdichtung vom dritten Januar des Folgejahres nicht minder vertraut an:

»Trauer über die Zerstörtheit der hyperkultivierten, samtweichen, nachtlokalfrohen Lebensbühne „Wien"?«[139]

Immerhin kleidet sich diese Kurzfassung von Wienstereotypen, in der Babylon und Bacchanal und Bar ebenso angesprochen werden wie Melancholie und Untergang, in die Gestalt einer Frage. Das mythisch vertiefte Wien wird durch Anführungszeichen auf Distanz gehalten, doch findet sich auch in diesem stilistischen Aufwand kein Heilmittel der Wienbeschreibung, und Anton Kuh erzählt statt dessen eine unterhaltsame Geschichte. Die Akkumulation von Topoi der Wienbeschreibung enhält in besonderer Weise ein ebenfalls im Feuilleton publiziertes Gedicht Franz Theodor Csokors, das *Wien* überschrieben ist:

»Sanfte Stadt, der ich vefallen bin, / Stadt mit deinem judenweichen Lachen [...] / Stadt der Lebenszagen, Zarten, Schwachen / – nie entrinnt man dir verspieltes Wien! // [...] Bacchus taumelt selig von den Hängen / unter seinem sorgenlosen Singen / löschen alle harten Flammen aus. // Wer vollenden will, darf nichts vollbringen / wer vollbringt, versteinert im Verzicht / Stadt der Sehnsucht, aber ohne Schwingen, / kein Empörer wird sich aus dir ringen – / doch den Menschen trägst du im Gesicht.«[140]

Ausgestattet mit weiblichen Attributen, denen das erzählerische Ich verfallen ist, wirkt die Stadt wie eine kokette Lebedame, die zu unproduktivem Genuß verführt, in ihrer sinnenfrohen Beschaulichkeit aber der *condition humaine*

---

138   Latzko, Andreas: Wiener Ansichtskarten. Berliner Börsen Courier 16.08.24.
139   Kuh, Anton: Paraldehyd. Berliner Tageblatt 03.01.25.
140   Csokor, Franz Theodor: Wien. Vossische Zeitung 30.08.25.

1.4 Chronik, chronisch. Die Geschichte der (Be-)Deutungsmuster Wiens

angemessener ist.[141] Der Komparativ assoziiert eine Stadt wie Berlin, die dem Wiener Dichter für Industrie, protestantische Ethik, soziale Konflikte und ähnliche Unannehmlichkeiten stehen mag. Doch solch dionysische Idylle findet sich vielleicht im Poem, kaum auf den Straßen der besungenen Stadt. Aber selbst bei einem Wiener Weltbürger wie Franz Blei, der in der – Berlinischen – Fremde lebt, zeigt sich, daß die Heimatstadt zumeist positive Reminiszenzen aufruft:

> »Die alten baulichen Schönheiten dieser Stadt, das Verquere ihrer vielen Gassen, die mir wohlklingende Intonation des wienerischen Sprechens aus der sonoren Kehle (statt vom quetschenden Gaumen weg, wie in Berlin), die spielerische Anmut und helle Intelligenz ihrer Frauen, die schlenderische Lässigkeit im Sitzen, Stehen, Gehen der Männer.«[142]

Trotz all dieser Annehmlichkeiten, die Wien vor Berlin auszeichnen, gibt es im Verhältnis Wien – Franz Blei ein Problem:

> »Die Geliebte macht es schwer, und die streichelnde Hand möchte sich fast zur zuschlagenden verhärten. [...] Diese meine schöne Heimatstadt leidet arg unter einem Luxus, den sie sich nicht leisten kann: dem Politisieren.«[143]

Daß ein leicht erotomaner Autor wie Franz Blei ebenso wie Csokor bei der Imagination seiner Mutterstadt zum Imago der Geliebten greift, mag nicht verwundern. Doch daß sich nach den Problemen, die das Schreiben über Wien aus zeitgeschichtlichen Gründen, wie oben ausgeführt, mit sich brachte, nun innerhalb eines kurzen Zeitraumes gleich zwei figurative Gestaltungen der Stadt in Form von libidinös besetzten Frauengestalten finden, zeigt zweierlei: Einerseits hat sich in der Geliebten ein Imago der Stadt eingestellt, dessen erzählstrategischer Vorteil darin besteht, die Stadt den Wirren und ständigen Wechseln der Zeitgeschichte zu entziehen, um sie statt dessen auf das allegorische Register zu setzen – wobei diese Allegorie durch ihre personalisierende Gestaltung als Geliebte des Autors sich vom klassischen Allegorieverständnis unterscheidet. Andererseits – von der anderen Seite, nämlich vom Erzählgegenstand her – entzieht sich die Stadt Wien auch dem

---

141 Das gleichermaßen attribuierte *judenweiche Lächeln* kann vor dem Hintergrund der seinerzeit noch präsenten Kultur- und Geschlechtertheorie Otto Weiningers, die insbesondere in Wien zahlreiche Anhänger besaß, zu denen auch Csokor gezählt haben dürfte, auch zu den Indizien einer insgesamt femininen Figuration, zu der die Stadt gedichtet wird, gerechnet werden.
142 Blei, Franz: In der Heimat. Berliner Tageblatt 04.09.25.
143 Ebd.

Ereignischarakter der Nachkriegsgeschichte und tritt in eine Phase relativer Stabilität, so daß die vorher ausgebildeten Erzählmuster nicht mehr zureichen und sich die enthistorisierenden fraulichen Figurinen zur Applikation anbieten. Um Status, Funktion und Bedeutung dieser Imagines des Weiblichen zu klären, werden wir einen Exkurs unternehmen.

Exkurs 1: Weiblichkeit in und an Wien. Feminine Figurationen als Stereotypen der Wienwahrnehmung

Städte oder Länder haben oftmals jenseits der Wappen Schutzgöttinnen, *patronae*. Bekanntestes Beispiel ist wohl die griechische Metropole, die ihren Namen der Göttin Athene verdankt. Allegorische Gestalten wie Berolina, Bavaria oder gar Germania breiten segnend und fruchtspendend ihre Hände über Ort- und Landschaften, nebst Einwohnern. Die allegorische Tradition erfährt einen ersten Einbruch, als mit der französischen Marianne die Frau aus dem Volk zur Ikone einer Republik wird. Eine eigenartige Verschiebung ins Weltliche setzt ein, die dazu führt, daß nicht mehr in der Frauengestalt die Nation, Provinz oder Stadt verdichtet aufgehoben scheint[144], sondern statt dessen die konkrete Frau befragt wird, inwieweit sie das Wesen dieser Grössen veranschauliche. Diese imagologische Verlagerung veranschaulicht und motiviert aufs klarste das nachstehende Zitat:

»Wien, das noch immer als die Stadt der Frauen gilt, besitzt jedenfalls zwei Exemplare davon, um welche die Welt es beneiden darf: [...] Uebrigens sind beide nicht in Wien geboren. (Wie es denn ein alter Erfahrungssatz ist, daß die Frauen, die eine Stadt am reinsten repräsentieren, immer von wo anders herkommen) Aber viele Wiener Jahre haben sie sozusagen zu der feinsten Essenz der Stadt werden lassen, die man bei ihnen suchen muß, da sie ja überall anderswo verloren gegangen ist.«[145]

---

144 Sigrid Weigel bezieht sich in ihren Überlegungen zum Verhältnis von Stadt und Frau ausschließlich auf diese idealtypischen Imagines als Referenzpunkten einer vom Mythos durchzogenen Vergangenheit. Die historischen Wandlungen werden ebenso wenig in die Überlegung einbezogen, wie die Dialektik der imaginären Produktion, die bei Weigel nur von den Männern als patriarchalen Produzenten ausgeht und in ihrer verkürzt feministischen Lesart der Psychoanalyse Gefahr läuft, die Mythen fortzuschreiben. Vgl. expl. Weigel, Sigrid: Traum – Stadt – Frau. Zur Weiblichkeit der Städte in der Schrift. In Scherpe, Klaus R. (Hg.): Die Unwirklichkeit der Städte. Großstädte zwischen Moderne und Postmoderne. Reinbek 1988, 173–196.
145 Andro, L.: Die Achtzigjährige. Vossische Zeitung 31.05.23.

Exkurs 1: Weiblichkeit in und an Wien. Feminine Figurationen 87

Ist die Frau zur Essenz der Stadt destilliert, bleibt fraglich, wie die Vielfalt einer Stadt in einer literarisch entworfenen konkreten Frau gefaßt werden kann. Naheliegend ist natürlich die Antwort, daß verschiedene Frauen oder Typen entwickelt werden, die das Essentielle der Stadt in verschiedenen Facetten repräsentieren. Erwartbar ist eine Skala, die sich von Hure und Hexe bis zu Heiliger und Mutter spannt. Innerhalb dieser Polarität weiblicher Ikonographie bestehen natürlich Zwischenbereiche, Modulationen, die wir im folgenden nachzeichnen wollen:

> »Wien kannte man überall und überall liebte man es. Es teilte ein freundliches Schicksal mit Venedig, mit Paris. Auf der Hochzeitsreise, in Urlaubstagen hatte es jeder einmal berührt. Bezaubert, besiegt kam er heim und erzählte. Der Prater, der Stephansdom, der Kahlenberg, schöne Frauen und Mädchen, Lachen und Heiterkeit, und vor allem Musik, Musik, Musik – ach diese Stadt hatte vieles, was sie von ihren Schwestern unterschied, und man verfiel ihrer Magie schnell und gern. Freilich handelte es sich damals um ein anderes Wien, um eine reiche und glanzvolle Stadt. Nun, dieser Reichtum ist heute verschwunden, und vielleicht lacht man nicht mehr so viel, ist man nicht mehr so heiter, lebt man nicht mehr so leicht. Trotzdem hat die Stadt einen bösen Wandel zu überdauern vermocht, und eine Kraft und Zähigkeit, die ihr eigentlich niemand zugetraut hatte, ließ sie sogar zu neuem Aufstieg gelangen. Wer heute kommt, darf wieder lieben und schwärmen wie vor zwei Jahrzehnten, er darf, heimgekehrt, von einem Wien berichten, das seine Schönheit zurückgefunden hat. […] Aber diese Gerüchte [von Heimwehren und drohendem Putsch / CJ] sind da, und sie schaden der Stadt, die man überall liebt. Sie halten Fremde ab, herzukommen. Sie stellen Wien in ein Vakuum, in dem es fröstelt. […] Mit einem Wort: Wien ist plötzlich zur Frau von schlechtem Ruf geworden. Was nützt es, daß sich dabei alle der Schönheit Wiens bewußt bleiben? Nur bei schönen Frauen findet man es ja der Mühe wert, schlecht von ihnen zu sprechen. Aber ein Unterschied besteht: schöne Frauen können durch ihren üblen Ruf interessant werden, und das Bewußtsein ihrer Interessantheit wiegt ihnen alles auf. Städte leben nicht davon, daß man über sie Dinge tuschelt, die ihnen den Nimbus der Verruchtheit geben.«[146]

Im zweiten Satz schon werden die Wienerinnen und das frauliche Wien inklusive der Schwesterstädte nebeneinandergestellt, und diese syntaktische Engführung verdichtet die beiden Ebenen von Weiblichkeit derart, daß sich bspw. die Erlaubnis „darf wieder lieben" sowohl auf die Frauen, wie die mit deren Attributen ausgestattete Stadt beziehen kann. In den Schlußsätzen jedoch lassen sich beide Frauenfigurationen als soziale Konstrukte erkennen: Eingebunden in eine sozial kodierte Vorstellungswelt stehen nur begrenzte Verhaltensoptionen zur Verfügung; die Differenz der Optionen verdeckt nicht die strukturale Ähnlichkeit von Frauen- und Stadtbild.

---

146 Rainalter, Erwin H.: Die Stadt der Gerüchte. Deutsche Allgemeine Zeitung 13.09.29.

»Denn immer ist das Wiedersehen mit Wien wie der Besuch einer verlorenen, aber nie vergessenen Geliebten.«[147]

Der Vergleich wird im *wie* expliziert und behauptet keinerlei Identität, statt dessen distanziert er die Stadt als Geliebte sogleich wieder, charakterisiert das Verhältnis als unerfülltes, melancholisch grundiertes. Ist so bereits in das Motiv Geliebte eine Differenz eingeführt, setzt sich innerhalb dieses Feuilletons die Ausdifferenzierung noch fort.

»Die wienerische Sinnlichkeit tanzt und sie flirtet, das Wiener Herz aber blutet.«[148]

Während das Herz am Klischee zu leiden hat, wird die Sinnlichkeit in Gestalt einer Wienerin personifiziert. Doch dies weibliche Wien umfaßt nicht nur Tänzerinnen und Geliebte, also ein sozial akzeptiertes Milieu, das am treffendsten als Halbwelt, oder, gepflegter, als Demimonde benannt werden kann. Auch von der Realität der Frauen in Wien kündet das Feuilleton – wenngleich als bemerkenswerte Ausnahme.

»Auf dem Gebiet der Frauenbildung z. B., die erst vor nicht langer Zeit in Berlin reformiert wurde, hatte Wien bereits in den 70er Jahren zwei öffentliche Schulen, die die heutige Entwicklung vorwegnahmen [...] auch in den Fächern, die zur gleichen Zeit in Berlin noch als gänzlich ungeeignet für weibliche Hirne galten, z. B. Algebra und Geometrie.«[149]

Keineswegs Zufall, daß dieser sachliche Bericht sich einer Autorin verdankt. Hier wird ein – bezogen auf Berlin – Emanzipationsvorsprung festgehalten, der jenseits des Referierten noch darauf hinweist, daß Frauen im öffentlich-politischen Leben Wiens ein wesentlich höheres Ansehen genossen haben als andernorts – und eben nicht nur als sexualisierte Wesen.

Daß es abseits des begehrten Liebesobjekts noch eine andere feminine Figuration im Kontext Wiens gibt, signifiziert auch das nachstehende Zitat. Der Text liefert den Bericht von einer Matinee im Berliner Deutschen Schauspielhaus, welche einen Querschnitt der österreichischen Kunst dem reichshauptstädtischen Publikum präsentierte – nicht zuletzt, um für den Anschlußgedanken zu werben.

---

147 Preis, Max: Wiedersehen mit Wien. Berliner Börsen Courier 30.07.19.
148 Ebd.
149 Wolffenstein, Yella: Deutsches Geistesleben in Wien. Berliner Börsen Courier 06.02.19.

»Grillparzers Hero als „sinnlich-keusche Wienerin, der Aphrodite hellenische Schönheit auf die Stirne küßte", erschien als typisch für die österreichische Eigenart, die durch die Hochstimmung hindurchwirkte.«[150]

Die vertraute Sinnlichkeit stellt sich ein, apart gepaart mit vornehmer Zurückhaltung, die von der Liebesgöttin den Zusatz „hellenische Schönheit" erhält. Da hier wohl kaum der Winckelmannsche Topos „edle Einfalt – stille Größe", sondern im Kontext postnietzscheanischer Griechenrezeption eher die Eintracht von Apollinischem und Dionysischem gemeint sein dürfte, rundet sich die Wienerin zur attraktiven und lebensklugen Frau, in der die *österreichische Eigenart* selbst aufscheint. Die Weiblichkeit der Wienerin fungiert als Pars pro toto nationalen Wesens.

Gelegentlich wird von seiten der regierungsamtlichen Institutionen versucht, mittels der Exekutive Stellvertreter der staatlichen Gewalt als Identifikationsfiguren anzubieten. Uniformträger repräsentieren in der Öffentlichkeit das politische Kollektiv, das über die gesellschaftliche Macht verfügt. Anhand eines seinerzeit kurrenten Gedankenspiels über den möglichen Einsatz von Politessen, entwickelt Rudolf von Rußwurm Überlegungen, die signifikant sind hinsichtlich der Verfügung der Frauen über politische Macht.

» [...] in England hat man ja vor den Frauen seit jeher Respekt. Aber in Wien? Es gibt wohl auch dort einige Männer, denen ihre Gattinnen oder wenigstens deren Mütter gewaltig imponieren, doch ist das schließlich eine rein häusliche Angelegenheit. Aber in der Öffentlichkeit? Da ginge die Sache sicher nicht, denn der Respekt des Wieners vor dem weiblichen Geschlechte drückt sich am liebsten in Bewunderung und Galantrie aus, in diesen gewiß verwerflichen Regungen, die auch vor der Polizeiuniform nicht haltmachen würden, namentlich wenn sie die betreffende gut kleidet.«[151]

Daß Frauen überhaupt als staatliche Ordnungsbeamte eingesetzt werden können, diese Möglichkeit zu denken, erweist einen emanzipatorischen Zugewinn, insofern Frauen zugestanden wird, auch abseits privater Räume Autorität innezuhaben. Das Problematische besteht im Symbolischen und den korrelierenden Praxen. Es geht nicht darum, den Frauen die Fähigkeit abzusprechen, öffentliche Ordnungsaufgaben wahrzunehmen, sondern darum, ihnen den Zutritt in die repräsentative Ordnung der Staatsgewalt zu verwehren, weil Männer in ihnen etwas anderes präsentiert zu sehen wünschen und auch

---

150 K.: Österreichische Kunst. Mittagsveranstaltung im Schauspielhaus. Vossische Zeitung 03.05.20.
151 Russwurm, Rudolf v.: Der Schutzmann in Höschen. Deutsche Allgemeine Zeitung 23.06.26 (a).

an Ordnungshüterinnen diesen Wunsch adressieren würden. Doch ist dieser Wunsch nicht antagonistisch zwischen den Geschlechtern eingerichtet, vielmehr scheint auch die Wienerin selbst den Wunsch zu hegen, sich in einer Weise zu präsentieren, die nicht einfach als patriarchal zu denunzieren ist.

> »Die Wienerin trägt trotz der Teuerung diese Kleider und diese Hüte und vor allem diese Schuhe, denn die Mode verlangt vor allem einen zierlichen Fuß und einen eleganten Seidenstrumpf, der fast bis zum Knie sichtbar ist. Man spricht bei uns viel von Mode, viel zu viel, eben weil uns der rechte Sinn dafür fehlt. Es gehört mehr dazu als der Wille. Es gehört auch dazu eine Tradition. Und auch die Wiener Mode ist ein Stück europäischer Kultur, dessen Untergang ein unersetzlicher Verlust wäre.«[152]

Vom nationalen Wesen zum Bestandteil europäischer Kultur scheint es für die Wienerin nur ein kleiner Sprung zu sein, muß sie doch in beiden Fällen nur natürliche Anmut mit dem reflektierten oder raffinierten Einsatz derselben zum Einklang bringen. In der Mode artikuliert sich ein Begehren, das auf Haute Couture gründet, aber Haute Culture nicht ausschließt. Gegenüber der Funktionalisierung als Repräsentantin des Staats enthält der Wunsch, à la mode gekleidet zu sein, ein Streben nach Freiheit – nicht zuletzt von ökonomischen Zwängen. Daß diese Freiheit nicht ohne weiteres zu haben ist, jedenfalls nicht im gegebenen soziokulturellen Rahmen, zeigt sich angesichts der die Nachkriegsnot intensivierenden Inflation besonders deutlich.

> »Der Wiener weibliche Jahrgang 1920 ist eine Sehenswürdigkeit. Nie waren die Frauen hübscher, geschmeidiger, irritanter. Aus dem Zusammenwirken von Unterernährung und Trübsal und deren Überkompensation durch Leichtsinn geriet ein sonderbar blind-lebensgieriger Frauentyp, der – gehetzt von Bangigkeit, die Minute zu versäumen – aus Aug' und Gang und Haltung eine Bereitschaft funkeln läßt, die die Luft in Brand setzt. Zwang des äußeren Lebens erwirkte zum Ausgleich eine Freiheit des Inneren.«[153]

Die Frau wirkt frei und darin gefährlich, nicht mehr ein durch Schmuck und Kleidung verschöntes Ansichtsexemplar, sondern ein bedrohlich anmutender Vamp streift durch die Stadt, der nicht davor zurückzuschrecken scheint, Männer in Brand zu setzen. Die gefahrenvolle Frau, deren Skizze Polgar entwirft und an den sozialen Kontext als Entstehungsbedingung knüpft, ist jedoch mindestens seit den Dichtern des Fin de Siècle wie Felix Dörmann oder Frank Wedekind zu einem Topos der Literatur geworden. Daß diese unheilvolle, nervenzehrende Gestalt der Jahrhundertwende nun wiederum ins

---

152 Glaser, Curt: Wiener Eindrücke I. Berliner Börsen Courier 09.07.20.
153 Polgar, Alfred: Sommer 1920. Berliner Tageblatt 03.08.20.

Leben tritt, gibt dem davon handelnden Feuilleton noch einmal eine andere Qualität als den Phantasmagorien der literarischen Vorzeit. Wurde nämlich vordem die Frau über ihren sozialen Status hinaus als Bedrohung stilisiert, die in ihrem praktischen Ungenügen die Souveränität des Mannes bestätigen mußte bzw. wie im Masochismus seine Dominanz, als die desjenigen, der die Regeln festlegt, den Vertrag schreibt,[154] so ist sie als durch den Krieg verselbständigte Frau zur veritablen Herausforderung des Mannes geworden. Wie Männer diese Herausforderung abtun, indem sie die gewonnene Freiheit der Frauen in der Beschreibung ihrer Körperlichkeit aufheben, lehrt Victor Auburtin.

> »Es sind ganz die glatten Stirnen und die langen, manchmal etwas schiefen Augen der Wienerin; und auch ganz die umfangreichen Wiener Brüste, soweit ich über letztere unterrichtet bin.«[155]

Das Zerrbild einer gedanklosen, bisweilen mongoloiden Fruchtbarkeitsstatue archaischer Zeiten, das hier gezeichnet wird, offenbart einen Abwehrreflex, der sich bis in den Gestus der Zurückhaltung und Relativierung hinein fortschreibt: Unterrichtet wird gemeinhin derjenige, der keinen unmittelbaren Umgang mit dem hat, von dem er unterrichtet wird. Da Auburtin deutlich ein zeittypisch-männliches Verhalten aufzeigt, erweist es sich als besonders vorteilhaft, daß er insgesamt dreimal in Wien weilte und dieses Verweilen zum Thema eines Feuilletons machte, in dem er folgendermaßen die Differenz der Zeiten beschreibt:

Um 1900: „auf dem Ring promenierten dicke, sogenannte mollerte Damen mit Schinkenärmeln und künstlich vergrößerten Steißen, eine Mode, die uns damals als der Gipfel des Geschmacks erschien und in heftige sinnliche Erregung versetzte".[156] 1922[157] kann er konstatieren, »daß die Frauen nicht ihre Brüstlein zeigen, sondern ihre Beinlein, was aber im Effekt auf dasselbe hinausläuft. Während des kurzen Aufenthaltes damals in Wien bin ich nie vor 3 Uhr morgens ins Bett gekommen, und wenn die Polizeistunde gekommen war, ging es in den diskreten Gemächern weiter, wo die neue Errungenschaft des Shimmy geübt wurde. Die Mädchen aber sangen ein neues Lied: „Wien,

---

154 Vgl. zu dieser Lesart des Masochismus Deleuze, Gilles: Sacher-Masoch und der Masochismus. In Sacher-Masoch, Leopold von: *Venus im Pelz*. Frankfurt a. M. 1980, 163–281.
155 Auburtin, Victor: Wiener Spaziergänge. Berliner Tageblatt 05.05.23.
156 Auburtin, Victor: „Als ich wiederkam…". Dreimal Wien. Berliner Tageblatt 28.07.27.
157 Mutmaßlich handelt es sich bei dieser Datumsangabe um einen Erinnerungsfehler: Auburtins Berichte stammen aus dem Jahre 1923.

Wien, sterbende Donaustadt, die noch immer ihr reizendes Lächeln hat", und gestorben ist Wien doch nicht«.[158] 1927 scheint ein beachtenswerter Wandel stattgefunden zu haben:

> »Es gibt ein Phänomen, das jedem neu Ankommenden auffallen muß, und das durchaus nicht als etwas Nebensächliches angesehen werden dürfte. Das ist die geradezu überwältigende Mehrzahl der Frauen. [...] In der Kärntner Straße sieht man zu Mittag eigentlich nur noch Frauen. Hier und da ein verkümmertes männliches Individuum [...]. In das Kaffee am Graben [...] wagt sich ein Mann kaum hinein. Zu Tausenden sitzen da die Schönen mit übergeschlagenen Beinen und rauchen Zigaretten. [...] es ist wie in einem Amazonenstaat.«[159]

Der letzte Ausdruck liefert ein Stichwort, das zum Ende der Zwanziger Jahre hin den Diskurs bestimmt, der über Wiener Frauen im Feuilleton geführt wird.

Die Amazone ist eben genau die Emanzipierte, die Frau, die im Zuge der expandierenden Angestelltenkultur sich zusehends aus der finanziellen Abhängigkeit vom Mann löst, und dies in Wien ganz offenbar gründlicher als in jenem Berlin, das Siegfried Kracauer als Untersuchungsfeld seiner epochalen Studie[160] diente; in derselben heißt es:

> »Berlin ist heute die Stadt der ausgesprochenen Angestelltenkultur [...]. Nur in Berlin, wo die Bindungen an Herkunft und Scholle so weit zurückgedrängt sind, daß das Weekend Mode werden kann, ist die Wirklichkeit der Angestellten zu erfassen.«[161]

Was für die gesamte Breite dieser Kultur stimmen mag, gilt mit dieser Ausschließlichkeit jedoch für die weiblichen Anteile nicht, was für die Wienerinnen hinsichtlich der Quantität nicht zutreffen mag, wird durch eine historisch und soziokulturell höhere Emanzipation der Wiener Frauen – zumindest ihrer Bessergestellten – wieder wettgemacht.

So erscheinen diese den Männern nicht als aufstiegsorientierte Ex-Proletarierinnen, die ihren Weg ins Bürgertum durch das Bett machen wollen, sondern eher als selbständige bis aggressive – eben – Amazonen, die Männer höchstens gelegentlich benutzen, was für diese im mythischen Trauma den Tod bedeutet. Kongenial umgesetzt wird diese männliche Perspektive in einem Feuilleton Robert Musils. Der narrative Bogen überspannt nicht weniger

---

158 Ebd.
159 Ebd.
160 Kracauer, Siegfried: Die Angestellten. Frankfurt a. M. 1971 – Die Erstveröffentlichung des Textes erfolgte 1929 in Fortsetzungen in der Frankfurter Zeitung.
161 Ebd., S. 15.

als drei Jahrhunderte: Begegnung des Marquis von Epatant mit einer Raubkatze 1729:

> »Dabei sah er aber, daß die Handgelenke der ihn betrachtenden Dame fast so breit waren wie sein Oberschenkel, und die Zähne, welche in dem lüstern und neugierig geöffneten Mund sichtbar geworden waren, gaben ihm ein Bild des Massakers, das ihm bevorstand. Diese Person vor ihm, war schön furchteinflößend stark und in Blick wie Gestalt durchaus weiblich. Das war zuviel für Epatant. Er [...] fiel in Ohnmacht und wußte zu seinem Glück länger nicht mehr, was mit ihm geschah.«[162]

Im Jahr 2197 vor unserer Zeitrechnung: Der Autor reflektiert über die historische Wirklichkeit des Amazonenstaates, gelangt aber nur zu dem immer richtigen Resümee „Dunkel sind die Anfänge unserer Zivilisation".[163] Zielort dieser kleinen Zeitreise ist, wie schon die Kombinatorik der Jahreszahlen verrät, die Gegenwart, das Jahr 1927, in dem „sich unnatürliche Triebe wider natürliche verkehren, und höchstens kümmerliche Reste in den Theatern, Kinos und Erzählungen sechzehnjähriger Lebemänner, wo das dämonische Weib, die Salonschlange oder der sinnliche Vampyr von fern an ihre männermordende[n] Vorgängerinnen erinnern"[164]. Doch droht nach der erfolgten, glücklichen Umkehr wiederum eine Verkehrung des Geschlechterverhältnisses:

> »Ich bin ein Mann, aber das wird bald etwas sehr Weibliches bedeuten. [...] Wie dunkel ist die Zukunft der Zivilisation!«[165]

Musil schildert das gegenwärtige Amazonentrauma, das zwar abgewehrt wurde, aber wiederzukehren droht und dann den Tod des Mannes in seiner bekannten Form bedeuten würde.

Die Wiederkehr der mörderischen Frau und eben der Topoi, in denen sie zuvor in der Wiener Jahrhundertwende geschildert wurde, erfolgt dann bei Arnold Höllriegel.

> »Es gibt Orchideen, die Schulmädchen, Kaiserinnen, Kurtisanen, Tänzerinnen, verschlagene kleine Bürgersfrauen sind; es gibt andere in knapp sitzenden Tailormadekostümen, nicht purpurn oder vergoldet, sondern grün, braun, schwarz, die wie Emanzipierte einhergehen, Mannweiber, Reiterinnen im Herrensattel. [...] Sie sind die gefährlichsten, von einer etwas perversen Erotik, unendlich reizvoll in ihren unscheinbaren diskreten Alltagsfar-

---

162 Musil, Robert: Eine Geschichte aus drei Jahrhunderten. Berliner Tageblatt 27.03.27.
163 Ebd.
164 Ebd.
165 Ebd.

ben, aber von jener schlanken Eleganz, von jenem schwindelerregenden Orchideenduft, denen man nicht widerstehen kann; und deutlicher als alle anderen Orchideen mit dem Mal des Weibtigers bezeichnet, dem Hexenmal des Bösen.«[166]

Die Blumen des Bösen, Amazonen und die Raubkatze sind das Sortiment, aus dem sich die Erzählung der Frauenfurcht und -faszination speist. Aus diesem Vokabular erfährt man wenig über die Realität der Frauen, mehr von den realen Befürchtungen der Männer, vor allem jedoch daß es in der kulturellen Organisation des Geschlechterverhältnisses eine Zäsur gegeben hat, die tief greift. Wie tief, läßt sich vielleicht an der nachstehenden Notiz ermessen, die allerdings schon ihrerzeit als Kuriosität vermeldet wurde.

»Oesterreich, man hat es nicht geahnt, muß eine Art Amazonen-, Spinnen- oder Bienenstaat geworden sei [!], wo die Männer, wenn sie der Fortpflanzung gedient haben, getötet werden. Denn dort ist der Bund für Männerrechte entstanden, der allwöchentlich Einspruch gegen die Unterdrückung des starken Geschlechts erhebt.«[167]

Zwar ziehen sich bestimmte Figuren des Weiblichen, wie die *femme fatale*, durch die Wiener Literatur seit der Jahrhundertwende, doch ist um 1927 eine besondere Häufung des Amazonenmotivs zu beobachten.

Die Amazone gilt als eine geradezu mythologische Gestaltung des Weiblichen, andererseits aber kann sie in ihrer jeweiligen Aktualisierung als Indiz einer stets genauer zu spezifizierenden, tatsächlichen Selbständigkeit der Frauen verstanden werden. Die Selbständigkeit wird von den Männern, die die Amazone in die zeitgenössischen Texte einführen, als Verlust eigener Macht wahrgenommen oder bezeichnet aus anderer Perspektive möglicherweise auch, daß sich die Einstellung des männlich bestimmten gesellschaftlichen Diskurses gegenüber der Emanzipation von Frauen ins Reaktionäre zu wenden beginnt.

Es läßt sich historisch ein Muster des diskursiven Wechselspiels ausmachen, in dem die emanzipatorischen Bestrebungen der Frauen anfänglich von Männern unterstützt werden, um – nachdem erste Erfolge festzustellen gewesen sind – von einem *backlash* gefolgt zu werden, in dem auch Frauen sich auf die Seite der um ihre Position und Rolle besorgten Männer stellen.[168] Dementsprechend verwundert es nicht, bei einem späterhin ausgemachten

---

166 Höllriegel, Arnold: Die Hölle der bösen Frauen. Berliner Tageblatt 05.06.21.
167 Adriaen: Tragödien und Farcen. Sparsam ist vornehm. Arnold Höllriegel und der Bund für Männerrechte. Berliner Tageblatt 25.05.27.
168 Historisch sei verwiesen auf die Umbrüche im Diskurs über die Frauen in Frankreich vor 1793 und um 1800, in der deutschen Frühromantik um 1800 und um 1815.

Reaktionär die deutliche Drehung des zunächst ambivalenten Amazonenmotivs in eine Widernatürlichkeit zu finden.

»Der Einbruch der Amazone in den Männerstaat, die Grenzen, die Natur dem Willen der Frau zur Vermännlichung entgegengesetzt, [...] das hätten Parallelen zum heutigen Frauentum werden können.«[169]

Glücklicherweise, was die Männer anbelangt, existiert in Wien auch noch ein anderer Frauentypus, ein Typ, der eine – wenn auch vor allem literarische – Tradition aufzuweisen hat.

»So zieht die Geschichte über uns allen vorüber mit Sonnenstrahl und Wolkenschatten. Aber die kleinen Mädchen bleiben ewiglich.«[170]

Die kleinen oder auch süßen Mädchen oder gar Mädel bilden eine Wienerische Spezialität, die dank der weitreichenden Verbreitung in Lied und Operette zu einem Synonym für das unverfälschte, sprich: volksnahe, Wien geworden ist. Dieser Typus hat die Wirren und Veränderungen, die seit der Vorkriegszeit Wien beeinflußt haben, relativ unbeschadet in einer geschichtslosen Nische überstanden. Natürlich erscheint dies nur dem Berliner Gelegenheitsbesucher so, denn professionelle Wiener, denen auch noch die Autorschaft an einem Stück erotischer Weltliteratur unterstellt werden kann,[171] wissen genauer zu differenzieren.

»Das war nicht mehr reine Begeisterung. Das war Ekstase, die sich freilich an einer künstlerischen Leistung entzündet hatte, die aber sehr deutlich hysterisch hemmungslose Begierden hören ließ. [...] Seelennot schrie aus ihr, Begehren der Pubertät. Sehnsucht nach dem Manne [...]. Es ist kein Unterschied zwischen den kleinen Mädeln vor dem Krieg und jetzt. Wenigstens nicht im Theater. Auf den Sportplätzen freilich gibt es viele Unterschiede zwischen den Mädeln von einst und denen von jetzt. [...] Mädels, die sich in freier Luft dem Sport und dem Turnen ergeben, schreien nicht mehr so hysterisch, wenn sie im Theater sind [...], und es wird dem Sport zu danken sein, wenn es eines Tages keine schreienden Mädels mehr gibt. Einstweilen sind sie eine Plage. Das jauchzende Mädel kann wieder eine Freude sein.«[172]

Sport, der als Heilmittel erotisch-neurotischer Mädchen gepriesen wird, ist ein Charakteristikum der neu erstandenen demokratischen Gemeinwesen

---

169 Fontana, Oskar Maurus: Wiener Autoren in Wien. Berliner Börsen Courier 06.05.27.
170 Auburtin, Victor: Wiener Brief. Berliner Tageblatt 12.06.27.
171 Felix Salten gilt als Verfasser des Romans „Josefine Mutzenbacher. Die Lebensgeschichte einer Wienerischen Dirne, von ihr selbst erzählt", der 1904 in Wien erschien.
172 Salten, Felix: Das Mädel schreit. Berliner Tageblatt 01.07.27.

nach 1918. In bisher nicht gesehener Weise wird der Sport zum Breitensport. Durch die Neuorganisation der Produktionsprozesse – Fließband, Taylorismus – steigert sich die Produktivität in einem solchen Maße, daß zur Regeneration der Arbeitskraft die Arbeitszeit verkürzt werden muß, und die deswegen zur Verfügung gestellte Freizeit soll den maschinell eingespannten oder im wachsenden Verwaltungsbereich stillgestellten Körpern zum Ausgleich dienen. Neben dem betrieblich organisierten Sport gibt es politische Gruppen, die in der Nachfolge der Arbeitersportbewegung versuchen, via Vereinsbindung auch parteistrategisch Mitglieder zu gewinnen.[173] Natürlich kommen solch politische Auseinandersetzungen um den Sport nicht im Feuilleton vor, und schon gar nicht in Wien-Feuilletons. Der Sport ist für das konventionelle Wienbild eher ein Störfaktor.

>»Der Wiener Typ läßt, soweit der ganz hochgewachsene, mit stattlicher Figur, Hüftenanlage und trotzdem schlank anmutend gefordert wird, zu wünschen übrig. Die große Frau, imposant, die vor dem Krieg in den Prater kutschiert und dem Fremden als eine Eigentümlichkeit auffiel, scheint tatsächlich in Wien seltener geworden, obschon noch vorhanden – nur nicht hier auf dem Sportplatz, wo der Typ süßes Mädel, Stupsnase und nicht zu groß, aber sonst entzückend, zuweilen „mollert", überwiegt. Daß das süße Mädel auf Muskeln ausgeht, sich trainiert, ist neueren Datums. Es war früher mehr auf sanften Flirt eingestellt, auf Jausen im Wiener Wald und abends auf einen Heurigen in Grinzing. Jetzt sind die großen Märsche die Mode geworden, die Hochtouristik auf Schneeberg und Rax [...].«[174]

Doch selbst die Klage, die geführt wird, bestätigt noch das Überleben des süßen Mädchens, das, folgt man der äußerlichen Bestimmung, die Karl Lahm bietet, in seiner Rundlichkeit und Naivität als ideale und bequeme Geliebte imaginiert wird. In diesem Bild eines leicht debilen, derb attraktiven und deswegen gefälligen Mädels gerinnt nun die weibliche Figuration Wiens, was sich natürlich selbst auch gefälliger sagen läßt.

>»Wer Wien liebt, seine Natur und seine Kunst, seine Musik und seine Küche, die Wiener selber, unter denen es soviele feine Köpfe gibt von einer Höhe geläuterten Schönheitsempfindens, die den alten Kulturmittelpunkt verrät, und – zuletzt kommt das Beste: die Wienerinnen, die ich hier mit einem kurzen Relativsatz nicht würdig schmücken kann, nun der wird gewiß auch das Wienerische lieben, die Wiener Mundart, zumal wenn diese lustigen, drolligen Redensarten aus weichem Wiener Frauenmunde mit blitzenden Augen so recht neckisch übermütig hervorgesprudelt werden.«[175]

---

173 Vgl. zur neuen Bedeutung, die Sport in der Weimarer Republik gewinnt, Hermand, Jost und Frank Trommler: Die Kultur der Weimarer Republik. Frankfurt a. M. 1988, 75–80.
174 Lahm, Karl: Kraft und Schönheit im Wiener Prater. Vossische Zeitung 16.06.25.
175 Heck, Ludwig: Wienerisches. Berliner Tageblatt 08.01.26.

Exkurs 1: Weiblichkeit in und an Wien. Feminine Figurationen

Die Frauen Wiens sind, auf das Register süßes Mädel gesetzt, eine einzige blödsinnige Verführung mit allen Attributen, die der infantilen Phäakenwelt zugeordnet werden können: weich, lustig, drollig, neckisch übermütig sprudelt es bei immerhin blitzendem Auge, letzteres eingestreut als Indiz, daß hier nicht von Pädophilie die Rede ist.

»Was das Süße Mädel ist – oder, ach Gott, war – das weiß nur der Wiener so ganz; der Fremde aber kann es ahnen, weil es in der österreichischen Literatur oft genug seine Spuren hinterlassen hat. [Schnitzler wird genannt, d. A.] [...] Ein Musiker [...] schrieb seinerzeit sogar eine Operette „Das süße Mädel", die zu einer schwärmerischen Verherrlichung der Wienerin wurde und aus der ein Lied über den Erdball hinflatterte:

Das ist das süße Mädel,
Das just so akkurat
In seiner besten Laune
Der Herrgott g'schaffen hat.

Das Lied ist geblieben, die Operette selbst ist verschollen. [...] An ihr [der Franzi aus dem „Walzertraum", d. A.] erkennt man deutlich, wie der Typus beschaffen ist. Die Pariser Grisette ist verwandt, aber es bestehen Unterschiede. Ein Kind aus dem Volke, meist aus der Vorstadt, ist auch das süße Mädel. [...] Früh muß es sich selbst sein Brot verdienen: als Verkäuferin, als Kontoristin, als Schneiderin, als Putzmacherin, als Blumenmädel, als Mitglied einer Damenkapelle, wie die Franzi. Und sein schönstes Kennzeichen ist, daß es seine stürmische, brausende Lebensfreude behält auch im grauen Alltag seines Berufes. Daß es am Kontorpult am liebsten singen möchte, auch wenn die Zahlenkolonnen noch so lang sind. Daß es über die Blumen hinweg, die es bindet, den Käufer freundlich anlächelt. Daß es einen Walzer in jeder Fiber, in jeder Sehne, wie einen elektrische Strom fühlt, weil sein eigentliches Lebenselement doch nur Musik ist. [...] Wie schildert man sie noch? Da man ihr Wesen definieren will, merkt man erst, wie wenig dies möglich ist. Gerade weil man nicht recht erkennen konnte, wo ihr eigentliches Geheimnis lag, waren sie so unnachahmlich. Der Duft ihrer Stadt witterte um sie, die Musik ihrer Stadt wiegte ihren Schritt. Sie waren Geschöpfe, die hätten verdorren müssen, wenn man sie ihrer Atmosphäre und ihrem Boden entzog. Sie waren leichtsinnig und gutmütig, wie das ganze selige Wien von einst, ausgelassen und sentimental, überschwenglich und naiv. Und ernsthaft waren sie nur in dem Temperament, mit dem sie lieben konnten [...]. Man kann nicht sagen, daß das süße Mädel, das vielbesungene und vielgeliebte, ausgestorben wäre, es lacht einen an allen Ekken und Enden der Wienerstadt aus seinen fröhlichen Augen entgegen. Nur ist das süße Mädel des Jazz eben ein anderes als das des Walzers. Und dieses erlebt zur Freude der Berliner unter tausend süßen Walzerträumen nun seine holde Auferstehung [...].«[176]

Die Literatur und die Operette haben das süße Mädel angeblich nur dokumentiert und popularisiert, produziert hat sie die Stadt, der sie – sofern ihr Wesen überhaupt zu bestimmen ist – wesensgleich waren: *leichtsinnig und gutmütig, wie das ganze selige Wien von einst, ausgelassen und sentimental,*

---

176 Rainalter, Erwin H.: Vom süßen Mädel. Deutsche Allgemeine Zeitung 14.03.26 (m).

überschwenglich und naiv. Mit der Aktualisierung der kulturellen Praktiken kann das süße Mädel allerdings im Gegensatz zur Stadt wieder zum Leben erweckt werden oder mindestens für einen Walzer zu geträumter Existenz gelangen. Die Männer, die diesen Traum hegen, sind irritierenderweise Berliner, mithin Herren, denen eine Erinnerung an irgendeine Wirklichkeit des Geschöpfs abgehen dürfte. Bei soviel verträumter Sinnlichkeit bleibt es Privileg der Wiener Mitmänner, solche – nun nicht Sachverhalte – sondern Konstruktionen von Sachverhalten in ihrer Konstruiertheit auszuweisen und nebenher die Urheber solcher Phantasmen zu denunzieren.

> »„Das ist das süsse Mädel, das just so akkurat / in seiner besten Laune / der Herrgott g'schaffen hat [...]." Der Herrgott, der das vielbesungene Geschöpf kurz zuvor in seiner besten Laune geschaffen hatte, war ein Dichter, er hiess Arthur Schnitzler. [...] Durch ihn erst kam es in Mode, löste das Donauweiberl im Rang der Wiener Schutzpatronin ab, wurde die Muse der korso-schlenkernden, hüftenweichen Wiener Männlichkeit. [...] Eine Distanz zur bezeichneten Mädchengattung klingt daraus, eine soziale Überlegenheit, die sich als erotische Feinschmeckerei gebärdet, eine Verschwärmtheit, die ihren Gegenstand wie ein putziges Spielzeug streichelt. [...] .das süsse Mädel war [...] das „Mädel aus der Vorstadt". [...] Die jungen Bürgersprossen, die die Sprache und die lässige Weichheit der Aristokraten nachahmend, [...] von Orchideenduft, schwarzen Schwänen und kristallenen Schalen träumten, kurz alle die wienerischen Lord Byrons mit Fabriksanteilen und einem väterlichen Konto, begannen jetzt mit dem dritten Stand zu kokettieren [...]. Denn diese jungen Herren, die sich für ihr Taschengeld parfümierte Freuden der Urwüchsigkeit kauften, waren weit davon entfernt, im süssen Mädel die Vorboten einer neuen vorwärtsdrängenden Klasse zu erblicken, sie verpflanzten es als gefällige Zimmerblume auf ihre Buden, kamen sich unaussprechlich volks- und wirklichkeitsnah vor und ahnten nicht, wie sich eine neue soziale Wirklichkeit da für sie und vor ihnen entwürdigte.«[177]

Das Pendant des süßen Mädels, ohne das es nicht erscheint und nicht in Erscheinung getreten wäre, ist eben der böse, ein wenig blöde, aber gutbürgerliche Bube. Ein Paar wie Faust und Grete, die in Schnitzler ihren Goethe und im Kapitalismus ihren Mephistopheles haben.

Anton Kuh liefert mit dieser analytischen „Legende" ein Meisterstück Wienerischen Feuilletons, das neben dem Vermögen zur Mythenproduktion auch ein mythendecouvrierendes Talent besitzt, das aus dem genauen Beobachten der Sprache und ihrer feinsinnigen Gestaltung heraus Aufklärungsstückchen zustande bringt, die von einem Geist getragen sind, wie er sich beispielsweise bei Christoph Martin Wieland findet: nicht selbstgerechte Verabsolutierung einer weltfernen Vernunft, sondern pragmatisches Bedenken von Umständen, zum Zwecke einer Einlösung der möglichen Vernunft als

---

177 Kuh, Anton: Legende vom süssen Mädel. Berliner Tageblatt 29.10.31.

einem Prinzip der Vergesellschaftung der eudaimonia; klarer und zugleich mißverständlicher formuliert, geht es um einen sprachlich und ästhetisch reflektierten Sozialismus mit „menschlichem" Antlitz.

Aber wieso ist Kuh erst 1931 in der Lage, das süße Mädel als sozialökonomisch bedingte Schöpfung zu denunzieren? Eine mögliche Antwort liegt in der immer größer werdenden Distanz, die sich zwischen das literarisch fiksierte Urbild des süßen Mädels und das gesellschaftlich-modische, zeitgenössische Abbild geschoben hat. Als wahrhaftes Zeugnis eines grandiosen Kulturverfalls, dem alle lokalen, regionalen und nationalen Sonderlichkeiten zum Opfer fallen, um dann in multinationaler Gleichheitsunkultur aufzugehen, liest sich ein Text Herbert Eulenbergs, der bereits 1924 publiziert wurde.

»Eine müde, schlaffe und etwas schwüle Luft weht aus solchen etwas vornehmen Vogelbauern für reiche Leute, eine Luft, wie sie der alte Zigeuner Peter Altenberg in manchen seiner Skizzen vom Semmering aufgefangen hat. Und seiner gedenkend weilt unser Blick auf höchst gepflegten, wohlerzogenen Backfischen und Wiener Bankierstöchtern, die tagsüber rodeln oder Ski „lernen", um abends hinter dem Rücken ihrer Mütter heimlich die „Garçonne" zu lesen. Zu Altenbergs Zeiten fiedelte hier oben noch eine ungarische Kapelle, oder Wiener Schrammeln johlten zu dem Gequiek ihrer Harmonikas rührselig: „Es wird ein Wein sein und du wirst nimmer sein!" Heutzutage ist die ganze Welt verjazzt, und auf dem Semmering geht es abends nicht viel anders zu wie in Monte Carlo oder am Hudson oder am Rio de la Plata.«[178]

Diese Distanz zwischen den glücklichen Vorzeiten eines Peter Altenberg und der Dekadenz heutiger Tage führt dazu, daß die Differenz zwischen dem überlieferten Bild des süßen Mädels und den realen Frauen aufscheint, somit zu einem Problem gerät, das, wie bei Anton Kuh gezeigt, zu reflektieren ist. Doch nicht nur diese Facette weiblicher Wienfiguration ist in die Jahre und in eine Krise gekommen, auch andere Konstruktionen der weiblichen Stadt werden genau betrachtet und gegebenenfalls zugunsten von Motiven anderer Bereiche revidiert.

»In Zeiten, in denen es anderen Staaten [...] sehr schlecht ging, zeigte sich etwas recht Sonderbares: nicht Oesterreich, wohl aber Wien gewann auf eine beinahe weibliche Weise die Gunst der Welt. Man kennt den Reizwert, den das Bild „Paris ist bedroht!" im Sommer 1914 für die französische Politik ausmachte. Das Bild „Wien stirbt!" befruchtete 1924 ebenfalls die Phantasie der Welt. Zwar war es gewiss nicht dieses Bild allein, das Dr. Seipel in seinem Köfferchen mitführte, als er zu historischer Stunde in Genf vor den Areopag und die Kasse des Völkerbundes trat. Es war wohl eher noch ein technisches Bild, das Bild

---

178 Eulenberg, Herbert: Der Semmering. Vossische Zeitung 22.03.24.

einer Drehscheibe, was die Mächtigen zur Hilfe bewog. Oesterreich ist nun einmal die Drehscheibe zwischen Deutschland und Italien, zwischen Jugoslawien, Ungarn, der Schweiz und Frankreich, und nicht nur in eisenbahntechnischem Sinne.«[179]

Von femininen Entwürfen hin zur Technik, was könnte signifikanter den geschichtlichen Wandel beschreiben, der sich schließlich zum Ende der zwanziger Jahre auch ins Feuilleton fortschreibt. Vor dem Hintergrund dieses veränderten Verhältnisses von Gesellschaft und Schreibtechnik mutet es befremdlich an, als nahezu letztes Motiv jener wienspezifisch präsentierten Weiblichkeit folgende Zeilen zu finden:

»In diesem seltsamen Widerspiel spricht ein Stück der [...] Verfassung Wiens sich aus: das achsiale Element (der Mann) scheint von der weiblichen Fülle und Gewalt überblendet, und alles sammelt sich um eine mütterliche Kernfigur in konzentrischen Kreisen.«[180]

Keine konkrete Person wird vorgeführt, sondern eine archetypisch erscheinende Struktur etabliert, die auf die Binarität von weiblich und männlich gesetzt ist. Natürlich handelt es sich theoretisch um eine oberflächliche Version von Tiefenpsychologie: achsiales Element = Phallus = Mann; Kreis = Vagina = Frau. Bemerkenswert wirkt jedoch die konstatierte Dominanz des Weiblichen. Die Frau erscheint als Mutter/Sonne, die den männlichen, subalternen Elementen Leben spendet, sie organisiert und ordnet. Ein durchaus feudalistisches Prinzip, das lediglich den *roi du soleil*, durch eine *reine* ersetzt. Maria Theresia ist die historische Persönlichkeit, die die beschriebene Struktur am ehesten ausfüllt. Bleibt angesichts einer solch historischen Grundierung die Frage, wie kann diese Struktur 1932 als „innerste Verfassung" Wiens behauptet werden? Es liegt nahe, hier ein Symptom der geistigen Wende ins Reaktionäre zu diagnostizieren, in dem „Natürlichkeit" zivilisatorische und kulturelle Errungenschaften oder Konstruktionen unterläuft, gegen die sie anthropologische Konstanten behauptet. Aber möglicherweise wird man mit einer solchen Lesart dem Text nicht gerecht, da sich Bemühungen ausmachen lassen, keine universelle, sondern eine ortsspezifische Verfaßtheit zu beschreiben. Und Wien war, wie gezeigt werden konnte, während der gesamten Weimarer Republik in den Berliner Feuilletons in weiblichen Imagos erschrieben worden, zwischen dem männermordenden Amazonentypus und dem männerhörigen süßen Mädel spannte sich das Gefüge weiblicher Figurationen, in denen meist männliche Autoren die Stadt zu fassen suchten. Ein

---

179 Jacob, Heinrich Eduard: Zehn Jahre österreichische Republik. Berliner Tageblatt 13.11.28.
180 Hausenstein, Wilhelm: Wiener Tagebuch I. Neue Rundschau 1/1932, 372.

anderer Strang von Stadtbeschreibung war durch Referenzen auf die gloriose Vergangenheit von Barock und Rokoko, von Katholizismus und Feudalismus geprägt. Was liegt mithin näher, als diese verschiedenen Stränge der Wienmotivik zu bündeln und in der Gestalt der Maria Theresia zusammenzufügen, in ihrer Statue gerinnen zu lassen? Hausenstein gerät so nicht unmittelbar in den Strudel des Reaktionären, sondern erfüllt eine intertextuelle Verdichtungsleistung.

1.4 Chronik, chronisch (Fortsetzung)

Am Ende des Jahres 1925 beschwerte sich Franz Blei, seine Heimatstadt litte daran, daß zuviel politisiert werde. Abgesehen von der fragwürdigen Position, die innerhalb einer Demokratie ein Zuviel an Politisieren auszumachen vermag, scheint es *1926* auch jenseits der auf Debatten beschränkten Politik Ereignisse zu geben, die ein Mehr an Politik bedeuten und erfordern, politische Aktionen, die die Stadt bis in die Architektur hinein ergreifen und die Bestände des Alten transformieren.

> »Die Paläste haben den Wandel der Zeit natürlich mitgemacht, und davon ist das Straßenbild ebenso von Grund verändert, wie alles übrige sich verändert hat. Das wird in Wien, wo in der inneren Stadt ein Palast neben dem anderen steht, noch augenfälliger als anderswo. [...] Der abweisende Stolz half den Palästen gar nichts. Es schien die Beschlagnahme, die zwangsweise Einquartierung nur herauszufordern. Und jetzt nachdem die sanfteste und liebenswürdigste aller Revolutionen, das Wiener Revolutiönchen, längst vorbei ist, hat der neue Ernst des Lebens begonnen, der in Wien immer noch, geradeso wie Umsturz, Revolution und Pleite, einen Beigeschmack von Gemütlichkeit behält. In aller Gemütlichkeit haben sich die vielen stolzen Paläste zu Geschäftshäusern umgewandelt. [...] Immer mehr und mehr verändert diese Umwandlung das Charakterbild der vormals herrschaftlichen Straßen. Es gibt eben kein „kaiserliches Hoflager" mehr. Und so hat die Ansiedlung des Hochadels rund um die Residenz des Monarchen den Sinn verloren, der diesen Prunkbauten durch die Jahrhunderte zu eigen war. Es gibt nur eine viel zu enge City, es gibt Wohnungsnot, es gibt keine „Herrschaften" mehr, sondern Menschen, die arbeiten müssen.«[181]

Salten zeigt in seinem Text sehr deutlich, wie die von uns bereits dargelegte Durchdringung des Stadtbildes mit feudalistischen Architekturelementen, die Ausrichtung auf die Repräsentation durch den sich nunmehr uneingeschränkter entfaltenden Kapitalismus gewandelt wird. Ehemals fürstliche Repräsentanzen werden nun von der abstrakten Macht des Geldes in Besitz

---

181 Salten, Felix: Gesetz der Umwandlung. Berliner Tageblatt 01.04.26.

genommen. Die Revolution – sofern man sie denn als solche begreifen mag – ist vorbei, ehe sie richtig begonnen hat, und da die österreichische Linke sich offensichtlich als nicht handlungsfähig erwiesen hat, haben andere die politische Regie übernommen, wodurch sich für die Bevölkerung nichts ändert, als daß die Wohnungen knapp oder unbezahlbar werden, und sich die Verkaufsbedingungen der Ware Arbeitskraft verschlechtern. Die mit der Aussage, daß es keine Herrschaften mehr gebe, sondern nur noch Menschen, die arbeiten müßten, einhergehende Behauptung gesamtgesellschaftlicher Gleichheit ist so evident unrealistisch, daß es kaum lohnt, sie als ideologisch zu charakterisieren. Andererseits findet sich hier ein Denken, das die Klassenunterschiede negiert, um statt dessen eine Position einzunehmen, die schließlich im Bündnis von Arbeitern der Stirn und der Faust, in der *Deutschen Arbeitsfront*, kulminieren wird. Die Negation von Arbeitern und Kapitalisten als grundsätzlichen und opponierendemn Wirtschaftskräften jener Zeit bereitet der Volksgemeinschaft den Platz. Von einem ganz anderen Ort aus artikuliert Willy Haas, der Herausgeber der *Literarischen Welt*, seine Meinung über Wien.

> »Woher aber kam dann, historisch, dieser große Drang nach einem Traumleben in einer gigantischen Traumarchitektur? Ich halte ihn für eine psychologische Liquidation des Mittelalters. [...] Und wieder, wie mir scheint, regen sich ähnlich universalistisch gerichtete psychische Mächte. Die ganze Wiener neueste Psychologie beschäftigt sich mit der Erforschung hypertrophischer „Lebenspläne", des „Es", eines Unterbewußtseins, das eine phantastische Autobiographie aufbaut und nun des wirkliche eigene Leben hineinzwängen will; ja, sie geht direkt auf den Traum als zentrales lebensbestimmendes, rein historisch zerlegbares Phänomen zurück. Und sie nennt eine „Neurose", was vielleicht zu produktiveren Zeiten Lebensstil wurde.«[182]

Die in Wien seit der Mitte des neunzehnten Jahrhunderts errichtete Architektur wird entziffert als Erzeugnis einer Kollektivneurose, die sich in einer architektonischen Phantasmagorie vom Mittelalter befreien wollte, was – wie dem vorstehend zitierten Text Saltens zu entnehmen war – aber erst das Kapital wahrmachte.

Die Affinität zum Traum, die das Stadbild aufweist, setzt sich jedoch auch in geistigen Strömungen um, die von der Stadt ausgehen und diese durchziehen. So ist es für Haas kein Zufall, daß die Psychologie in Wien mit der Psychoanalyse die Via Regia zum Unbewußten im Traum findet – so strittig seine sonstigen Ausführungen zur psychoanalytischen Lehre auch sein

---

182 W. H.[Haas, Willy]: Meine Meinung. Literarische Welt 35/1926, 2.

mögen, darf er sich in diesem Punkt immerhin mit neueren Forschern einig wissen.[183]

Erstaunlich bleibt jedoch, daß 1926 zum ersten Mal innerhalb eines Wienfeuilletons die Psychoanalyse Erwähnung findet, obgleich sie zu diesem Zeitpunkt schon mehr als ein Vierteljahrhundert Theoriegeschichte hinter sich hat.

Auf einer selbst psychologisierenden Ebene zeigt die Wendung von der *gigantischen Traumarchitektur*, daß sich Wien der feuilletonistischen Erzählbarkeit weiterhin entzieht; Salten konnte diesen Entzug auffangen im bewährten Alt-Neu-Gegensatz, der in der gebotenen Fassung allerdings keinen Anspruch auf Originalität erheben kann, denkt man an die Rede von Börse, Bank und Bar als neuen Insignien Wiens. Dem feuilletonistischen Entgleiten der Stadt, das sich nicht zuletzt darin ausdrückt, daß sich lediglich drei Feuilletons in diesem Jahr unmittelbar der Wienbeschreibung widmen, entspricht offenbar eine Bewegung im Realen – wenn man dem Feuilleton Glauben schenken darf:

> »Ein unsichtbarer Kordon der Abneigung muß diese Stadt, die so viel gelobt, aber so wenig besucht wird, von der modernen Völkerwanderung, von dem Strom der Fremden, die alljährlich die Länder Europas wechselseitig überfluten, abhalten. [...] Schon ist der Plan aufgetaucht, es mit der Bestechung der Pariser und Berliner Fremdenführer zu versuchen, die auf das österreichische Gebirgsvolk in Mitteleuropa, auf die Völkerbundsanierten Phäaken i. P. aufmerksam machen sollen. Es bleiben die Oestler und Südöstler. Für die Großstädter in Ragybesckerek, Brünn, Czernowitz, Agram sind wir immer noch eine Weltstadt, vergleichbar mit Paris. Aber so ist einmal der Mensch und insbesondere der menschlichste Mensch, der Wiener: das, was er hat, gefällt ihm nicht, und das, was ihm gefällt, hat er nicht. Die Krowoten, worunter er alle Völker der ehemaligen Monarchie abkürzend versteht, kann er nicht leiden, und die Amerikaner, vor denen er den tiefsten Buckel und die schönsten Kratzfüße machen möchte, kommen nicht.«[184]

Augenscheinlich ist Wien ins Abseits geraten, ins feuilletonistische ebenso wie ins touristische. Die vormaligen Überfremdungsängste verkehren sich ins Gegenteil, nachdem politisch der Fremdenverkehr befördert worden war und nun die eingeplante Einnahmequelle zu versiegen droht. Wien als Ort der Vergangenheit scheint in der zeitgeistigen Begrüßung der Moderne, die ihre Bilder unter das Zeichen Neue Sachlichkeit und ihre Architektur und Designprodukte unter das Signet des Bauhauses stellt, abgeschrieben zu sein;

---

183 Vgl. bspw. Le Rider, Jacques: Das Ende der Illusion. Die Wiener Moderne und die Krisen der Identität. Wien 1990.
184 Frei, Bruno: Wiener Sommer. Berliner Börsen Courier 29.08.26.

dieser Moderne gilt Wien, für das bestenfalls der Jugendstil und die Wiener Werkstätte stehen, als prämoderne Insel, die keine Brücke zur neuen Zeit zu schlagen weiß.

1927 wird dies an einem besonderen Fall deutlich:

> »Franz Theodor Csokor [...] ist selbst in Wien, selbst in dieser Hauptstadt der künstlerischen Indolenz, als Dramatiker bereits bekannt. [...] Und da Wien nicht eben eine Pflanzstätte junger Dramatiker ist, sollte man an den ganz wenigen, die wir besitzen, auch dann nicht vorübergehen, wenn man [...] sie kennt und mit ihnen halb befreundet ist. Denn wenn es in Wien keine sogenannten künstlerischen Verpflichtungen gibt, so sollte es doch, möchte man meinen, Freundespflichten geben. Und in der Tat scheint ja die halbe Stadt in einem regen Austauschverkehr von Gefälligkeiten zu stehen und zu allen möglichen Aktionen verbündet. Sieht man aber näher zu, merkt man freilich oft, daß diese vielen Kleinbünde nicht so sehr zum gegenseitigen Wohle als zur Abwehr eines Dritten geschlossen werden. Und so, nur so, ist es erklärlich, daß untermittelmäßige Theaterstückerl den schnellsten Weg in die Öffentlichkeit finden, während bessere Köpfe sich nach Deutschland wenden müssen; denn während diese auf dem Abwehrkampf irgendeiner Clique stoßen, werden jene als harm- und gefahrlos erkannt und glatt durchgelassen [...].«[185]

Pointiert zeigt Victor Wittner, wie sich in Wien eine geradezu inzestuöse Cliquenwirtschaft zur Bewahrung des Mittelmaßes verschworen hat und auf diese Weise möglicherweise progressive, neue Wege weisende Künstler verdrängt. Man mag darüber streiten, ob gerade Csokor ein solcher Künstler sein könnte; unstrittig ist, daß eine Vielzahl von erst in Wien beheimateten Autoren sich spätestens ab Mitte der Zwanziger Jahre von dort nach Berlin aufmacht, das nicht zuletzt durch diesen Zuwachs allmählich zur einzigen deutschsprachigen Kulturmetropole wird.

Nachdem bereits dargelegt worden ist, welche Schwierigkeiten für das feuilletonistische Schreiben über Wien bestanden, wie sich die Stadt ins Abseits manövrierte bzw. in dasselbe geriet, deutet sich 1927 eine Wende an. Zwar wird im nachfolgenden Textpassus Wiens Gegenwart wiederum durch einen Vergleich mit der Vergangenheit beschrieben, doch ist neben der Vorkriegszeit zugleich die jüngste Vergangenheit als solche zu erkennen. Durch Parallelstellung mit den Jahren vor 1914 erscheinen nunmehr die frühen Zwanziger Jahre als gleichfalls abgeschlossene und zurückliegende Epoche. Erstaunlicherweise befindet sich Wien nicht mehr im Status des „immer noch" oder „noch nicht wieder", sondern ist etwas Neues geworden, eine qualitativ andere Stadt.

---

185 Wittner, Victor: Wien und ein Wiener. Literarische Welt 11/1927, 7.

1.4 Chronik, chronisch (Fortsetzung)

»Wer die fine fleur der Eleganz in Erinnerung hat, die den Aestheten in der Kaiserstadt der Vorkriegszeit entzückte, der ist heute bei einem Besuch Wiens enttäuscht. [...] Wer im Jahre 1913 mittags durch die Kärntnerstraße und über den Graben spazierte, beim Sacher speiste, abends in die Oper ging, hat nicht die Vornehmheit des Luxus vergessen, der hier entfaltet wurde, ihm stehen die klassischen Gestalten schöner Frauen, die kokette Schlankheit der Herren in Zylinder und Persianerpelz, die geschmeidige Elastizität der Militärs noch vor Augen. [...] An Repräsentation vollbrachte dieses alte Wien eine Leistung, die in der Literatur jener reichen, wohllebigen Jahrzehnte vor dem Krieg immer fortleben wird. Der Vergnügungsreisende hatte keine Veranlassung, die Arbeiterhäuser von Ottakring oder Favoriten zu besichtigen, deren ödes schmutziges Einerlei von licht- und luftlosen Wohnungen [...] die Wiener Hausbesitzersöhne befähigte, das reiche Leben von Schnitzlers „Anatol" zu führen. Er hatte wohl gehört, daß Wiens Wohnungsnot eine für Deutschland unerhörte Dauererscheinung sei. Aber er begnügte sich, um dem Leben des Volks näher zu kommen, damit, daß er zum Heurigen fuhr, die süßen Töne des Fiakerliedes in den Ohren [...]. Wer Wien wiedersieht, nachdem er 1920 oder 1921 mit problematischen Papiermark hier ein Nabob in der Periode des voreiligen Kronenverfalls gewesen ist, der muß eine erfrischend angenehme Überraschung erleben. Der Schutt, den die Kriegszerstörung zurückgelassen hatte, ist weggeräumt. Die Straßenbahn durcheilt mit einer uns unbekannten Schnelligkeit die Straßen [...], die Stadtbahn, jetzt elektrifiziert bringt uns rasch ins Freie, die kleinen, wendigen Steyr-Taxis sausen gewandt durch die engsten Winkel, die Straßen sind peinlich sauber, wer nur ein Papierschnitzel fallen läßt, statt es dem bereitstehenden Drahtkorb anzuvertrauen, wird vom Wachmann zur sofortigen Geldbuße angehalten, das automatische Telephonsystem ist das beste der Welt. [...] Du gehst an den Barockpalästen der Herrengasse, an der Minoritenkirche, am Stefansdom vorbei und erkennst weder das eine noch das andere Wien wieder. Ein Neues siehst du an der Peripherie und in den Vorstädten: monumentale Bauten von gewaltigem Umfang, in schönen Massen, zehnstöckig in den Himmel ragend [...].«[186]

Die Modernisierung hielt Einzug in Wien. Selbst die architektonischen Zeugen der Vergangenheit haben ihr Gesicht verändert, wirken im neu gestalteten Kontext gleichfalls verwandelt. Doch das eigentliche Geheimnis dieses Textes, seine überraschende Fähigkeit, ein neues Wien zu entdecken und zu beschreiben, thematisiert er selbst: den Gang aus der inneren Stadt an die Peripherie und in die Vorstädte. Dort leistet sich die Wiener Gemeinde bekanntermaßen großzügige Wohnungsbauanlagen für die sozial Schwachen, artikuliert darin einen Wandel, in dem die Dominanz des öffentlichen Diskurses aus den Mündern derer, die arbeiten ließen, an jene überging, die schon immer arbeiten mußten, und denen nun eine Stadtverwaltung entgegenkam, die weniger auf Repräsentation als Funktionalität setzte.

In der Stadt ehemals seliger Phäaken gehen anscheinend seltsame Dinge vor, die darauf hinauslaufen, daß das Bild der Stadt sich endgültig vom Idyllischen verabschiedet.

---

186 Olden, Rudolf: Wie Wien heute aussieht. Berliner Tageblatt 18.03.27.

»Wien arbeitet, woran man sich erst gewöhnen muß, auch sind die Backhendlfiaker weg und durch amerikanische Automobile ersetzt, die wie toll durch die Straßen jagen, so daß es für die Fremden eine Lebensgefahr ist, denn in Wien herrscht im Gegensatz zu allen anderen Hauptstädten noch die merkwürdige Sitte des Linksfahrens.«[187]

Mit zwei Worten ist alles gesagt: *Wien arbeitet*; nahezu unglaublich scheinen die vorangestellten Worte in ihrem Zusammenklang. Ergänzt und gesteigert wird das für Wien Fremdartige noch durch die Erwähnung der *amerikanischen Automobile*, es fahren nicht mehr die oben erwähnten *kleinen, wendigen Steyr-Taxis*, und daß diese Autos dann auch noch *wie toll durch die Straßen jagen*, läßt die Nekropole zum Schauplatz erbitterter Überlebenskämpfe mutieren. Victor Auburtin, der diese Zeilen anläßlich seines dritten Wienbesuches schrieb, spielt mit den Klischees, die in Berlin über Wien bestehen; allerdings nicht um sie als nur produzierte Imagines zu entlarven, die wenig mit der Realität zu tun haben, sondern zur Unterhaltung: Er bestätigt den Berliner Lesern ihr Vorurteil von der entschlafenen Donaumetropole mit somnambulen Bewohnern. Nur durch diese Versicherung des hinsichtlich der Vergangenheit berechtigten Vorurteils kann die Gegenwart als so erstaunlich andere präsentiert werden; wobei der Berliner in dieser Skizze des neuen Wien sein Selbstporträt vorgesetzt bekommt. Wien erscheint in dem Maße berlinisch, in dem es als arbeitsamer Produzent im riesigen Betrieb eines Verkehrsmolochs beschrieben wird. Perfekt wäre der Eindruck, erwähnte er nicht das Linksfahren. Auburtin selbst weiß natürlich, wie er hier verfährt, hatte er doch bereits 1923 einen Bericht über die Arbeit in einer Wiener Fabrik veröffentlicht und deutlich gemacht, daß dort keineswegs nur Heurigenseligkeit zu finden ist. Entsprechend streut er in seinen Text durch ein Wort wie *Backhendlfiaker* und die Lakonie der Ausdrücke Hinweise auf den Spielcharakter des Textes: *Tun wir einmal so, als ob unsere Vorurteile berechtigt wären* wäre eine mögliche Formel, um die Erzählerposition zu bezeichnen. Auf diese Weise werden die Vorurteile natürlich nicht im streng aufklärerischen Sinn aufgehoben und als solche kenntlich gemacht, aber durch ihren Einbezug in ein Spiel relativiert sich ihr impliziter Absolutismus.

Abseits von diesem feuilletonistischen Spiel mehren sich die Indizien tatsächlicher Veränderungen in Wien, denn:

»Man kann nicht gegen den Strom schwimmen, und der Strom dieses heurigen Wiener Faschings wirft als lustige Blasen, als moussierenden Schaum nur lauter Negermelodien auf.

---

[187] Auburtin, Victor: „Als ich wiederkam...". Dreimal Wien. Berliner Tageblatt 28.07.27.

1.4 Chronik, chronisch (Fortsetzung)

> Das ist natürlich hier wie überall. Aber wie jeder gebildete Mensch aus dem Besuche der Operettentheater weiß, war Wien eben einmal die Stadt jenes merkwürdigen alten Tanzes, den man Walzer nannte. [...] Diese Stadt ist modern geworden – du lieber Gott, wie sehr ist sie es geworden! Sie ist so oft mit ihrem liebenswürdigen Phäakentum gefrozzelt worden, daß sie nun Europa und der ganzen Welt vor Augen führen will, um wieviel sie doch besser ist, als man sie hinzustellen beliebte. Sie ist von einem Neuheitswahn besessen, ihre Modernität tobt sich orgiastisch aus. [...] So liegt denn Wien in diesem Winter mehr denn je in Europa. Es unterscheidet sich nicht im geringsten mehr von Berlin oder Paris oder London. Es ist eine Großstadt unter vielen, es trägt die Züge, die allen gemeinsam sind, und wenn sich je einmal ein Lächeln altmodischen Erinnerns darunterstehlen will, so wird es schnell mit dem Rougestift und dem Puderschwämmchen fortgewischt.«[188]

Während einerseits die Normalität Wiens und ihre Gleichrangigkeit mit anderen europäischen Metropolen behauptet wird, verdeutlicht sich andererseits die Differenz zu diesen Städten: daß sich Modernität *orgiastisch* austobt, kann eher als Beleg dafür gewertet werden, daß Wien nach Europa gelangen und den Anschluß an die größeren kulturellen Zentren nicht verlieren will, denn als Zeichen einer Ankunft mitten in Europa. Die Annäherungsbemühungen an eine gesamteuropäische Modernität nivellieren eher das, was die Wienliebhaber seit 1864 schätzen: die chronische Verspätung aller Modernisierungen.

> »Der Fremde zwar, der nach Wien kommt, ist immer noch entzückt. Die Melodie der Stadt berauscht ihn noch, ihr Rhythmus reißt ihn mit, ihr Glanz blendet ihn. Die Feststellung der Wiener von ehedem, die erklärten, es gäbe nur ein Wien und damit eine positive Kritik meinten, unterschreibt er willig. Er kann nicht wissen, daß Wien im Augenblick zwischen dem Gestern und dem Morgen in einem unfruchtbaren Stadium angelangt ist, daß es noch nicht weiß, wie es sich für die Zukunft wird orientieren müssen, daß es sich vor allem die [!] Kräfte nicht bewußt ist, die – vielleicht! – immer noch in ihm schlummern. [...] Daneben will es wenig besagen, daß es in dieser Stadt kein Nachtleben mehr gibt, weil auf jedem „Schwarzen" ein hoher Steuerbetrag lastet. Daß in den – Bars und Vergnügungslokalen die Steuerexekutoren unter undurchdringlichen Masken umhersitzen und auf Wild fahnden. Daß der Magistrat von jeder Theateraufführung doppelt so viel Tantiemen wie der Autor bekommt – sofern man sie dem Autor überhaupt bezahlt – und daß also auch die Theater dementsprechend leer sind. Daß die Geschäfte nicht gehen, weil jeder Schuh oder jeder Schirm als Luxusartikel erklärt und mit Abgaben belegt ist.«[189]

Ebenso wie Wien durch den Zusammenbruch des Habsburger Imperiums in ein geopolitisches Loch stürzte, scheint es nunmehr auch in temporaler Hinsicht in eine Auszeit zu geraten. Der Korrespondent der konservativ-bürgerlichen *Deutschen Allgemeinen Zeitung* begreift diese Pause jedoch als Chan-

---

188 Rainalter, Erwin H.: Wiener Fasching. Deutsche Allgemeine Zeitung 19.02.27.
189 Rainalter, Erwin H.: Es wird gewählt. Deutsche Allgemeine Zeitung 08.04.27.

ce: Neue Handlungsziele können festgelegt werden, Handlungsoptionen sind festzustellen und abzuwägen, schlummernde Kräfte sind zu wecken, und es ist offensichtlich, daß dies durch eine Reform dessen geschehen soll, was das eigentlich Moderne in Wien ist, der städtischen Steuer- und Sozialpolitik.

Es ist kaum als Zufall zu betrachten, daß nach langen Jahren, in denen er zur Persona non grata öffentlicher Berichterstattung geworden war, anno 1927, in einer Zeit, in der sich Optionen eröffnen, der eigentliche Architekt und Theoretiker der zweiten Wiener Moderne wieder ins Schwarzweiß des Feuilletons tritt.

»Adolf Loos hat einen Feldzug gegen die Wiener Küche begonnen. Er ist Architekt und weilte in Paris. Als er jetzt zurückkam, hielt er den Wienern einen bissigen Vortrag über ihre Gefräßigkeit [...]. Ich erkläre, sagte er, daß die Wiener Küche sich seit zweihundert Jahren nicht geändert hat. Die physische und psychische Struktur des Menschen hat aber eine vollkommene Umwandlung erfahren und nur in Wien lacht man noch so wie im 18. Jahrhundert. Dazu leistet der Wiener im Essen beispielsloses. Er ißt, bis er platzt. [...] Man pampst sich an, steht total gebrochen vom Tisch auf, arbeitsunfähig.«[190]

Loos, Architekt des ornamentlosen Hauses am Michaelerkirchplatz, welches nicht nur den Unwillen des Kaisers erregte, sondern ein gesamtgesellschaftliches Skandalon darstellte, führte schon kurz nach der Jahrhundertwende mit Karl Kraus einen heftigen Kampf gegen die Verlogenheit des Ornamentalen auf verschiedenen Ebenen gesellschaftlichen Lebens. Durch diese Auftritte unbeliebt geworden, fand er in Wien keine Auftraggeber mehr und ging zur Sicherung seiner Existenzgrundlage nach Paris. Mit seiner Attacke auf Küche und Werkstätte, über die sich der Korrespondent der *Vossischen Zeitung* ein wenig belustigt, trifft er zwei Kernpunkte des Wiener Stolzes. Sowohl die Kochkunst als auch die Werkstätte garantierten den Wienern lange Zeit internationales Ansehen und bestärkten ihre Selbstvorstellung, Lebenskünstler zu sein, die das Savoir-Vivre des deutschen Raums erfunden und zu vertreten haben. Das Ansehen der Wiener Werkstätte sank nach kurzer Blüte in Jugendstil und Art Déco stetig, so daß nur jene fast sagenhafte und kultisch verehrte Küche bleibt, welche Loos zum zentralen Angriffspunkt wählt. Daß die Wienerische Kochkunst sich noch hoher Wertschätzung erfreut, bestätigt ein Bericht Auburtins, in dem er auf den von Loos gehaltenen Vortrag verweist.

---

190 Lahm, Karl: Krieg der Mehlspeis! Vossische Zeitung 26.02.27.

1.4 Chronik, chronisch (Fortsetzung)

> »Gewisse Wiener klagen über den Niedergang der Wiener Küche und halten öffentliche Vorträge zu diesem Thema. [...] Ich selbst habe von einem solchen Untergang des Abendlandes nichts gemerkt und wünschte, man äße in den Berliner Luxusrestaurants nur halb so gut wie in einer Wiener Schwemme. [...] Man sollte nie in Intellektuellenrestaurants essen, denn auch die Intellektuellen kümmern sich nicht um das, was ihnen vorgesetzt wird. Sie streiten sich ja bei Tisch mit vollem Mund über Psychoanalyse, diese Intellektuellen, und da ist ihnen alles egal. Aber ausdrücklich muß gesagt werden, daß gerade diese Regel für Wien nicht gilt. In dem Literatenrestaurant Schöner ißt man ganz vorzüglich, und bei Hartmann gibt es herrliches Schöpfenfleisch, obgleich Herr Karl Kraus dort ißt.«[191]

Zwar ging es in dem Vortrag nicht um den Niedergang der Wiener Eßkultur, sondern um dieselbe als Symptom der Unkultur, doch schlägt auch Auburtin einen Bogen zwischen Kritik der Küche und Vertretern der Sachlichkeit, deren exemplarischer Vertreter bei ihm allerdings Kraus heißt. Auburtins Text durchzieht ein alter Topos, der sich bereits zwischen Sophisten und Philosophen fand, in dem Lebenskunst und Geistkultur als Gegensatz aufscheinen. Fiel der Gegensatz in Gestalt des gut speisenden Karl Kraus zusammen, so verstärkt er sich im genußfeindlichen Auftritt des Gegners Wienerischer Schwelgerei:

> »Adolf Loos, der einmal in der Hauptsache Architekt war und jetzt die Spaßmacherei zur Architektur erhob, hat im überfüllten Großen Musikvereinssaal Stürme der Entrüstung und des Beifalls hervorgerufen, als er mit der Kunst im Gewerbe und besonders mit der Geschmacksrichtung der Wiener Werkstätte (das Wiener Weh) seine Abrechnung hielt. Die Wiener Küche hat er die unappetitlichste der Welt genannt und sich alle Köche und Bäcker zu Feinden gemacht.«[192]

Nicht nur Feinde hat sich Adolf Loos gemacht – selbst wenn diese sich sicherlich nicht auf das Volk der Köche und Bäcker beschränken lassen, sondern auch bei den Korrespondenten zu finden sind –, zweifellos fand er auch Beifall bei einer kleinen, in Wien kaum zu vermutenden Schar von Anhängern der Sachlichkeit. Solch eine Beobachtung wieninterner Gespaltenheit jenseits des sozialen Gegensatzes bedeutet allerdings ein Novum. Das dominierende Bürgertum erweist sich als uneins und zeigt anhand seiner prominenteren Söhne, zu welchen Auseinandersetzungen es fähig ist. Ohne Frage sind auch andere Konflikte denkbar und möglich, doch die hier erwähnten, sind eben diejenigen, die dem Feuilleton erwähnenswert scheinen, nicht zuletzt deswegen, weil es sich in gewissem Sinn bei den Disputierten und Disputierenden um Kollegen handelt – wie dem folgenden.

---

191 Auburtin, Victor: Ueber die Wiener Küche. Berliner Tageblatt 14.08.27.
192 Lahm, Karl: „Das Wiener Weh". Vossische Zeitung 05.05.27.

»Das Publikum, endlich aus seiner Lethargie gerissen, nahm Partei. Für Sil Vara. Gegen Sil Vara. Protest mengte sich mit Beifall. Ein Kampfabend, wie ihn das Wiener Theater lange nicht erlebt hat. Ein Kampfabend, wie ihn das Wiener Theater braucht. Denn Theater ist Kampf, Theater wächst durch Kampf.«[193]

1927 steht die Berichterstattung über Wien unter dem Zeichen der Zwietracht, welche als ungewohntes, neues Element in der freundlichen Stadt ausgemacht wird. Der Streit, der vorstehend als Selbstzweck erscheint, geht, wie das Beispiel Loos deutlich gemacht haben dürfte, um die Chancen der zweiten Moderne in Wien. Kann Wien es sich noch leisten, seine unkonventionelleren Autoren ins Exil zu schicken, braucht es nicht eine Modernisierung der kulturellen Szene selbst, muß nicht das, was bereits kurz nach der Jahrhundertwende vorgedacht und schon gebaut wurde, jetzt seine Breitenwirkung entfalten, kann Wien anders den Anschluß an die anderen Metropolen halten? Dies Oberflächengekräusel, das um die Dominanzen im kulturellen Diskurs spielt, ist entgegen der solipsistischen Wichtigkeit, die das Feuilleton ihm zumißt, doch nur Reflex einer tieferreichenden Konfliktsituation: des Klassenkonflikts, der zusehends militantere Formen annimmt; Arbeiterunruhen beunruhigen – in das Zentrum Wiens vordringend – die Bürger; außerhalb Wiens, auf dem Land, breitet sich mit Unterstützung der Österreich regierenden Christsozialen Partei das Unwesen der Heimwehren aus. Programmatisch gegründet als eine Art Grenzschutzreserve, sichern diese jetzt die innenpolitischen Grenzen vor den Kommunisten, Sozialisten und Sozialdemokraten – ohne vor der Anwendung von Waffengewalt zurückzuschrecken. Spätere Pläne zu einem gewalttätigen Regierungssturz gründen auf der Macht der Heimwehren. Sowohl die faschistisch-rustikale Heimwehrvariante als auch linksradikale Aktionen der Kommunisten und aus Randbereichen der SPÖ veranschaulichen, daß im österreichischen Staat ein hohes Potential politischer Unzufriedenheit vorhanden ist, da offenbar die Bedürfnisse breiter Bevölkerungsteile nur unzulänglich bedacht werden. Was andererseits bedeutet, daß die Bedürfnisse anderer um so besser befriedigt werden; reduzieren wir also das Konfliktpotential in zwar traditioneller, aber nichtsdestotrotz berechtigter Weise auf den Gegensatz von Kapital und Arbeit, der sich über diverse ideologische Transmitter umsetzt.

Die Funktion des Feuilletons innerhalb einer bürgerlich-demokratischen Zeitung läuft im Effekt darauf hinaus, derartige Spitzen des Politischen, die in den Alltag mit solcher Macht dringen, daß sie nicht mehr zu übersehen

---

[193] Fontana, Oskar Maurus: Wiener Autoren in Wien. Berliner Börsen Courier 06.05.27.

1.4 Chronik, chronisch (Fortsetzung)

sind, ein wenig abzuflachen und zu nivellieren. Aufs anschaulichste setzt Karl Lahm dies mehr oder minder bewußte Verständnis dessen um, was das Feuilleton im Umgang mit dem Politischen zu leisten habe, wenn er am Dienstag, dem 19. Juli 1927, über den vergangenen, den „roten Freitag" nach Berlin berichtet. Von diesem Tag heißt es zu Beginn des Textes:

> »Die Revolutionstage von 1848 hatten keine schlimmeren Barrikaden gesehen.«[194]

Doch das Wien-Klischee läßt sich auch von solchen Marginalien des Realen nicht unterkriegen und behauptet sich folgendermaßen:

> »Wild-Wien? Gewiß nicht, das gemütliche Wien, es ist uns erhalten geblieben. Sie sind gar nicht gefährlich die Wiener; sie sind ganz im Gegenteil gemütvoll und ein wenig inkonsequent. [...] Sie werden sich gar nicht mehr erinnern, was sie angerichtet haben. Es ist schon zweiundzwanzig Stunden her.«[195]

Sind also die Wiener gemütlich, weil vergeßlich? Die kulturgeschichtliche Auszeit, in die sich Wien 1927 versetzt findet, gilt auch für das Bewußtsein der Stadtbewohner, deren kollektives Handeln keine angemessene Aufnahme in den gleichermaßen kollektiven Reflexionszusammenhang, in die diskursive Öffentlichkeit zu finden scheint. Mehr noch als die sozial organisierte Wahrnehmung der Stadt und ihrer politischen Gegebenheiten wird der Körper betroffen – der Körper der Stadt:

> »Über der armen Stadt Wien liegt wieder Ruhe. Sie ist genesen von der schweren Krankheit, von der sie überfallen wurde, und fast zeigt sie wieder das Antlitz, das die Welt immer an ihr liebte: sie versucht sogar manchmal zu lächeln [...]. Diese Wochen der Krankheit haben die traurige Erkenntnis gebracht: man hat Wien verkannt. Es hat gezeigt, daß seine Anmut eine Maske sein kann, unter der, jäh und erschreckend, Leidenschaften vorbrechen, um zu versengen und zu vernichten. Es ist zuzugeben, daß nicht einmal der Einheimische dieses andere Wien kannte [...]. Revolutionen pflegen grausam zu sein – in Wien vermochte man es, die Form eines Staates zu ändern, ohne daß ein Gewehr losging. Es war eine sozusagen gemütliche Revolution gewesen, und diese Gemütlichkeit schien die beste Gewähr für die Zukunft zu bieten. [...] Hier also, vor dem Theater, wurde gekämpft, spielten sich Schlachten ab. Wo jetzt die Elektrischen wieder friedlich ihres Wegs ziehen, rasten damals Menschen in entfesseltem Haß gegeneinander, knatterten Gewehre, stürmten Polizisten einher, marschierten Soldaten auf, stöhnten verwundete Menschen, heulten verletzte Tiere, hißten Sanitätsautos ihre weiße Fahne... [...] Man spricht kaum davon – dies ist das Merkwürdigste an dem Wien dieser Tage. Es hat in einem überflammten Spiegel, sein eigenes, verwandeltes Antlitz gesehen, das Antlitz, das ihm selbst bisher fremd war. Das Entsetzen fuhr ihm tief ins Mark. Nun graut ihm selbst vor seiner Entfesselung, vor seiner

---

194 Lahm, Karl: Wild-Wien. Vossische Zeitung 20.07.27.
195 Ebd.

> Wut, vor seiner Grausamkeit. Aus den Spitälern, aus den Lazaretten, die überfüllt sind von Qual und Wunden, stöhnt es ihm wild in die Ohren, und diese Musik läßt das Blut erstarren.«[196]

Rainalter thematisiert die Vermeidung eines Diskurses über die Ereignisse in der Stadt und zeigt zugleich selbst Distanzierungsbewegungen gegenüber einer Reflexion der Vorgänge: Eine Krankheit hat die Stadt überfallen, ein generelles „man" verkannte die Stadt, und nicht einmal der Einheimische erkannte sie, was er nach den Unruhen, folgt man der mißglückten Metaphorik des überflammten – und damit blind gewordenen – Spiegels, auch erst recht nicht vermag. Die mangelhafte analytische Durchdringung der Ereignisse veranschaulichen Vokabeln, die lediglich emotionale Eindruckskraft beschreiben: Entsetzen und Grauen, die ins Mark dringen und das Blut erstarren lassen. Dies Horrorszenario läßt ahnen, daß es eher auf ein Verdrängen geht, als auf einen Diskurs, der sucht, Ursachen zu klären und Verhältnisse zu ändern, um die Wiederholung auszuschließen.

In der Tat präsentiert sich im selben Jahr, keine zwei Monate nach dem letzten Bericht, Österreichs Antlitz geschönt in Berlin. Dort findet eine Ausstellung österreichischer bildender Künstler statt, die der angesehene Kunstkritiker des *Berliner Tageblatts* Adolph Donath bespricht.

> »Wien, die „Stadt der Lieder", hat auch seine unvergleichlich vielfältige malerische Klangfarbe. [...] Die Melodie der Wiener Landschaft möchten wir genießen, so wie sie in unsere Zeit hineinströmt, die Stimmung des Wiener Cafés, der Wiener Gassen und Gäßchen, die Darstellung der wienerischen Typen. Daß Hans Larwin eine „Zigeunerfamilie" tüchtig malen kann, spüren wir schon; wir hätten uns aber gern an seinen Wiener „Pülchern" amüsiert.«[197]

Alles scheint bekannt, wird nur noch auf einen Erwartungshorizont hin befragt, ob es diesen ausfüllt oder eben nicht, und das einzige, für das sich noch ein gewisses Interesse bemerken läßt, ist der Wiener als Typus, der auch in der Berichterstattung von den Unruhen als Problem aufschien. Was also ist *der* Wiener? Um diese Frage angemessen zu beantworten, empfiehlt es sich, die Chronik zugunsten eines zweiten Exkurses zu verlassen.

---

196 Rainalter, Erwin H.: Das andere Antlitz Wiens. Deutsche Allgemeine Zeitung 02.08.27.
197 Donath, Adolph: Oesterreichische Künstler. Berliner Tageblatt 26.09.27.

Exkurs 2: Phänomenologie des Wieners

Sucht man die Typologie einer Kultur zu beschreiben, läßt sich auf mindestens zweierlei Weise dazu ansetzen: zum einen Rekurs auf die Genese dieser Kultur, ihre Geschichte, zum anderen Exemplifikation der Kultur anhand eines Typs. Auch die Feuilletonisten der Weimarer Republik haben diese zwei Seiten, haben beide Möglichkeiten gesehen. Bereits zu Beginn unserer Darstellung schilderten wir den kulturgeschichtlichen Weg der Wienbeschreibung, der zu Feudalismus und Barock führte, zu einer stark auf Repräsentation ausgerichteten Gesellschaft mit entsprechender Architektur. Auch dem zweiten Weg wurde anhand der femininen Figurationen Wiens ein Stück weit gefolgt, wobei sich Überschneidungen mit der ersten kulturgeschichtlichen Betrachtungsweise feststellen ließen – beispielhaft in Gestalt der Kaiserin Maria Theresia. Hier nun soll das Augenmerk vor allem auf den Wiener als dominant maskulin gedachten und beschriebenen Subjekts und seine sozialhistorischen Entstehungsbedingungen in ihrer feuilletonistischen Präsentation gerichtet werden.

1. Wiener Mischung. Die Phylogenese des Wieners

»Wien ist deutsch, so deutsch wie Frankfurt am Main oder Köln – nur anders. Wien ist deutsch mit einem südlichen Einschlag. Spanien, Italien, die vielen Völker der Monarchie, alles und alle haben in diesem Donaubecken ihre Spuren hinterlassen, und aus dem Völkergemisch ist ein Neues entstanden, das Volk von Wien. Es hat von allem viel behalten, im Kern ist es aber deutsch geblieben.«[198]

Kein halbes Jahr nach Ende des Ersten Weltkrieges findet sich solch eine Charakterisierung des Wieners als eines Deutschen, eine eigenartige Notwendigkeit, die sich aus der Auflösung der Habsburger Monarchie ergab. Das große Reich zerfiel in eine Vielzahl mehr oder minder nationaler Staaten, in denen es zwar immer noch diverse ethnische Minderheiten gab, die sich aber jeweils ein oder zwei dominierenden Bevölkerungsgruppen unterzuordnen hatten. Die ehemalige Hauptstadt dieses Vielvölkerimperiums entsorgt nun die eigene Vor-Geschichte, welche die nunmehr sich verselbständigenden Ethnien umfaßte, und entdeckt als seine Essenz das Deutschtum – ohne allerdings die vorgängigen Einflüsse ganz negieren zu können. Die Be-

---

198 Wolffenstein, Yella: Deutsches Geistesleben in Wien. Berliner Börsen Courier 06.02.19.

hauptung der Zugehörigkeit zum Deutschtum bewegt sich im Rahmen der aktualpolitischen Ereignisse, worin der Anschluß ans deutsche „Vaterland" zur Diskussion steht. Im Feuilleton wird der imaginären Heimkehr ins Reich das Wort geredet, die Kulturgeschichte umgebogen, um den absehbaren ökonomischen Schwierigkeiten zu entgehen, die auf Österreich als extrem verkleinerten Wirtschaftsraum zukämen. Das „Volk von Wien" hat in dieser Konstruktion zwar eine Oberfläche, die die Spuren der fremden Völker verzeichnet hat – und wohl noch trägt, doch unter der rauhen Schale steckt ein deutscher Kern, der dem Volk unwandelbar innewohnt und von keinerlei Zeitläuften zu affizieren ist.

Dies Verhältnis von Hülle und Inhalt läßt sich allerdings auch anders beschreiben:

> »Es ist ihr Oesterreichertum mit der merkwürdigen, hier persönlichsten Rassenmischung: von der einen Seite das Alemannentum mit seiner Klarheit, seiner Herbheit, Derbheit und Humorigkeit, von der anderen das dunkle, jähe Blut des Slawen- und Ungartums. Und darüber dann als Schmelz die Kultur, die Grazie, der Charme der Wienerin.«[199]

Das Porträt von der Blutmischung der Tänzerin Lucy Kieselhausen – signifikanterweise einer Frau – zeigt einen weniger einseitig konstruierten Typus, selbst wenn sich der Text innerhalb eines nationalmythologischen Diskurses bewegt: Zwei Kerne sind auszumachen, die nicht fusionieren, sondern eine Bipolarität ausbilden, welche ihren Zusammenhang durch eine Kraft erhält, die als das genuin Wienerische betrachtet werden könnte. Der typische Wiener wäre demnach nicht mit einem einzigen, unveränderlichen „Nationalcharakter" ausgestattet, sondern konstituierte seine Spezifik in einem Prozeß ständiger Kombination von Grundelementen in variabler Verteilung – zumindest nach einer positiven, postmodern anmutenden Lesart dieser Konstellation. Der Bewertungsaspekt verändert sich, bindet man die ideale Struktur des Wieners zurück an die vorgängige geopolitische Ordnungsstruktur, die hier auf das Individuum zurückgebogen, subjektiviert wurde. In der Wiener Mischung wiederholt sich die Organisation des Habsburger Reiches: Die starke Zentrale mit dem Kaiser an der Spitze umgeben von einer Vielzahl von Satellitenvölkern, die in der Monarchie aufgehen, ohne ihre lokale Eigenart zu verlieren, ist das – historisch-politisch unglaubwürdige – Vorbild des Wiener Charakters.

---

199 Vogeler, Erich: Lucy Kieselhausen. Berliner Tageblatt 11.11.21.

Exkurs 2: Phänomenologie des Wieners. 1. Wiener Mischung 115

»Wien ist reizend, weil ihr immer hier so viele Rassen gehabt habt. Überall sind der Mischung die köstlichsten Blüten des menschlichen Genius zu verdanken. [...] Weißt du, ich kenne eine Menge in den Nachfolgestaaten. Die besten unter ihnen, zum Teil rabiate Patrioten, die das alte Österreich hassen, können den Wiener Stil in sich nicht ausmerzen [...]: er ist zu widerstandsfähig. Und was das Eigentümliche an ihm ist: er bewahrt die Eigenart der Elemente, die in ihm verschmolzen sind. Während Amerika in seinem Endprodukt keine Spur von den darin verschmolzenen Nationalcharakteren übrigläßt, ist man ein Wiener und zeigt ungarische, südslawische, italienische Elemente harmonisch zur Einheit gestaltet.«[200]

Keineswegs zufällig setzt sich die Bestimmung Wiens als Schmelztiegel vom amerikanischen melting-pot-Konzept ab: die demokratisch-föderale Organisation, welche auf die Tilgung der Traditionen setzt, um eine neue zu stiften – e pluribus unum –, steht unmittelbar gegen ein aristokratisches Konzept, das auf die Bewahrung des jeweiligen Status quo und der spezifischen Eigenarten setzt, da in solchen Differenzen die Möglichkeitsbedingung einer umfassenden Oligarchie besteht.

Während der oben skizzierte, im Kern rein deutsche Typus eine deutliche Statik impliziert, ist der andere wesentlich dynamischer und dynamisierender, so daß sich der Verlust der anderen K. u. k.-Ethnien – die Charakterstudie nun wiederum sozialisierend –, als es nach dem Krieg darum ging, die Gesellschaft neu zu gestalten, negativ ausgewirkt haben dürfte.

»Wien aber kennt kein Werk, kaum ein – großzügiges – Geschäft; es kennt keine Handlung, es kennt auch keinen Genuß mehr. [...] das Blut, das hier noch Freude gestaltend sich zu äußern vermag, ist erborgt. Es sind Zuwanderer, die „leben". Es sind Ungarn, Tschechen, Rumänen, Italiener, Schweden, Schweizer, Franzosen, Engländer, Amerikaner, Kreolen, die der Stadt den alten Glanz eines Treffpunktes, an dem Freude zu Philosophie und Genuß zur Kunst wird, und sie sind Pfuscher darin, am alten, vorkriegerischen Typ des Wieners gemessen. Es ist wahr, Wien hat keine Stimmung mehr; Wien ist blutarm.«[201]

Robert Müller greift seine geradezu obsessive Beschäftigung mit dem entweder sterbenden oder bereits verstorbenen Wiener auf, um anzuzeigen, wie abhängig Wien von der Zufuhr „frischen Blutes" ist. Auf die vorstehenden Ausführungen rekurrierend, läßt sich folgern, daß der Wiener im Kern statisch ist, aber in seiner Handlungsweise eine besondere Art von Beweglichkeit aufzuscheinen vermag, sobald er als Vermittler divergenter oder zumindest disparater Elemente zu fungieren hat. Für die Metropole bedeutet das allerdings, einen Platz wie gewisse Burgen Transsylvaniens einzunehmen, in

---

200 Schwarzwald, Eugenie: Wien, der Schmelztiegel. Vossische Zeitung 06.12.30.
201 Müller, Robert: Wien, die versinkende Stadt. Neue Rundschau 2/1920, 870.

denen Untote aufgebahrt liegen, bis ahnungslose Fremde den Blutdurst dieser Einwohner erwecken und zu stillen vermögen. Von der Nekropole wandelt sich Wien zum phantasmagorischen Schreckensort Bram Stokers.

Daß Wien ein schrecklicher Platz sei, dieser Verdacht lag schon mehrfach nahe, doch wer die Verantwortung dafür übernehmen könnte – wenn denn jemand dies tun sollte und falls eine solche überhaupt zuzuweisen wäre –, darüber debattieren die Wiener selbst, sei es im Parlament, sei es im Feuilleton.

> »Im Parlament sprach ein Großdeutscher über Kunst. Seine Ausführungen erklommen den Gipfel: in der Oper werden zuviel Ausländer und in der Burg zuviel Juden aufgeführt. Heil diesem Kunstwart aus dem Teutoburger Wald. [...] Der macht wenigstens kurzen Prozeß; das ist eine Weltanschauung: Ausländer und Jud, das ist die dumme Dummheit. Ich hab was für sie übrig. [...] Wiens Schicksal und Dasein ist mit dem seiner Juden sehr verkartet, da Wien eine sehr verjudete Stadt ist. Wenn also in Wien etwas faul ist, so sind nicht nur die Wiener schuld, sondern auch die Wiener Juden. [...] Es wäre bei dieser Gelegenheit zu zeigen gewesen, wie sehr die Juden in Wien geistig versagten, wie sie im Gegensatz zu einer anderen jüdischen Stadtgesellschaft (etwa in Berlin oder Prag) durchaus kleinbürgerlich, [...] durchaus kulturlos blieben, wie sie, statt Mäcen zu sein, ihre Verpflichtungen gegen die Kunst dadurch zu erfüllen glaubten, daß sie die Söhne [...] in die Kunst selbst als Künstler hineinsetzten. Dieser rasche Aufschwung vom Fleckerlhandel über die Fabik zur Kunst ist der Wiener Kunst, der Wiener Kultur schlechter bekommen, als diesen großgepäppelten, bestenfalls halben Künstlern. Sie haben zu „verdienen" gewußt, aber sie haben auch jene unentschlossene Dutzendläufigkeit verschuldet, die heut als breit getretener Quark alle Quellen verstopft. Und es ist kein Zufall, wenn gerade in dieser Stadt der Jude sich selbst besann und zum Zionismus kam. Theodor Herzl, der Liebling dieses geistig schlaffen Wiens, warf eines Tages seine Beliebtheit fort und wurde der Prophet des Zionismus. [...] Man muß den Wiener Juden einmal sagen, wenn sie so fortfahren, ihre Mission! [–] Hecht im Karpfenteich [zu sein –] zu versäumen, werden sie bald auf dem Niveau der Juden in der Levante sein: dick und mit viel Gold und mit nur sexuellem Hirn. Und die Stadt mit ihnen.«[202]

Perfides brachte Oskar Maurus Fontana zu Papier: erst ironische Distanzierung vom dumpf-deutschnationalen Redner, dann die nur noch leicht ironisierte Zustimmung, die schließlich in der Übertragung antisemitischer Dumpfheit auf den Sektor der Kultur gipfelt. Aber sicher haben in der Wiener Kultur die Juden versagt und Dutzendware erstellt: Siegmund Freud und Alfred Polgar, Hugo von Hofmannsthal und Karl Kraus, Arthur Schnitzler oder eben Theodor Herzl. Welche der gebliebenen Kulturleistungen Wiens stammen von Nicht-Juden?[203] Rhetorische Fragen bedürfen keiner Antwort,

---

202 Fontana, Oskar Maurus: Wiener Symptome. Berliner Börsen Courier 19.12.22.
203 Immerhin erhielt Fontana nach heldenhafter innerer Opportunität den Preis für Publizistik der Stadt Wien 1959, nachdem er 1929 bereits denselben für Dichtkunst erhalten hatte.

neben dem in Wien verbreiteten Antisemitismus ist bemerkenswert, daß die Hechte im Karpfenteich in die Levante abdriften und Wien mit ihnen; irgendwann werden sie gemeinsam in Transsylvanien vor Anker gehen. Der Blut-und-Rasse-Diskurs schließt sich immer wieder mit dem Dracula-Sujet kurz.

> »Die antisemitische Stadt hat schon wieder die Sorge, daß neben Paulsen abermals der Name Max Reinhardt auftauchen könnte. Strauß in der Staatsoper, Reinhardt in der Burg – angeblich verträgt Wien nicht auf einmal soviel über Berlin kommende Sensationen.«[204]

Wohlgemerkt richtet sich die Kritik nicht gegen die Herkunft aus Berlin, denn immerhin sind Strauß und Reinhardt „Söhne der Stadt" Wien, was gegen sie spricht, ist eher ihre Abkunft aus dem Judentum. Daß der Antisemitismus so um sich zu greifen vermag, hängt mit jenem Bestreben zusammen, den vermeintlichen Kern rein zu halten. Wenn für diese Reinhaltung nicht ungeliebte Volksgruppen aus dem Osten der Habsburger Monarchie wie Tschechen, Ungarn oder Galizier den Bezugspunkt bilden, so läßt sich dies auf die Verfemungsgeschichte der Juden zurückführen, die sich bis in die jüngste Neuzeit in christlichen Ritualen übermittelte. Seit mehreren Jahrhunderten waren die Juden Objekt organisierter Pogrome, und in nahezu allen als krisenhaft empfundenen Zeiten wurde an diese Tradition angeknüpft. Was eine Zeitlang mehr oder minder latent ruhte, trat dann mit um so größerer Heftigkeit hervor.

> »„Österreichisch" aber als nicht rein deutsch, als slawisch oder italienisch durchsetzt auszudeuten, wird dem Wiener, wenn man ihn darauf befragt, wenig gefallen. Er will rein deutsch sein, deutscher, als man deutsch in Neudeutschland ist; ja er sieht Wien für deutscher an als Berlin, diesen nachgekommenen Parvenu [...].«[205]

In dem Moment, in dem nun das Begehren aufscheint, rein deutsch zu sein, „deutscher, als man deutsch in Neudeutschland ist", verwundert es nicht sonderlich, daß in einer Stadt, die jahrzehntelang den christsozialen Antisemiten Karl Lueger als Oberhaupt nicht nur erduldete, sondern ihn immer wieder bestätigte und gegebenenfalls auch feierte,[206] der Antisemitismus wiederum krasse Blüten treibt. Wie schon bei Fontana zu sehen, sind es aber in Wien zuallererst die deklassierten, bezuglos gewordenen Gestalten, die sich als In-

---

204 Lahm, Karl: Wiener Theaterskandale. Vossische Zeitung 08.08.22.
205 Lahm, Karl: Österreichisch. Vossische Zeitung 24.09.22
206 Noch heutzutage ist einer der zentralen Teile des inneren Stadtrings nach diesem Protofaschisten benannt.

tellektuelle verstehen, die mehr noch als das sogenannte „einfache Volk" der Rassenhetze frönen. Es überrascht daher nicht, Mitte der Zwanziger Jahre, nach einer Reihe von immer wiederkehrenden Meldungen über dortige Unruhen, von der Schließung der Wiener Universität zu lesen.

> »Diese Maßnahme [Sperrung der Universitäten] war notwendig geworden, da sich auf akademischem Boden Ereignisse abgespielt hatten, Prügeleien, die alles andere denn akademisch waren. Hakenkreuzler und Deutschvölkische drangen auf jüdische und sozialdemokratische Studenten, kommunistische reizten gegen die nationalen auf, und selbst arische Mädchen wurden gezaust, weil ihr Bubikopf unteutsch sei. [...] Richtig ist, daß selbst Professoren liberaler Tendenz in den letzten Jahren darauf verwiesen, eine gewisse Abwehrreaktion sei notwendig, gewiß nicht gegen das altansässige Judentum, das den freien Berufen und dem Lehrerkollegium selbst viele Leuchten erbracht habe, wohl aber gegen das massenhaft zugewanderte Ostjudentum, das eine Gefährdung des österreichischen Kulturstandes bedeute und die ohnedies schon überbesetzte akademische Laufbahn noch mehr erschwere. [...] Möge in der Studentenschaft [...] etwas von dem burgfriedlichen Geiste einziehen, der wenigstens in einer Frage, in einer Hauptfrage, die Parteien zu beseelen begonnen hat – möge sie ohne Unterschied der politischen Anschauungen erkennen, daß Oesterreich für seine Zukunft der einigen Zusammenarbeit aller bedarf, die deutsch empfinden.«[207]

Fontana lieferte ein Muster oder schrieb selbst nach einem Schema der hinterhältigen Art über Übergriffe gegen Minderheiten und insbesondere Juden: Nachdem zunächst Empörung oder Entrüstung den Ton bestimmt, macht man zögerlich gewisse Bedenken geltend, die den Opfern einen Teil der Schuld zuschreiben, um schließlich einen Standpunkt einzunehmen, der sich vom anfänglich vorgeführten Gegenstand der Entrüstung lediglich in der Tonlage unterscheidet. Gehört es in jener Zeit nicht fast selbstverständlich zum „deutsch empfinden" dazu, für die rassische Reinheit der Nation und ähnliche Phantasmagorien zu plädieren? Mit dem Fortfall der früheren politischen Ordnungsinstanzen, die vor allen Dingen auf Assimilation und Integration als Propaganda setzen mußten, wenn sie multinationales und multikulturelles Zusammenleben organisieren wollten, entstand ein Vakuum, in dem die rassistischen Ressentiments verstärkt Platz greifen.[208] Was sich unter dem Aspekt der Alltagsordnung als Vakuum darstellen mag, präsentiert sich in Anbetracht der habsburgischen hegemonialen und regionalisierenden Ordnungs- und Herrschaftspolitik jedoch als Fortsetzung imperialer Politik auf

---

207 Lahm, Karl: Wiener Universitätskämpfe. Vossische Zeitung 04.06.25.
208 In Anbetracht dieser Entwicklung nimmt es dann nicht wunder, daß bspw. der aus Galizien stammende Jude Joseph Roth sich zum Ende der Zwanziger Jahre verstärkt nach der politischen Ordnungsmacht Habsburg zurücksehnt.

Exkurs 2: Phänomenologie des Wieners. 1. Wiener Mischung 119

der inoffiziellen Ebene intersubjektiver Politik. Von unten wird diese Politik von oben adaptiert, insbesondere von jenen, die meinen, sie verschafften sich einen besseren Platz in einer anderen Sozialordnung wie dem Stände- oder Rassestaat, wenn sie mit Worten und schließlich Waffen gegen ihr imaginiertes Anderes vorgehen. Fatalerweise werden sie – zumindest zum Teil – auf mittelfristige Sicht auch recht damit behalten haben, nur daß die „andere" Ordnung eine wesentlich schlechtere geworden sein wird. Auf der anderen Seite finden sich noch immer Befürworter jenes Wien, das sich gerade als ausgehaltenes und erhaltenes Konglomerat diverser Kulturen als eigene Kultur zu behaupten vermag.

> »Commercium und Connubium verschiedener Rassen entfaltet die körperliche Schönheit, lockert die Talente, und schwächt durch das Nebeneinander widersprechender Traditionen die geistige Stoßkraft zu Desillusion, Skepsis und Toleranz. Die in Diesseits und Gegenwart zurückgedrängte Glückssehnsucht hängt sich an des Daseins besonnten Schein und lebt sich aus in der Verfeinerung der Lebensgenüsse. Die Geschenke vielstämmiger Abstammung waren Merkmale Wiens: Schönheit und Grazie der Körper, liebenswürdige Lässigkeit, Weltgewandtheit, Weltgerechtigkeit und Schicksalswilligkeit.«[209]

Doch die positive Bewertung eines multikulturellen Wien kann sich nicht allein auf die Kultur beziehen, sondern erweist sich auch in Fragen der konkreten Politik als relevant:

> »Ein wichtiger Posten des Liberalismus in Österreich sind nun aber die demokratischen Zeitungen des österreichischen Judentums und ihre Leser. [...] Mit Antisemitismus oder Nichtantisemitismus steht und fällt heute jeder Sieg des bürgerlichen Blocks. [...] Das antisemitische Dogma der österreichischen Großdeutschen – das soviel Unheil über Mitteleuropa gebracht hat; auch Hitler, der Sohn des Innviertels, war einmal österreichischer Großdeutscher – entstand ja vor einem halben Jahrhundert unter ganz anderen Verhältnissen. Der österreichische Antisemitismus entstand in einem Riesenreich von sechzig Millionen Einwohnern, in einem Reich, darin es ebenso gut Antigermanismus, Antislawismus, Antiromanismus, Antimadjarismus gab. Der Antisemitismus war eine der nicht unbegreiflichen Ausgleichserscheinungen im alten Österreich-Ungarn.«[210]

Vielleicht spielt für diesen Beitrag auch eine Rolle, daß er in einer der großbürgerlich-demokratischen Zeitungen Berlins, die in jüdischem Besitz war, erschien; unabhängig davon beschreibt er zutreffend, daß die Juden nicht nur Kulturträger, sondern in ihrer bürgerlichen Mehrheit auch politische Garanten des Liberalismus waren. Unstimmig hingegen wirkt der Versuch einer historischen Exkulpation der Österreicher, die als reaktive Rassisten bestimmt

---

209 Baumgarten, Franz Ferdinand: Wien. Berliner Tageblatt 10.11.21.
210 Jacob, Heinrich Eduard: Was geschieht in Österreich? Berliner Tageblatt 09.10.30.

werden. Keineswegs kann der deutsch-österreichische Antisemitismus als Novum des im 19. Jahrhundert expandierenden Nationalismus bezeichnet werden, da er durch die Katholische Kirche seit Jahrhunderten gepflegt und bewahrt wurde.[211] Und auch die anderen genannten Rassismen sind keineswegs als kompensatorische Politikformen der dominanten Bevölkerungsgruppe zu begreifen, vielmehr sind es – wenn auch reaktionäre, so doch verständliche – Artikulationen der fremdbestimmten politischen Einheiten, die sich imaginäre Identitäten stiften, um gegen die Majorität handlungsfähig zu werden, wobei sich in diesen ethnischen, nationalen oder rassistischen Bezugsgrößen immer auch die Interessen der verschiedenen sozialen Gruppen queren.

> »Man wird auch zu erwägen geben, daß die Neger ja in allen Bars Deutschlands und Österreichs, Berlins und Wiens schon längst die Herren sind. Daß es also nichts Außergewöhnliches wäre, wenn der Neger aus der Bar, aus der Revue endlich auch den Sprung auf die geheiligte Opernbühne wagte. Wahrscheinlich hat man mit solchen Feststellungen recht. Aber in Wien wurde die Situation verschärft durch Ungeschicklichkeiten, die wieder einmal bewiesen, daß die Österreicher keine Diplomaten sind. Muß man die Argumente erst nennen, die gegen Jonny ins Feld geführt wurden? Man erklärte, daß die Negerinvasion vor den Toren der Wiener Oper hätte haltmachen sollen. Daß in demselben Orchester, in dem die Leonorenouverture so oft erklungen, nun Jazzrhythmen frech aufschäumten, daß die Wartburghalle durch eine Bahnhofshalle ersetzt würde, daß ein Neger den Takt angebe, nach dem alle Weißen tanzen müßten – das alles wurde erbittert angemerkt. [...] In den Zeitungen wütete der Krieg hin und her, wie ihn noch kein Umsturz, kein Parlamentssturm jemals ausgelöst. Aus der Kunstrubrik rückte die Diskussion in die geheiligte Spalte des Leitartikels auf. Und da somit das Politikum konstruiert war, mußte der Augenblick kommen, wo die ganze Sache der Kompetenz der Kunstrichter entzogen und dem Wirkungskreis der Polizei überantwortet wurde.«[212]

Die Rede ist von Ernst Kreneks Jazzoper „Jonny spielt auf",[213] die nach ihrer erfolgreichen Uraufführung in der Berliner Krolloper nun auch in Wien den Zeitgeist der Zwanziger Jahre in die heiligen Hallen der Hochmusik führen soll. Die im Nachkriegswien ausgeprägte Xenophobie ergeht sich in kolonialistischem Rassismus, der die Gefahr nicht im „Neger" an sich sieht, sondern darin, daß er den Takt angibt, zu dem die Weißen tanzen. Und das Feuilleton Rainalters hat sichtlich Mühe, diese offensichtliche Paradoxie – da im All-

---

211 Vgl. dazu bspw. Rohrbacher, Stefan und Michael Schmidt: Judenbilder. Kulturgeschichte antijüdischer Mythen und antisemitischer Vorurteile. Reinbek 1991.
212 Rainalter, Erwin H.: Schwarze Gefahr für Wien. Deutsche Allgemeine Zeitung 22.02.28.
213 Im Rahmen des nächsten Hauptabschnitts, der den direkten Wien-Berlin-Vergleich unternimmt, wird im Rahmen eines Exkurses nochmals die Sprache auf die Bedeutung der Musik für Wien und dieses Stück Kreneks im besonderen kommen.

tagsleben schon längst eingetreten ist, was nicht auf die Bühne gebracht werden soll – zu erklären und damit zu entschuldigen. Kehrt man das selbstreflexive Moment des Textes um, demzufolge der Sachverhalt dann ein Politikum wird, wenn er aus den Feuilletonspalten und in den Leitartikel gerät, so kann der Text selbst gelesen werden als Versuch, das Politikum zu entschärfen, es in einen innerhalb der Kulturberichterstattung verhandelbaren Gegenstand rückzuverwandeln. So unternimmt der Text, während er das diplomatische Geschick der Wiener bestreitet, gleichzeitig eine diplomatische Mission, die jedoch nicht die Wiener, sondern die Berliner Leser adressiert.

Damit kommen wir auf die oben angegebenen positiven Eigenschaften der Wiener Mischung zurück: In besonderer Weise befähigt sie dazu, auf internationalem Parkett diplomatische Missionen zu übernehmen oder zu beginnen. So gesehen bildet Wien ein Arkadien des Internationalismus der aufklärerisch-humanistischen Gesinnung, als idealer Humus einer gebrochenen, nicht-fanatischen Rationalität, die keine unbotmäßigen Absolutheitsansprüche stellt, denen die Menschen nicht genügen können. Zugleich bleibt der Eindruck, ein Gutteil auch und gerade der Wiener ertrage eben diese Offenheit und Ungewißheit nicht. Zwischen dem auf den deutschen Kern drängenden Extremisten der Rechten und den Freunden einer praktischen Vernunft mit menschlichem Antlitz eine vermittelnde Position zu formulieren, war denn auch einem reichsdeutschen Gelehrten vorbehalten:

> »Wenn Wien barock ist, so regt sich das Barocke gewiß auch in der Mannigfaltigkeit der Nationen, der Geblüte, die in Wien zusammengekommen sind. Wien ist der Genius in der Mitte, die heroische Hauptfigur; die fremden Geblüte und Namen sind die dekorativen und attributären Nebengenien, von denen die Hauptfigur (Gleichsam eine ewige mütterliche Maria Theresia) wie ein barockes Heldendenkmal umstellt ist. Aber freilich würde dies nichts bedeuten dürfen, wenn nicht zugleich gesagt würde: dies internationale, westöstliche, südöstliche Wien, in dem die Mannigfaltigkeit des Geblüts einheimisch geworden ist, besitzt zugleich eine der stärksten Lokalfarben, die je in deutschen Städten erlebt worden sind. [...] Da ist die Tschechoslowakei, Italien, der Osten, Deutschland. Aber kein Gesamtstil könnte lokaler sein, als der wienerische, und es wäre frivol, zu leugnen, daß die assimilierende Kraft von einem deutschen Wien ausgeht.«[214]

So verstanden gerät genau der Kern zum Garanten des kulturvollen und fruchtbaren Miteinander, und Wilhelm Hausenstein spricht, selbst wenn seine Ausführungen im Kontext des Vorangegangen absurd klingen mögen, eine Wahrheit – wenn auch eine unangenehme – aus: Denn daß die diversen Eth-

---

214 Hausenstein, Wilhelm: Wiener Tagebuch II. Neue Rundschau 1/1932, 646.

nien und Kulturen sich nicht gegenseitig befehdeten, lag zu einem nicht unverkennbaren Anteil an der Stärke der ehemaligen Hegemonialmacht. Erst als diese sich zu schwach erwies, den lokalen Krisenherd Serbien einzudämmen, konnte er sich zu einem überregionalen Konfliktfall ausweiten, der schließlich den ganzen Globus affizierte.

Andererseits bestärkte die teilweise repressive Ausübung dieser Macht fraglos die aus dem Imperium weisenden Tendenzen, die vornehmlich durch Bewegungen zur nationalen Unabhängigkeit aufgenommen und fortgesetzt wurden. Es liegt folglich nicht im Wesen der einen oder anderen Bevölkerungsgruppe, sondern an der Position, die sie innerhalb eines Machtdispositivs innehat, ob sie als Ethnie eine eher assimilierende oder dissimilierende Wirkung entfaltet.

Vielleicht liegt es aber auch – und dann unentrinnbar – an der Natur:

»Das heutige Österreich nimmt eine merkwürdige Übergangsstellung ein [...]. Es vereinigt in sich alle mögliche Bodenformen. [...] Überraschender noch wirkt, daß diese Vielgestaltigkeit in Geographie, Pflanzen- und Tierwelt eine Analogie findet, wenn man zum Menschen aufsteigt. Auch die Bewohner des Landes sind von allen Himmelsrichtungen zusammengekommen; hier war ein Treffpunkt germanischer, slawischer und romanischer Menschen, dazwischen keltische Reste und asiatische Eindringlinge. Unter dem schützenden Hausdache der alten Monarchie wurden Volksstämme und Volkssplitter vor Vernichtung bewahrt; sie haben sich wechselseitig beeinflußt, und so ist ein Völkergemenge entstanden, das in Harmonie tritt zu dem Ausschnitt der Natur.«[215]

Waren alpines und transalpines Kakanien Reservationen für eigenartige, vom Aussterben bedrohte Stammesarten, eine Art Spital für die Fußlahmen unter den Völkern Europas?

Brockhausen verrät sich, wenn er die *keltischen Reste* nicht von germanischen und anderen Eindringlingen reduziert sieht, sondern die nachgerückten Bevölkerungsgruppen von *asiatischen Eindringlingen* durchmischt glaubt. Die Germanen und Romanen und Slawen sind nicht irgendwann in das Territorium des seinerzeitigen Österreich eingedrungen, sondern hatten dort von jeher ihre Heimat, in die sie schließlich irgendwann gezogen sind. Aber immerhin: nicht nur geologisches Kabinett und Botanischer ebenso wie Zoologischer Garten, nein, Österreich ist auch ein anthropologischer Park; zumindest gewesen:

»Das Österreich von heute ist nicht mehr das von gestern. Was ihm und seinen Menschen früher ein perlmutternes Schimmern vieler ineinandergehender Farben gab, das schwindet

---

215 Brockhausen, Karl: Das neue Österreich. Vossische Zeitung 02.11.24.

immer mehr dahin, das wird abgelöst von Simplizität und Bodenständigkeit. Österreich – das war bis 1918 so vielfältig im Landschaftlichen und Volkhaften, daß ein Österreicher fast heimatlos und damit ein Kosmopolit war. Der Österreicher von heute hat eine sehr bestimmte Heimat: die Alpen.«[216]

Simpel, bodenständig, bergstämmig – so stellt sich das Österreich von 1932 dar, die Alpen bilden das Territorium wiedererstandener Heimat, wobei ausgeblendet wird, daß diese Bergkette nicht minder den Franzosen, Schweizern und Italienern zugehört.

Die ehemals weitschweifigen analogischen Relationen werden zugunsten eines agrarischen Österreich, eines Volkes von Bergbauern, außer Kraft gesetzt, so daß eine Zäsur geboten scheint, um sich im folgenden auf die Einwohnerschaft Wiens in ihrer feuilletonistischen Erfassung zu konzentrieren.

2. Der Hausbesorger. Ontogenese des Wieners

Ebenso wie einigen Feuilletonisten Wien als Verdichtungspunkt Österreichs galt, gibt sich umgekehrt aus einer auf Metropolitanität setzenden Perspektive im Wiener der Österreicher par excellence zu erkennen. Was zeichnet also zunächst den Österreicher für die Feuilletonisten aus? Vorgreifend läßt sich die Frage irritierenderweise folgendermaßen beantworten: das Gesicht. Im buchstäblichen Sinn liefern die Feuilletons Porträts des österreichischen Antlitzes:

»Das österreichische Antlitz lächelte, weil es keine Muskeln mehr im Gesicht hatte.«[217]

Robert Musil skizziert das österreichische Gesicht der Vorkriegszeit, dessen Freundlichkeit als Schwäche denunziert wird. Der Autor vergreift sich allerdings in der physiologischen Metaphorik, denn das Lächeln stellt gerade eine Anspannung der Muskeln dar – es sei denn, man liest das Lächeln als Abschwächung eines Grinsens, bei dem eine höhere Muskelanspannung besteht. Für den erschlafften Fleischbrei, den das österreichische Antlitz hier vorstellt, bestehen lediglich zwei Optionen, deren eine ergriffen werden muß, da der Status quo nicht zu halten ist.

---

216 Fontana, Oskar Maurus: Österreicher von heute. Berliner Tageblatt 28.11.32.
217 Musil, Robert: Der Anschluß an Deutschland. Neue Rundschau 1/1919, 350.

> »So oder so; das österreichische Gesicht wird in jedem Fall anders werden: entweder verblaßt, verwischt und ganz verludert oder viel reiner, kräftiger, volkhafter als bisher.«[218]

1919 sieht Österreich nicht sehr gut aus, bedarf eines schönheitschirurgischen Eingriffs, so es nicht verfallen will. Um das „wahre" Gesicht Österreichs zu erblicken, muß Abstand von der abstrakten Figuration genommen und zu konkreten Personen gegangen werden. Ein Feuilletonist wendet sich in einem solchen Fall – wenn nicht direkt an einen anderen Feuilletonisten – an einen Dichter, was sich selten ausschließt und oft vereint auftaucht.

> »Hermann Bahr ist natürlich, was er immer schon war, der Austriazissimus. Sie haben bis heute dort keinen Echteren, keinen, der so ganz aus sich selbst, aus der Wirklichkeit seines Körpers, aus den Versuchungen seines Geistes, aus den Erfahrungen und Anfechtungen des Blutes her weiß, was österreichisch – sein sollte.«[219]

Ist so die Bestimmung des Dichters als österreichischstem Österreicher gewonnen, fragt sich angesichts der dunklen Andeutungen doch, wie dieser Österreicher denn konkret erscheint.

> »Pünktlich zu [!] angesetzten Stunde taucht aus der Landschaft ein kniehosiger, wadenbestrumpfter, weißhaarflattriger, von mächtigem Vollbart umschneiter Bergriese auf, der sich vom Vater Rübezahl bloß durch ein lebensfrohes Lächeln unterscheidet. Er ist's – Hermann Bahr, erkennbar auch an seiner Gattin Mildenburg.«[220]

Das österreichische Antlitz lächelt immer noch, wenn auch zwei Jahre nach der Klage Musils lebensfroher. Naturgewaltig und mythenmächtig oder märchenhaft stapft der Austriazissimus durchs Alpenland in gelinder identifikatorischer Abhängigkeit von der Frau an seiner Seite. Die Frau verbürgt dem Österreicher ganz offenbar die Identität. Die personale Identität scheint, wenn Hermann Bahr angeführt wird, eine einigermaßen instabile, gleitende zu sein, die sich dem Wandel der Zeiten eher anschmiegt, denn eine eigene Position zu formulieren oder gar durchzusetzen sucht. Bahr vertrat jedenfalls, wenn auch zugestandenermaßen zu Beginn der ihm jeweils nachfolgenden Stilrichtungen, den Naturalismus, den Impressionismus, den Symbolismus und einen Expressionismus, der, mit immer mehr katholischen Implikationen aufgeladen, schließlich in eine Art Heimatdichtung mündete. Angesichts solchen Wandels, der paradigmatisch für die Österreicher stehen soll, nimmt es

---

218 Handl, Willi: Österreichische Erzähler. Neue Rundschau 2/1919, 1401.
219 Ebd., 1401 f.
220 Faktor, Emil: Wiener Messefahrt III. Berliner Börsen Courier 25.09.21.

nicht wunder, wenn das Feuilleton sich auf die wenigen fixen Figuren kaprizziert, die für das österreichische Gemeinwesen stehen sollen oder können, die zumindest ein Spezifikum abseits von Wandlungsfähigkeit veranschaulichen. Leitfigur solcher Suche nach der spezifischen Gestalt ist der Hausmeister:

> »Österreich ist tot, aber der Hausmeister lebt. Er hat die Monarchie überdauert, den Krieg, die Revolution.«[221]

Bereits bei seinem ersten Erscheinen wird der Hausmeister als eine Art ungeschichtlicher Konstante behauptet, an der der Wandel der Zeiten spurlos vorüberzieht. Dieses Phänomen versetzt allerdings nicht so in Erstaunen wie die implizite Anmerkung, daß die Revolution bereits im Februar 1919 als Vergangenheit betrachtet werden kann, denn der Hausmeister ist deshalb nicht vom geschichtlichen Wandel betroffen, weil er schon am Anfang aller Geschichte stand.

> »Der Begründer Wiens war ein Hausmeister. Er verscheuchte durch sein grausliches Aussehen die wilden Tiere, bezog eine Höhle im Hochparterre des Kahlenbergs und verlangte von dem nächsten, der hineinwollte, ein Sechserl.«[222]

An den Anfang der Zeiten verlegt, erscheint ein Urbild, das ganz anders als in der Stilisierung Hermann Bahrs keine archaischen Züge verliehen bekommt, sondern im Gegenteil mit Attributen der Moderne wie *Hochparterre* und *Geld* versehen ist. Der Hausmeister selbst ist auch eine Gestalt, die sich den Anforderungen der Moderne bei aller Traditionalität stellt.

> »Die Wiener Hausmeister, eine Kaste, die mit Leidenschaft und Beharrlichkeit Wert darauf legt, sich durch das Kravallieren einer verrosteten Kuhglocke aus dem ehelichen Schlaf stören zu lassen [...] – diese Wiener Hausmeister, in unverständlicher Euphemie zu Haus-Besorgern hinaufgeschnellt, wollen anstatt des von der Patina jahrhundertelanger Übung geweihten „Sperrsechserls" ein Sperrgeld von zwei Kronen. Ein richtiger Wiener Hausmeister [...] öffnet dem geduldig fluchenden Einwohner nur mit Pantoffeln, einem nach Erzväterart geschwungenen Schlafrock und einer weithin sichtbaren Unterhose bekleidet, das nächtlich verschlossene Tor. Bei den teuren Unterhosenpreisen ist also zwei Kronen Sperrgeld gar nicht zuviel.«[223]

Die Modernisierung der Bezeichnung geht einher mit der Anhebung des Gehalts; augenscheinlich ist der Hausmeister auf dem Weg vom feudal-gutbür-

---

221 Polgar, Alfred: In Wien. Berliner Tageblatt 08.02.19 [fast identisch in Ders.: Lokalbericht. Berliner Tageblatt 16.04.21].
222 Ebd.
223 Preis, Max: Der Watschenmann. Berliner Börsen Courier 01.06.20.

gerlichen Relikt hin zu einer normalen Angestelltenexistenz. Doch noch steht das Kuriosum den Schreibenden vor Augen respektive in der Tür, und so wird sein Porträt festgehalten, bevor es möglicherweise verschwindet.

»Es gibt noch viele solche Typen im aussterbenden Österreich, vielleicht wird man sie auf dem Wege zum Reichsdeutschtum in einzelnen Exemplaren künstlich züchten für forschungsbedürftige Vergnügungsreisende. Oder man wird sie im Panoptikum aufbewahren [...] den tschechischen Hausmeister, der nach 10 Uhr [...] mit schmalzigem Lächeln den Zweikronenschein, das „Sperrsechserl" der heimkehrenden Hausbewohner, in die Falten des kümmerlich übereinandergeschlagenen Schlafrocks steckt und tagsüber den Guerillakrieg der Hausangestellten gegen die „Herrschaften" organisierte. Ja, wenn die Wiener nicht in jedem Haus einen tschechischen Hausmeister gehabt hätten, wer weiß – – –!«[224]

In ungewöhnlichem Maße ist der Hausmeister zum Stereotyp geworden: Zwischen den beiden letztzitierten Textpassagen liegt über ein Jahr, doch die Ähnlichkeit ist frappant, sei es das erhöhte Sperrgeld, sei es der notdürftig geschlossene Schlafrock oder das widerstrebende Verhalten des Dienstleistenden. Unwägbar bleibt, was an diesen Versatzstücken einer stereotyp gewordenen Realität geschuldet ist bzw. was sich feuilletonistischer Zurichtung derselben verdankt. Eine mögliche Hilfestellung bietet ein zehn Jahre später erschienenes Feuilleton, das seinen Bericht über die *Dynastie der Hausbesorger* mit einer Definition dessen, was ein Hausbesorger einmal war, beginnen muß, da diese Dynastie fast ebenso erloschen ist wie die der Habsburger.

»Was ist ein Hausbesorger? – Schon in der Vorkriegszeit war dies in Österreich ein überaus mächtiger Mann, mit dem unsere reichsdeutschen Portiers gar nicht mitkamen. In Filzpantoffeln herbeischlürfend, kinderreich, meist tschechischer Nationalität [...] waren die Hausbesorger gebietende Gestalten, die sich vor allen Dingen als unerbittliche Bekämpfer des Nachtlebens hervortaten, da sie sich, mit vollem Erfolge, jahrzehntelang der Einführung von Hausschlüsseln widersetzten, war jeder, der ins eigene Haus wollte, ihnen tributpflichtig.«[225]

Der tschechische Portier als unwillig-mürrischer Widerpart der vergnügungsfreudigen Hausbewohner wirkt mehr wie eine anekdotische Gestalt als ein realer Bewohner der Stadt, mehr ein Typus, der in den Alltagsfiktionen einen festen Platz hat. Was läßt ihn an diesen privilegierten Ort rücken? Wieso schmücken sich jene Feuilletons, die sich dem Wiener anstelle seines weiblichen Pendants widmen, nicht mit anderen Gestalten? Ist die Erzählung vom

---

224 Langer, Annette: Alt-Österreichisches Albumblatt. Berliner Börsen Courier 19.07.21.
225 H[einrich]. E[durad]. J[acob].: Die Dynastie der Hausbesorger. Berliner Tageblatt 09.03.30.

Hausbesorger ein Spezifikum Wiens? Da der Hausbesorger die am häufigsten feuilletonistisch präsentierte männliche Gestalt ist, muß sich diese Erzählung auf eine andere Art als auf der Aussagenoberfläche signifikant verstehen lassen. Es steht zu vermuten, daß sich in ihnen zumindest halbbewußt etwas über die soziale Konstruktion des Selbstbildes eingeschrieben hat.

Der Hausbesorger steht an der Schwelle; an der Grenze von öffentlichem und privatem Bereich existiert eine Zwischenzone, die beiden Bereichen zur Hälfte angehört. So weit der funktionale Ort des Hausbesorgers, der komplexer wird, wenn man berücksichtigt, daß der Hausbesorger einerseits Einlaß gewährt, was seine zentrale Aufgabe ist und unbestritten seiner Dienstbarkeit zugehört, andererseits aber eine Verzögerung darstellt, eine Instanz, die den direkten Zugang zum Privaten verstellt und den Kommenden selbst nötigt, im Öffentlichen zu verharren. Ablehnend ist der Grundton der Feuilletonisten gegenüber der Ambivalenz der Funktion, jedoch nicht ohne liebevoll-pittoreske Schilderung des Hausbesorgers als eine Art schmuddeliges, aber beachtenswertes Kuriosum. Doch bestehen Differenzen zwischen den Autoren: Ein hochreflexiver Autor wie Polgar sah im Hausbesorger den Begründer Wiens und mithin den Stammherren der Wiener; andere hingegen unterstrichen seine Fremdheit, erklärten ihn zum anderen. Psychoanalytisch gesehen, handelt es sich bei letztgenanntem um die Projektion des unbehaglich Eigenen auf einen anderen, dem zugesprochen wird, was man in oder an sich diffus vermerkt, aber nicht bewußt eingestehen möchte. Ist der Hausbesorger also ein Sammelbecken der den Wienern unliebsamen Bilder über sich selbst oder zumindest das Eingeständnis ihrer Befürchtungen über das, was sie werden könnten, wenn sie sich nicht vorsähen? Ein wenig ungepflegt, nachlässig gekleidet, mit despektierlicher Entblößung des Geschlechtlichen unter Ausschluß des Erotischen (kinderreich, also fruchtbar, aber nicht gerade erotisch), die gesellschaftliche Hierarchie auf unfaire Weise hintertreibend, unwillig den Dienstpflichten nachkommend, für die man sich dann auch noch – in einem Bereich, der eigentlich der selbstverständlichen Höflichkeit zugehört – bezahlen läßt, behaglich in einem Zwischenreich lebend, das weder ganz dem Privaten noch vollständig der Öffentlichkeit zuzurechnen ist. Der Hausbesorger ist eindeutig zweideutig, kein klares Schreckbild, sondern deutlich auch Inkarnation von Wunscherfüllungen.

Als öffentlicher Angestellter – und der öffentliche Angestellte, der gleichfalls die Schlüsselgewalt innehat, ist der Bürgermeister – wird der Hausbesorger Antisemit:

»Vor kurzem sind es zehn Jahre gewesen, daß der Mann starb, der vielleicht als Letzter jenem Wienerischen, das mit ihm prunkvoll, fast kaiserlich zu Grabe getragen wurde, den Spiegel unseres Wesens und – Schemens vorgehalten hat: Karl Lueger. [...] Denn daß dieser Mann groß, mächtig und volkstümlicher werden konnte, beruhte einzig auf seiner Persönlichkeit, mit der er den Wienern vorspielte, wozu dieser Menschenschlag berufen sein könnte. Sie glaubten sich selbst in ihm zu erkennen, mit ihren Vorzügen und ihren gehätschelten glänzenden Fehlern. Sie spiegelten sich in diesem Mann und glaubten ihrem eigenen Bildnis zuzujubeln, und sie haben sich selbst begraben, als sie ihren größten Bürgermeister prunkvoll zu Grabe trugen.«[226]

In untergeordneter Position kann der Hausbesorger nur halbbewußt für die Wünsche und Ängste der Wiener einstehen, im Bürgermeister Lueger hingegen können sie sich über sich erheben, kann der Populist an die Spitze der Stadt gelangen und ausgestattet mit den Attributen der Macht den Wienern ihre Eigenart zurückspiegeln und darin ein narzißtisches Bedürfnis erfüllen.

Für eine Bestätigung oder Falsifikation des Wiener Selbstporträts im Hausbesorger – oder Bürgermeister – werden wir andere Betrachtungen der spezifischen Art des Wieners heranziehen. Einer der Autoren, die sich tiefere Gedanken über die Stadt, ihre Bewohner und ihre Kultur machten, ist der bereits mehrfach zitierte Robert Müller. Er verbrachte mehrere Jahre im Ausland – vor allem in den Vereinigten Staaten –, wodurch er eine Distanz zu seiner Heimat und einen Maßstab – wohl auch Anlaß – fand, um deren Eigenart bestimmen zu suchen.[227]

»Die Skepsis, die für den Wiener so charakteristisch ist, ist nichts anderes als ein Zug der Noblesse, des Zynismus der unter sich Eingeweihten; der Verkehr der obersten mit den untersten Schichten vollzog sich nicht demütig, wie in anderen deutschen Landen [...].«[228]

---

226 Marilaun, Carl: Bildnis des Wienerischen. Deutsche Allgemeine Zeitung 15.04.20 (a).
227 Nach dem Freitod Müllers wird er in einem Nachruf unter Anspielung auf dessen Auslandsaufenthalt sehr eigenartig charakterisiert: »Robert Müller vertritt in der deutschen Literatur einen neuen und radikalen Typus. Er gehört zu der Rasse des europäischen Amerikaners, die vorsichtig und schon in Johannes V. Jensen beginnt. Sie überwindet die Krankheiten der Gegenwart nicht durch romantische Flucht, sondern durch Umsetzung ihrer Energien, ihrer mechanisierten Kraft, ihrer Musik von Maschinen und Großstadtstraßen in edlere Geistigkeit. [...] Ein Ingenieurgehirn, scharf und sachlich mit Blick und Hand den Mechanismus der Zeit abtastend, denkt: nicht spekulativ-begrifflich, nicht psychologisch-genetisch, sondern in Richtung eines veredelten und gebildeten Pragmatismus. [...] Robert Müllers Denken hat kein System, nicht einmal Methode, es ist vielmehr [...] wie sein körperliches Aussehen war: blond, kräftig, energisch.« [Kayser, Rudolf: Robert Müller. Berliner Tageblatt 02.09.24.] Auf die Bedeutung rassistischer Annahmen für kulturelle Charakteristiken sind wir bereits zu sprechen gekommen.
228 Müller, Robert: Wien, die versinkende Stadt. Neue Rundschau 2/1920, 871.

Einerseits wird eine gewisse, den Bessergestellten sicher unangenehme Renitenz der Subalternen angesprochen, andererseits ein kultureller Gewinn aus diesem selbstbewußten Umgang mit den Hierarchien behauptet. In die Wienerische Intellektualität wird auf diese Weise eine Distanz eingeführt, die der Intoleranz orthodoxer Vernunftapostel ihre Schärfe nimmt und statt dessen auf den Erwerb von Selbstbewußtsein drängt, um damit eine Selbstbefragung zur Voraussetzung intellektueller Existenz zu erheben. In gleiche Richtung zielt auch eine drei Jahre später von Müller gelieferte Bestimmung der Wiener Kultur.

> »Der Wiener ist die schlechthin problematische Art der Zivilisation des gesamten Europa, und darum hat alles Problematische, wo immer es in Europa erlitten wird, sich in dem Charakter und der spezifischen Intelligenz des Wieners versammelt und strahlt von hier aus in der Form einer eigentümlichen psychologischen Literatur, Wissenschaft und Lebensart auf das übrige Europäertum zurück.«[229]

Das positive Bild, das von der Wiener Intelligenz entworfen wird, deren selbstkritische Reflexion europaweite Geltung beanspruchen kann, stimmt hinsichtlich des Effekts der Psychoanalyse zweifelsohne. Betrachtet man die Vertreter dieser Intelligenz aus der Nähe, ergibt sich eine deutliche Verschiebung der Bewertung.

> »Die Wiener Kultur spielt sich zum großen Teil in dem Kaffeehaus ab, in dem ich augenblicklich sitze. [...] Die Wiener Literaten sind freche Menschen und streiten um den Bart des Propheten Tagore, der auch Wien seines Besuchs würdigt. Die Wiener Literaten sind glattrasiert und glauben, daß Bartlosigkeit das Abzeichen des Talentes ist. Der Eine sagte, Rabindranath Tagore stamme aus Prag, wie alle Literaten. Das klang wie eine Anerkennung und war doch Hohn. Denn wenn der Wiener Schriftmensch jemanden verhöhnen will, setzt er ihn sich selbst gleich. Er weiß, daß er minderwertig ist. Und er bleibt es. Er will nicht höher kommen. Er will andere tiefer kommen sehen.«[230]

Autor dieser Zeilen ist niemand anders als der aus dem tiefsten, ländlich-provinziellen Galizien stammende Joseph Roth. Das Panorama ist statisch, angefangen beim Sitzen im Kaffeehaus bis hin zum Nicht-Höherkommenwollen der Literaten, denen ebenso wie dem Hausbesorger eine Renitenz, oder mehr noch ein Ressentiment zugeschrieben wird, das sie dazu führt, zum einen keine Leistung zu vollbringen und zum anderen wirkliche Leistung nicht anzuerkennen. Anscheinend findet sich ein tiefsitzendes Unbehagen bei den Wienern, den anderen als anderen und möglicherweise Überlegenen anzuerken-

---

229 Müller, Robert: Der letzte Österreicher. Neue Rundschau 1/1923, 560.
230 Roth, Joseph: Reise nach Kultur-Wien. Berliner Börsen Courier 19.06.21.

nen, statt dessen wird dieser angeglichen, eingemeindet und ist dann keines wieteren Aufhebens wert.

> »Im Wiener lebte immer, unbewußt zumindest, die gute Ahnung, daß die eigene Verdauung durch Hunger des Nebenmenschen gefährdet sei. Solcher Ahnung entfließt seine Gutmütigkeit, seine „Leben- und Lebenlassen"-Philosophie, die alchemistische Substanz, die aus fleischenen sogenannte goldene Herzen macht.«[231]

Als im Grunde egoistischer Typus wird der Wiener entworfen, obschon er seinen Egoismus reflektiert hat. Die Reflexion transformiert den Egoismus in eine Anerkennung der anderen Egoisten unter Voraussetzung einer grundsätzlichen Egalität, die den Status quo des Egoisten erhält. Eine Form zynischer Sozialität erscheint, in der die Ambivalenz des Hausmeisters ausgeschrieben ist. Der Grund des Egoismus, der Selbstbespiegelung etabliert eine Oberfläche, an der sich Formen zivilisierten Umgangs zu entfalten vermögen.

> »Über allen politischen Irrtümern der Menschheit wird Wien samt den Wienern bestehen bleiben. Mit ihrer Liebe zur Schönheit und Anmut, ihrer Scheu vor allen schwülstigen Redensarten, ihrem Hang zum Spott und zum Leichtnehmen des Hierseins, aus dem durch alle Oberflächlichkeit doch die tiefste Erdenweisheit klingen kann: „Es kann d'r nix geschehen".«[232]

Wiederum die Attribute des Zynismus, der tiefen Sorge um das eigene Selbst und die schließliche Beruhigung, Versicherung der eigenen Sicherheit, die allerdings, ohne auf ihre Voraussetzung einzugehen, lediglich konstatiert wird. Aber die Oberflächlichkeit kommt hinzu, die Liebe zum Schönen, wenn es auch Schein ist, eine Leichtigkeit, die nicht nach Wahrheit oder Lüge fragt, sondern nach der sprachlichen Form. Ein Porträt des Wieners als Phäaken? *Scheu vor schwülstigen Redensarten* läßt sich negativ fassen als jenes Ressentiment, das keine Überlegenheit, keine größere rhetorische oder kognitive Fähigkeit dulden will. Es handelte sich dann um einen antiintellektuellen Impetus, der nicht wahrhaben will, daß einige Sachverhalte nicht so einfach zu haben und simpel zu formulieren sind wie jene Tröstung des im Grunde paranoischen Gemüts „*Es kann d'r nix geschehen*". Die Position besitzt jedoch Legitimität, wenn die Wahrnehmung der sozialen Wirklichkeit bestimmte Dominanzen aufweist, wenn also eine implizite, kollektive Übereinkunft besteht, daß bestimmte diskursive Bereiche nach Möglichkeit aus-

---

231 Polgar, Alfred: Herbstfrühling in Wien. Berliner Tageblatt 17.11.23.
232 Eulenberg, Herbert: Wien. Vossische Zeitung 25.01.24.

geklammert werden, auf andere hingegen der Blick fokussiert wird und nicht konsequent die Rationalität oder ein dionysisch verstandenes „Leben" glorifiziert wird; oder anders gesagt: wenn sich die Welt im Dreivierteltakt wiegt.

> »Dem Oesterreicher, insbesondere dem Wiener, dieser von jeher für goldene Mittelwege begeisterten Spezies „Kompromißmensch", ist nicht umsonst der Dreivierteltatkt ans Herz gewachsen. Wie dieser ein Verbindungsprodukt zwischen Zweiviertel- und Vierviertel takt darstellt, so ist auch die ihm zugehörige Menschengattung, der Wiener, als Kreuzungsergebnis von Zweiviertel- und Vierviertel taktmenschen zu werten. In dessen heiter wohltemperiertem Wesen ist das temperamentvolle Ungestüm des Cholerikers durch Vereinigung mit der kühlen Gemessenheit des Phlegmatikers zur „Wiener Gemütlichkeit" verweichlicht worden. [...] Der Wiener ist auch mehr warmfühlender Herzens- als kühldenkender Kopfmensch [...]. Vor allem aber ist er dies: impulsiver Sinnenmensch, leidenschaftlicher Lebensbejaher. Das Reale, Gegenständliche, Plastische oder, um in der Eingeborenensprache zu reden, Mollige, das er in der Natur so sehr bevorzugt, zieht ihn auch in der Kunst, besonders Musik, an und wie er der modernen, herben, sozusagen abstrakten Linie in allen Verkörperungen des Lebens entschieden ablehnend gegenübersteht, so fehlt es ihm auch in Kunst und der Musik an Sinn für das Ungegenständliche, Unsinnliche, rein intellektuell zu Begreifende. [...] Johann Strauß [...] verstand [...] es, [...] allen frohen, daseinsbejahenden Lebensstimmen in seiner Musik Ausdruck zu verleihen, deren Inbegriff das „Capua der Geister" und Herzen mit seiner rauschenden „Schönen blauen Donau" (unter welcher der Wiener in seiner Sprache eigentlich „Wein, Weib, Gesang" versteht), mit seinen berauschenden Frauen und seinem liebeberauschten Wiener Walde, wie keiner vor und keiner nach ihm in Töne zu bannen.«[233]

Die Perspektive des Wieners auf die Welt gestattet demnach fraglos die *Scheu vor schwülstigen Redensarten* und Weisheiten wie *„Es kann d'r nix geschehen"*, erlaubt jedoch auch überspannte Satzkonstruktionen und die Stilisierung ins Klischee. Allerdings bleibt unklar, welchen Wirklichkeitsgrad die Bestimmungen des Wieners als eines genußfrohen Lebenskünstlers besitzt.

In den unter der Rubrik *Chronik* versammelten Texten zeichnete sich ein zwiespältigeres Bild ab: Die von diversen Krisensituationen betroffenen Wiener sind in jenen unteren sozialen Bereichen, wo es keine Reserven gibt, um Notsituationen zu kompensieren, von der Sinnenfreude ausgeschlossen und haben nichts zu lachen oder lächeln. Anders mag es in jenen bürgerlichen Haushalten ausgesehen haben, welche zwar Einbußen zu verzeichnen, jedoch noch genügend Mittel zur Verfügung hatten, ihre Existenz zu sichern. Folglich erkennt man mindestens zwei Sphären, in denen Heiterkeit und Lebensfreude unterschiedlich ausgeprägt sind. Zwar ist die Tendenz, den sozialen Graben, der immer wieder aufscheint, feuilletonistisch einzuebnen, nicht zu

---

[233] Feiber, Rudolf: Apotheose des Dreivierteltaktes. Berliner Tageblatt 24.09.25.

übersehen, doch zeitigt der soziale Konflikt Spuren, die sich durch diese Tendenz hindurch mitteilen.

> »Wer ist denn nun dieser Wiener Demos, von dem hier soviel die Rede ist? Ist es die unsägliche Schar der Heurigenbesucher, sind es wirklich jene zahllosen Lamperln, die Operette und Film ohne Unterlaß uns zu zeigen wagen? [...] Nicht dem Schubert- oder Stiftermenschen gehörte Wien, sondern dem gerade hier aus Bayern, Böhmen, Ungarn und Italien zusammenstürmenden und arbeitsuchenden Menschenbrei. Die eigentliche Großmacht in Wien, das waren die Fratschlerinnen vom Naschmarkt, die Aufhackknechte der Gerbervorstadt [...], die Klingenfetzer der Gastwirtschaften, die verlumpten Musici, die „Ritter vom grünen Bier", die Menschen vom Spittelberg, die athletischen Chaisenträger, die Schiffsanbinder der Leopoldstadt. [...] Diesem gärenden Volksteig – dessen Riesenkräfte eben wie die Berlins durch stärkste militärische Aushebung oder wie diejenigen von Paris durch stärkste politische Mitwirkung abgeschöpft und gebunden waren – diesem Volksteig entstammte der Drechslersohn Ferdinand Raimund.«[234]

Ins Imperfekt gleitet die im Präsens gestellte Frage, überführt die Frage nach dem Heute in die Historie, doch läßt sich auch von dort die Existenz einer arbeitenden Unterschicht erschließen, welche viel zu wenig Mittel und Zeit hatte, einem dem Klischee entsprechenden Lebensstil zu frönen. Ist der Wiener, wie er als Typus präsentiert wird, also jener Wiener der mindestens dem kleinbürgerlichen Milieu entstammt, sofern er nicht bessergestellt ist? Erklärt sich von hier aus die oft konstatierte Arbeitsunwilligkeit des Wieners?

> »Betrachten wir nun den Wiener selber, wie er ich in seiner eigenen Sprache darstellt! Da ist er natürlich vor allem fesch. [...] Daß er in seiner Kleidung immer etwas „Unternehmenderes" hat, als die Männer anderer deutscher Zunge, fällt jedem angenehm auf, der ihn näher kennenlernt, zumal er sein „Gwandl" dank seinem „Schick" auch immer „entsprechend" zu tragen versteht. Er ist halt ein „Schlankl", wie er so, leicht sich in den Hüften wiegend, auf gut gebautem und bewegtem Gangwerk daherkommt, immer elegant und heiter, verbindlich und liebenswürdig.«[235]

Um so aufzutreten, darf man natürlich nicht viel und schon gar nicht körperlich schwer arbeiten. Bereits die Sprache signalisiert in ihrer auffälligen Verwendung des süddeutsch-dialektalen Diminutivs die Verniedlichung als Prinzip der Weltwahrnehmung. Die Verkleinerung hält die Dinge, Sachverhalte und Personen auf Distanz, richtet sie in einem Maßstab ein, der die Verfügungsgewalt des Sprechers über sie aufrechterhält. Der Felix Salten nachfolgende Wien-Korrespondent des *Berliner Tageblatts* und gleichzeitige

---

234 Jacob, Heinrich Eduard: Raimund zu seinem neunzigsten Todestage. Literarische Welt 37/1926, 1.
235 Heck, Ludwig: Wienerisches. Berliner Tageblatt 08.01.26.

Schriftsteller Heinrich Eduard Jacob bestimmt die Funktion dieses Sprachgebrauchs folgendermaßen:

> »Der fortgesetzte Brauch des Diminutivs, die symbolische Art, mit welcher der Österreicher, keinen Löffel sondern Löfferl verlangt, enthüllt zwanglos seine tiefsten Charakterzüge das Patriarchalische und das Kavaliersmäßige. Der Österreicher wendet Menschen und Zuständen gegenüber die Verkleinerungsform an, weil er als Patriarch bereit ist, sie kraftvoll und väterlich zu beschützen; als Kavalier wendet er die Verkleinerungsform an, um zu zeigen, daß er die Dienste, die er verlangt oder selbst leistet [...], für klein und leicht erfüllbar hält.«[236]

Zwei Sprachen in Österreich? Eine für die Kavaliere und Patriarchen, die andere für chevalereske Damen und Matriarchinnen? In seinem guten Willen gegenüber österreichischen Eigenarten übersieht Jacob die Existenz des anderen Geschlechts, das dieselbe Sprache spricht, wobei nach dem, was schon von der Weiblichkeit als Dominante in Wien zu lesen war, dies kaum vorstellbar scheint. Offensichtlich handelt es sich wiederum um ein Feuilleton, das sich eher dem Wunsch denn realen Gegebenheiten verdankt. Der Österreicher wird gelesen – und geschrieben – als gelungene Fusion der Ansprüche, die eine Frau aus bestimmten Kreisen an einen Mann aus bestimmten Kreisen zu einer bestimmten Zeit an einem gleichermaßen bestimmten Ort stellen wollen könnte. Der Mann verbindet in sich die Perfektion sowohl eines bestimmten Vaterbildes wie auch eines bestimmten Liebhaberimagos; die Verbindung beider stiftet eine Superiorität, die sich nicht als solche ausweist. Jacob formuliert vom Ort einer Frau aus, wie er sie sich wünschend wünscht. Solches Wünschen führt schließlich dazu, dem Mann eines bestimmten Kontextes seinen innerfamiliären und sozialen Status zu sichern und die emanzipatorischen Zugewinne der Frauen auf vornehm mittelbare Weise wieder zurückzunehmen – offen bleibt, wie sehr die Frauen diese Bewegung unterstützt oder forciert, mitgemacht oder bekämpft haben.

Wird der Wiener also von Jacob den sonstigen, vorliegenden Zeugnissen entgegen, geschönt, um eine Vergangenheit zu reinstallieren, die glücklich hinter beiden Geschlechtern liegt? Eine Vermutung, die sich, angesichts eines anderen Berichts, den Jacob anläßlich einer aus Wien zu vermeldenden Selbstmordgrippe gibt, als nicht unwahrscheinlich erweist.

> »Der Mensch ist ein sanguinisches Kind; der menschlichste Mensch, der Wiener, aber ist es besonders. Dank der sanguinischsten aller Konstitutionen, dank seiner riesenhaften Illu-

---

236 Jacob, Heinrich Eduard: Wien-Fälschung und Wien-Export. Literarische Welt 29/1931, 1.

sionsfähigkeit – die kein Großstädter der übrigen Welt ihm nachlebt – hat er den Krieg und die Inflation verhältnismäßig leicht ertagen. Ja, er ertrug sie zu leicht! [...] Er durchstand sie [die schwere Zeit] duchaus als Illusionist. Auf eine imaginäre Belohnung hin. Auf eine Prämie: es müsse alles wieder so werden wie vor 1914 (Für ihn nämlich; für ihn allein.). Auf einmal aber beginnt er zu merken, daß all sein Warten vergebens ist, daß die alte Glücksmöglichkeit und das Tal von 1913 für ewige Zeiten verschüttet ist – und, obwohl er, genau genommen, es besser hat als im Kriege und in der Zeit des Geldwelkens, wirft er das enttäuschte Leben fort.«[237]

Genau dieselbe Gefühlslage oder Sozialpsyche, die Jacob 1929 skizziert, beschreibt zwei Jahr vor der „Selbstmordgrippe" Erwin Rainalter.

»Es ist eine merkwürdige Erscheinung, daß die Wiener sich in der Gegenwart niemals wohlfühlten. Mehr als sonstwo war hier die gute alte Zeit eine liebe und lockende Erinnerung, der man wehmütig und wohl auch ein bißchen sentimental nachhing, und da hinter dem alten Wien immer noch ein älteres stand, ist die Unzufriedenheit mit dem Bestehenden und Geläufigen von den Großvätern und auf die Söhne und Enkel vererbt worden. Einmal nur scheint es in Wien wirklich nett und behaglich gewesen zu sein: in der Biedermeierzeit. [...] Nun sind, für ein paar Wochen [anläßlich der Ausstellung „Wien und die Wiener"], die Basteien wieder da. Man geht über sie hin, der Fuß tritt keinen Stein, Holzgerüste wurden überkleidet, um zu scheinen, was sie eigentlich nicht sind. Übelwollende werden sagen, hier wäre nichts anderes geschehen, als was die Amerikaner taten, als sie einen Praterfilm drehten und ihn nicht in Wien aufnahmen, sondern in ihrer Filmstadt einen eigenen, anderen Prater aufstellten. Aber immerhin hat man dieses Stückchen Alt-Wien in Wien selbst geschaffen – und das ist ein wesentlicher Unterschied. [...] Und wenn man ein wirklicher Wiener ist, dann bekommt man zwar unfehlbar Sehnsucht nach einer guten alten Zeit, die vielleicht gar nicht so gut war, wie wir sie uns vorstellen, die aber ganz bestimmt gemütlicher war als die unsrige. [...] [K]ein Wiener fühlt sich [...] in seiner Zeit wohl.«[238]

In beiden Feuilletons richtet sich der Wiener in einer Zwischenzeit ein, genauer noch in zwei Zwischenzeiten: einerseits bedeutet das „Tal von 1913" ebenso wie das Biedermeier historisch jeweils die Ruhe vor dem Sturm, gefolgt von Revolution bzw. Krieg und Revolution, andererseits adressiert die Sehnsucht des in der Gegenwart lebenden Wieners eine Vergangenheit, durch die die Wahrnehmung der Gegenwart modifiziert, geradezu unrealistisch wird, insofern sie durch ein Traumgespinst gesehen wird.

Der Sehnsucht nach dem Vergangenen steht eine nahezu unbeschränkte Illusionsfähigkeit zur Seite: Auch im Rahmen dieser Konstruktion verknüpft der Wiener grundsätzlichen Egoismus mit Mißachtung seiner Mitmenschen, was keineswegs Geringschätzung heißen muß, seine Wahrnehmung ist nur nicht wesentlich auf diese orientiert, sondern formiert eher gar keine Wahr-

---

237 Jacob, Heinrich Eduard: Die Selbstmordgrippe. Berliner Tageblatt 20.03.29.
238 Rainalter, Erwin H.: Bummel durchs Biedermeier. Deutsche Allgemeine Zeitung 12.05.27.

Nehmung der Außenwelt. Anscheinend projiziert der Wiener seine Innenwelt vor sich und folgt dem Projektionsstrahl nach, bis eine adäquate Projektionsfläche gefunden ist – selbst wenn diese in Form der Biedermeierausstellung künstlich errichtet werden muß. Lichtmetaphorik bringt Jacob allerdings auch anders ins Spiel, indem er von seinem Untersuchungsgegenstand behauptet, er sei „der Pflanzenhafteste unter den Deutschen (und darum der Verletzlichste), der Wiener".[239] Die Pflanze reckt sich nach dem Licht, ist gleichzeitig der Erde verbunden, strebt nach dem Höheren, bedarf aber auch des Gestirns über ihr und drängt die anderen ebenfalls um Licht ringenden Mitpflanzen in den Schatten.

Die narrativen Muster und Motive, in denen der Wiener beschrieben wird, verdichten sich zusehends zu einer Topologie, in der sich ein relativ festes Charakterbild abzeichnet, das sich kaum anders begreifen läßt denn als Konstruktion des Kleinbürgers im Kapitalismus. Der Wunsch nach privatem Glück in Form von Sicherheit und Behaglichkeit, als geordnetes und garantiertes Gedeihen, folgt aus der existentiellen Verunsicherung der Arbeitsbedingungen, der Deregulierung feudalistischer Rudimente des gesamtgesellschaftlichen Produktionsprozesses. Der Neid, die Mißgunst, welche den gleichfalls das Glück Begehrenden gilt, rechtfertigt sich aus der fundamentalen Konkurrenzsituation, in die die Individuen gesetzt sind und die sie nur über das Erstellen eines Solidarzusammenhangs, in dem sie sich als gleichermaßen Abhängige begriffen, zu überwinden vermöchten. Ein solches „Klassen"-Bewußtsein geht jenen Bessergestellten, wie leitenden Angestellten, Beamten oder Kleinunternehmern aber ab, die sich wesentlich als von anderen Unabhängige begreifen und eher zur Entwicklung eines Standesbewußtseins tendieren, in dem die Garantie des Status quo eingefordert und nicht eine grundsätzliche Umgestaltung der gesellschaftlichen Ordnung postuliert wird. Eher noch ist es angesichts der durch Revolution und Inflation beschleunigten Modernisierung einsichtig, daß die Wiener sich nach der Vorkriegszeit zurücksehnen, zumindest jene Wiener, die als dominanter Typus beschrieben werden.

> »Die Bewohner dieser Stadt, nicht weniger barock als ihre Paläste, wissen sich von den Schätzen ihrer fast unübersehbaren Vergangenheit umgeben und suchen nach dem Schutz vor der Zukunft.«[240]

---

239 Jacob, Heinrich Eduard: Die Selbstmordgrippe. Berliner Tageblatt 20.03.29.
240 Sinsheimer, Hermann: Kleine Woche Wien. Berliner Tageblatt 21.05.31.

Daß diese Vergangenheit als Schatz begriffen und nicht als Belastung empfunden wird, wie bspw. in Berlin, wo man Gründerzeitbauten den Fassadenschmuck herunterschlägt, verweist auf eine ablehnende Haltung gegenüber der Moderne. Ein antimodernes Element spricht sich ebenso in der Zukunftsfurcht aus, die tief reichen muß, da die Gegenwart als deutlich innovative schon feindlich wahrgenommen wird und deswegen von einer diese fortsetzenden Zukunft noch weniger zu erwarten steht.

Modernisierungsterror droht in eine schon empfindlich gestörte Idylle wie das innere Wien einzubrechen und die Relikte der Kleinbürger-Behaglichkeit mitsamt den Kleinbürgern zu vertreiben. Das Fremde läßt die Autochthonen zu Fremden werden, und mit dem Fremdsein haben die Wiener offenbar schon in der konventionellen Fremde ihre Probleme.

> »Besonders wenn deine Heimat zufällig Wien sein sollte. Dort ist der Eingeborene, auch wenn er Jahrzehnte lang weg war, kaum daß er aus dem Bahnhof tritt, sogleich ganz in der Stimmung der Stadt, ist die Stimmung der Stadt sogleich wieder in ihm. Gerührt hebt er die Arme hoch oder eigentlich: läßt er die Arme sinken, in den Schoß, und seine Seele spricht: Hier bin ich Wiener, hier darf ich's sein! Anderswo, in der Fremde, darf er das nämlich nicht. Es wäre zu riskant; es wäre so, als wenn er, ein Stündchen zu ruhen, sich auf ein vielbefahrenes Bahngeleise legen wollte.«[241]

Wien ist eine Insel, nicht nur eine rote Insel im schwarzen Land, wie eingangs zu bemerken war, sondern auch den Bürgern der Stadt eine feste Burg ihrer Nacht, einer Nacht mit friedlich leuchtenden Sternen, illuminierten Gehwegen und tschechischen Hausmeistern, die die Wohnung schützen. Keine Polizisten samt Pendants und Prostituierten treiben ihr Unwesen, keine fiebernde Neonreklame spiegelt sich auf dem glänzenden Asphalt, sondern süße Mädels und ihre feschen Schlankl gehen aus dem behaglichen Café zum nicht minder behaglichen Heim. Jedenfalls kündet von solchem Wunsch das Feuilletonporträt des Wieners, das allerdings auch nicht das schreckliche Spiegelbild, das an der Türschwelle lauert, verschweigt.

1.4 Chronik, chronisch (Fortsetzung)

> »Ob eine Stadt ein Nachtleben hat, [...] das dürfte für den Geist einer Stadt ja nicht von Bedeutung sein, sondern nur für das Amüsierbedürfnis ihrer Bewohner. Was der Berliner

---

241 Polgar, Alfred: Heimat. Berliner Tageblatt 31.01.30.

Kleinbürger einen „Schwof" nennt, war dem Wiener ja immer fremd. Er hatte da seine bestimmten Neigungen und Gewohnheiten und war gar nicht novarum rerum cupidus, mußte nicht bei allem dabei sein, stand nicht bei einbrechender Dunkelheit vor der Frage erschöpfter Nerven: womit pulvere ich sie heute nacht auf? Der Wiener besaß eine auf Freunde und Bekannte gestellte oder häusliche Gesellkigkeit und ließ sich nicht sozusagen in Mengen von der Tatsache der Menge begeistern. Er blieb seinem Wirtshaus, seinem Caféhaus treu bis zur Verkalkung [...]."[242]

1928 bestätigt das von Franz Blei skizzierte Porträt von der Wiener Nacht und den diese bevölkernden kleinbürgerlichen Individualisten nachdrücklich die vorstehend entwickelte Phänomenologie des Wieners, wie sie sich im Feuilleton darstellt.

1927 erschien in den Feuilletons als das Jahr, in dem das Neue in die behütete Welt Wiens einbrach. Klassen- und andere Konflikte erschienen, die Vorstädte gerieten in den Blick, und neue Schreibstrategien wurden zur Wienschilderung genutzt. Der Streit um die Modernisierung und Modernisierbarkeit Wiens wurde durch Adolf Loos auf das Terrain der Wiener Küche geführt, an der er exemplarisch seine Kritik der Tradition vorführte.

1928 sind einige Autoren angetreten, diesen Rest angesehener Wiener Kultur zu verteidigen und haben ein Buch über sie geschrieben, das sich auf den Diskurs der Modernisierungsapostel einläßt, in dem es „technische" Angaben zu den einzelnen Gerichten liefert. Wenn man von der Berliner Rezension des Buches auf die allgemeine Rezeption schließen darf, ist diese Verteidigungsstrategie erfolgreich gewesen:

»Die österreichische Küche hat sich stets eines besonders guten Rufes erfreut. Ihr Rindfleisch und ihre Mehlspeisen sind weltberühmt, oft kopiert, nie erreicht. Nur die Hand einer Wienerin kann den Nudelteig so dünn auswalken, dass er bis zum nächsten Kirchturm zieht. [...] die genauen Angaben von Kalorien und Nährwerten der Speisen bedeuten eine umfangreiche wissenschaftliche Arbeit. Diese Angaben sollen offenbar dem Vorwurf, die Wiener Küche sei zu schwer, von vornherein begegnen."[243]

Der Streit dauert an, und allein die Tatsache, daß er andauert, weist darauf hin, daß sich im Diskurs über die Modernisierung etwas ändert, und ehemalige Sicherheiten und Gewißheiten zweifelhaft geworden sind, neuer Argumente zu ihrer Verteidigung bedürfen. Die Perspektive auf diese Veränderung wandelt sich mit dem Standort des Betrachters. Ehemalige Wiener, die

---

242 Blei, Franz: Besuch in Wien. Berliner Tageblatt 14.03.28.
243 J. E.: Wiener Küche. Berliner Tageblatt 06.05.28.

in Berlin leben und arbeiten, gar Wiener, die noch in der Stadt selbst leben, wie auch akklimatisierte Korrespondenten aus Berlin setzen andere Akzente als Autoren, die fest in der Berliner Boheme verwurzelt sind, wie Alfred Henschke alias Klabund.

> »Es gibt zwei Bevölkerungsklassen in Wien. Die eine, die die Zeitung schreibt, und die andere, die sie liest. Erstere ist in der Überzahl. Der Wiener ist der geborene Interviewer. [...] Die Banken werden um drei, die Geschäfte um sechs geschlossen. Um zwei sitzt schon alles in den Caféhäusern beim Schwarzen oder beim Fiaker, der jetzt bestrebt ist, wenigstens als Getränk auf die Nachwelt zu kommen. Denn die Autos haben ihm im Strassenverkehr den Garaus gemacht. Großer Gott: was für Autos! Vorsintflutliche Rädertiere, gespenstische Kisten auf Rollen aus der Urzeit des Autos. [...] auf das schicksalsergebene Publikum losgelassen, das leichtlebig aber schwermütig durch die Straßen wogt. Mit der Wiener Gemütlichkeit ist es gar nicht so weit her. Es ist auch schwer, gemütlich zu bleiben, wenn's einem dreckig geht. [...] Ich fuhr über Grinzing (das seinerzeit von Benatzky durch ein Chanson erfunden wurde) auf den Koblenzl. Wie herrlich lag die Wiener Stadt da unter mir. Aus dem Nebel stießen die Wahrzeichen Wiens: der Stefansturm und das Riesenrad des Wurstelpraters. [...] Eine Nacht hab ich dann auch mit Wiener Freunden „gedraht". Wir saßen im Separé [!] bei Sacher und haben uns von zwei prächtigen Volkssängern sämtliche Wiener Lieder, 392, hintereinander vorsingen lassen, vom Fiakerlied bis zum Hotel auf der Wieden, vom lieben Himmelsvater, der ein Wiener Kavalier ist, bis zum K. K.-Infanterieregiment.«[244]

Hatten sowohl Rudolf Olden als auch Victor Auburtin auf die dramatische Zunahme des Verkehrs und seine Schnelligkeit und Gefährlichkeit verwiesen, ist hier die Gefahr übrig, die von automobilen Antiquitäten ausgeht. Da nicht anzunehmen ist, daß innerhalb eines Jahres die amerikanischen Strassenkreuzer ebenso wie die wendigen Steyr-Taxis hoffnungslos veraltet sind, bleibt nur die Annahme des veränderten Blickwinkels, um die Diskrepanz der Verkehrsschilderung zu erklären. Klabund hat augenscheinlich einen bemüht analytischen Blick auf die Stadt, der die klischeebeladenen Orte aufsucht, um sich ihre Klischiertheit zu bestätigen; ganze Vororte wie Grinzing erscheinen so als Effekte kultureller Konstruktion. Offenkundig genießt er das Spiel mit diesen Konstruktionen: schrecklich viele kitschig-sentimentale Wiener Lieder sind vorhanden, aber man kann sie sich anhören, kann die Stadt von oben bewundern, den Stephansturm erblicken, aber man kann auch das Riesenrad danebensetzen. Schließlich ist Klabund beinahe auch Wiener, zumindest gehört er einer der beiden Bevölkerungsklassen an: der zeitungschreibenden. Und wenn das kulturell konstruierte, medial produzierte Wienbild deutlich erkennbar ist, warum soll man sich dann nicht daran beteiligen?

---

244 Klabund: Im Prater blüh'n wieder die Bäume. Berliner Börsen Courier 06.06.28.

Ein möglicher Grund, abschlägig zu antworten, besteht darin, daß man den Wienern oder der Stadt in besonderer Weise verbunden ist, einen positiven Bezug zu ihr oder ihnen besitzt, vorzugsweise weil man den ehemals dort ansässigen Anti-Wienern zugehörte, jener intellektuellen Gemeinschaft, die sich vom kleinbürgerlichen Ungeist absetzte, auch wenn sie in denselben Cafés saß, dort stets belebt durch den Zustrom intellektueller Frischluft aus den Kronlanden der Habsburger Monarchie. Dieser Nachschub bleibt nunmehr aus, selbst die Garanten eines gewissen Niveaus ziehen fort, so daß das Caféhaus kritischer Intelligenz muffig zu werden droht.

> »Als man Oesterreich die Republik in die Welt setzte, mit einem Kredit auf Lebensmittel, [...] da glaubten die Friedensmacher, die ja besondere geographische Kenntnisse dieser Länder nicht gerade auszeichnete [!], gute Geschäfte, Kreditgeschäfte, mit diesem kleinen Staate zu machen [...]. Was Wien betraf, so erlag man einer etwas läppischen Legende vom Duliö dieser in Wein, Weib, Gesang so sehr produktiven Stadt, die sich als Wagentüraufmacher und Trinkgeldnehmer schon durchschlagen würde. Man hielt das: „Es wird ein Wein sein, und mir wern nimmer sein" für eine höchst veritable Lebensmaxime der Wiener Bevölkerung, die jedes Jahr für ein paar Wochen aufzusuchen, man übereinkam, wie Nachtbummler beschließen, einmal in ein verrufenes, dreckiges Lokal zu gehen [...]. Nun, es wird nächstens wohl immer noch ein Wein sein, aber die Wiener wern gewesen sein, ich meine der bewegliche, erfinderische, launige Geist der Wiener, das Mousseux im deutschen Geiste wird nicht mehr sein, aber so was wie ein säuerlicher kleiner Apfelwein, wie ihn die Selbstzüchter zu trinken verurteilt sind.«[245]

Nachdem im feuilletonistischen Diskurs der ersten Nachkriegsjahre der Stadtuntergang ständig bevorzustehen schien, hat er jetzt offenbar stattgefunden. War zunächst ein ökonomisch-politischer Katastrophenfall befürchtet worden, ist der eingetretene Ernstfall nun in der kulturellen Sphäre zu verorten: Die intellektuelle Produktion, die Wien früher einmal auszeichnete, ist zum Erliegen gekommen; eng verknüpft mit dem Verlust der Provinzen, trat Provinzialisierung ein und führte wiederum zum Exodus der noch verbliebenen eingeborenen kulturellen Leistungsträger und damit zum Exitus der städtischen Szenerie. Jedenfalls im Sinne einer wenn schon nicht metropolitanen, so doch urbanen Produktion von überregional bedeutsamen Kulturgütern. Die Wiener formulieren keine hohen Kunstansprüche mehr und produzieren allenfalls noch für den Eigenbedarf – glaubt man den Ausführungen Franz Bleis.

---

245 Blei, Franz: Besuch in Wien. Berliner Tageblatt 14.03.28.

1929 zeigt sich die Berechtigung seiner Beobachtungen, da erstmals seit 1919 in den hier ausgewerteten Zeitungen und Zeitschriften lediglich ein einziges Feuilleton erschien, das sich ausführlicher mit Wien befaßt.

»Sie nähern sich Wien. Es wird nicht mehr deutsch, tirolerisch, österreichisch gesprochen, eine neue Sprache ertönt – wienerisch. [...] Das erste, was Sie in Wien zu tun haben, ist ihre Hände auszutauschen: die rechte an Stelle der linken, die linke an Stelle der rechten zu setzen. Andernfalls sind Sie verloren. Es fährt das schmucke Auto des Baron X., jetzt in ein demokratisches Taxi transformiert in Sie hinein, und was noch schlimmer ist, Sie fallen unvermeidlich Ihren Bekannten vom Kurfürstendamm in die Hände. [...] Manchmal ist die Rede von der Revolution, aber man macht sie übrigens mehr in den Zeitungen als im Leben. Es gibt Bibliotheken, aber Sie machen schlechte Geschäfte, da sie mit den Cafés zu konkurrieren haben. Cafés gibt es in Wien nicht weniger als Kirchen in Moskau: Hunderte und Aberhunderte. In den Wiener Cafés beschäfigt man sich hauptsächlich damit, Zeitungen zu lesen. Dann werden telephonische Gespräche geführt. Dann schreibt man. Bisweilen bestellt man sich bei dem verdutzten Kellner eine Tasse „Gespritzten". Ein Teil des Wiener Lebens ist bereits kommunistisch aufgebaut: die Wohnungsmiete ist abgeschafft. Uebrigens nicht überall. [...] Viele Selbstmörder, wenig Hunde. Viele Dirigenten, Bankiers, Scheidungen, Versteigerungen. Wenig Kohle, glückliche Ehen, Schauspieler, schöne Mädchen. Die Frauen spazieren im Sommer ohne Männer und im Winter mit einer Aktentasche. [...] In den Palästen sitzen Sozialdemokraten. In den Restaurants und Bars spielt man amerikanische Tänze nach Wiener Art. Es wird von fünf bis sieben getanzt. Unter den Tänzern gibt es Leute, die auch jünger als fünfzig Jahre sind. [...] Um zehn Uhr abends schließt Wien.«[246]

„Wien im Flug gesehen", so überschrieb der Autor seinen Beitrag, wobei es sich nicht nur um eine Konzession an den modischen Technik- und Beschleunigungskult handelt, sondern auch um eine Abwertung Wiens als Gegenstand der Beschreibung: Diese Stadt braucht man lediglich zu überfliegen, wenn man sie schildern will; hier gibt es nichts, was längeres Verweilen erfordert. Es ist nach bisheriger Kenntnislage keinem Feuilletonisten eingefallen, einen Text „Berlin im Flug gesehen" zu publizieren, wenn man das phantastisch-prophetische Beispiel Hermann Rösslers[247] außer acht läßt.

Wie schon 1927 wird der intensive Verkehr und seine Besonderheit, die Linksseitigkeit, hervorgehoben und davon abgesehen kommt dem Verkehr noch die Besonderheit zu, die gesellschaftlichen Umbrüche zu verzeichnen, die in der Stadt Thema waren. Die Spezifität Wiens, die Cafés, werden mittels einer schiefen Analogie eingeführt. Die schiefe Analogie funktioniert

---

246 Dymow, Ossip: Wien im Flug gesehen. Berliner Börsen Courier 25.01.29.
247 Vgl. Rössler, Hermann: Hat Berlin existiert? Berliner Tageblatt 22.08.32 (wieder veröffentlicht in Jäger, Christian und Erhard Schütz (Hrsg.): Glänzender Asphalt. Berlin im Feuilleton der Weimarer Republik. Berlin 1994, 332–334).

nach dem Schema: in A entspricht Sachverhalt x dem Sachverhalt y in B. Es werden im Grunde genommen Differenzen ins Verhältnis gesetzt, die keine eigentliche Vergleichbarkeit gestatten. Auf den zweiten Blick ergibt sich jedoch in der Attribuierung des Sachverhalts die eine Hinsicht, die die Bezugnahme legitimiert. Das genauere Schema muß somit folgendermaßen modifiziert werden: Der Faktor z des Sachverhaltes x in A entspricht dem Faktor z' des Sachverhaltes y in B. Auf diese Analogie lassen sich allerdings nur abstrakte Maßeinheiten oder Größen setzen, die keine Spezifikation einer konkreten Eigenschaft gestatten. Die schiefe Analogie kann aber darüber hinaus verwendet werden, um einen eher konnotativen Gehalt zu transportieren. So auch im gegebenen Beispiel: die formale Behauptung der quantitativen Entsprechung von Kirchen in Moskau und Cafés in Wien tritt hinter der Suggestion zurück, daß die Cafés den Wienern ähnlich bedeutsam seien wie die Kirchen den Moskowitern.

Doch nicht nur die Analogie ist schief, auch in Wien stimmt einiges nicht: angefangen bei den Bibliotheken, die mit den Cafés zu konkurrieren haben, über die nicht mit Bestellungen rechnenden Kellnern, die doppelte Fragmentarität des Austro-Marxismus und die deplazierten Sozialdemokraten, die alleinstehenden Frauen und das Manko schöner Mädchen bis hin zu den überalterten Tänzern bei nach Wiener Art gespielter amerikanischer Musik. Wien wirkt wie eine einzige Abweichung, wie eine Stadt, die alle Erwartungen wie Erfahrungen enttäuscht. Weder läßt sich das tradierte Wienbild als Stadt der schönen Frauen und Lebensfreude wiederfinden, noch eine auf der Höhe der Zeit befindliche moderne Metropole. Eine unbefriedigende Kompromißstruktur wird entworfen, deren Halbheit der defizitäre Kommunismus paradigmatisch veranschaulicht. Im Feuilleton Dymows hat sich Wien zwar von der Vergangenheit gelöst, aber vor allem deren positive Aspekte aufgegeben, ohne von der neuen Zeit, in der es eh noch nicht angekommen ist, profitiert zu haben.

1930 mag dieser im Kompromiß ausgemachte Mangel, die defizitäre Eigenart Wiens dazugeführt haben, daß sich keiner der im Feuilleton Schreibenden bemüßigt fühlte, Ereignisse zu verzeichnen, die das Wiener Stadtleben oder Stadtbild betreffen. Die Chronik kann hier zunächst nur eine Leerstelle aufzeigen, deren weiterem Begründungszusammenhang noch nachzugehen sein wird. Die erwähnenswerten Ereignisse, die Wien betreffen, stehen im eindeutig politischen Kontext der Titelseite:

»Die Koalition Schwarz-Rot wäre eine Dauerversicherung gegen Blutvergiessen und Wirtschaftsunruhe gewesen. „Hie Stefansdom – hie Arbeiterwohnhäuser!" Das hätte doch gut geklungen, nicht wahr? Weide du zur Rechten, so führe ich meine Herde zur Linken. Das wäre sehr wohl möglich gewesen. Die edle Laterne des Christentums, wie sie von den Donaudeutschen in tausendjähriger Arbeit geschmiedet war, wollte den Christlichsozialen doch niemand ernstlich entreissen. Wer also hiess sie, vorwitzig den Bannstrahl schleudern gegen die Bauten der sozialistischen Wiener Gemeinde, die dem Volk Licht und Luft gaben und ihm damit ein Gut retteten, nicht weniger unentbehrlich als die Seele: den Körper. [...] Der Kampf geht gegen die Lötstelle beider: der Kampf geht gegen den Seipel-Faschismus, der aus Kirche, Fabrik und Verwaltung einen einzigen lastenden Block machen möchte, unter dem der österreichische Mensch, der liebenswürdigste und musischste Mensch Europas, bestattet werden soll.«[248]

Mehr als irreale Hoffnungen vermag auch Heinrich Eduard Jacob angesichts der Bedrohung der österreichischen Republik durch den Faschismus nicht zu artikulieren. Christsoziale verstehen nicht den Faschismus als gemeinsam mit den Sozialisten zu bekämpfender Feind, vielmehr führt sie ihr Kampf gegen den Sozialismus an die Seite der Faschisten. Ihnen stand ein Adolf Hitler letztlich näher als ein Viktor Adler, vertraten sie doch wie erstgenannter die Interessen des (Klein-)Bürgertums und dessen Rassismus. So verweist der politische Text des ansonsten vorwiegend im Feuilleton veröffentlichenden Autors auf ein grundlegendes analytisches Defizit angesichts der aktuellen Lage: Sein Bild von der „edle(n) Laterne des Christentums" dort, wo allenfalls von den Fackeln der Inquisition die Rede sein dürfte, zeugt von erschütternder Ahnungslosigkeit angesichts des dräuenden Klerikalfaschismus. Das Reüssement der Reaktion behindert auch die weitere Feuilletonberichterstattung, da immer mehr Kulturschaffende der Alpenrepublik den Rücken kehren. Die feuilletonrelevanten Ereignisse – neben den Buchveröffentlichungen, Lesungen, Inszenierungen, Filmpremieren und Ausstellungen, auch die Gespräche und Diskussionen, die sooft den Artikeln vorangegangen sind – finden nun andernorts statt.

1931 bringt, was die Feuilletons über Wien anbelangt, reichere Erträge, auch wenn das für kulturelle Ereignisse selbst nicht gilt. Wenn kulturelle Ereignisse nicht mehr erwähnenswert scheinen, müssen – nicht zuletzt aus ökonomischen Gründen – andere Schreibgelegenheiten geboten werden: In diesem Jahr werden Publizisten diverser Zeitungen offiziell nach Wien geladen, was die Gäste geradezu verpflichtet, über die Stadt zu berichten. Hermann

---

248 Jacob, Heinrich Eduard: Der Kampf gegen den Faschismus. Worum geht es am 9. November? Berliner Tageblatt 31.10.30.

1.4 Chronik, chronisch (Fortsetzung)

Sinsheimer, der mittlerweile Fred Hildenbrandt als Feuilletonredakteur des *Berliner Tageblatts* abgelöst hat, kommt der indirekten Aufforderung bereitwillig nach:

> »Eine festliche Woche, ein genußvoller Umtrieb vom frühen Morgen bis in die späte Nacht: der süße „Heurige" fließt aus dem versunkenen Gestern in das sorgenvoll aufsteigende Morgen hinein. Wien blüht und welkt heute zwischen zwei Zeiten, von denen es die eine noch nicht völlig verwunden und die andere daher noch nicht ganz ergriffen hat. Die monumentale Legende der Stadt, aus musealen Kaiserkronen und Palästen, aus Kirchen und Katakomben aufsteigend, hat sich in die bürgerliche Sorge um die Existenz, um die Erhaltung des großstädtischen Prestiges und um die Geltung in der Welt verkrochen. [...] Wien wartet, aber es legt dabei nicht die Hände in den Schoß, es bleibt nicht Zuschauer eines Schicksals, das sich an ihm vollzieht, sondern es ist aktiver, bewegender und bewegter als je. Das Wien von heute ist eine Stadt der Arbeiter und der Arbeit geworden.«[249]

Sinsheimer findet für die noch in Erzählstrukturen geborgenen Wien-Beobachtungen Dymows von 1929 klare Worte, hebt sie auf eine explikativ-analytische Ebene, in der die Zwischenzeitlichkeit der Stadt, ihrer Kultur und Bewohner deutlich benannt wird. In den vergangenen zwei Jahren scheint sich die Tendenz der Stadt, die zweite Moderne anzunehmen, verstärkt zu haben, insofern aktiv am Umbau der Stadt gearbeitet wird und anscheinend auch ein Problembewußtsein besteht. Dies veranschaulicht bereits die Einladung der Journalisten, die einen deutlichen Werbeauftrag beinhaltet.

Daß Wien mittlerweile dabei ist, den verlorenen Anschluß an die anderen Metropolen West- und Mitteleuropas wiederherzustellen, belegt auch die Aufnahme der Wiener Wochenendaktivitäten im Kontext einer breitangelegten Berichterstattung über dieselben Aktivitäten in Großstädten wie Paris, London und Rom. Das Weekend und seine Gestaltung werden in den ausgehenden Zwanziger Jahren zu einem den öffentlichen Diskurs mitprägenden Thema. Einen Teil der Gründe verrät der Berichterstatter aus Wien:

> »Daß das Wochenende erst nach dem Kriege populär werden konnte, hat vor allem den Grund, daß erst die soziale Gesetzgebung der Nachkriegszeit den Erwerbenden [...] den halben Sonnabend freigab. [...] So bringt der Wiener sein Geld hinaus, man nimmt es gern, aber doch mit gemischten Gefühlen. Das Alpenland ist erzkatholisch und von jener „Sittlachkeit", wie es im Tiroler Dialekt heißt, die oft komisch wirkt.«[250]

---

249 Sinsheimer, Hermann: Kleine Woche Wien. Berliner Tageblatt 21.05.31.
250 Jokel, Richard M.: Großstadt macht Wochenende. Was macht Wien. Berliner Tageblatt, Sonderbeilage Die Brücke 05.07.31.

Das Wochenende als kommerziell betriebenes Element innerhalb des sozialen Reproduktionsbereiches wird nicht unmittelbar nach dem Kriege erschlossen; zu groß waren die Nöte, die die werktätige Bevölkerung auch nach Arbeitsschluß umtrieben. Einige Jahre dauert es, in denen zunächst der Breitensport entwickelt wird, bis zirca 1927/28 großangelegte Konzeptionen der Wochenendgestaltung vorgelegt werden. Erste Messen zur professionellen Wochenendnutzung propagieren den wohlorganisierten Ausflug ins Grüne und bieten den entsprechenden Bedarf an.

Da diejenigen, die es sich leisten konnten, diesen Rekreationsentwürfen bereitwillig Folge leisteten, zogen auch die Medien (vornehmlich die Zeitungen in ihren Wochenendbeilagen und die Zeitschriften) nach, indem sie von den Vergnügungen der „oberen Zehntausend" berichteten und so die Propaganda verstärkten, die schließlich zur Etablierung einer regelrechten Wochenendbewegung führte. Daß Wien in diesem Kontext 1931 erstmalig erwähnt wird, bezeugt zwar einerseits Verspätung, signalisiert andererseits aber, daß die Stadt aufschließt.

1932 wird wiederum von Wiener Vergnügungen berichtet, die vornehmlich am Wochenende stattfinden:

> »In der spanischen Reitschule der Hofburg feiert Wien Sonntag um Sonntag sein vollkommenstes Schauspiel. Ich bin mir bewußt, daß die deutsche Bühnenkunst in der längst nicht mehr nach Gebühr geschätzten Überlieferung des Burgtheaters etwas wie ein Konservatorium deutscher Schauspielkunst, etwas wie ein deutsches Gegenstück der Comédie Française besitzt, und auf die Gefahr hin als Reaktionär verschrien zu werden, würde ich wagen, auszusprechen, daß die Existenz dieses Theaters von besonderer Bedeutung ist, so gut in den andern Theatern Wiens, nicht zuletzt in den betont-modernen, gespielt werden mag.«[251]

Selbst auf die Gefahr hin, unzulässig zu verallgemeinern, scheint es keineswegs ein Zufall zu sein, daß der Blick Hausensteins ausgerechnet auf die Reitschule fällt: der Hort der Tradition rückt innerhalb eines insgesamt reaktionären Trends wieder ins Zentrum der Aufmerksamkeit. Durch die anhaltende Wirtschaftskrise verunsichert, wenden sich die Intellektuellen vermeintlich überkommenen Werten zu, sofern sie nicht durch Einbindung in die radikale Linke oder extremen bürgerlicherlich-liberalen Individualismus vor den Versuchungen des Konservatismus gefeit sind.

---

251 Hausenstein, Wilhelm: Wiener Tagebuch II; Neue Rundschau 1/1932, 634.

Der ideologische Rollback kündet sich im Feuilleton auf verschiedenen Gebieten an: Das Frauenbild wird konservativer, ein Generationswechsel scheint bevorzustehen, wobei die alten Meister des versteckten, spitzzüngig-politischen Feuilletons zusehends verstummen und statt dessen einer jungen Generation Platz machen, die glaubt, die Realität nur aufzeichnen zu müssen. Insgesamt stellt sich eine gewisse Belanglosigkeit und Beliebigkeit des Feuilletons ein, was durch die gelegentlichen mutigen Angriffe auf den nationalsozialistischen und deutschnationalen Ungeist und Dumpfsinn nicht kompensiert werden kann.

Fanden sich im Dezember 1930 noch zahlreiche Autoren, die sich gegen das Aufführungsverbot der Verfilmung von Erich Remarques *„Im Westen nichts Neues"* zur Wehr setzten, gegen die Zensur und die dahinterstehende Gesinnung protestierten, so daß das Thema aus den Feuilletonspalten hinaus auf die Titelseiten getragen werden konnte, bleiben bereits 1931 die Proteste gegen den sich ins Reaktionäre wendenden Zeitgeist zwar bemerkenswerte, aber eher hilflose Einzelfälle.[252]

Der Geist jener Zeit war jedoch wenig geisterhaft, sondern setzte sich konkret in Wahlen, auf Straßen und in Medien um. Die Hilflosigkeit bzw. bereitwillige Aufgabe vormaliger progressiver Positionen ist ein Übel, das Wien in keineswegs minderem Maße als Berlin betrifft. Im Gegenteil: Während in Berlin noch eine breite Zustimmung zu sozialdemokratischen und kommunistischen Positionen vorhanden ist, dringt nach Wien der christsoziale, antisemitische und nationalistische Ungeist der umgebenden Provinz.

Wer noch in Wien ausharrt und Erinnerungen an eine – was die Kultur angeht – bessere Vorzeit bewahrt, führt die Verödung der gegenwärtigen Kulturlandschaft – die so weit reicht, daß die Reitschule gegen das moderne Theater ausgespielt werden kann – zu pessimistischen Resümees:

»Wien aber kommt nicht wieder. Wien ist Erinnerung. Wien stirbt, weil es nur gelebt hat.«[253]

---

[252] Vgl. als solche bspw. den Beitrag von Hermann Sinsheimer *Der Dr. Goes* (Berliner Tageblatt 09.04.31), in dem Goebbels pointiert kritisiert und in seiner Propagandatätigkeit analysiert wird, oder den herausragenden Artikel Efraim Frischs *Bodenständigkeit* (Berliner Tageblatt 30.11.31), worin der Angriff der Blut-und-Boden-Denker und -Dichter, auf die von ihnen diffamierte Asphalt-Kultur und -Literatur einer scharfsinnigen Kritik zum Zwecke der Verteidigung letztgenannter unterzogen wird.
[253] Hirschfeld, Georg: Nur ein Wiener. Erinnerungen an Peter Altenberg. Vossische Zeitung 29.03.32.

Weder läßt sich vergangene Größe zurückholen, noch kommt Wien wirklich in der Moderne an; es sucht lediglich zu wiederholen, was es vor dem Krieg zu leisten vermochte. Das Leben ist etwas anderes als die Arbeit, solange die Arbeit nicht eine eigene Lebensform hervorbringt. Wien als Mythos einer leistungsfähigen Produktionsstätte von Kultur scheitert. Zuvor beobachtete Ansätze zur Aktivität normalisieren lediglich den Lebensstandard, ohne darüber hinaus eine Spezifik zu entwickeln; was auf diese Weise der Bevölkerung zwar Fortschritte bringen mag, führt auf der anderen Seite dazu, daß sich die Hoch-Kulturproduzenten endgültig abwenden, in ihre Nischen zurückziehen, sofern sie Wien nicht den Rücken kehren oder bereits gekehrt haben. Wien wandelt sich zum „Café Wachtraum":

> »Ist der Schlaftraum wirklich Flucht aus dem Leben in die wohlige Geborgenheit des nie vergessenen Mutterleibs, so ist das weltberüchtigte Wiener Kaffeehausleben Zuflucht aus der Außenwelt in den Wachtraum. Die Welt, die ist da draußen wo. [...] Dieses Wien erlebte sieben Kriege, Mozart, Napoleon, zwei Revolutionen, Habsburgs Sturz – es blieb sanft und heiter, es hatte ja seinen Kaffee und seine Verehrung. Auch als draußen wo Österreich geviertelt wurde, sah Wien stammgästlich unberührt nach innen. [...] Als man aber im Winter 1919 in den Cafés jämmerlichen Schein improvisierter Karbidlampen, ungeheizte Räume, elende „Gold"-Talmi bekam, als endlich die Außenwelt in den behüteten Wachtraum einbrach – da erwachte man. Nicht für lange. Die Welt ist längst schon wieder da draußen wo...«[254]

So wie sich in diesem Feuilleton der Zirkel schließt – vom wohligen Dämmern 1918 bis zum bedauerlichen Einnicken nach jenen Zeiten extremer Not, in denen es nicht einmal eine echte Schale „Gold" in den Cafés gab –, so schließt sich auch in dieser Chronik ein Zirkel: Waren die ersten Nachkriegsfeuilletons gekennzeichnet durch eine ständige Wiederkehr des Topos der sterbenden, versinkenden, untergehenden Stadt, mehrten sich dann trotzige Behauptungen des *„immer noch"*, schließlich transformiert ins *„wieder da"*, so war von der Normalisierung des Wiener Lebens alsbald nichts mehr zu erzählen. Versuche, die Modernisierung emphatisch als Neues darzustellen, fielen eher kläglich aus, so daß 1932 wiederum von der sterbenden Stadt, von ihrem Versinken in Dämmerung die Rede sein kann.

Die Zirkularität der Feuilletons suggeriert, daß sich in Wien nichts im progressiv-linearen Sinn geändert hätte. Über ein Jahrzehnt Weimarer und Wiener Republik bewirkte keine grundsätzliche qualitative Veränderung, nur ein mäßig unterhaltsames Zwischenspiel, das wieder zurück ins anfängliche

---

254 Fröhne, Friedrich: Café Wachtraum. Vossische Zeitung 25.05.32.

Nichts, ins Chaos führte. Doch Geschichte wiederholt sich nicht. Was also ist tatsächlich anders geworden?

1.5 Das zweite Wien. Die Stadt in Bild und Ton

Am Anfang der Wienberichterstattung zu Zeiten der Weimarer Republik stand eine bemerkenswerte Klage über den Verlust an Artifizialität, der der Stadt durch den verlorenen Krieg zugefügt worden sei:

> »Dies Wien, das Kunst war, immer mehr Kunst als reale Gegenständlichkeit, hat alle unverlierbaren Wunder, in einem Frieden verloren, der so allem Unvergänglichen den Krieg erklärt. Dies ist mein Wien, die Stadt der Klagelieder [...].«[255]

Die Bedeutung, die der Ausdruck *Kunst* transportiert, ist durchaus ambivalent: An erster Stelle wird die kulturelle Produktion gemeint, all die Operetten und Lieder, Dramen und Inszenierungen, Romane und Feuilletons, Produkte der darstellenden Kunst und des Kunstgewerbes, die aus Wien kamen und die Stadt bekannt machten; zum zweiten wird darin auch angesprochen, daß die Stadt, vermittelt über diese Produktionen, ein Imago von sich erstellt, das mit der urbanen Alltagswirklichkeit nichts zu tun hat. Verliert nun Wien seine hegemoniale Stellung im Bereich der Kultur, verliert es auch das künstliche Imago. Dieser Prozeß war in unserer Feuilleton-Chronik deutlich zu bemerken, selbst wenn bisweilen auf bestimmte, tradierte Stereotypen der Stadt rekurriert wurde.

Produzierte Wien 1919 nur noch Klagelieder, so nehmen sich der Fabrikation eines artifiziellen Stadtimagos bald andere an, die höchstens vermittelt etwas mit dem Feuilleton zu tun haben.

> »Im Prater und beim Heurigen ist man vergnügt trotz 25facher Preiserhöhungen. Aber im Prater dominieren heute die Kinotheater und beim Heurigen hört man schon zuviel „Wiener Lieder", die in Berlin fabriziert wurden.«[256]

Bereits während der ersten inflationären Hochzeit wird der authentisch-artifizielle Wienmythos durch fremde Entwürfe der Stadt bedroht. Die ausländische Medienindustrie beabsichtigt, sich Wien anzueignen und es damit zu enteignen, der Stadt die Verfügungsgewalt über ihre Selbstdarstellung zu

---

255 Schach, Max: Die Kunst geht nach Brot. Berliner Tageblatt 03.10.19.
256 Kober, A. H.: Valutareise. Vossische Zeitung 13.10.21.

entziehen bzw. in Gestalt der Kinos etwas in die Stadt und ihren symbolbeladenen Ort Prater hineinzutragen, was dort nach Maßgabe tradierter Selbstwahrnehmungsmuster nichts verloren hat.

Im Selbstverständnis der Wiener, die Feuilletons verfassen, ist im Kontext kultureller Produktion die Schrift das privilegierte Medium. In die buchstäbliche Ordnung, die höchstens auf der Bühne aus sich heraustrat, dringt mit dem Film eine usurpatorische Bilderwelt, die die Schriftsteller obsolet werden läßt – was Andreas Latzko in einem ironischerweise *Wiener Ansichtskarte* betitelten Text für die österreichische Hauptstadt nachschreibt.

»Girardi war gegen Eintrittsgeld in seiner ganzen Wirklichkeit für jedermann zu sehen, die Kinokünstlerin hingegen kennt man nur schwarz-weiß und zweidimensional, und wenn man auch nie einen Henny-Porten-Film versäumt hat, es bleibt dennoch ein letztes Geheimnis um die Bewunderte! Und das ist es gerade, was das Publikum von heute nicht absolut nicht verträgt. [...] Man will alles betasten kontrollieren, verfiieren [!] können, will wissen, wie alles „gemacht", wie es in der „Wirklichkeit" aussieht, denn auf die „Wirklichkeit", mein Gott, auf die kommt es ja in allem nur an. [...] Das Wort, früher der Projektor, der alle Bilder schuf, wird heute mühelos vom Publikum hinzugedichtet.«[257]

Bewahrte das Wort ein Geheimnis der Dinge, verschleierte die „Wirklichkeit" und schuf eine eigene, so bricht nun ein Zeitalter an, in dem diese Eigenart der Sprache weniger als Vermögen, denn als Defizit wahrgenommen wird. 1924 ist jenes Jahr, in dem Neue Sachlichkeit zum Schlagwort und zur Mode wird, in dem ein Ethos unverstellter Wirklichkeitswiedergabe, neutraler Beobachtung die intellektuelle Diskussion prägt.

Der Autor macht seine Distanz dazu bereits in den der Wirklichkeit verliehenen Anführungsstrichen deutlich: Die Realität ist nicht so einfach zu haben, nicht unmittelbar zugänglich, und die neuen Medien bieten keine Gewähr für einen höheren Grad an Realismus, kehren sie doch lediglich das alte Verhältnis von Bild und Wort um – wobei diese Denkfigur freilich nur unter technischen Bedingungen des Stummfilms funktioniert.

Während auch in Wien der Wandel technischer Bedingungen und der Wahrnehmung selbst bemerkt wird, so arbeiten die Kulturschaffenden Wiens offenbar eher an der Bewältigung der Vergangenheit denn an der professionellen Nutzung der neuen Produktionsmittel.

»Die „Neue Freie Presse" in Wien gibt ein Jahrbuch für 1925 heraus. Es bringt unter anderem [...] einen Essay von Hermann Bahr über die Zeitung, insbesondere die Zeitung in Oesterreich. [...] Außerdem aber sind in das Jahrbuch [...] Meisterwerke aus der klassi-

---

257 Latzko, Andreas: Wiener Ansichtskarten. Berliner Börsen Courier 16.08.24.

schen Zeit des Wiener Feuilletons aufgenommen. Es waren, wie bekannt, vor allem Mitarbeiter der „Neue Freie Presse", welche in Wien das Feuilleton zur Blüte gebracht haben und Werke dieser Meisterjournalisten der Vergangenheit, Artikel von Ludwig Speidel, Hugo Wittmann, Theodor Herzl, verleihen dem Jahrbuch Größe. Es wird all denen willkommen sein, die ein Interesse haben für das Wiener Feuilleton in Gegenwart und Vergangenheit."[258]

Aufgrund des Eigeninteresses der Beiträger nicht verwunderlich, insistiert diese schmale, werbende Notiz auf Schriftkultur als tradiertem Ort der Selbstvergewisserung, des Selbstentwurfes.

Doch nicht nur die Meinungsmacher der Tagespresse suchen *Unter dem Strich* eine Tradition zu bewahren, während innerhalb der Zeitung den veränderten Wirklichkeitsbedingungen Tribut gezollt wird – in Form von Sonderrubriken für Filmbesprechungen, die um diese Zeit oder schon Anfang der Zwanziger Jahre eingerichtet wurden. Auch die Schriftführer eines in die Jahre gekommenen intellektuellen Diskurses wollen den Status ihrer Produktionen im Verweis auf seine angestammte Bedeutung aufrechterhalten.

»Alles Höhere, des Merkens würdige aber, seit vielen Jahrhunderten, wird durch die Schrift überliefert; so reden wir vom Schrifttum und meinen damit nicht nur den Wust von Büchern, den heute kein einzelner mehr bewältigt, sondern Aufzeichnungen aller Art, wie sie zwischen den Menschen hin und her gehen, den nur für einen oder wenige bestimmten Brief, die Denkschrift, desgleichen auch die Anekdote, das Schlagwort, das politische oder geistige Glaubensbekenntnis, wie es das Zeitungsblatt bringt, lauter Formen, die ja zu Zeiten sehr wirksam werden können."[259]

Gegenüber medialen Innovationen erweisen sich die literarisch Tätigen zu einem Großteil als Konservative. Zwar gehen sie ins Kino – seien es Thomas Mann oder Kurt Tucholsky, seien es Alfred Polgar oder Alfred Döblin – doch verkannten sie zumindest als ältere Generation zunächst die künstlerische Bedeutung des Bildmediums.[260] Allerdings läßt sich zur Verteidigung der Autoren anführen, daß in den zehner Jahren das Kino, technisch und inhaltlich dürftig, mehr Jahrmarktsattraktion denn kulturvolle Veranstaltung war. Nichtsdestotrotz reflektierten schon damals manche Intellektuelle die Bedeutung des Films auf verständnisvollere Weise, verschrieben sich bald die ersten Literaten dem neuen Medium, womit nicht gemeint ist, daß sie das

---

258 Ohne Autorenangabe: ohne Titel. Berliner Tageblatt 27.11.24 (m).
259 Hofmannsthal, Hugo von: Das Schrifttum als geistiger Raum der Nation. Neue Rundschau 2/1927, 11–26.
260 Vgl. dazu Schweinitz, Jörg (Hrsg.): Prolog vor dem Film. Nachdenken über ein neues Medium. Leipzig 1992.

Kino zum Thema von Roman oder Erzählung machten, gar eine filmische Schreibweise entwarfen, vielmehr wurden von erfolgreichen, wenn auch nicht immer unter Kollegen angesehenen Schriftstellern auf einmal anstelle von Romanen Drehbücher geschrieben. Die jüngere Generation sich als progressiv verstehender Literaten wird sich dann des Films begeistert annehmen und ihm in ihren Texten bereitwilligst Platz einräumen, nicht ohne zu bedauern, daß man immer noch Bücher schreibt und nicht beim Film arbeitet, was besonders schmerzt angesichts der Differenz im Salär. Doch immer gibt es die nur widerwillig den geschichtlichen Wandel mitvollziehenden Kulturproduzenten, welche auf die Größe einer zwar schon überlebten, aber noch gegenwärtigen Produktionsform hinweisen:

> »In Wien ist die unverbindliche Verbindlichkeit des deutschen Feuilletons gekonnt worden – das graziöse Gleichnis des französischen. Hier ist der beweglichste deutsche Journalismus zu Hause: erfinderisch unterhaltend, mehr Vergnügen als öffentliches Amt, als Pflicht, und im Caféhaus von den eifrigsten Lesern hingenommen. Im nämlichen einen Wien erscheint, radikaler und im Radikalen unvergleichlich tiefer, wesentlicher als die ganze radikale Berliner Publizistik, die überlegene Streitfigur des starken und leidenschaftlichen deutschen Schriftstellers Karl Krauß [!],– schärfer, unerbittlicher, einsamer, disziplinierter und vor allem bedeutender als andre Träger des polemischen Stils der Gegenwart.«[261]

Karl Kraus und seine Fackel sind auch in Berlin eine Instanz, mehr noch: eine Institution. Kraus erschien des öfteren in Berlin zu Lesungen, seine Schüler oder ehemaligen Mitarbeiter sind in den publizistischen Organen der Stadt ebenso präsent wie seine alten oder neuen Gegner; bekannt geworden sind die Auseinandersetzungen mit Alfred Kerr oder Kurt Tucholsky. Daß Willhelm Hausenstein seine Leistungen dem Wiener Feuilletons – wenn auch als Höhepunkt – subsumiert, ist eine eigenartige Fehlleistung: Kraus konstituiert sein Schreiben zu einem Gutteil ja in Absetzung davon, wenn nicht gar als Kampf dagegen. Daß Hausenstein sich so verschreiben kann, bezeugt, daß Debatten und Auseinandersetzungen um dieses Feuilleton nicht mehr präsent sind, bereits Geschichte wurden und so als kohärente, vergangene Epoche erscheinen.

Der Verdacht, daß sich das Feuilleton und insbesondere das Wiener überlebt haben könnte, taucht allerdings schon viel früher auf:

> »Die österreichische Seele ist betäubt, dumpf von den Schlägen des Schicksals. Ich habe durchaus nicht den Eindruck, daß ihr in absehbarer Zeit frohe energische Ideen entspringen werden. Die geistige Haltung ist nicht unedel, aber grandios ist sie gar nicht. Man braucht

---

261 Hausenstein, Wilhelm: Wiener Tagebuch II; Neue Rundschau 1/1932, 633–659, hier 647.

1.5 Das zweite Wien. Die Stadt in Bild und Ton

nur die Wiener Zeitungen zu studieren – noch immer absorbiert das Theater mit allem, was dazu gehört, der Schauspieler und die Privataffären, das Interesse. Und was ist schon das Theater? Ein Todeskandidat, dem die Rundfragen so wenig helfen wie Experimente der Regisseure.«[262]

Hier gehen zwei bis dahin für Wien als wesentlich erachtete Kulturformen auf einmal unter: das Theater und das Feuilleton; was aber schickt sich – abgesehen vom Kino – an, die freiwerdenden Positionen innerhalb des Kulturbetriebs zu besetzen? Die „Ravag".

»„Ravag" kommt nicht von „ravager", dem französischen Verbum, das „verwüsten" besagt. „Ravag" ist die Abkürzung für Radio-Verkehrs-AG, für den Musik-, Vortrags- und Nachrichtendienst der Welle 530, die ihre rund 100 000 Abonnenten überflutet und schon so manche Verwüstung angerichtet hat. Die Welle 530 soll Wiens Ruhm in die Welt tragen, von Beethoven bis Lehár, von Grillparzer bis Hofmannsthal. Sie vermittelt den Kunstersatz der bösen Nachkriegszeit, der Zeit der Sanierung. Sie unterhält das in breiten Schichten proletarisierte Wiener- und Oesterreichertum. Sie hilft Theater, Konzertsäle und selbst Kaffeehäuser leeren. Hunderttausende sitzen zu Hause mit dem Kopfhörer. Es ist noch das billigste Vergnügen, über das man sich ärgern kann.«[263]

Radio ist der Untergang abendländischer Kultur: Indem es den proletarisierten Massen die Hochkultur zur Verfügung stellt, erniedrigt es in der Popularisierung, zugleich entzieht deren Nährboden wichtige Mineralien: Wer zu Hause am Kopfhörer hängt, geht eben nicht in Theater und Konzertsäle, verweilt nicht zur Auseinandersetzung mit anderen oder Geschriebenem in Cafés – was eigentlich nichts ausmachen sollte, da das Radio angeblich nur Proletarier oder Proletarisierte bedient, die als kulturvolles Publikum ohnedies nicht in Frage kommen dürften.

Während in der elitären Verachtung oder Perhorreszierung der neuen Medien ein paradoxales Denken zu bemerken ist, das sich seiner Widersprüchlichkeit augenscheinlich nicht bewußt ist, existiert eine Wahrnehmung Wiens, die über die Differenzierung wesentlich metropolitaner und provinzialer Kultur den Blick auf die Konstruiertheit eines bestimmten Wien-Imagos lenkt.

»Es gab immer ein Wienerisches, das für und ich möchte fast sagen von der Provinz aufgezogen wurde, von den Bewohnern der kleinen und kleineren Städte im österreichischen Lande. Es ist so wenig echt wienerisch wie etwa Friedrichstraße nachts um elf oder Admiralspalastrummel berlinisch ist. Es ist pommersch, ostelbisch, schlesisch. Der Wiener „Heurige" ist mit Stil abgewehrter Einbruch des Landbewohners, dem man diese kindlich

---

262 Flake, Otto: In Wien und Prag. Neue Rundschau 2/1924, 979.
263 Lahm, Karl: Ravag. Vossische Zeitung 17.01.25.

selbstgefälligen Lieder vom alten Steffel vorsang, während die Plattenbrüder auf Raub und Mord auszogen.«[264]

Die Wiener Gemütlichkeit, die Heurigenseligkeit erscheinen als bereitwillig produzierte und reproduzierte Stereotypen, die ein bestimmtes Bedürfnis der Wienbesucher bedienen. Dies Bedürfnis besteht darin, in der Stadt die ländliche Vorstellung von der Stadt bestätigt zu finden – auf die signifikante Differenz, die in der Vorstellung der jeweiligen Provinz von Wien respektive Berlin besteht, werden wir später zu sprechen kommen. Wien besitzt wie Berlin zwei Bereiche kultureller Produktion: den einen, der die Stadt selbst vermarktet, in einen Kulturbetrieb einbindet und einem bestimmten, als existent vorausgesetztem Imago zuarbeitet, und einen anderen der eigentlichen, hochkulturellen Produktion, der wenn er denn überhaupt ortsspezifisch ist, dies auf eine andere Weise ist als der kommerziell-touristisch orientierte.

Für den Fremdenverkehr organisiert Wien 1929 im Bereich kultureller Selbstinszenierung einen Festzug, der eine Gesamtschau wienerischer Kulturleistungen präsentieren soll, scheitert allerdings in diesem Vorhaben, da sich die Ansprüche der Provinz an Wien viel einfacher zufrieden stellen ließen.

> »Der tanzende Festzug, Clou der Wiener Festwochen, war eine Sache, die sich so in keiner zweiten Zweimillionenstadt des Universums hätte abspielen können, weil keine so wie Wien vom internationalen Leben und Fortschritt abgesperrt ist – seit dem Zusammenbruch. Man ist entwaffnet und wagt die Wahrheit kaum zu sagen, wenn auch einige einheimische Kritiker, die über den Kirchturm-Umkreis hinausblickten, zu raunzen wagten. [...] Wenn wir schon zur Provinz verurteilt werden, dann auch mit all ihrem Reiz, unverfälscht. Ein Festzug braucht nicht fünf Stunden zu dauern. Die Fremden ergreifen sonst die Flucht. Sie kommen aber an, sehen sie, was blieb, Wiener Wald, Wiener Tanzmusik und Wiener Mädchen, ungeschminkt.«[265]

Ungeschminkt, authentisch die Natur, die Frauen und die Musik präsentieren und sich darin als Provinz erweisen, bloß kein Zuviel an Inszenierung, damit sie nicht als solche kenntlich werde: Die Provinz will lediglich ein wenig inszenierte Natürlichkeit, ohne den Anteil der Inszenierung daran bemerken zu müssen. Das Artifizielle ist den Provinz-Österreichern – und den Berliner Korrespondenten – ein Graus, was sie mit den Provinzialen des Reiches gemeinsam haben, nur wollen letztgenannte sich gruseln und finden in der Friedrichstraße die Bestätigung ihrer Vorurteile, daß die anderen, die Städter

---

264 Blei, Franz: Besuch in Wien. Berliner Tageblatt 14.03.28.
265 Lahm, Karl: Miß Universum. Vossische Zeitung 16.06.29.

krank oder dekadent seien, während ihre österreichischen Brüder diese Andersartigkeit genau nicht wollen, sondern eher gestärkt aus der Stadt wiederkehren, wenn sie vermelden können, daß es dort gar nicht so anders ist, und man nichts verpaßt, wenn man zu Hause bleibt.

Doch ist Wien tatsächlich zur Provinz geworden? Gibt es nicht vielmehr ein zweites Wien, das sich jenseits der realen Ring- und Kärntner Straße erhoben hat, dessen Spuren man teilweise sogar im märkischen Sand wiederfinden wird?

Zunächst wird es von Österreichern in die Berliner Kinos getragen.

> »Wien und das Donauland fanden ihre Sympathiekundgebung in der ersten Vorführung dieses Films, zu der der Oesterreichische Club als Wohltätigkeits-Nachtvorstellung eingeladen hatte. Dabei war es gar nicht Wien in der Gesamtheit seiner heiteren Anmut, um das sich der Film drehte. Es war nur eine Aventüre um „Das süße Mädel" und dazu eine unglaubhafte. Es war ein Wien der Operette.«[266]

Was die Gesamtheit heiterer Anmut jenseits von süßem Mädel und Operette ausmachen mag, wird nicht benannt – und kann möglicherweise auch nicht gesagt werden. Der nicht-dokumentarische Film wird Wien auch in den Folgejahren nur als Operettenversion präsentieren.

> »Da die Gefahr besteht, daß die Bild und Tonstreifen, auf denen der große Repetier-Einfall der deutschen Tonfilmindustrie aufgezeichnet ist, aus dauerhaftem Material gemacht sind, so muß der Möglichkeit begegnet werden, daß eine künftige Forschung diese trübe Quelle zur Grundlage ihres Urteils über eine vergangene Kultur machen könnte. [...] Es ist – und dies besonders mit Rücksicht auf einmal zu gewärtigende Ausgrabungen festgestellt – überhaupt nicht wahr, daß das Weichbild der Stadt Wien sich jemals über das Tempelhofer Feld erstreckt hat; wahr ist vielmehr, daß Wien im Mittelpunkt seiner Umgebung liegt und immer gelegen hat, und daß die Kulturgüter, die unterhalb der freien Plätze neben den großen Filmateliers gefunden werden dürften, Attrapen sind, die ohne Kenntnis des Originals in, dieses verschmierendem, Wohlwollen zur Befriedigung eines stark unterschätzten Publikumsbedürfnisses aus materieller und geistiger Pappe hergestellt wurden.«[267]

Nicht nur werden die Wiener Lieder in den Zwanziger Jahren zusehends in Berlin produziert, auch Wien selbst wird am Tempelhofer Feld nachgestellt – bevor das zum Flughafen ausgebaut wird. Auf diese Weise vereinnahmt die Metropole der Simulation die (ehemalige) Metropole der Repräsentation, erscheint Grinzing im Haus Vaterland, „viel echter als selbst in Wien".[268] Wien

---

266 Zuberbühler: An der schönen blauen Donau. Der Österreich-Film im Capitol. Deutsche Allgemeine Zeitung 16.08.26 (a).
267 Ehrenzweig, Stephan: Tonfilm-Wien. Literarische Welt 33,34/1929, 8.
268 Höllriegel, Arnold: Donnerwetter inbegriffen. Berlin wird so amerikanisch (Berliner

als realer Ort verschwindet in der medialen Konstruktion eines zweiten Wien, das in seiner Bedeutung dem ersten in nichts nachsteht. Angesichts der Überzeugungskraft sind die Klagen derjenigen, die auf der eigentlichen Stadt insistieren, unmaßgeblich:

> »Diese Welt ist ebenso auf die Amerikaner abgestellt wie jene lärmende Grinzinger Lustigkeit, mit deren Glorifizierung die Amüsierindustrie gar nicht genug kriegen kann. Wien nach diesen Dingen beurteilen zu wollen, wäre dasselbe, wie wenn man das Kaffee Vaterland ins Zentrum einer kritischen Betrachtung von Berlin stellen würde. [...] Aber ich habe nirgends jene Heurigenseligkeit und jenes sentimentale Gegröhle gehört, das uns in Tonfilmen als wienerisches Volkstum aufgedudelt wird.«[269]

Das authentische Wien, das Heinrich Strobel einklagt, existierte ohnedies nie: wie schon die Feuilleton-Chronologie verdeutlichte, gab es zwar wechselnde, aber doch persistente Muster der Stadtbeschreibung, die gelegentlich aktualen Ereignissen Tribut zollten, insgesamt jedoch die Stadt eher als ein diskursives Ereignis präsentierten, als solches bereits mit einer gewissen Geschichte ausgestattet, wohingegen die urbane Normalität nur insofern interessiert, als sie ins Verhältnis zu den kurrenten Vorstellungen vom Wesen der Stadt zu setzen ist. Wenn sich Wien vorwiegend über Grinzinger Lustbarkeiten darstellt, gibt es keinen Grund, hierin nicht einen Wandel der Stadt als Wesenheit zu sehen und ihn entsprechend zu gestalten, ebenso wie sicherlich der zentrale Ort für eine Analyse Berlins am Ende der Zwanziger Jahre das Haus Vaterland ist. Was den Wiener Strobel eigentlich beunruhigen dürfte, ist die Tatsache, daß die Produktion des Wiener Selbstbildes nicht mehr in der Stadt selbst stattfindet, sondern eher auswärts organisiert wird – wie eben bspw. in Berlin.

Die mediale Präsenz, die die Donaustadt an der Spree gewonnen hat, drückt sich jedoch nicht nur in der preußischen Usurpation des imagologischen Terrains und seiner neuen Techniken aus, dem Eingang des mythischen Wien in die Reichshauptstadt wird auch von Wien aus zugearbeitet: Eine der ersten medialen Verbundschaltungen bestand in einer Gemeinschaftssendung der Berliner Funkstunde mit dem Oesterreichischen Rundfunk. Erstaunliches Thema dieser Sendung war der „Besuch in Wien".

Tageblatt 14.11.29). Zitiert nach Jäger, Christian und Erhard Schütz (Hsrg.): Glänzender Asphalt. Berlin im Feuilleton der Weimarer Republik. Berlin 1994, 212.

269 Strobel, Heinrich: Wiener Frühling. Berliner Börsen Courier 17.05.31.

1.5 Das zweite Wien. Die Stadt in Bild und Ton

>»Die Berliner Funkstunde veranstaltet mit dem österreichischen Rundfunk eine Gemeinschaftssendung: „Besuch in Wien". [...] Als einmaliger Versuch zwischen Berlin und Wien eine Brücke im Aether zu bauen, kann man mit dem Versuch einverstanden sein. Aber mehr als psychologischen Wert hat er nicht. Was aus dem Stefansdom zu den Hörern kommt, unterscheidet sich von keiner anderen Kirche – die Heurigenmusik aus dem Rathaus bleibt ohne das Bild farblos – und sogar die Billardkugeln im Café Central verraten nichts von dem historischen Ort. Ganz zu schweigen von den Straßengeräuschen, unter denen sich niemand etwas vorstellen kann.«[270]

Wird das Ohr adressiert, so verwundert nicht sonderlich, wenn das zu hörende Rauschen des Realen eine Enttäuschung oder Verstörung produziert: Besaßen die Bilder noch Kohärenz und versprachen nach Einführung des Tonfilms mit vertrauten Soundpartikeln aus Heurigenmusik und Walzerklängen ein heiles – also ganzes – Wien, so zerfällt im Radio der Anschluß an die innere Bilderwelt, in deren Topographie das mediale Wien verzeichnet ist. Statt dessen wird die Differenz ausgewiesen: Wien klingt nicht spezifisch, die wirklichen Geräusche haben in Berlin ebenso ihre Heimat, und die Ähnlichkeit induziert den Bruch der Vorstellung vom anderen. Das Radio wirkt in seiner ent-täuschenden Objektivität unbefriedigend; jedenfalls solange es sich auf Tonübertragung beschränkt; nimmt man die Sprache hinzu, so kann die fatale Wirkung des Realen wenigstens relativiert werden:

>»Rundfunk: Wiener Woche. Sie will offenbar in diesem Augenblick die kulturpolitische Zollunion mit Österreich besiegeln, mit Hilfe des technischen Mittels, das so einzigartig Volk zu Volk sprechen lassen kann – und es gelingt. Die Literatur bringt die Einleitung: nicht mit aufgedonnerten Beständen der Literaturgeschichte, sondern mit Skizzen Polgars, die selbst ein Stück des feinsten Wien repräsentieren, gerade dort, wo sie es nonchalant-geschliffen schildern. [...] Am Sonnabend schließlich konnte man mit dem Ohr eine Rundreise durch Wien machen.«[271]

Die seinerzeit gehörte Einleitung mit den Skizzen Polgars stimmt offenbar auf die akustische Tour durch Wien in wohlwollender Weise ein. Die Bereitschaft, das andere wiederzuerkennen, ist danach größer, und das symbolische Etikett *Wien* beeinflußt das Hören dergestalt, daß das Rauschen unterdrückt und WIEN gehört wird. Die Literatur kann also eine Art symbolischer Ordnung gründen, die die Wahrnehmung so tief beeindruckt, sie auf eine bestimmte Rezeption hin einstellt, daß das, was immer die Bilderwelt stören würde, ausgeklammert oder transformiert werden kann und so das Reale – im Sinne Lacans – als nur in Anführungszeichen zu schreibendes „Reales" als

---

270 Sti.: Mikrophon in Wien. Berliner Börsen Courier 31.03.31.
271 -r.: Rundfunk. Wiener Woche. Vossische Zeitung 02.04.31.

Effekt des Textes aufscheint. Die Literatur dient in einer etwas eigenartigen Wendung der „Rehabilitierung Wiens":

> »Da man durch den stummen und den Tonfilm allmählich bis zum Brechreiz gelangt war, wenn sich etwas als „wienerisch" empfahl, weil man den auf die Bildwand projizierten Operettenstumpfsinn der liebenswürdig-verblödeten Erzherzoge, der weinseligen Sündenfälle beim Heurigen, der Duliöhmusik der Schrammeln bis zum Kragenknopf hinauf über hatte, wurde des Werner Riemerschmid „Buch vom lieben Augustin" [...] sehr skeptisch zur Hand genommen: nicht zuletzt, weil man den „blauen Strom" in Wien niemals blau, sondern nur höchst dreckig-graugrün erschaut hatte. Aber siehe da, obzwar der Dichter [...] nichts von dem vermissen lässt, was man so gefühlsmäßig mit der Vorstellung „Wien" verbindet, also Gesang, Wein, Weib, ein bißchen alter Kaiser, Kärntner Wortebummel und eine Speisekarte, die mit Kaiserschöberl-Suppe, Krenfleisch, Rostbradl, Kruspelspitz, Paprikahendl beginnt und mit Millirahmstrudl, Palatschinken, Erdbeerschifferln und Kaiserschmarrn endet, [...] obzwar dies alles vorhanden ist, ist dieses Buch von Riemerschmid stark [...].«²⁷²

Rehabilitiert wird gemeinhin jemand, dem zu Unrecht bestimmte Rechte oder Würden aberkannt worden sind; im gegebenen Fall wird Wien durch ein Buch rehabilitiert. Der Text stellt sich einerseits gegen das sekundäre Wien der neuen Medien, andererseits aber auch gegen die Wiener Wirklichkeit. Die Rezension skizziert das filmische Wien als Zerrbild, das weder mit der traditionellen Vorstellung noch mit der Realität der Stadt etwas zu tun habe. Das Buch dagegen schreibt genau die *gefühlsmäßige* Vorstellung fort, so daß es nicht *obzwar*, sondern genau deswegen *stark* ist. Wien erscheint deutlich als affektiv besetzter Ort, der sich als intrapsychisches imagologisches Terrain entpuppt, das die Reformulierung in der filmischen Präsentation von sich weist. Der Widerstand gegen das veränderte Wienbild und die es erstellenden Medien mag mit der Biographie des Autors zusammenhängen, der zwar nicht in Wien, sondern in Brünn geboren wurde, aber seine Studienjahre in der Hauptstadt verbracht hat. Allerdings ist dieser biographische Anteil nicht dergestalt zu verabsolutieren, daß hier ein rein subjektives Zeugnis vorliege; schon der zuvor zitierte Textpassus zeigte die Literatur als Retterin eines tradierten Wienbildes, gegen welches in unterschiedlicher Weise Rundfunk und Film antreten.

> »Überall auf dem Globus wird ein berauschendes Getränk namens „Wien" verlangt und von der Industrie kredenzt. Noch vor gefälschten türkischen Möbeln, noch vor Pariser

---

272 Langer, Felix: Rehabilitierung Wiens. Werner Riemerschmid: Das Buch vom lieben Augustin. Berliner Tageblatt 08.03.31.

1.5 Das zweite Wien. Die Stadt in Bild und Ton

Chansons ist Wien gefragt und der Heurige. [...] Nach Wien kommen die Leute, um einen lustigen Heurigen zu erleben. Denn sie haben sein falsches Gesicht in Filmen und Operetten gesehen. Wie soll man ihnen klarmachen, daß ein richtiger Heuriger nicht lustig sein kann? Daß er herb und voller Melancholie ist? Daß die Geige abgekratzt sein muß, die Stimme des Sängers ein wenig heiser und (vor allem dies!) der Garten zu zwei Dritteln leer! [...] Das unablässig durch die Welt strömende geflimmerte, gesungene und getanzte Abbild Wiens hätte der Verpflichtung, dieses Mißverständnis zu beseitigen. Stattdessen vermehrt und steigert es das Mißverständnis. Die Stellung des Wieners zur Freude, dies besonders komplizierte Phänomen beispielsweise, bildet in fast allen Wien-Fälschungen den Kern der Fälschung. Der Wiener ist ein durchaus pessimistischer Mensch. Er ist schwersinnig und nicht leichtsinnig. [...] Fast immer stehen hinter jeder Filmscheußlichkeit und jeder Operettensenkgrube wirkliche Wiener oder doch Wiener Vorstädter, Leute aus Brünn und Preßburg. Diese Gesellen, die nicht einmal die oberste Haut der Dinge erstasten oder ablösen könnten – die nicht einmal ein Ohr oder eine Zunge für die Feinheiten des Wiener Sprechens besitzen –, haben es durch ihre keulenmäßige Gewissenlosigkeit erreicht, daß man heute die Devotion des Österreichers für Servilität, die Skepsis, die er der menschlichen Arbeit und ihren Zielen überhaupt entgegenbringt, für Faulheit, und die seelische Dialektik seines Gerechtigkeitsgefühls für Treulosigkeit hält. [...] Und umgeben von Charakterfälschungen, umgeben von seelischem und geistigem Schmutz der Flimmer-, Vers- und Tonverbrecher tauchen weiterhin die rührendsten Dokumente ehrwürdigen Seins auf: der rebentragende Hügel von Grinzing, der Stefansdom, der das Auge, das zu ihm aufsieht, mit leichter Feuchtigkeit schlägt, und der schimmernd anmutige Donaubogen zwischen Greifenstein und Klosterneuburg. Aber [...] ist, fragt man sich, dieser Stefansdom nicht eigentlich Atelieraufbau. [...] Ohne jede Korrektur rast das losgelöste Bild der Stadt Wien um den Erdball. Zwanzigmal in der Sekunde wälzt es sich durch den Scheinwerfer des Kinos, schmalzt es sich durch die Couplets. [...] Die menschliche Seele, so ärmlich immer sie möbliert sein mag, hat eine gute Stube namens Wien. Es ist eine Stube, in der lauter Kitsch steht. Und doch, gäbe es diesen Kitsch und diese ganze Irrealität nicht, wenn nicht Wien selbst von großer Realität wäre [...].«[273]

Das Bedürfnis nach Wien reicht weit, nicht nur in die Mythen hinein, noch darüber hinaus ins Reich des Wunsches: an den Ort, an dem sich die harmonisch-freudvolle Gemeinschaft erfüllt, unbeschwert von der Mühsal des Tagwerks erscheint die Stadt zu Beginn der dreißiger Jahre als ewiger Heuriger, wo sich die Seele genußvoll strecken kann. Das dauernde Fest ist so evident Resultat einer Projektion von Wünschen, denen der Ort relativ beliebig ist, so lange er keinen allzu großen Widerstand leistet, daß es fast wundern macht, wenn Heinrich Eduard Jacob meint, er müsse diese Wien-Imagination richtig stellen und aufzeigen, daß die Realität doch anders sei; dabei fällt er dann einem anderen, älteren Vorstellungsmuster der Stadt und der Befindlichkeit ihrer Bewohner zum Opfer: Die Wiener als „schwersinnige" Lebens-Weise, deren Heiterkeit immer von melancholischer Grundstimmung getragen wird; die Romanze in Moll rechnet zu den positiveren Wiener Mytholo-

---

273 Jacob, Heinrich Eduard: Wien-Fälschung und Wien-Export. Literarische Welt 29/1931, 1.

gemen. Aber wie der Autor selbst anmerkt, handelt es sich im ersten wie im zweiten Fall um Kitsch, und wie später zu sehen sein wird, ist die Industrie ebenso in der Lage, den von Jacob als authentischer behaupteten Wientypus zu produzieren – was aufgrund der Beteiligung gebürtiger Wiener an der auswärtigen Wien-Produktion nicht mehr verwundern kann. Verfertigen also die Wiener nach wie vor ihr Selbstbild und haben lediglich den Produktionsort gewechselt?

>»Wir armen Österreicher / aus Österreich und Ungarn / wir werden bleich und bleicher / man läßt uns jetzt verhungern /Wir lebten doch im Filmbetrieb / wir schrieben manchen Drehbuchschrieb [...] // Der braune Schornsteinfeger / fegt allen den Verstand blind / und schwärzt uns an wie Neger / weil wir aus Hitlers Land sind [...] // Was man damit bezweckt hat / geht nicht in unser Käppi. Den alten Fritz entdeckt hat / der Ungare Cserepy, / Die Königen Luise, Schill, / Wien, Heidelberg und was man will – / Wem fiel das alles ein? / Uns Ungarn, Österreichern! / Jetzt soll es anders sein? / Wer wird sich da erschleichern / allein, zu zwein, zu drein?«[274]

Bürger der ehemaligen Kronstaaten beteiligten sich an Produktionen und Projektionen des zweiten Wien wie auch an der Verherrlichung des Preussentums – ermöglichten sie vielleicht gar. Es scheint nicht sehr glaubwürdig, daß 1932 ihrer weiteren Filmkarriere, die – nach den genannten Filmsujets zu urteilen – größtenteils bei der Ufa stattfand, die Karriere ihres Landsmannes schadete, da die Ufa dem deutsch-nationalen Hugenberg gehörte. Nicht derjenigen Karrieren waren gefährdet, die den Alten Fritz auf der Leinwand zu unverdienten Ehren gebracht haben, sondern die derjenigen, die aus politisch linksstehenden oder jüdischen Zusammenhängen kamen. Es bleibt unverständlich, wieso diejenigen, welche im Filmbetrieb reaktionäre Bedürfnisse bedient und verstärkt haben, in dem Moment, in dem alle politischen Vorzeichen in diese Richtung weisen, ihre Arbeit nicht bruchlos, gar verstärkt, fortsetzen sollten.

Doch finden sich andere, die sich gegen die genannten Bedürfnisse verwehren – wenn auch nicht unbedingt im Filmgeschäft.

»Oedon von Horvaths Volksstück »Geschichten aus dem Wiener Wald« sind nur zu verstehen, wenn man das kennt, was über Wien geschrieben und gesungen und gefilmt wird. Sie sind die Reaktion auf die Legende Wien. Goldenes Wiener Herz? Also sind seine Menschen böse. Heurigenfidelität? Also enthüllt sich gerade beim Wein die schamloseste Verlogenheit. [...] Als Horvath sein Wien vom Gegensatz zur Wiener Operette, vom Gegensatz zu Felix Salten, zu Hans Müller kontrollieren ließ, war er ebenso gehindert, das Wien von 1931 zu sehen, wie die Kitschfabrikanten gehindert sind, es zu erkennen. Das ist der Fluch

---

274 L. H. [Leo Hirsch]: Elegie eines Filmmannes. Berliner Tageblatt 17.07.32.

der tausend Worte Wien, wie sie die Theater- und Filmschreiber verstanden haben, daß auch die Leute, die die Verlogenheit durchschaun, noch von ihr abhängig, noch von ihr beeinflußt werden. Auf den Kitsch von rechts folgt der Kitsch von links, auf den süßen Kitsch der „saure" Kitsch. Der Unterschied ist kein Wesensunterschied, sondern ein Begabungsunterschied.«[275]

Herbert Ihering, der früher die rote Fahne weit hinaushängte, beginnt deutlich, sie einzurollen. Kitschfabrikanten sind unfähig, das „wahre Wien" zu erkennen, weil sie schematisch gegen die linksradikale Denunziation eines durch und durch faschistoiden Wien anfilmen und -schreiben müssen. Historisch verhält es sich anders: die einen verschleiern und die anderen entschleiern, wobei letztgenanntes Procedere nicht zwangsläufig eine andere Wahrheit aussagt oder zeigt, als daß es Verschleierung gibt. Stellt man jedoch die Decouvrierung in Frage, wie es Ihering tut, schlägt man sich auf die Seite derer, denen daran liegt, daß der Schleier weiterhin besteht; das Feuilleton des *Berliner Börsen Courier*, das vormals zu den exponiert linksdemokratischen gehörte, beginnt so bereits Ende 1931, seinem Untergang zuzuarbeiten.

Anders als für Wien, das in anderen Medien wieder auferstand und dabei notwendig seine Gestalt änderte, wie das Feuilleton immer wieder zeigte, bestand fürs Feuilleton selbst die Chance nicht. So ging es ins ‚Reich' oder ins Exil.

---

275 Ihering, Herbert: Geschichten aus dem Wiener Wald. Berliner Börsen Courier 03.11.31.

2. Wien und Berlin. Konkurrenz, Differenz und Kongruenz im Metropolenvergleich

2.1 Verbindungen. Technisch-mediale Verknüpfungen der Metropolen

Am Anfang einer Geschichte der feuilletonistischen Figuration des Verhältnisses von Wien und Berlin in der Weimarer Republik muß vor allen Geschichten aus den Bereichen der Hoch- und Alltagskultur, von Personen und Geschäften, die Geschichte dessen stehen, was diese Verbindungen ermöglicht oder sogar stiftet, und das sind die Medien als Vermittler im weiteren Sinne.

> »Dreimal in der Woche fährt ein D-Zug von Berlin nach Wien.«[1]

Zunächst bedeutet dies, daß an vier Tagen kein Zug geht. Damals dauerte die Reise zwischen sechzehn und vierundzwanzig Stunden und bildete damit keineswegs eine Verbindung, die intensiven Austausch zwischen den Metropolen gestattete. Eine Fahrt von Berlin nach Wien wuchs sich unter den Umständen geradewegs zu einer „Expedition nach Österreich" aus:

> »Es empfiehlt sich, eine Fahrkarte zweiter Klasse zu lösen, um [...] leichter zu der Erkenntnis vorzudringen, daß in Österreich alle Klassenunterschiede aufgehört haben. Im Besitz dieser Fahrkarte hat man noch reichlich Zeit, [...] von Europa Abschied zu nehmen. Denn so gegen fünf Uhr herum pflegt der Personenzug nach Wien abzugehen.«[2]

Nicht als einfacher Ortswechsel wird die Reise von einer deutschsprachigen Großstadt zur anderen beschrieben, sondern als Fahrt in einen anderen Kulturkreis – als Expedition eben. In Österreich hat sich eine eigenartige klassenlose Gesellschaft etabliert, die zwar in der Bahn noch die Erste Klasse kennt, ansonsten aber nichts mehr mit (West-) Europa gemein hat. Die Verabschiedung abendländischer Zivilisation dokumentiert bereits die unpreußische Abfahrtsangabe: „um fünf Uhr herum"; implizite Unpünktlichkeit zeigt den Verfall zivilisatorischer Errungenschaften und Werte an.

---

1 Preis, Max: Wiedersehen mit Wien. Berliner Börsen Courier 30.07.1919.
2 Preis, Max: Expedition nach Österreich. Berliner Börsen Courier 05.05.20.

Doch die Fahrtverbindung Wien–Berlin wird nicht nur kulturkritisch besetzt, sondern besitzt auch politisch Stellenwert:

> »Das Gefühl, das Deutsch-Österreich von rechtswegen zu Deutschland gehört, äußert sich zur Zeit auf zweierlei Art. Einmal schimpft man über die Franzosen, die den Anschluß nicht erlauben wollen, und zweitens plant man eine Flugverbindung Wien – Berlin in 5 Stunden an Stelle der bisherigen Reisemöglichkeit von sechzehn bis vierundzwanzig Stunden Dauer.«[3]

Im Zuge der nach dem ersten Weltkrieg virulenten Anschlußdiskussion kann die Verknüpfung der beiden Städte nicht im desolaten Status belassen bleiben. Für die Organisation des Anschlusses müssen Fakten geschaffen werden, die gegen die historischen Vorgaben eine Nähe etablieren, an der die Bestimmungen der alliierten Mächte zum Unrecht werden, denn die zu stiftenden kulturellen und ökonomischen Verbindungen lassen dort innige Verwandtschaft erscheinen, wo bis mindestens 1864 divergente Machtinteressen vorherrschten.

Reisemöglichkeiten nach Österreich werden wenige Monate später, in jener glücklichen Zeit, als die reichsdeutsche Inflation noch hinter der österreichischen hereilte, mehr zu eigennützigen Zwecken, denn zur Völkerverständigung oder ähnlich humanistischen Zielen genutzt.

> »Nach Deutsch-Österreich richten sich auch in diesem Jahr die Sehnsüchte all der Tausende Deutsche, deren Reisefreudigkeit in einem schlechten Verhältnis zu ihrer Börse steht. Das geschah umsomehr, als die österreichischen Alpenlande immer schon [...] eine starke Anziehungskraft ausgeübt haben, die nun durch die Möglichkeit erhöht wurde, eine Valutafahrt dorthin – die einzige, die für uns arme Markbesitzer geblieben ist – zu unternehmen.«[4]

Valutafahrten geraten in dieser Zeit geradewegs zum feuilletonistischen Subgenre. Die Fahrt nach Wien wird zweifach zur Hebung des eigenen Lebensstandards genutzt: Zum einen besitzt die Mark dort kurzzeitig mehr Wert, und zum anderen kann der Feuilletonist darüber einen Artikel schreiben. Wenn sich dies Valutagefälle Ende 1922 und 1923 umkehrt, wird zwar immer noch nach Wien gefahren, doch weniger, um von dort zu berichten, als vielmehr, um Arbeitsmöglichkeiten zu finden.[5] Durch die Änderung der Devisenlage wird es für österreichische Publizisten uninteressant, für Berliner Zeitschriften zu schreiben, da sie mit den verdienten Reichsmark in Wien

---

3   Redlich, Alexander: Reise durch Österreich. Vossische Zeitung 06.10.20.
4   Köhrer, Erich: Valutafahrten. Berliner Tageblatt 27.08.21 (m1b). – Vgl. auch Hülsenbeck, Richard: In der Bahn. Berliner Tageblatt 04.07.23.
5   Vgl. exemplarisch Heller, Fred: Wien-Berlin-Wien. Berliner Tageblatt 05.12.22.

wenig kaufen können, so daß einige Autoren, die vormals viele Berichte an Berliner Publikationsorgane gaben, 1923 fast verstummen.[6] Bezieher österreichischer Devisen hingegen können in Berlin ein relativ gutes Leben führen.

Von wirtschaftsgeschichtlichen Einflüssen unbeeindruckt, bleibt der Verkehr zwischen Wien und Berlin noch längere Zeit beliebtes Feuilletonthema. 1927 verändert sich die Verbindung beider Hauptstädte einschneidend. Die Nachricht wird mit einem der relativ seltenen Fotos (Junkers-Flugzeug und Passagiere) aufgemacht:

> »Gestern wurde die neue Flugstrecke Berlin–Wien, die über Dresden und Prag führt, eröffnet. Durch diese direkte Linienführung ist die Luftreise Berlin–Wien, die auf dem Wege über München 8 Stunden in Anspruch nahm, auf 5½ Stunden abgekürzt worden. Die kürzeste Bahnreise erfordert 16 Stunden.«[7]

Der Preis für eine solche Flugreise entsprach den Kosten eines Erste-Klasse-Tickets für die Bahn und stellte so zumindest für den wirtschaftlich solventen Teil der Reisenden eine ansprechende Alternative dar. Von den pragmatischen Aspekten abgesehen, bot die neue Verbindung aber auch den Feuilletonisten Anlaß, nach Wien zu reisen. Ein Flug gestattet es naturgemäß nicht, bloß über Wien zu sprechen, sondern ist eher Ansatzpunkt für allgemeinere Beobachtungen und Überlegungen. So wird in einem Bericht die gegenüber der Bahnfahrt gesteigerte Zahl der Eindrücke notiert und erhofft sich dessen Autor eine Gesichtsfelderweiterung, daß man lerne, „in Kontinenten zu denken"[8] und zum Kosmopoliten zu werden. Neben derartigen positiv auf die neue Technik setzenden Berichten finden sich allerdings auch Absonderlichkeiten wie die launig-belanglose Schilderung eines Fluges Wien–Berlin, bei dem eine Fliege in die Kabine gerät, die unversehens zur Hauptfigur der Reise wird: Noch in der Berliner Wirklichkeit „geistert durch mein Unterbewußtsein schattenhaft die Erinnerung an die Fliege, die ich im Stiche gelassen habe"[9]. Die desinteressierte Mißachtung der technischen Apparatur, die durch eine privatistische Mikroperspektive überlagert wird, führt zu einer Flugwahrnehmung, die dem anderen Artikel, der aus dem Technischen Hoffnung für das Soziale schöpfte, deutlich widerspricht:

---

6 Als Beispiel mag Alfred Polgar dienen: Er publizierte im Berliner Tageblatt 1921 20 Texte, 1922 waren es 17, 1923 nur noch 7; die Zahl verdoppelte sich 1924 auf 14 und erreichte 1925 wieder 20.
7 Ohne Autorenangabe: Berlin Wien in 5 1/2 Stunden. Berliner Börsen Courier 22.03.27.
8 Zz.: Berlin-Wien in fünf Stunden. Luftreise über Dresden-Prag. Bei Regen und Nebel. Berliner Tageblatt 02.04.27.
9 Michel, Robert: Eine Fliege fliegt von Wien nach Berlin. Vossische Zeitung 13.07.28.

2.1 Verbindungen. Technisch-mediale Verknüpfung der Metropolen 163

»Die Welt liegt so klein da unten, sieht so eintönig aus, daß der Flug schier unerträglich langsam erscheint [...]. Man sollte die Möglichkeit haben, sich durch den Kabinenboden an einem Seil, etwa in einem kleinen Korbsitz, um einige Meter tiefer zu kurbeln. Da käme man vielleicht zum richtigen Genuß des Fliegens.«[10]

Das Flugzeug ist jedoch nicht zum Genuß des Fliegens geschaffen, denn der Traum vom Fliegen wurde vom Militär technifiziert und dann der privatökonomischen Nutzung überlassen, damit sich Zeit und Geld in ein neues, angemessenes Verhältnis setzen lassen. Unter diesen Voraussetzungen erweist sich das Verkehrsmittel „Flugzeug" nur bedingt als für Feuilletonisten geeignet, denen oftmals das „eigene" Erleben wesentlicher Ausgangspunkt des Schreibens ist. Die abgehobene Perspektive des Fliegers und seine Geschwindigkeit lassen eine individuierende Betrachtung, ein Verweilen des schreibzeugbewehrten Blickes auf den Dingen oder Situationen, die Beobachtung der Details kaum noch zu, so daß einige in die altbewährten Fortbewegungsmittel umsteigen.

»Der Schnellzug Berlin–Wien durchquert ein Jahrhundert: Man fährt abends von der brausenden Gegenwärtigkeit des Anhalter Bahnhofs ab und langt in einem stillen Vormärz an. Nicht in bezug auf jenen „Betrieb", der die Berliner mit etwas naivem Philisterstolz erfüllt, ist dieser Sprung so beträchtlich: nicht daß es in Berlin zehnmal mehr Lichtreklame gibt als in Wien, daß der Kurfürstendamm um Mitternacht bevölkerter ist als die Kärntner Straße um zehn Uhr, daß der Blick vom Gleisdreieck dem Hochbahnfahrer eine Großstadtvision beschwört, wo die Wiener Stadtbahn nur Vorstadtviertel aufschließt. Nicht diese Unterschiede sind es, die die Wiener Atmosphäre mit dem peinlich-süßen Duft liebevoll gehaltener Sterbezimmer erfüllt. Sondern was innerlich ist der Vormärz auferstanden: die Vorliebe für all seine Erzeugnisse, die parteiische Verhimmelung seiner Musik, Malerei, Tanzkunst und Mode ist Symbol einer geistigen Verwandtschaft, einer einseitigen Einstellung auf das Lokale und Bodenständige, die sich wie ein gefährlicher Zauberschleier über das geistige Leben dieses Landes und dieser Stadt breitet.«[11]

Keine Reise durch den Raum, eine Reise durch die Zeit wird vorgeführt. Die Indizien dafür, wieso Wien im Gegensatz zu Berlin keine Metropole ist, bezeugen gerade in dem breiten Raum, der ihnen zugestanden wird, die Relevanz und das Vorhandensein des Urbanen in Wien. Doch entscheidend ist die Differenz von *urban* und *metropolitan*: die defizitäre Lichtreklame, das Vor- und Kleinstädtische sind der Möglichkeitsgrund, auf dem sich die bezeichnete Geisteshaltung erheben kann. Es ist der Versuch, sich mit den Gegebenheiten einzurichten, der dazu führt, daß sich auch an der Einrichtung nichts ändert. Der behauptete Vormärz muß wohl als Biedermeier gelesen werden, da es keineswegs um eine bürgerliche Revolution oder deren Ankündigung –

---

10   Ebd.
11   Tietze, Hans (W): Der neue Wiener Vormärz. Tagebuch 1927, 414–418; hier 414.

geschweige denn um eine proletarische – geht, sondern um das bescheidene Kleinbürgerglück einer ständischen Gesellschaft. Das Bedrohliche besteht nicht darin, daß eine abgelebte Geisteshaltung en vogue wird, sondern daß sie reale Stützen besitzt – nicht zuletzt in der klerikal-politischen Partei. Dennoch steht Österreich offensichtlich nicht völlig im Bann der Reaktion, sondern hat zumindest äußerlich auch Elemente der Moderne vorzuweisen, da das Feuilleton ja immerhin die Existenz der Stadtbahn, der Lichtreklamen und der Kärntner Straße, die irgendwie doch mit dem Kurfürstendamm ins Verhältnis zu setzen ist, konzediert. Die ehemalige Metropole ist nicht bruchlos als Nekropole zu identifizieren, auch nicht im Vergleich mit Berlin, dessen Betrieb und großstädtische Art die Stille und Bodenständigkeit Wiens stärker erscheinen lassen, als sie es im Verhältnis zu anderen Orten sein mögen. Nicht zufällig ist das Feuilleton von Amnesie gekennzeichnet und die eigentliche Fahrt ihm entfallen: Gleich hinter dem Anhalter Bahnhof liegt der Vormärz. Zwar ist der Städtevergleich kein unübliches Verfahren, doch ist die Konzeption des Textes als Reisefeuilleton eigenartig, da die Reise von immerhin sechzehn Stunden – und damit alle den Kontrast mildernden Zwischenstufen – wegfällt. Um einen direkten Vergleich anzustellen, wäre es nicht nötig gewesen, das Genre des Reisefeuilletons zu benutzen.

Aber auch andere Zeitreisen werden in Zügen unternommen:

»Alles das [Intimität und Individualität, d. A.] [...] scheint mir nirgends so stark zu sein wie gerade beim Wiener Zug. Warum? Etwa nur weil gerade ich selbst ein Wiener im Exil bin? Würde denn ein Franzose, ein Italiener oder Schwede in Berlin nicht ähnliche Dinge an den langen D-Zügen bemerken können, die ihm die Grüße in seine alte Heimat tragen? Wirklich, ich glaube es nicht. Schon dem Vorkriegszug Wien–Berlin haftete immer schon eine leise Komik an. Er war der einzige, der unpünktlich vom Anhalter Bahnhof abzugehen pflegte, weil er ja „in Österreich ohnehin Verspätung bekommt". Und bei seinem Gegenzug, am Nordwest-Bahnhof in Wien, gab es vor jeder Abfahrt ein furchtbar aufgeregtes Pünktlichkeitsgetue, „weil doch die Preußen schon immer über uns reden". Erfolg: Er war der einzige wirklich stets unpünktliche Zug im ganzen mitteleuropäischen Fahrplan. [...] Dann, in der Stabilisierungszeit, war es natürlich der Zug aus der Phäakenstadt, dessen Speisewagen als erster sybaritische Grüße von nicht mehr papierenen Tischtüchern brachte, als erster wieder zu Eierspeisen aus nicht safrangefärbten Kunstprodukten überging, kurz, der den Gebrauch menschlicher Nahrung zwischen den gequälten, gebrandschatzten Bruderstädten einführte. Und als dann in der Stabilisierungszeit erst einmal die große mitteleuropäische Wirtschaftskrise folgte, da wurde der Berlin–Wiener und Wien–Berliner D-Zug, dieser alte kastrierte Balkanier, zu so einer Art Boheme-Zirkel, wurde eine Heimat für alle brotlos gewordene Geistigkeit, wurde ein zweites Zuhause für segelnde und strandende Genies, eine Art rollendes Schwabing, Montmartre, Quartier latin, Romanisches Kaffee zweiter und dritter Klasse. Inzwischen hat sich aber auch das versachlicht. Man reist wieder ganz ohne Abenteuer, teils nur zum Vergnügen, teils nur in Geschäften, teils nur inkognito, so wie vor Krieg und Wirtschaftskrisen. Auch der Wiener Zug sieht bald nicht mehr anders aus als die anderen, zumal er ja jetzt, wie gesagt, mit dem Osten, mit Budapest und Belgrad und Bukarest ebenso zusammengekoppelt ist wie mit dem Westen, ein richtiger Ausländerzug. Da ich ihn heute nach längerer Zeit wieder einmal benutze, wird er gerade gefilmt: ein bekannter Regisseur samt seinem Stab an Prominenten fährt zu Außenaufnahmen nach Wien. Aber auch das kann dem guten oder schlechten Ruf dieses Zuges nicht mehr nützen und nicht mehr schaden: Wien, nur noch eine Art entlegener Filmkulisse für Hollywood.«[12]

Vorkrieg, Stabilisierungsphase 1, Wirtschaftskrise, Stabilisierungsphase 2 und schließlich die Gegenwart werden über den Wiener Zug erzählt, veranschaulichen so, daß auch der Wien–Berliner Zug nicht allein aus Anfangs- und Endpunkt besteht, sondern innere und äußere Linien ausgebildet hat bzw. sich in solchen bewegt, die über diese Punkte hinausweisen.

Die Geschichte des Wiener Zuges erzählt vom Verschwinden der kulturtypologischen Klischees: Taten offenbar in der Vorkriegszeit sowohl Preußen als auch Österreicher alles ihnen Mögliche, um die Richtigkeit ihrer Wahrnehmungsmuster zu bestätigen, war selbst noch unmittelbar nach dem Krieg die Rede von der Phäakenstadt möglich, so zeigt die Inbesitznahme des Zuges durch die ortlose Boheme in Verbindung mit der Metapher von der Kastration des Balkaniers, daß die (patriarchale) Tradition ihre Kraft verliert. Der Zug wird zunächst internationalisiert (München, Paris, Berlin) und dann versachlicht (Bukarest, Belgrad, Budapest). Mit Versachlichung ist gemeint, daß der Autor, den von östlichen Fremden dominierten Zug nicht mehr wie in der vorhergehenden Weise affektiv zu besetzen vermag, wodurch er zu einem Zug wie die anderen wird, ja mehr noch ein fremder, ein Ausländerzug.

Das signifikanteste Element dieser Zug-Geschichte bietet aber das letzte narrative Moment, mit dem ein Grund für das Ende der Reisen nach Wien angegeben wird: Wien ist selbst ortlos geworden. Das oben schon skizzierte zweite, mediale Wien wird in allen Filmtheatern und in Rundfunkverbundschaltungen den Mitteleuropäern zur Verfügung gestellt, so daß die sentimental journeys keiner Verkehrsmittel mehr bedürfen. Die Idee der Fahrt und der Name der Stadt reichen bereits aus, um ein komplexes Feld von Metropolenvorstellungen aufzurufen.

»Das Sichverändern dieser Stadt geht neuerdings mit einer so kosmischen Schnelle vor sich, daß die kompakten Gefühlsphasen, die ein Mensch früher in siebzig Jahren durchmachte, heute in fünfunddreißig, zwanzig und zehn Jahren erlebt werden können. Es ist mir manchmal, als ob 365 Tage in Berlin das Doppelte wären als Tage anderswo. So schnell geht hier der Prozeß des Werdens vor sich. [...] Berlin liegt mitten in Amerika. Die Berliner wissen es nur noch nicht. [...] die Einheit von London, Paris und Wien liegt im Sein. Die Einheit von Berlin und New York im Wollen. Es ist nicht wahr, daß das eine besser sei als das andere. [...] Nun aber sind die Koffer gepackt – und während ich in den Billet-

---

12 Tritsch, Walter: Wiedersehen mit dem Wiener Zug. Deutsche Allgemeine Zeitung 10.06.27.

> schalter des Anhalter Bahnhofs, mich etwas vorbeugend, den Namen „Wien" sage, fühle
> ich wie der ungeheure Film des Werdens um mich plötzlich abreißt. Und wie am Ende der
> Schienen schon der Wiener Nordbahnhof da ist, mit seinem zeitlosen Vorplatz. Welche
> Ruhe! Und in dieser Ruhe wie vor fünfundzwanzig Jahren der Maroni-Mann. [...] und
> steht vielleicht schon seit dem Jahre 1291 hier. [...] Von der Einführung der Kartoffel in
> Europa vermag er, seines hohen Alters wegen nicht viel zu halten [...]. Alle, die ihn von
> seinem Platze verdrängen wollten, haben diese Absicht bald aufgeben müssen, denn er be-
> findet sich, keinem Wollen ertastbar, mitten im Sein."[13]

Berlin hat sich vom Kontinent gelöst und ist zu einem New Yorker Vorort geworden, während die anderen europäischen Metropolen in ihrem Sein und im Sein überhaupt befestigt sind, sich nicht der Beschleunigung und dem Wollen und Werden verschrieben haben. Doch selbst im Getriebe des Anhalter Bahnhofs ist schon das Wort „Wien" so wirkungsmächtig, einen Filmriß zu verursachen. Der Autor expliziert allerdings nicht, daß damit zugleich ein anderer Film auf die Projektionsfläche geworfen wird, „Stadt über den Wolken" (der Geschichte) der mutmaßliche Titel, in dem Wien in einem geschichtslosen, idyllischen Raum erscheint, der so harmonisierend wirkt, daß selbst ein Bahnhofsvorplatz der Zeit enthoben wird.

Weniger willentlich denn unfreiwillig wird damit der noch ausstehende Beweis geführt, daß es sich bei den Reisen nach Wien um sentimentale Reisen handelt. Diese These belegt unter anderem der einzige vorliegende Bericht über eine Autofahrt von Berlin nach Wien.

> »Jungheinrich und ich zum ersten Mal in unserem Leben, nach Wien, nach Wien, nach
> Wien hinein, der Kahlenberg ist illuminiert mit Lichtern, in den Straßen sitzen die Leute
> auf dem Trottoir vor den Cafés und Restaurants, und schon flitzt uns wahrhaftig etwas im
> Blut, und der Schreiber trällert entschlossen und vergnügt etwas vor sich hin, was gewiß
> jammervoller Kitsch ist, aber man wird schon wissen, was das ist, abends im Mai, abends
> in Wien [...] sausten eines Abends im Smoking, barhaupt durch die Straßen ins Josefstädti-
> sche Theater. „Maximilian und Juarez" [...] wir schlichen hinaus nach zwanzig Minuten,
> drei Männer wieder hinaus auf die Straße, wohin, Caballeros, pardon: zum Heurigen! Zur
> Zehnermarie!! Zum Weaner Lied !!! [...] da krakehlten und summten wir mit und waren im
> Himmel, da blieben wir hocken, Donner und Doria, Maximilian und Juarez, da blieben wir
> hocken bis zwölfe – dann sausten drei Männer, drei Jünglinge, vom Heurigen zum Tanz
> [...] Was war denn auf dem Semmering, [...] da verlobten sich die Wiener Mädels sichtbar
> und haufenweise mittags schon und verlobten sich abends im Saale [...] weiter und in der
> Nacht, versicherte Jungheinrich, ginge der ganze Semmering mit leuchtenden, verhängten
> Fenstern wie ein Schiff der Liebe durch den Mai und durch die Frühlingswolken. [...] Pe-
> ter, Peter [Altenberg, d. A.], hie hast du also herumgesessen und dich am liebsten ver-
> schwendet und ringsherum in diesen Häusern schlafen nun die Schönen, Wundersamen.
> [...] Dem Schreiber fiel der Magen plötzlich um und auch das Herz, so viel an Wien war er
> nicht gewohnt. Zwei Ärzte [...] schickten ihn nach Haus. Adieu Wien. [...] Im Zuge nach

---

13 Jacob, Heinrich Eduard: Berlin Amerika. Notiz vor einer Abreise. Berliner Tageblatt 27.09.27 (m1b).

2.1 Verbindungen. Technisch-mediale Verknüpfung der Metropolen 167

> Berlin saß mit bläßlichem Gesicht ein armer Schreiber und summte wehleidig vor sich hin: „Es wird ein Wien sein, und mir wern nimmer sein, s' wird schöne Madln geben, und mir wern nimmer leben, adieu, adieu."«[14]

Die Autofahrt geht ins Blut, das Blut schießt in den Kopf, woraufhin der Mann rot sieht und mit seinen „Caballeros" die Stadt aufmischt. Der zeitwillige Feuilletonchef des *Berliner Tageblatts*, Fred Hildenbrandt, führt vor, mit welcher Bereitwilligkeit sich der metropolitane Berliner auf und in die Wienklischees stürzt. Selbst wenn er im modernen Fortbewegungsmittel anreist, so ist seine Wahrnehmung doch vom fröhlichen Regreß gekennzeichnet, so sehr, daß ihm selbst immerhin der Verdacht kommt, es könne ein kitschiges Szenario sein, in dem er sich bewegt. Es ist dem zureisenden Nachwuchs-Berliner vielleicht nachzusehen, wenn er sich angesichts all der Wiener Pracht und Herr- und Weiblichkeit allen Anschein von Intellektualität von der Seele schreibt und seinen Bericht über den Ausflug nach Wien mit den Worten eines Klassikers der Heurigen-Romantik beschließt.[15] Mit diesem Zitat ist er allerdings – obgleich schon in der Abreise begriffen – noch nicht auf dem Höhepunkt der Berliner Wienrezeption angekommen, sondern steigert sich zum preußischen Schlachtruf: „zum Heurigen! zur Zehnermarie!! zum Weaner Lied!!!".[16] Gut, daß es nach solchen Sängerknaben mit Altenberg-Reminiszenzen, die weinselig mit dem Fiaker vom Caféhaus zum Freudenhaus und so weiter fahren, neue Medien gibt, die die Anwesenheit derart gestimmter Schriftsteller und ihre Erlebensemphase obsolet machen.

> »Am 1. Dezember wird, wie bereits kurz berichtet, der Bildtelegraphendienst, zwischen dem Deutschen Reich und Oesterreich auf einer Leitung Berlin–Wien eröffnet werden.«[17]

In der Tat wird nach der Eröffnung über diese Verbindung, über die auch ein Teil der Zeitungsberichte läuft, späterhin nicht mehr berichtet, so daß von den technischen Grundlagen der Verbindung Wien–Berlin keine Rede mehr sein muß.

---

14   Hildenbrandt, Fred: Fahrt im großen Stil. Berliner Tageblatt 12.06.25 (a).
15   „Es wird ein Wien, sein und mir wern nimmer sein, 's wird schöne Madln geben, und mir wern nimmer leben, adieu, adieu." (Ebd.)
16   Ebd.
17   Ohne Autorenangabe: Sie können für 8 Mark ihr Bild nach Wien telegraphieren. Berliner Börsen Courier 27.11.27. – Vgl. dazu auch den eher technikgeschichtlich orientierenden Bericht von Kurt Joel: Bild-Telegraphie Berlin-Wien. Ein neuer Abschnitt der Nachrichtenübermittlung. Vossische Zeitung 02.12.27.

2.2 Kulturartikel

Kultur als Hochkultur bildet das „weite Feld", auf dem sich innerhalb des Feuilletons Vergleiche der beiden Städte angesiedelt haben.

Naturgemäß liegt gerade dies Terrain den Feuilletonisten der bürgerlich-demokratischen Zeitungen am Herzen, beteiligen sich doch einige von ihnen selbst an der Kulturproduktion. Aber auch bloß als Kritiker insistieren sie auf solcher Zugehörigkeit – und um so mehr, desto mehr sie ihnen von den Kulturproduzenten abgesprochen wird.[18]

Wir folgen also zunächst den Vergleichen der Stadt-Kulturen über die naheliegenden Sparten Theater und Literatur, die innerhalb des Feuilletons angestammt breiten Raum zugemessen bekommen, hin zu umfangreich angelegten Architekturbetrachtungen, die – verknüpft mit einigen der zentralen Vermittlerfiguren wie Peter Behrens oder Adolf Loos – Anlaß bieten, fundamentale Muster des interurbanen Kulturvergleichs zu thematisieren. Das Textmaterial zur klassische Musik wie auch zur populäreren Revueform war im Umfang eher unbeträchtlich. Da aber erstere signifikant für Wien, letztere für Berlin steht, soll es folgend wenigstens exkursorisch behandelt werden.

2.2.1 Theater

Eine der frühesten Ausführungen zum Verhältnis Wien–Berlin innerhalb unseres Untersuchungszeitraumes liefert Herbert Ihering.

Er vergleicht noch in den letzten Tagen des Weltkrieges die Theaterkritik der beiden Städte miteinander, wobei es ihm natürlich nicht nur um Theaterkritik geht, sondern um einen kulturtypologischen Aufschluß. Will man einen kulturpsychologischen Aufschluß gewinnen, muß die Verallgemeinerbarkeit der Beobachtung gewährleistet sein, muß sich im Beobachteten das Typische verdichtet haben. Ihering setzt dementsprechend folgende Prämisse:

> »Das Theater einer Stadt ist das Ergebnis ihres Publikums. [...] Das Theater ist der kontrollierbare Ausdruck der Stadt. Der ihn kontrolliert, ist der Kritiker. Auch er muß die Nerven für den organischen Kunstwillen der Menge haben.«[19]

---

18 Vgl. dazu auch den Abschnitt 3.3.4.
19 Ihering, Herbert: Theaterkritik in Wien und Berlin. Berliner Börsen Courier 01.10.18, Literaturbeilage, 9 (zur Jubiläumsausgabe).

2.2.1 Theater

Das Theater aktualisiert einen dramatischen Text scheinbar in Abhängigkeit von lokalen kulturellen Gegebenheiten, Traditionen und Erwartungen, Erfahrungen und Wünschen. Im *organischen Kunstwillen* artikuliert sich die Vorstellung eines am Ort über lange Zeit gewachsenen Verständnisses von dem, was Kunst heißt und heißen soll; von etwas Verwurzeltem, das sich festgesetzt hat und nicht ohne weiteres auszureißen oder zu ersetzen ist. Der über das Theater Schreibende muß dementsprechend in seinem Schreiben dem Genius loci, der sich in der Spezifität der Aktualisierung ausspricht, Rechnung tragen, Tribut zollen. Derartige Berücksichtigung meint nicht, daß der Kritiker einer „Heimatkunst" Hymnen zu singen habe, doch ist die Interaktion von Text, Aufführenden und Rezipierenden, Ihering zufolge, eben in diesen lokalen Hinsichten zu reflektieren.

Die Wiener Kritiker erweisen den heimatlichen Überlieferungen a priori ihre Reverenz und enthalten sich folgerichtig einer analytischen Kritik.

> »Weil in Wien Kritik bewußter Feuilletonismus ist, konnte sie mit der Sicherheit der Form über die Schwankungen des Urteils hinwegkommen.«[20]

Man bemerkt das Vertrackte der Konstruktion: Zwar ist der Feuilletonismus eine bewußte Entscheidung, ein Wille zu Formenspiel und stilistischer Selbstzweckhaftigkeit, andererseits legitimiert er eine uneingestandene, diffus erlittene Urteilsschwäche. Fraglich, ob sich hier nicht die Berliner Behauptung, in Wien gebe es einen Mangel an analytischem Vorgehen, mit dem Eigenanspruch der Berliner, reflektierte Kritik zu üben, vermischt. Ihering entwickelt die Berliner Kritik denn auch als kompensatorisches Gegenstück: sie verhält sich zwar abwehrend gegen Kitsch, aber nicht immer gegenüber Dilettantismus. Eindeutig im Urteil, ist sie unsicher in der Form und kennt keine „Leichtigkeit der Nuancen"[21].

> »Was für den Wiener Kritiker Laube und das Burgtheater ist, das war für den Berliner Erich Schmidt und das germanistische Seminar.«[22]

Dies Bild des kulturellen Gegensatzes ist jedoch mittlerweile historisch, durch den Krieg, durch Umbruch und Unsicherheit, aufgelöst worden. Die Theater und ihre Kritiker sind, nachdem ihnen die Nabelschnur der Traditionen durchtrennt wurde, auf der Suche und im Begriff, sich zu vermischen.

---

20 Ebd.
21 Ebd.
22 Ebd.

»Die Kritik befindet sich im Übergang von der alten Berliner Schule: der philologischen zu einer freieren, farbigeren Betrachtungsweise, die der Zustrom österreichischer Schriftsteller entband.«[23]

Bereits 1918 wird also eine kulturelle Einflußnahme der Österreicher auf die Reichshauptstadt – und damit die Auflösung säuberlich unterscheidbarer lokaler Traditionen – konstatiert. Eine Art Dialektik deutet sich an, deren dritter, synthetischer Schritt noch aussteht. Jedenfalls was die Theaterkritik anbelangt, denn diese muß erst noch den Mut finden, „den umschreibenden Feuilletonismus wie die registrierende Philologie zu entfernen und an ihre Stelle präzise Darstellung und intuitive Unterscheidung zu setzen".[24] Die Intuitivität der Unterscheidung scheint ein Zugeständnis Iherings an den Kriegspartner Österreich zu sein, von dem eben auch ein Teil in die Zukunft der Kritik eingehen soll – was von der Sache her nicht einleuchtet.

Nichts weniger als einleuchtend erscheint Alfred Polgar der Protest des Burgtheater-Dirigenten Felix Weingartner, der in der von Deutschland angebotenen materiellen Hilfe für die beiden Nationaltheater in Wien eine Gefährdung der „spezifisch österreichischen Kunst" sieht. Polgar fragt:

»Wieso nun reichsdeutsches Geld das spezifisch Österreichische der Wiener Kunst bedrohen sollte, verstehe ich nicht recht. Färbt die Valuta auf den Geist ab?«[25]

Das Wiener Theater besitzt ein Spezifikum – folgt man Polgar – in der Orientierung auf Persönlichkeiten, seien es Schauspieler, Regisseure oder Direktoren. Am Burgtheater als vorgeblich spezifischstem Theater stellt sich die Situation folgendermaßen dar:

»Die eigene Kraft, die das Burgtheater groß gemacht hat, war das Produkt von ein paar außerordentlichen darstellerischen Kräften.«[26]

Eine Aufzählung der verschiedenen Herkunftsorte und -regionen dieser Kräfte schließt sich an, aus der ersichtlich wird, daß ein Wiener Anteil so gut wie nicht vorhanden ist. Der Verlust lokaler Tradition, den Ihering erst in der durch das Kriegsende bedingten Krise ausmacht, wird durch Polgars Ausführung mithin zeitlich zurück verlegt. Die Konzeption ortsgebundener Spezifik, welche es vor dem Kriegsende gegeben habe, erweist sich so als illusionäres Konstrukt. Statt dessen läßt die Polgarsche Perspektive die Metropolen als

---

23   Ebd.
24   Ebd.
25   Polgar, Alfred: Randbemerkung zu einem ‚Protest'. Berliner Tageblatt 14.04.19 (a).
26   Ebd.

Mischorte diverser Kulturen erscheinen, die vielleicht gerade darin noch einmal eine Besonderheit formen, welche sie sich aber nicht als im emphatischen Sinn *eigene* Leistung zugute halten können, da kein Subjekt handelt, nicht einmal eine kohärente Identität auszumachen oder zu konstruieren ist.

Die Auflösungstendenzen der jeweiligen Kulturen – so es sie denn je gegeben hat – werden vollends deutlich, liest man den nachfolgenden Textauszug:

> »Was ist das ein wienerisches Schicksal? In die Ecke gedrängt zu werden, so lange man noch seine frische Vollkraft besitzt. Sich mit allem Reichtum hoher Gaben eines Tages als lästiger Bettler behandelt zu sehen. [...] In Berlin würde er heute dort stehen, wo Bassermann, Wegener, Moissi, Abel, Jannings angelangt sind. Vielseitig, [...] voll seiner Kultur und außerordentlich elegant, könnte er heute noch in Berlin, zum Beispiel, der Nachfolger Giampietros werden, der ja noch nicht ersetzt wurde, und der, wie man sich erinnert, gleichfalls aus Wien nach Berlin gekommen ist.«[27]

Jemand, der in Wien „voll seiner Kultur" ist, findet sich dazu verurteilt, von seinen Kulturgefährten mißachtet zu werden, wohingegen er in Berlin – das Fremde ausweisend – freundliche Aufnahme findet. Was, wenn man Polgars Ausführungen Glauben schenkt, nicht minder für Wien gilt, in dem Kulturschaffende fremder Abkunft gleichermaßen große Karrierechancen besitzen.

Aber möglicherweise existieren in der Bevorzugung des Fremden Differenzen; ein fünf Jahre nach Ihering vorgenommener Vergleich der Wiener und der Berliner Theaterkritiker legt dies nahe. Nachdem ein Wiener Kritiker ein Stück von Hermann Sudermann sowohl geschmäht als belobigt hat, kommentiert Robert Musil:

> »Ich glaube nicht, daß ein Berliner Kritiker sich das zu schreiben gestatten würde, aber ich gebe dem Wiener recht; er hat sich als Mann von Geschmack und Angehöriger „einer bekanntlich alten Kultur" von allem, was zwischen 1880 und heute geschah, nur gerade soviel von seinem Platz bewegen lassen, als unvermeidlich war, und nun er sich unmerklich zurechtrückt, darf er sich dazu beglückwünschen, daß seine Augen aus der Heysezeit die Welt immer ganz richtig so sahen, wie sie ist.«[28]

Dem Wiener Kritiker wird ein Konservatismus bescheinigt, den der Berliner offenbar nicht teilt. Wie schon in den Untersuchungen der topographischen Schilderungen zeigt sich die Wiener Kultur überlagert von Traditionsmomenten der imperialen Vergangenheit. Daß die Augen des Theaterkritikers gerade bis zur Heyse-Zeit zurückreichen, enthält angesichts der Tatsache, daß die originellsten Arbeiten Heyses in den fünfziger Jahren des

---

27   Salten, Felix: Ein Wiener Schauspieler. Berliner Tageblatt 19.05.21 (m).
28   Musil, Robert: Symptomen-Theater I. Neuer Merkur 1922, 179–186; hier 179.

19. Jahrhunderts entstanden – selbst wenn er erst 1910 den Nobelpreis erhielt –, eine zwiespältige zeitliche Begrenzung. Ist es möglicherweise so, daß Berlin die progressiven, gegen die Tradition verstoßenden Wiener aufnimmt, während die in Wien bewillkommneten Fremden Meisterleistungen im traditionellen Genre bieten, befördert durch unfähige, lediglich selbstgerechte Kritiker? Sollten diese Mutmaßungen richtig sein, dann scheint es nicht nur um die Wiener Theater, die nach dem Krieg in der Zeit der Inflation in eine Dauerkrise gerieten, wie häufige Meldungen von Schließungen, Direktorenwechseln und finanziellen Fiaskos nahelegen, schlecht bestellt zu sein, sondern auch um die Kritik des noch laufenden Geschäftes.

> »Wien hört sich gern eine Theaterstadt nennen: seine Feuilletonisten wiederholen es ihm so oft, wie sich nur ein Feuilletonist wiederholen kann; in Wahrheit ist es nur eine Schauspielerstadt. Wenn man zuhört, was vom Glanz vergangener Zeiten erzählt wird, sind es Namen von Schauspielern niemals Theaterdirektoren [...], und niemals Dichter. [...] Wenn ich Leistungen aufzählen wollte, die nach längerer Zeit noch in mir haften, so wäre beinahe kein Wiener Schauspieler darunter. Nur Gäste. Aber wesentlich daran ist auch: Nicht der Schauspieler kommt aus Berlin, sondern die Leistung. Ich wüßte auch hier eine große Zahl von Darstellern zu nennen; aber wenn ihnen Kraft oder Glück zur Flucht fehlen, werden sie schließlich brave kultivierte Bühnenbeamte. Dabei wird in Wien sicherlich doppelt soviel über die Schauspieler geschrieben und geredet als in Berlin.«[29]

Wie Polgar attestiert Musil eine Vorliebe der Wiener für die „darstellerischen Kräfte", die aber nicht aus Wien, sondern unter anderem aus Berlin kommen. Die einheimischen Mimen hingegen werden – selbst wenn sie fortschrittlich aufbrechen – von der Tradition eingeholt, sofern sie sich nicht rechtzeitig durch Flucht entzogen haben. Verblüffend ist jedoch, daß die mehrfach eingetretene und im Feuilleton angemerkte Stagnation des Theaterlebens keinen Wechsel, keine Neuorientierung erzwingt, sondern durch die zweite kulturell bedeutsame Größe Wiens, das Feuilleton, zugeschüttet, zugeschrieben werden kann. Musils Kritik des Theaters und der Theaterkritik mündet in eine Kritik des Feuilletons überhaupt, hierin dem Krausschen Lebenswerk verwandt. Es darf allerdings nicht außer acht gelassen werden, daß Musil sich selbst – und auch mit dieser Kritik – an der Feuilletonproduktion beteiligte, wobei sein Ausweichen auf Berliner Publikationsorte wie das dortige *Tageblatt* oder eben den *Neuen Merkur* auch die Differenz der Feuilletons markiert. Aus dieser Perspektive ist das Feuilleton in je andere soziokulturelle Ensemble eingebunden und formiert sich im Zusammenhang mit ihnen unterschiedlich: Das eine heißt Wien und enthält eine kompakte, omnipräsente und nahezu omnipotente Feuilletonfraktion, die geschlossen die Wirklichkeit

---

29 Musil, Robert: Symptomen-Theater II. Neuer Merkur 1922, 587–594; hier 587.

umschreibt, wohingegen das Ensemble Berlin als inhärentes Gegenbild, eine extrem diversifizierte, diskursive Feuilleton-Öffentlichkeit erzeugt, in der die Wirklichkeit umstritten wird. Das heißt aus einer anderen Perspektive auch, daß sich das Wiener Feuilleton viel stärker selbst thematisiert, da es weniger um Gehalte als um Stil und Personalia geht, während in Berlin mehr um das Bild der Wirklichkeit gestritten wird.[30] Der kompakte Feuilletonismus Wiens zeigt sich auch in dem Grenzort, den Karl Kraus mit seiner *Fackel* beziehen kann: so dezentral, daß alle anderen Feuilletonisten kritisiert werden können, die von diesem Grenzbereich aus in ein Zentrum distanziert werden, das es zuläßt, sie gemeinschaftlich als *Schmock*produzenten zu betrachten. Zugleich steht die *Fackel* nicht wirklich außerhalb des Feuilletonismus, sondern vermag unter den Feuilletonisten selbst noch genügend Anhänger und Freunde zu finden, die sich selbst und ihr Schreiben nie als grundsätzlich Kritisierbares begreifen würden. Es handelt sich also in gewisser Hinsicht um Bühnengefechte, die davon handeln, wie das Stück zu spielen ist, wer welche Rollen besetzen darf, und nicht darum, welches Stück gespielt wird – oder ob überhaupt.

Die Theatralisierung des öffentlichen Bereichs setzt eine gewisse Homogenität, Abgeschlossenheit und Überschaubarkeit voraus, eine Szene, die sich selbst als solche versteht und mit einer darstellerischen Mission begabt sieht. Die Darstellung zielt nicht auf das richtige Bild, auf einen Verismus oder Realismus oder dergleichen, sondern auf das richtige Bild der richtigen Gesellschaft, die gar nicht als existent vorausgesetzt zu werden braucht. Imagines einer möglichen schönen Gesellschaft, die sich allzu oft auf die *feine Gesellschaft* beschränken. Wenn Wien seine kulturelle Präsentation wesentlich auf eine theatralisierte Wirklichkeit abstellt, deren bedeutendster Exponent lange Zeit das Burgtheater war, dann muß die Theaterkrise das kulturelle Selbstverständnis und die Selbstverständigung im Kern treffen. Fundamentale Verunsicherung spricht sich in einem Artikel Karl Lahms aus, der die seinerzeitigen Wiener Diskussionen um das Theater referiert. Es heißt, Wiens große Theaterzeit sei vorbei, leide unter „Stillstand-Rückschritt", müsse eine Revolution erleben, aber durch Anton Wildgans, den damaligen Intendanten des Burgtheaters, finde nur Evolution statt. Es fehle die „soziale Erschütterung".[31]

---

30 Auf diese Problematik werden wir in einem beschließenden Abschnitt nochmals und dann ausführlicher eingehen.
31 Lahm, Karl: Berliner Bluff. Vossische Zeitung 18.02.22.

» „Warum Spiel und selten Erlebnis?" Es ertönt der Schrei nach Regie. Gegenruf: „Um Himmels willen, keinen Berliner Bluff!"«[32]

Kritik an Berlin, das meint vor allem Kritik an Leopold Jeßner, der zu derb und klotzig, zu „expressionistisch" sei. Sieht man von der Bestreitbarkeit solcher Kritik ab, bleibt festzuhalten, daß es in Wien einen Veränderungsbedarf gibt, daß eine Stagnation festgestellt wird und sich „die Gesellschaft" nicht über ihre Theaterkultur zu definieren vermag. Es fehlt die genannte soziale Erschütterung, die dem sozialen Wandel Einfluß im Theater geschaffen, ihn auf die Bühne gebracht hätte; jedenfalls scheinen die Wiener Kritiker so zu denken. Entgegen dieser Ansicht muß aber davon ausgegangen werden, daß das Wildgans zugeschriebene „bloß" Evolutionäre die Veränderung adäquater abbildet, wohingegen der „Berliner Bluff" eine Tiefe der politischen Zäsur unterstellt, die bewahrt und ausgebaut hätte werden müssen, um sich im Berliner Theater gespiegelt zu finden. Unzufrieden mit den überkommenen Formen, in Abgrenzungsnot zu den in Berlin entwickelten Theaterformen hat man in Wien selbst Max Reinhardt bislang ferngehalten, weil man ihn zum Berliner Bluff zählte. In Berlin hingegen gilt er als *der* Wiener Theatermacher.[33] Eine Handlungsunfähigkeit stellt sich ein, bis ein neues Muster gefunden wird, in dem sich Eigenständigkeit und Modernisierung zugleich behaupten lassen. Dieses neue Wiener Theater ermöglicht dann Konstruktionen wie die nachfolgende, die Heinrich Eduard Jacob anläßlich der Aufführung von Max Mells ‚Spiel von der Nachfolge Christi' am Burgtheater veröffentlichte.

»Denn wie das Drama der Norddeutschen mit seinen Gipfeln in Kleist und Hebbel niemals den Willen zu Shakespeare verleugnen kann, so das Drama der Österreicher niemals den Willen zu Calderon. Hie Aktion, hie Passion! Hie Held, hie Heiliger! [...] Gerade wer auf politischem Gebiet so unitarisch wie möglich denkt, muß auf kulturellem, auf künstlerischem Gebiet föderalistisch denken. [...] Die österreichische Literatur ist eine südosteuropäische Literatur in deutscher Sprache, eine Literatur, die nicht dem deutschen Norden, sondern auch dem slawischen Osten und dem italienischen Süden sehr viel verdankt. Sie ist eine Literatur, deren höchsten Aussagen mit demselben Recht immer in die Schicksalsgebundenheit des Barocks und in das Weltgefühl der Gegenreformation gravitieren werden, wie in Berlin jedes wirkliche Kunstwerk und jede wirkliche Geistestat immer auf der protestantischen Tugend der Revolte, der Loslösung des Individuums basieren wird. Es gibt

---

32 Ebd.
33 »Die Hauptrolle spielt Max Reinhardt. Seine Annäherung an Wien ist eine Heimkehr. Denn Reinhardts Ursprung ist wienerisch; seine Kindheit, seine künstlerisch Erziehung seine ersten richtungsweisenden Eindrücke heißen: Wien. Genauer: Burgtheater. Wer Reinhardts Wesen und Arbeit nur ein wenig tiefer durchsucht, findet auf ihrem Grund Wiener Tradition und Wiener Barocke.« (Salten, Felix: Wien und Max Reinhardt. Eine Komödie unter Theaterleuten. Berliner Tageblatt 02.12.22 (a).)

2.2.1 Theater

eben zwei deutsche gleichberechtigte Kulturen. Eine, die immer protestiert, sich des Gefühls und der Tränen schämt, die kurz und abgehackt schreibt, denkt und spricht (weil sie rührenderweise glaubt, daß zu viel Gefühl die Wahrheit schädigen könne) – und die andere, deren Menschen immer Zeit haben für Beichten, für lange Beichten auf religiösem, dichterischem und psychoanalytischem Gebiet (weil sie rührenderweise glaube [sic!], daß nur ein hemmungsloser Ausbruch des Gefühls die Wahrheit herausschwemmen werde). [...] wie gesetzmäßig [...] das Auftreten der Jeßner und Sternheim, Piscator und George Groß innerhalb des deutschen Gesamtkunstraums ist. Es ist recht eigentlich die friderizianische Welle, mit der sie kamen und deren männlich-freches Weltgefühl sie verteidigen. Gut, daß sie's tun! Wie wenig jedoch von einer direkten Hegemonie der Berliner Ästhetik gesprochen werden kann, zeigt, daß ein Stück wie das von Mell überhaupt gedichtet werden konnte.«[34]

Die Inszenierung eines zugestandenermaßen christlichen Schauspiels im Wiener Theater ruft eine dualistische Kulturtypologie auf, die in ihrer konfessionellen Orientierung zwei wesentliche Intellektuellen-Kulte völlig vergißt: den Atheismus und die jüdische Religion. Die Typologie, die allein aufgrund dieser beiden entscheidenden Auslassungen als unzureichend betrachtet werden kann, reicht aber möglicherweise auf einer phänomenologischen Ebene, die den Bereich der in beiden Städten jeweils vorzugsweise akzeptierten Kulturerzeugnisse umfaßt, hin. Es geht dann natürlich nicht an, eine Hegemonie der „Berliner Ästhetik" in Wien zu behaupten, selbst wenn nach ästhetischen Kriterien diese die überlegene ist. Aufgrund kulturhistorischer Entwicklungslinien läßt sich aber wohl eine Dominanz der Wertschätzung des Katholischen in Wien ausmachen, da sich die begüterte, kulturkonsumierende Schicht eher in diesem gespiegelt, repräsentiert sehen möchte als im mißtrauisch ob seiner kritischen Potenzen beäugten „jüdischen Intellektualismus". Die unausgesprochene Einigung auf einen kulturellen Common sense dürfte eine Folge der Krise des Habsburger Reiches sein, in dem sich die Wiener kulturfinanzierende Schicht mehrheitlich zusammenschließt, um die von *außen* andrängenden nationalistischen, sozialistischen, avantgardistischen Bestrebungen abzuwehren. Berlin mit seinen religiös-indifferenten liberalen Traditionsmomenten kann dementgegen nicht auf *eine* Traditionslinie gesetzt werden, vielmehr wurde es in den aufeinanderfolgenden Modernisierungsschüben seit Industrialisierung und Reichsgründung zu einem Ort der Vermischung, des Neben- und Durcheinander wie auch des Übereinander diverser Traditionen: Juden, Lutheraner, Hugenotten, gelegentliche Freidenker und noch gelegentlichere Katholiken, ostelbische Junker und Landarbeiter, ländliche Ostjuden und emanzipierte Stadtjuden, adlige Revolutions-

---

34 Jacob, Heinrich Eduard: Max Mells österreichische Sendung. Berliner Tageblatt 16.02.28 (m).

flüchtlinge und russische Revolutionäre, preußischer Adel und polnische Proletarier, Kapitalisten und kleinbürgerliche Handwerker etc. Kongruenz und Divergenz differenter Traditionslinien lassen Berlin zu einem Ort werden, der keinen kohärenten Selbstentwurf mehr zu erstellen vermag, keine dominierende kulturelle Repräsentanz aufweist, und damit konstitutionell offener ist für das kulturell Andere oder Neue.

Die Heterogenität des kulturellen Hintergrunds eröffnet den Außenseitern Karrieren von immenser Geschwindigkeit:

>»In dem gemächlichen Tempo, das den Wiener als Lebenskünstler auszeichnet, hat Hans Moser dreißig Schauspielerjahre gebraucht, um Berlin zu erreichen; aber kaum vier Jahre weniger, um in Wien, seiner Heimatstadt, berühmt zu werden.«[35]

Sechsundzwanzig Jahre, um in Wien eine Berühmtheit, eine Größe zu werden. Nachdem er sich durch die relativ geschlossene Gesellschaft der Wiener Kunstszene nach oben gearbeitet hat, bedeutet es eine vergleichsweise geringe Mühe, von dort nach Berlin zu gehen, um dem Erfolg die Krone aufzusetzen. Berlin wurde für die Theaterkünstler in mehr als einer Hinsicht attraktiv, da nicht nur die dortigen Theater den Wienern den Rang ablaufen, sondern sich zudem die Filmindustrie vor den Toren der Stadt etablierte, so daß Schauspieler und Regisseure relativ leicht Gelegenheit zum Medienwechsel finden (was ja auch Hans Moser gelang).

Doch an Berlins Theaterszene wird auch Kritik geübt:

>»Das Fehlen jeglichen ‚Snobismus' ist ein wichtiges Kennzeichen der Theaterstadt Wien. [...] Während in Berlin beinahe unter allen Umständen alles Neue Erfolg hat, bleibt in Wien unter allen Umständen alles Alte ungestürzt. [...] Während der Berliner geneigt ist, das ‚Intellektuelle' schon für das Wahre-an-sich zu halten, ist der Wiener nicht gegen Lügen gefeit, die aus der Gefühlssphäre kommen.«[36]

Wiederum schreibt sich die Geschichte vom progressiv intellektualisierten Berlin fort, das mit dem eher sentimental-konservativen Wien kontrastiert. Während die sagenhafte Vernünftigkeit Berliner Theaterbesucher snobistisch-arrogant wirken läßt, mutet die Wienerische Naivität liebenswert an. Intellektuelle Ahnungslosigkeit führt in Wien dazu, daß Berliner Stücke, etwa Georg Kaisers *Oktobertag*, daran scheiterten, daß „plötzlich der intellektuelle Druckknopf die ganze Geschichte auf eine metaphysische Oberbühne heben"[37] wollte. Aber „kein Druck auf den Intellekt, sondern ein leises

---

35 Wittner, Victor: Der Wiener Komiker Hans Moser. Vossische Zeitung 09.06.28.
36 Jacob, Heinrich Eduard: Theaterstadt Wien. Berliner Tageblatt 29.12.28.
37 Ebd.

2.2.1 Theater

Berühren des Herzens befördert das [Wiener, d. A.] Publikum hinauf"[38]. Karl Lahm bringt die Differenz auf eine schlichte Formel:

»In Berlin hört man etwas gelehrter zu, in Wien mit etwas weniger schwarzen Hornbrillen; Erstarren – Vibrieren.«[39]

Die vibirierende Gefühligkeit als Wiener Charakteristikum wird auch in der Märkischen Metropole mit Erfolg vorgeführt, entpuppt sich als Exportschlager; so gibt es explizite Versuche, das Wienerische auf der Bühne dauerhaft zu installieren.

»Das Ensemble Leopoldi-Wiesenthal macht im Nelson-Theater den Versuch, die Wiener-Atmosphäre auf den Berliner Kurfürstendamm zu übertragen. In seiner Zusammensetzung unterscheidet sich dieses Kabarett kaum von seinen Berliner Rivalen; [...] Fritz Wiesenthal konferiert das Programm; liebenswürdig mit wienerisch-jüdischem Akzent, immer lustig pointierend, stets über der Situation stehend, selbst noch in Augenblicken, da er scheinbar sentimental wird.«[40]

Der oder die Berichtende wird angesichts solch massierter Verkaufsorientierung unwillig. Man wünscht zwar, mit vorgeführten Klischees betrogen zu werden, doch ohne den Betrug zu merken. Die Indezenz dieses Ensembles führt zu seiner äußerst kritischen Beurteilung, in der das inszenatorische Moment der ersehnten Sentimentalität ebenso hervorgehoben wird, wie die mangelnde Andersartigkeit zu dem in Berlin Gewohnten, was angesichts der Vielzahl von in Berliner Theatern und Kabaretts tätigen Wienern nicht sonderlich verwundern kann. Anders gelagert ist die Situation in Wien: Die dortige Theaterszene braucht nicht das Exotische ständig zu erneuern, sondern kann sich andernorts mit zugkräftiger Ware eindecken.

»Der Grundsatz, von dem sich die wiener Prosa-Bühnen bei Festsetzung ihrer Spielpläne leiten lassen, ist einfach: es kommen jene Stücke zur Aufführung, die in Berlin hundert Mal über die Bühne gegangen sind. [...] Bei derlei Prinzipien der Repertoirebildung müßte das Bedürfnis Wiens nach neuerm, besserm, vom Atem der Gegenwart belebtem Theater kläglich ungestillt bleiben, wenn nicht der Schutzgeist, der über der alten scheinlebendigen Theaterstadt waltet, es listig so gefügt hätte, daß sie ein solches Bedürfnis gar nicht hat. Eine ähnliche Erwägung tröstet auch darüber, daß die begabten jungen österreichischen Dramatiker nicht zu Worte kommen. Es wäre wirklich traurig, wie schlecht sie daheim dran wären, wenn es sie gäbe.«[41]

---

38 Ebd.
39 Lahm, Karl: Wiener Beifall. Vossische Zeitung 01.06.22.
40 -ger: Das Ensemble Leopoldi-Wiesenthal. Berliner Tageblatt 03.06.25.
41 Polgar, Alfred: Theater in Wien. Weltbühne 22.01.29, 147.

In Wien scheint der einstmalige Anspruch, Theaterstadt Europas zu sein, aufgegeben zu Gunsten des bereitwilligen Imports von Berliner Erfolgsstücken.

Der Wiener Schauspieler bedarf einer Folie, vor deren Hintergrund er seine Viennität herausstellen kann. Folgerichtig heißt es in einem Nachruf auf den Mimen Josef Giampietro, der aus Wien zu Max Reinhardts Berliner Schauspielstab kam, von dort zum Metropol-Theater wechselte und schließlich in den Freitod gegangen war:

> »Er war einer von den Wienern, die das spröde Berlin im Sturm erobert haben. Liebling der Berliner. Und besonders der Berlinerinnen. [...] Mit seinem Wienertum. Mit all dem an ihm, was den Berlinern entgegengesetzt war. Mit seinem göttlichen Leichtsinn. Mit seiner lebenstrunkenen Leichtigkeit. Es war nichts an ihm, was nicht wienerisch war: Gesicht (eines österreichischen Aristokraten), Haltung (eines österreichischen Offiziers), Sprache (in allen Nuancen des Wienerischen). Sogar die Fähigkeit, sich unglaublich schnell an Berlin zu assimilieren, ohne das Wienerische aufzugeben. [...] Der eine Mann konnte einer Stadt ein ganzes Gesellschaftsleben ersetzen. Er wurde tonangebend und nachgeahmtes Vorbild in allen Fragen der Eleganz.«[42]

Die Sympathie, die Giampietro offenbar besonders von Frauen entgegengebracht wurde, rührt daher, daß er alle den Berlinern liebgewordenen Klischees vom Wienerischen auf die Bühne bringt und auch im Aprés-Bühne durchhielt. Die Darstellung deutscher Südlichkeit, verwandt und doch anders durch Lebenskunst und Liebenswürdigkeit, bestätigt zum einen kulturelle Vorurteile als wahr, bestätigt andererseits aber auch die Berlinische Eigenvorstellung und das gefällige Leiden an derselben. Diejenigen, die Klischees bedienen und wirklich werden lassen, können der Dankbarkeit ihres Publikums gewiß sein, wie sie sich als Wiener, als Abgesandte der Stadt der Liebe, auch sicher sein können, Ort der offensichtlichen „geheimen Wünsche" zu werden. Es nimmt nicht wunder, wenn die Umsetzung des Klischees in Wien nicht dieselben Erfolgsmöglichkeiten besitzt, da dort das alltäglich Vorhandene – oder so Imaginierte – nur von geringem Publikumsinteresse sein dürfte. Das Viennität in Wien keinen sonderlichen Erfolg zeitigt, liegt nicht an einer Differenz der Eigenvorstellung zu dem Berliner Bild. Sofern sich ins Vorurteil über die fremde Kultur eigene Überlegenheitsdünkel mischen, wissen sich Wiener und Preußen in wechselseitiger Geringschätzung einig. Anläßlich einer Berliner Aufführung des von dem Österreicher Stefan Großmann geschriebenen Stückes zeigt sich deutlich die österreichische Variante der Verbindung von Vorurteil und Überlegenheitgefühl:

---

42 Kahane, Arthur: Giampietro. Berliner Tageblatt 02.01.31.

»Es ist gut, daß dieses politische Schauspiel eines Österreichers aus dem Wien von 1917 gerade jetzt herausgekommen ist, in den Tagen des Zollvertrages mit Österreich, da (man darf nur nicht laut darüber sprechen) der Anschluß wieder einmal an der Tagesordnung ist. Er wird wohl einmal kommen müssen, wirtschaftliche Gründe sprechen dafür, man muß wohl sogar dafür plädieren. Aber sozusagen eine Minute vor Torschluß kann noch eine Wahrheit riskiert werden: er wird zustandekommen auf der Basis einer vollkommenen Verachtung Preußens für Österreich. [...] Die Verachtung für die Österreicher ist für einen politisch linksstehenden Preußen das, was der Antisemitismus für den rechsstehenden ist: ein erlaubter Anlaß, Überlegenheitswünsche unkontrolliert loszuwerden. [...] Da ist es denn gut, wenn hier Berlin einmal hört, daß man im alten Österreich ganz ähnlich über Preußen dachte – fünf Minuten vor dieser Ehe, die wahrlich alles von einer Vernunftehe, nichts von einer Liebesehe an sich hat. Einen Schaden kann's heute nicht mehr stiften [...]: das sind ja vergangene Zeiten, das heutige Wien verachtet wahrhaftig niemanden mehr außer etwa sich selbst [...].«[43]

1931 taucht aus der zwischenzeitlichen Versenkung wiederum der Anschluß auf, doch nun mit anderen Vorzeichen: War er zuvor als einerseits überlebensnotwendiges ökonomisches Erfordernis beschrieben worden und mit dem Versprechen des nationalen Familienglücks aufgeladen gewesen – Berliner Bräutigam und Wiener Braut –, so wird nun nur noch von einer „Vernunftehe" gesprochen, der eine augenscheinliche Feindseligkeit zugrunde liegt, die für die Zukunft solcher Partnerschaft nichts Gutes erwarten läßt. Preußisch-berlinische Überlegenheitsgefühle korrelieren mit ebensolchen österreichisch-wienerischen oder taten dies zumindest in den Kriegsjahren, während derer man noch eine realistische Konkurrenz der beiden Kulturen imaginieren konnte. 1931 hingegen ist Wien eine Großstadt und Berlin die Hauptstadt eines für Europa zentralen Reiches, was, wenn man dem letzten zitierten Satz Glauben schenken darf, auch den Wienern unzweifelhaft ist.

2.2.2 Bücher

Theater und Dramen, Schauspieler und Inszenierungen wurden im vorhergehenden in ihrer feuilletonistischen Präsentation nachgezeichnet, verschiedene damit verbundene kulturelle Klischees wurden entfaltet, nun soll nach der Dramatik die Prosa in ihrer Wahrnehmung durch das Feuilleton geschildert werden. Auch für diesen Abschnitt werden diejenigen Artikel herangezogen, die aus der Betrachtung der Belletristik allgemeinere Bestimmungen des kulturellen Verhältnisses von Wien und Berlin zu gewinnen suchen.

---

43   -s: Das alte Österreich auf der Berliner Bühne. Stefan Grossmann: Die beiden Adler. Literarische Welt 14,15/1931, 9.

Anläßlich einer Sammelrezension zu Texten von Paul Zifferer, Arthur Kahane, Stefan Großmann und Alfred Polgar versucht sich wiederum Herbert Ihering an einer Charakteristik der Wiener Prosa:

> »Die literarische Begabung ist in Berlin individuell, in Wien allgemein. Darum sind in Berlin halbe Talente gequält und unmusisch, in Wien leicht und beflügelt. Der norddeutsche Schriftsteller, der sich nicht allein auf sich stellen kann, findet in der Atmosphäre keine Unterstützung, der österreichische wird von ihr über sich hinausgetragen. Die Wiener Literatur ist mehr das Zeugnis für die Begabung der Stadt, als für die Begabung des Einzelnen. In dem Entgegenkommen der Sprache, in dem Hingebreitetsein der Tradition, die das Wort befreit, bevor es die Persönlichkeit erreicht hat, liegt das Glück und das Unglück der österreichischen Dichter.«[44]

Dunkel ist die Einsamkeit des Norddeutschen, wie die Kollektivität des Wieners hell und freundlich ist. Dunkel ist auch, wie letzterem die Sprache entgegenkommen soll und vor allem wie sie durch die Tradition befreit worden wäre. Eine Tradition der Sprachbefreiung hat 1919 vielleicht Berlin durch den Expressionismus der *Sturm*- und *Aktion*-Kreise. Die Wiener Literaten brachten zwar schöne Narzissen und Pilze – denkt man an Dörmann oder Hofmannsthal[45] – hervor, doch kann von der Befreiung der Sprache wohl nicht in Hinsicht der Literatur, sondern allenfalls im Blick auf die Psychoanalyse gesprochen werden.

Ihering widerlegt, indem er das Glück der Wiener Schriftsteller im „Niveau des Farbigen und Anschaulichen"[46] und ihr Unglück in der persönlichen Unverantwortlichkeit ausgemacht hat, die Beschreibung der Theaterhemmnisse. Waren jene dadurch gekennzeichnet, daß kaum Entwicklungsmöglichkeiten gegeben waren, statt dessen der Zwang zu Tradition und Konformität allgegenwärtig, so scheint dementgegen die Literatur und ihre Szene in Wien im Garten Eden zu sein. Frei und vom Kollektiv emporgetragen entsteht eine anschauliche Literatur ohne die Qualen, die Schriftsteller sonst mitunter plagen, da nicht eigentlich sie die Feder führen, sondern die Stadt selbst als Muse und Autor zugleich fungiert.

Norddeutsche Kleinlichkeit auf seiten Iherings zu monieren, daß es daher eine abzulehnende persönliche Unverantwortlichkeit der Literaten gäbe. Wer will schon, fragte man ihn vorher, der Märtyrer des Textes sein? Dem Kriti-

---

44 Ihering, Herbert: Wiener Prosa. Berliner Börsen Courier 03.08.19.
45 Felix Dörmanns Gedicht „Was ich liebe" exemplifiziert den nervösen Narzißmus der Fin de siècle-Lyrik, wie der als Chandos-Brief bekannt gewordene Text Hofmannsthals die Sprachkrise im Bild der abstrakten Worte, die im „Munde wie modrige Pilze" zerfielen, einfängt. Beide Texte in Wunberg, Gotthart: Die Wiener Moderne. Stuttgart 1981.
46 Ihering, Herbert: Wiener Prosa. Berliner Börsen Courier 03.08.19.

2.2.2 Bücher

ker scheint solch quälendes Aneignen der Sprache und Bewältigen der Form jedoch unabdingbar:

> »Der Wiener Literat hat durch die Leichtigkeit des Produzierens, das Gefühl für das verloren, was ihm liegt. Die Atmosphäre verführt. So wird, was als Skizze gut wäre, Novelle, und was als Novelle gut wäre, Roman.«[47]

Ihering skizziert den Kontrast einer fehlgeleiteten Kultur der Oberfläche mit einer nicht minder defizitären Kultur der Tiefe. Darin unterliegt der Wiener Dichter „den Einflüssen der Atmosphäre", was aber nicht mit Mode gleichzusetzen ist, denn es gibt eine Konstanz des Wiener Schreibens, die in der Qualität der kleinen Form, der detaillierten Beobachtung und der ziselierten Sprachgestalt zu liegen scheint.

Dieser Dauerhaftigkeit auf seiten der Literaten korreliert die Konstanz der Atmosphäre, die die Schriftsteller weiter trägt und treibt – hin zu einer Vergrößerung, die die zugrundeliegenden Qualitäten aushöhlt, der moussierende Champagner wird zur Seifenblase. Vor derartiger Leichtigkeit ist der Norddeutsche und vor allem der Berliner gefeit, da seine Tendenzen eher auf das Zergrübeln, Zerkrümeln gehen, auf analytische Durchdringung des literarischen Vorwurfs, die er angesichts einer gleichermaßen analytisch gestimmten Leserschaft auch nicht umgehen kann.

Durchschnittliche Wiener Prosa wird Ihering zufolge des weiteren bestimmt durch ein Übergewicht von Stilisierung und Psychologie, aber beide sind „nicht Notwendigkeiten des Organismus, sondern Zufälligkeiten der Aktualität".[48] Als Beispiel für diese dubiose, nicht-organische Literatur dienen ihm Zifferers und Kahanes Werke; sie „sind nicht an sich, sondern an ihren Vorgängern zu Dichtungen geworden".[49] Die eingeklagte, aus einem lebensphilosophischen Kontext stammende Organizität der Dichtung hat in Wien angesichts der literarischen Tradition anscheinend keine Chance, sondern wird dominiert von Bibliotheksphantasien, die sich auf vorgängige Texte beziehen und durch diese ihre – vor allem stilistische – Problematik vorgegeben finden.

Die Bearbeitung allein der Textoberfläche gilt Ihering als décadence-Symptom, da hier keine unmittelbare Erfahrung durchgearbeitet wird und bewältigt werden muß, es keine dichterische Not gibt, sondern das Schreiben die vermittelte Erfahrung und mehr noch die Form der Vermittlung betrifft.

---

47 Ebd.
48 Ebd.
49 Ebd.

Gegen den emphatischen Begriff von Wirklichkeit und Leben, der hinter diesen Ansprüchen steht, kann sich lediglich ein namentlich genannter Wiener Autor behaupten; die positive Ausnahme heißt erwartungsgemäß Alfred Polgar:

> »Auch durch Alfred Polgar schreibt Wien hindurch. [...] Polgar hat fast als einziger in Wien das Verantwortungsgefühl vor seiner Art, dem Thema und der Form. Er bleibt bei der Skizze. Und ohne Absicht werden diese kleine aktuellen Arbeiten [...] zu Miniaturnovellen – durch ihre eigene Intensität, durch die leichte Kraft ihrer Anschaulichkeit und durch die männliche Anmut ihres Stils! Ich halte Polgar für keine kritische aber für eine ungewöhnliche Darstellungsbegabung. [...] In Polgar ist die Wiener Tradition noch einmal schöpferisch geworden, ohne den Schriftsteller selbst aufzulösen.«[50]

„Leichte Kraft" und „Anmut" des Stils vermögen also auch den gestrengen Berliner Kritiker zu überzeugen, sofern sie mit den wesentlichen Zusatzbestimmungen Männlichkeit und Intensität gepaart sind. Die vorherige Kritik gilt folglich einer Verweiblichung und Schlaffheit der Literatur, in welcher sich Schriftsteller auflösen, um ins Reich der Mütter einzugehen. Es bildet sich eine Differenz zwischen der eingeklagten Organizität des Kunstwerks und der unorganischen, kämpferischen Attitüde des Schriftstellermannes, die ihren Fluchtpunkt in der organischen Konstruktion des lebensnahen Ingenieurs aus dem Volk findet.[51] Daß vor dem Hintergrund der ideologischen Versatzstücke, aus denen sich die Kritik speist, Ihering am Ende der Weimarer Republik für nationalsozialistische Ideologeme anfällig war, verwundert nicht sonderlich.

Über diesen Standpunkt und seine Kritik hinaus gibt es in Berlin natürlich auch die Wertschätzung der Wiener Literaten. Und um in den bisherigen Klischees zu bleiben, folgt solcher Zuneigungsbekundung auf dem Fuß die analytische Begründung dieser Wertschätzung:

> »Es war Sinn darin, daß Arthur Schnitzler seinen sechzigsten Geburtstag in Berlin feierte, nicht zuhause, im Wiener Cottage. Sein literarischer Geburtsort ist Berlin, wie ja alle stärkeren Österreicher nicht hätten leben können ohne die Kräftigung und den Rückhalt, den sie in Deutschland fanden. [...] Ich begreife, daß man ihnen in Wien nicht so begeistert dankt wie in Berlin. Der Wiener leidet an dem „Laster der Analyse", in Wien wird viel zu viel psychologisiert und das bohrt die starken Triebkräfte an. [...] Sie lehrten die Preußen, ein wenig Psychologie der kleinen, großen Liebe treiben, sie lehrten den jungen preußischen Triebmenschen nach dem seelischen Gesicht seiner Partnerin zu forschen. In Preus-

---

50   Ebd.
51   Vgl. zu den Ingenieuren und ihrem Diskurs: Schütz, Erhard: „Synthese von technischer Lebenshaltung und Geisteskultur" oder Gesellschaftsmangel und Gemeinschaftssuche. Literarisch-publizistische Ingenieurskultur in der Weimarer Republik. Jahrbuch zur Literatur der Weimarer Republik 1/1995, 93–114.

sen ist die Psychologie noch lange kein Laster, hier ist sie noch immer ein Ausnahmefall. Deshalb brauchen wir Sie, unschätzbarer Arthur Schnitzler, in Berlin nötiger als in Wien [...].«[52]

Machte Ihering auf beiden literarischen Seiten Defizite aus – wenn auch die der Wiener Literatur deutlich überwogen –, so gibt es im zitierten Passus nicht im eigentlichen Sinne Mangel, sondern lediglich differente Schreibweisen, die sich wechselseitig perfektionieren. Die kulturellen Charaktere scheinen vertauscht worden zu sein: dem tief gründelnden, zu analytischen Wiener stehen die preußischen „Triebmenschen" gegenüber. Die tieferliegende Übereinkunft beider Kritiken liegt in der in diesem Text unausgesprochenen Männlichkeit, die dem Norddeutschen vorbehalten ist, der in einem (kulturellen) Klima lebt, das nur die stärksten Wiener überleben, dann aber – frei nach Nietzsche –, da nicht umgebracht, härter geworden, erst ihre wahren Qualitäten erweisen. Auch für die Literaturkritik scheint also der Süden das Weibliche, Weichliche zu präsentieren. Ein Ordnungsschema, das mit verschiedenen Implikaten aufgeladen werden kann: Tiefe und Oberfläche, Ichbehauptung und Ichzersetzung, Soziologie und Psychologie, Psychoanalyse und Triebhaftigkeit, Leichtigkeit und Schwere, Stil und Inhalt, Kollektivität und Individualität. Munter laufen die scheinbaren Dichotomien quer in den verschiedenen Beschreibungen der Wiener Literatur, und fixierbar bleibt vor allem jenes grundlegende Paradigma von Nord und Süd gleich Mann und Frau. Hinter der geographisch verbindlichen Ordnung lauert die schwammige Projektionsfläche, die die Bilder, die jeweils im Kopf des Autors lagern, vorstellt.

Derartige Deutungsdualismen besitzen offenbar eine langwährende Tradition und ebensolche Dauer; wahrscheinlich reichen sie bis zu den ersten konfliktuellen Auseinandersetzungen zwischen Preußen und Österreich zurück, wo sie sich im Gegensatz der Herrschergestalten Maria Theresia und Friedrich, dem „Großen", manifestierten. In der Besprechung einer Wienschilderung Adolf Glaßbrenners, der ad personam das in Rede stehende Schema veranschaulichte,[53] finden sich die genannten Topoi in der Mitte des 19. Jahrhunderts bereits vor.

»Er [Adolf Glaßbrenner – d. A.] schrieb ein kleines Buch „Bilder und Träume aus Wien", und wir sehen, wie [...] das spätere, das aktuelle Problem „Wien-Berlin" anklingt. [...] Die ganz bestimmte, und doch ein wenig unklare Stimmung verschiedener Lebensart, die ei-

---

52 Ohne Autorenangabe: Von der kleinen Liebe. Tagebuch 1922, 766 f.
53 Glaßbrenner wurde bekannt durch seine politisch-pittoresken Darstellungen des Berliner Eckenstehers Nante und war mit einer Wiener Schauspielerin verheiratet.

nerseits auf harte, scharfe Erfüllung eines Lebenswillens erpicht ist, andererseits aber aus den Gegebenheiten einer weichen Tradition emporwächst, lächelnd und nicht lachend wie die andere, bis zur Selbstverleugnung kritisch und damals noch in der Vollblüte ihrer Lebensform. In Berlin kommt es auf den Willen an, in Wien auf die Form. Berlin ist protestantisch, also hart, exakt, kühl-überlegend; Wien hingegen ist einem weichen warmen Katholizismus ergeben, dialektisch eingestellt, wie etwa ein barocker Jesuitismus, aus glücklicher Landschaft emporwachsend.«[54]

Wille und Form, Weichheit und Härte, Kälte und Wärme, Protestantismus und Katholizismus: neue Varianten im fundamentalen Geschlechterdualismus. Weiblichkeit bildet ein Attribut, das dem Feuilletonismus im Gegensatz zur höheren Literatur, die dann notwendig maskulin attribuiert ist, zugeordnet wird.[55] Eine andere Umsetzung der pejorativ gebrauchten Feminisierung besteht in der Infantilisierung:

»Wäre es nicht sinnvoller, Georg Strelisker durch die Post (statt durch einen Vortrag) zu fördern? Durch die Mitteilung der Adressen, denen er seine Feuilletons einsenden kann? Ein spaßiger Feuilletonjunge, so oft er offen zugesteht, was er ist und will, aber gefährlich, wenn er in dämonischen Romanen mit sechzig Kilometer Stundengeschwindigkeit die gesamte Verzweiflung [...] dahinschliddern läßt oder zum Vergnügen der illustrierten Blätter den Ton der klassischen Novelle sentimentalisch nachahmt. Ihn in dem kleinen Meistersälchen auf Exklusivität zu setzen, ist eine Widertat, denn dergleichen erhält seinen (Gebrauchs-) Wert nur durch Legierung mit Druckerschwärze und hat ohne diese keinerlei Realität.«[56]

Das gesprochene, gelesene Wort, das Realität schafft, war am Anfang und bei Gott und in der Nachfolge bei den Vätern. Schwarz und Weiß des Feuilletons sind dementgegen irreal, für den Tag geschriebene Flüchtigkeit, wandelbar wie ein heranwachsendes Kind, oszillierend wie die Frau oder ihr Imago. Der Feuilletonist ist nicht der große einzelne, der es irgend verdiente, herausgestellt zu werden, sondern ist kaum zu identifizierendes Partikel einer amorphen Schreiberschaft. Vor diesem Hintergrund erscheint das österreichische Literaturgenre Feuilleton als eine Art Reservat, dem auf längere Sicht niemand zu entrinnen vermag; selbst der exponierteste Kritiker des Feuilletonismus kann diesem noch zugeschlagen und feminisiert werden.

»Es hätte wenig Zweck, Karl Kraus auf das hysterische Geschimpf zu antworten, das er im letzten Heft der „Fackel" gegen die Berliner Kritik losläßt, wenn man nicht einen Ausblick auf die geistige Einstellung einer ganzen Stadt, einer ganzen Literatengruppe gewinnen könnte. [...] Seiner zuverlässigsten Helfer: der K. u. K. Monarchie und der Wiener Theaterkritik beraubt, darauf angewiesen, positive Ideen zu äußern, kommt Karl Kraus noch

---

54 Hatvani, Paul: Glaßbrenner in Wien. Berliner Börsen Courier 22.08.22.
55 Vgl. Schütz, Erhard: Die Sprache. Das Weib. Der weibische Feuilletonist. In: Passage für Kunst und Politik. 1/1993, 57–70.
56 Lg.: Österreichische Autoren. (Kleiner Meistersaal). Berliner Börsen Courier 12.01.21.

einmal um diese Verlegenheit herum und findet an der Ablehnung seiner epigonalen Dramchen die Stütze für ein trübes Rachepathos. Die Komik ist nur die, daß Karl Kraus, der immer als Gegenwiener aufgetrumpft hat, so wienbefangen bleibt, daß er Wien auch in Berlin hineinsieht. In Wien wird fast alles vom Persönlichen, nichts vom Sachlichen aus betrachtet. Kein Wunder, daß Karl Kraus an dunkle Verschwörungen glaubt [...].«[57]

Herbert Ihering schlägt zu oder zurück und beschreibt Kraus als hysterische Furie, die selbst nicht schöpferisch zu sein vermag und zudem keine Selbstdistanz besitzt, sondern in empfindsamer Nervosität sich alle Kritik zu persönlichem Herzen nimmt. Die mangelnde Mannhaftigkeit, die in diesen Vorwürfen anklingt, gründet in einem Mißverständnis der jeweiligen kulturtypischen Vorstellungen, von dem, was den Mann über die Physiologie hinaus im soziokulturellen Rahmen männlich werden läßt. Zwar ist es hier nicht möglich, die tatsächliche historische Eigenart der Wiener oder Berliner Männlichkeit zu bestimmen – so es sie gegeben hat –, doch der Diskurs, der darüber geführt wurde, in dem die Männlichkeitsbilder entworfen oder kritisiert wurden, ist zu erschließen. Innerhalb dieses Untersuchungsrahmens läßt sich – wenn man von den avancierten Vertretern der jeweiligen Kultur ausgeht – eine unterschiedliche Darstellung der Maskulinität aufweisen. Die bisherigen Ausführungen Iherings verwiesen auf Qual, Arbeit, Sachlichkeit und andere Ernsthaftigkeiten, die Wiener Vorstellung vom Männlichen scheint hingegen auch jenen Typus von Mann einzuschließen – wo nicht voranzustellen –, der sich auf amüsantere Art von sich zu distanzieren weiß. Der Mann, der die Angst überwunden hat, sich lächerlich zu machen, gilt den Wiener Intellektuellen offenbar mehr als der Iheringsche Kulturkrieger.[58]

»Max Neiße (Herrmann) müßte sich sagen, daß das heutige Kabarett in Bausch und Bogen eine Peinlichkeit ist; und um so peinlicher, je mehr auf die Marke „Kleinkunst" erpicht [...]. Statt dessen eifert er gegen die „Verwienerung" und die „Weana". Nun, es ist nicht leicht für sie eine Lanze zu brechen. Aber noch schwerer, sich für die eine oder andere ethnographische Nuance des Kabaretts zu entscheiden. [...] Ja, man könnte sagen, daß die Wiener Ausgabe ihre Unseriosität und Selbstverulkung voraus hat. (Dies könnte ja einer der Gründe sein, warum die Berliner so viele Wiener Kräfte heranziehen.)«[59]

Wiederum wird das Kompensatorische im Verhältnis beider Kulturen betont. Daß über den Ausgleich der Defizite hinaus auch kulturelle Gemeinsamkeiten vorhanden sind, beschreibt Victor Auburtin.

---

57 Ihering, Herbert: Gemeinschaft und Clique oder Der tobsüchtige Karl Kraus. Berliner Börsen Courier 25.06.24.
58 Solches Pathos des Lächerlichen wird allerdings zur unangenehmen Exkulpation mangelnder Selbstdisziplin, wenn weder Angst noch Ernsthaftigkeit überwunden werden müssen.
59 Kuh, Anton: Einer, der Wien haßt. Tagebuch 1926, 512 f.

»Das ist der Volksgarten, den Peter Altenberg berühmt gemacht hat. Auf diesen Bänken ist er oft gesessen und hat die Beine der vierzehnjährigen Mädchen betrachtet. Dann hat er seine Schreibtafel vorgeholt und hat sie (die Beine der vierzehnjährigen Mädchen) in die deutsche Literatur eingeführt. Bevor ich diese Reise antrat, habe ich mir auf der Bibliothek in Berlin einen Band Peter Altenberg geliehen und gelesen, um in die Wiener Stimmung zu kommen. Und so hat die Reise mit einer Enttäuschung angefangen. Denn ach, man kann ihn nicht mehr vertragen. Alles ist kraftlos; die berühmte lässige Grazie ist Weitschweifigkeit geworden, und was uns damals als unmittelbares Fließen des Lebens erschien, das sieht jetzt verdammt nach Affektation aus. Wir armen Feuilletonisten überleben uns nicht. Es ist noch keinem gelungen und wird auch nie einem gelingen. Wir sind wie die Lilien auf dem Felde, deren Gewand schöner ist als das Salomos in seiner Herrlichkeit, und die morgen in den Ofen geworfen werden.«[60]

Peter Altenberg, ein Exempel jener überwundenen Sorge vor dem Lächerlichen, wird von Auburtin dem Feuilletonismus, dem auch die eigenen Texte zugehören, subsumiert, in ein *Wir* eingeschlossen. Diese Selbstreflexion, die Wien nicht als Differenz, sondern als Bestandteil eines gemeinsamen kulturellen Ensembles ausweist, kleidet sich nicht zufällig in Form eines Rückblicks. Um die Jahrhundertwende bestand – von Berlin aus betrachtet – sicherlich noch mehr Verbindendes, waren mehr Analogien zu sehen als in den Zwanziger Jahren, in denen sich die avancierte Berliner Kulturproduktion emphatisch einer zweiten Modernisierung verschreibt, während Wien aus dem Kontext moderner Metropolen herauszufallen droht.[61]

Beachtenswert sind an Auburtins Schilderung vergangener Prosaproduktion auch Zuschreibungsmuster wie *kraftlos*, *weitschweifig* und *affektioniert* auf der einen Seite, dem auf der anderen Seite *Lässigkeit* und *Lebensfluß* korrelieren. Auch diese Dualismen fügen sich dem Geschlechterdualismus, was spätestens deutlich wird, wenn der vergänglichen, traditionell weiblichen Schönheit der Lilien die Beständigkeit des weisen Patriarchen und Königs Salomo entgegengesetzt wird.

Ob Peter Altenberg jedoch der richtige Autor ist, um als Beispiel für die ohnehin bestreitbare Vergänglichkeit feuilletonistischer Arbeit zu dienen, scheint zweifelhaft. Mehr noch als in der Form von Prosaskizzen und ihrer Veröffentlichung in Zeitungen, Zeitschriften – und bei Altenberg oft vorab in Büchern – liegt die Vergänglichkeit im von Auburtin angesprochenen Sujet der vierzehnjährigen Beine; nicht deren Altern dünkt problematisch, mehr jene Grenze von Schuld und Unschuld, die das Schreiben über sie ständig präsent halten muß, da es sich durch das Minenfeld der Sexualmoral zu lavieren sucht. Die benannte Weitschweifigkeit folgt daher eher den Notwendigkeiten

---

60 Auburtin, Victor: Wiener Spaziergänge. Berliner Tageblatt 05.05.23.
61 Sprengel, Peter / Streim, Gregor: Berliner und Wiener Moderne. Vermittlungen und Abgrenzungen in Literatur, Theater, Publizistik, Wien 1998.

eines ethischen Codes als den Bedingungen einer bestimmten publikatorischen Praxis. Altenbergs Texte, sofern sie schwülstig-pädophil gehalten sind, werden zur Historie geschlagen, weil der Wiener Freud dem Imago des Kindes die Unschuld und Reinheit ausgetrieben hat. Altenbergs zwischen Sexualisierung und Zurückhaltung navigierender Blick trifft in der Lektüre von 1923 ein sexualisiertes Wesen, das keine Entbergung fraulicher Sexualität mehr verspricht, sondern bereits zehn Jahre zuvor seine Genitalität entdeckte.

Den Verdacht von der Vergänglichkeit Altenbergs hegt auch dessen Verleger Samuel Fischer, der sich, wie Anton Kuh 1927 schreibt, „vor Jahr und Tag"[62] schon folgendermaßen äußerte:

> »Ich wage keine Neuausgabe. Er ist dem heutigen Deutschland fern. Wir schauen nach London und New-York – er ist Wien und Vorkriegsmoder. Blühend und gespenstisch.«[63]

Auch diese Aussage stammt aus der Zeit nach dem Weltkrieg, und, wie sich weiter eingrenzen läßt, liegt der Krieg schon mehrere Jahre zurück, da mittlerweile die Ressentiments gegenüber den ehemals feindlichen Metropolen abgebaut sind und Wien nicht nur *Vorkriegs*zeit, sondern bereits *Moder* geworden ist. Die Vorstellung vom Moder trifft jedoch nicht Peter Altenberg und seine Feuilletons oder Prosaskizzen, sondern die gesamte Wiener Jahrhundertwende-Kultur, die sich – wie oben zu zeigen versucht wurde – eher im Gehalt der Altenbergschen Texte wiederfindet als in deren feuilletonistischer Form, so daß sich nur hinsichtlich der Thematiken und ihrer Figuration zukunftsversessene Metropole und traditionsbeladene Nekropole gegeneinandersetzen lassen:

> »Die Berliner Menschen sind tätig, rasch, weltvoll und unfrei; ihre Augen richten sich auf die Gegenständlichkeit; Gegenwart bedeutet ihnen Wette. Wie soll ihnen eine Welt adeligen Müßiggangs gefallen, die Freiheit der Enge, die Vegetation der Unkonkretheit und jenes Gegenwartsgefühl, das nicht nach fernen Zonen langt, aber in die Tiefe der Sekunde hinabreicht? Was sollen sie, deren Pulsschlag drängt, mit Retardationen beginnen, zumal, wenn diese nicht den großen, dichterisch besungenen Schablonenwerten des Daseins: als Wald, Wiese, Hain, Kuß, Abschied, Himmelblau, sondern offenkundigen Hirngespinsten, gelten, deren Wichtigkeit eine freiere und schönere Welt voraussetzt?«[64]

Komplizierte Fragestellungen werden vorgegeben und verlaufen politisch eigenartig quer: Wird einerseits aristokratisches Lebensgefühl geltend gemacht, erscheint andererseits ein Moment von Utopie, das sich gegen eine letztendlich feudalistische Wald- und Wiesenromantik absetzt. Der Kapita-

---

62 Kuh, Anton: Der lebende und der tote P. A. Peters Bruder. Berliner Tageblatt 18.05.27.
63 Ebd.
64 Ebd.

lismus, für den Berlin steht, wird ebenso verneint wie der adelige Ständestaat. Soll es ein Zurück geben, dann zu einem unentfremdeteren Kapitalismus, der den Individuen mehr Platz zur Entfaltung ihrer „Individualität" läßt, in dem die Verdinglichung nicht so weit vorgeschritten ist, wie nach der zweiten Modernisierung, die in Berlin den „Betrieb" bestimmt.

Die Nischen des Jahrhundertwende-Kapitalismus, die zumindest dem Besitz- und Bildungsbürgertum offenstanden, enthielten immer auch ein utopisches Moment selbstbestimmter Lebensführung und Lebenskunst. Möglicherweise sind also die Rückständigkeiten österreichischer Ökonomie, die so oft im Begriff des Phäakentums beklagt wurden, genau der Grund für das nicht minder häufig gepriesene Savoir-vivre. Der Luxus der nicht-durchorganisierten Produktion, die Sphäre unnützer, nicht-kapitalisierter Vergnügungen reicht denn auch bis in die Zeitungen und besitzt einen vermeintlich verbürgten Platz im Feuilleton. Die vorgeblich zweckfreie, oberflächliche Abschweifung gestattete in den oben zitierten „Wiener Spaziergängen" dem Vorkriegsberliner Auburtin den Brückenschlag zum Vorkriegswiener Altenberg – allerdings sind diese Reservate kultureller Verbrüderung von der neuen Zeit bedroht.

»Sie ist eine Studentin; natürlich kennt sie Altenbergs Namen, aber sie war dreizehn Jahre als er starb. P. A. und sein Leben gehören für sie einer vergangenen Epoche an. [...] gibt's im sozialistischen Wiener Rathaus nicht einen einzigen besseren Menschen, von der nötigen Autorität, der diese Blamage verhüten kann? Weiß keiner von den Herren, daß P. A. ein Stück allerbestes, wertvollstes Wien ist? [...] Die sozialistische Partei hat sich kurz vor den Wahlen von Wiens „Intellektuellen" bescheinigen lassen, daß sie eine wohlweise Regierung ist. Das Blatt trug 39 Unterschriften, die Liste reichte nach oben bis zu Sigmund Freud, endete bei Fritz Grünbaum; Alfred Polgar, hatten Sie nicht auch unterschrieben? Wie finden Sie diesmal das Regime, das Sie günstig kritisiert haben? Tun Sie den Mund auf für Ihren alten P. A.!«[64]

Die neue Zeit, das ist der Sozialismus, der in seiner sozialdemokratischen Variante nahezu uneingeschränkt „Ja!" zum Kapitalismus sagen muß, damit er ihn reformieren kann. Relikte von Arbeitsverweigerung oder ästhetischer Opposition hindern die fortschreitende Modernisierung. Dazu rechnet eben auch Peter Altenberg, der seinerzeit eine dissidente Nischenexistenz führte, so daß weder den bei Rundt in Anführungsstriche geratenen Intellektuellen, die auf Modernität setzen, noch den Bewahrern der Vorkriegstradition einleuchtender Anlaß gegeben ist, Peter Altenberg ein Denkmal zu setzen. Doch weist Rundts Artikel voraus in die Gegenwart des gipsernen Altenberg, den

---

64 Rundt, Arthur: Zwanzig Quadratmeter für Peter Altenberg! Berliner Börsen Courier 18.05.27.

2.2.2 Bücher

man täglich im Café Central betrachten kann, so daß ehemals skurrile Opposition nun zum Moment touristischer Folklore geworden ist.

Auf andere Art weisen die nachfolgenden Ausführungen Karl Lahms zum „österreichischen Dichter" in die Zukunft:

> »Es gibt ihn [den österreichischen Dichter – d. A.] immer wieder. Aber es geht mit ihm wie mit der österreichischen Kultur, die so schwer nachweisbar ist, weil sie nur ein Zweig der deutschen Kultur ist. Der Begriff österreichisch ist zu eng; seine Dichter würden sich bedanken, wenn man ihnen zumuten wollte, sie schrieben nur für den Kunst- und Dunstkreis des heutigen Österreich, dem manche gutmeinende (!) Franzosen [...] ein besonderes Nationalgefühl einzublasen suchen. Statt des österreichischen Dichters verlangt also ein Verwaltungsrat des Deutschen Volkstheaters besser einen einheimischen Dichter. Die sind zu finden, wohnen im Lande bevor sie nicht der große deutsche Theaterhimmel in sich aufnimmt, was oft früher der Fall ist, als man sie am Ausschnitt des eigenen kleinen Firmaments entdeckt.«[65]

1929 kündigt sich im antifranzösischen Ressentiment die Reaktion an; ebenso in der betonten Abwesenheit des Österreichischen, wogegen ein gemeinsames Deutschtum beschworen wird, das zwar lokale Differenzen aufweist, sich aber über dem kleinen begrenzten Himmel als zweiter umfassender ausspannt. Der Wunsch, im Deutschtum aufzugehen, wird sich in Österreich so lange finden, bis sich das Deutsche so weit diskriminiert hat, daß ein österreichisches Nationalgefühl Bedürfnis werden kann. Vor dem tatsächlichen Anschluß ist allerdings auch Platz für die Differenzen.

> »Es ist wahr, wir Preußen lieben die Österreicher, aber wir verstehen sie nicht. Wir verstehen Österreich nicht, wenn wir mit den Maßstäben unserer protestantischen Ethik und Ästhetik seine Dimensionen auszumessen versuchen. Wie sollte man auch jemanden verstehen, dessen Grenzen verschwimmen, der die harte Selbstassertation ebenso scheut wie die Selbstfixierung, dem alle Impulse und Reaktionen in die Gebärde des Schauspielers zusammenrinnen?«[66]

Die als aufrecht imaginierten Norddeutschen lieben anscheinend ein diffuses Phänomen, das zwar eine Repräsentanz ausbildet, darin aber das zu Repräsentierende verloren hat. Die Fährte führt zur Frau, die nicht existiert, zum Weib Flauberts[67] und Nietzsches, das sich hinter Pudeurs verbirgt, um zu ver-

---

65 Lahm, Karl: Der österreichische Dichter. Ortners „Tobias Wunderlich". Vossische Zeitung 11.07.29.
66 Steinecke, Ludwig: Österreich in Ewigkeit. Literarische Welt 33,34/1930 [S. 1. (Sondernummer: Österreich)].
67 »Noch eine kleine Betrachtung über die Frauen, bevor wir über etwas anderes plaudern [...]. Die Frau ist ein Erzeugnis des Mannes. Gott hat das Weibchen geschaffen und der Mann die Frau; sie ist das Resultat der Zivilisation, ein künstliches Werk. In den Ländern, in denen jede geistige Kultur fehlt, existiert sie nicht (denn sie ist ein Kunstwerk im menschlichen Sinn; werden aus diesem Grund alle großen allgemeinen Ideen weiblich

heimlichen, daß es keine Tiefe besitzt. Der Österreicher „gibt im allgemeinen die Wahrheit über sich nicht preis".[68] Die Persona, die nur noch Maske ist und davon diverse besitzt oder: ein Fluß ohne Ufer, die Donau aller Gegenden und Zeiten, Zusammenstrom diverser Erzählungen und Mythen, die eine Einheit stiften sollen, für die es nie genügend gute Gründe gab, die außerhalb von Macht- und Besitzverhältnissen gelegen hätten. Die österreichische Nationalidee war und „ist mythisch, nicht rational"[69] und steht so im klaren Gegensatz zu den utilitaristischen Prinzipien, die in Preußen die raison d'état zur raison d'être werden ließen.

>»Der preußische Staatsgedanke ist wie der preußische Staat eine rationale Konstruktion, er ist gewollt, nicht gewachsen.«[70]

Aus dieser Gründung des sozialen Zusammenhangs ergibt sich für den Alltag und den Charakter der in ihm lebenden Individuen eine bestimmte Form. Unter der preußischen Maßgabe einer politischen Zweckorientierung, die selbst den König zum ersten Diener des Staates avancieren lassen wollte, wird behauptet, der Berliner habe „zu allen Dingen nur noch ein sachliches, zu keinem mehr ein menschliches Verhältnis".[71] Ist es aber nicht vielmehr so, daß eben genau ein sachliches Verhältnis den Menschen in seinem bewußten Weltzugang spezifiziert, da nur er sich – frei von unmittelbaren Affekten und Instinkten – das längerfristige Kalkül zum Richtmaß seines Handelns wählen kann? Gegenüber solcher Handlungsrationalität dominieren angeblich im österreichischen Staatsgebilde „Atmosphäre" und „Stimmung", so daß folgerichtig auch nicht eine planende Gestalt wie Walter Rathenau oder Gustav Stresemann zur Leitfigur der österreichischen Nation erhoben werden kann, sondern am ehesten ein Dichter zu nennen ist:

>»Der einzige legitime Träger und Verkünder der österreichischen Nationalidee war Hugo von Hofmannsthal.«[72]

Hofmannsthal begegnete bereits im *Perfekt* betitelten Abschnitt als Inkarnation des geistigen Österreich, insofern er den Grund seiner literarischen Pro-

---

symbolisiert?).« Gustave Flaubert an Louise Colet (Brief vom 27. März 1853) zitiert nach: Konkret 1/1991, 7.
68 Steinecke, Ludwig: Österreich in Ewigkeit. Literarische Welt 33,34/1930 [S. 1. (Sondernummer: Österreich)].
69 Ebd.
70 Ebd.
71 Ebd.
72 Ebd.

duktion im Theresianischen Zeitalter gefunden hatte; nun gerät er zur Personifikation der modernen Nationalidee, worin sich die rückständige Entwicklung der Produktionsverhältnisse kundtut. Der Kapitalismus hat die österreichische Gesellschaft zweifellos nicht in eben dem Maße durchdrungen, wie es in Preußen der Fall war. Wenn die Durchkapitalisierung eine gewisse Sachlichkeit in die gesellschaftlichen Beziehungen trägt, so hat das Geschlechtliche als „menschelnde" Beziehung in Berlin sicherlich weniger diskursiven Raum als in Wien, dessen kollektives Bewußtsein das gesellschaftliche Sein vom Kapitalismus unbeeindruckt imaginiert, um statt dessen eine vermeintlich weibliche Perspektive auf den Kapitalismus einzunehmen. Trotz aller feministischen Kritik ist die Psychoanalyse keineswegs ein patriarchales Zwangssystem, sondern bezieht in ihrer Sexualisierung der sozialen Verhältnisse den seinerzeit als weiblich figurierten Blickpunkt, der sich als theorieimmanenter Ausdruck einer Ablehnung des Kapitalismus und der drohenden „Verdinglichung" lesen läßt.

Um ein Resümee feuilletonistischer Fundamentalvorstellungen der beiden Kulturen zu geben: die weiblich-frühkapitalistische Perspektive literarisiert Individualität, die männliche Perspektive eines entwickelten Kapitalismus Sozialität. Die Drohung geht von Berlin als Hochstadt der zweiten Modernisierung aus, das sich – wiederum aus der sexualisierenden Perspektive – als männlicher Aggressor darstellt.

Vor dem Hintergrund defizitärer Durchkapitalisierung der Gesellschaft ist der Versuch, sich zu vermännlichen, eine männliche Perspektive auf die Gesellschaft zu forcieren, von vornherein verurteilt, reaktionär zu werden. Anscheinend sucht auch Hermann Bahr in seinem Roman *Österreich in Ewigkeit*[73], eine „neue" österreichische Männlichkeit zu erschreiben, indem er Provinzaristokratie samt Konsorten gegen Wien und die Demokratie frondieren läßt. Der bereits als „Austriazissimus" apostrophierte Bahr erscheint am Ende der zwanziger Jahre als Autor, „der sich hier zum Wortführer Hitlers und aller dunklen Intrigen der Reaktion macht".[74]

Die Frage nach den Verständnismöglichkeiten zwischen Preußen und Österreichern bestimmt die Rezension eines Buches von Heinrich Eduard Jacob: *Dämonen und Narren*. Der gebürtige Berliner und Wienkorrespondent des *Berliner Tageblattes* veröffentlicht diesen Band, in den offenbar seine früheren Berichte eingingen – wie auch spätere daraus hervorgegangen sein

---

73 Hildesheim 1930.
74 Steinecke, Ludwig: Österreich in Ewigkeit. Literarische Welt 33,34/1930 [S. 1. (Sondernummer: Österreich)].

dürften –, 1927 und wird noch selbigen Jahres im *Berliner Tageblatt* von seinem beruflichen Vorgänger, dem Wiener Autor Felix Salten, gerühmt:

> »Das Hauptstück dieser Trilogie ist [...] die Novelle, in welcher der preuß'sche Dichter Heinrich Eduard Jacob ein tieferes, reineres, ein andächtigeres Verstehen der Wiener Art bekundet, als je ein Norddeutscher bewiesen hat. [...] In der Linienführung dieser verblüffenden Novelle entrollt sich das seltsame Durcheinanderwirbeln aller gesellschaftlichen Schichten in Wien, das Verquickt- und Verbandeltsein von Feudaladel, Theater, Finanzgrößen, Beamten, Kleinbürgern und Proleten. Die Demokratie südlicher Völker kündigt sich im kunstfrohen, naturfreudigen, musikgeschaukelten Wien an, wo auch die Tyrannis des Südens noch ganz naiv gedeiht. [...] Es ist fast unbegreiflich, wie da der Preuße Heinrich Eduard Jacob das Wiener Wesen begreift, wie tief er in die Tiefen der Wiener Menschen lauscht. [...] Dieses Buch [...] mag sicherlich auch mithelfen, das Verständnis für Wien zu erleichtern. Vielleicht wird man eines Tages einsehen, daß die Wiener und angrenzenden Oesterreicher in deutschen Bezirken ungefähr die gleiche Stellung einnehmen wie das Russenvolk in Europa. Dem lieben Gott und dem Tier näher als andere.«[75]

Das Staunen Saltens verwundert, denn müßten nicht gerade die Preußen mit ihrer sachlich-distanzierten Rationalität prädestiniert sein, die österreichischen Verhältnisse angemessener zu beschreiben als die Betroffenen? Und wie wird diese Beschreibung beschrieben? Alles scheint mit allem verbandelt, die Schichten lösen sich ebenso wie die Regierungsformen ins Diffuse auf. Die Attribute, die bleiben, lauten auf südlich, kunstfroh, naturfreudig, naiv und musikgeschaukelt; kurz: die walzende Wienerin, wie sie schon als Figur nachgezeichnet wurde. In der Tat muß der Berliner Jacob, in seinem Buch eine messerscharfe Analyse literarisiert haben, in der sich die Wiener im selbst- und fremdentworfenen Imago wiedererkennen!

Ist es nun tatsächlich die Frau, die dem lieben Gott und dem Tier näher ist als andere? Sicherlich kann die bekannte Polarität von Heiliger und Hure hilfreich assoziiert werden, doch verweist das Spannungsfeld auf eine ältere Tradition:

> »Wer aber nicht in Gemeinschaft leben kann oder in seiner Autarkie ihrer nicht bedarf, der ist kein Teil eines Staates, sondern ein wildes Tier oder Gott.«[76]

Der Bestie oder dem Gott näher ist der Asoziale, der sich der Gemeinschaft nicht fügen kann oder will. Die Frau als Mutter steht jedoch seit ungefähr der Wende vom achtzehnten ins neunzehnte Jahrhundert im Fokus einer staatlichen Politik, die für die Literatur das Aufschreibesystem 1800 produziert.[77]

---

75 Salten, Felix: Verständnis für Wien. Berliner Tageblatt 21.12.27 (m).
76 Aristoteles: Politik. 5. Aufl., München 1984, 50.
77 Vgl. zum Aufschreibesystem und der Politik: Kittler, Friedrich: Aufschreibesysteme 1800·1900. 2. Aufl., München 1987.

Der im eigentlichen Sinn Asoziale ist auf die gesellschaftliche Formation des frühen zwanzigsten Jahrhunderts bezogen: der ortlos gewordene Kleinbürger, dessen Funktionen mit zunehmendem Abbruch der ständischen Rudimente zusehends obsolet werden, da bspw. die handwerklichen Aufgaben durch industrialisierte Firmen übernommen werden. Der Kleinbürger droht im wachsenden Widerspruch von Kapital und Arbeit aufgelöst zu werden. Ähnliches gilt innerhalb der „deutschen Bezirke" auch für Österreich, da das Land weder einen ausreichenden Markt eröffnete, noch eine beachtenswerte Schwerindustrie beherbergte und so letztlich nur auf wirtschaftliche Standortvorteile wie Natur und (vergangene) Kultur setzen konnte. Der Fremdenverkehr wird beginnen, das regredierte Land selig zu machen, bis es seinen Weg in die Gemeinschaft deutscher Gaue gefunden haben wird.

Wenn sich auf analytischer Ebene sozioökonomische Motive für bestimmte Metaphern finden lassen, so bleiben Motive ebenso wie Metaphern doch in einer unzulänglichen Allgemeinheit, die wiederum nach Differenzierungen verlangt. Eine derartige Differenzierung stellt bspw. die Aufhebung lokaler Spezifika dar: bei den Kulturproduzenten, also den Theatermachern und -schreibern, den Herren der kleinen wie der großen Form; bei all jenen mithin, deren (selbst-) reflexiven Differenzbestimmungen wir bisher nachgegangen sind.

> »Hier sind vor allem Wiener Schriftsteller versammelt, und man muß sich hüten, Wien schlechthin mit Österreich zu identifizieren. Mit ebensowenig Recht dürfte man das Berlin von heute als repräsentativ für Deutschland bezeichnen. Ein Franzose hat dies gefühlt: Paul Morand erklärt, Berlin wäre das Deutschland von 1950. Damit will er zunächst sagen, daß es nicht das Deutschland von heute ist und sein kann, weil es sich ganz ebenso wie Wien, jenem Entwicklungsprozeß eingefügt hat, der alle Großstädte zu sehr ähnlichen, ja fast gleichen Teilen eines kosmopolitischen Ganzen macht. Auf die Literatur angewandt, heißt das, daß kein Berliner Dichter von heute wesensnotwendig aus Berlin und kein Wiener Dichter aus Wien stammen müßte. Felix Salten etwa, der bei diesem Bankett kluge und schöne Worte an Gerhart Hauptmann richtete, würde kein anderer sein, wenn ihn heute das Schicksal nach Berlin verschlüge, und man könnte dafür manchen Berliner nach Wien verpflanzen. Dort wie hier gibt es heute wenig Schaffende, denen Berlin oder Wien zur inneren Heimat wurde, zum engeren seelischen Bezirk, in dem allein sie sich künstlerisch erfüllen können.«[78]

Es kann wohl kaum als Zufall betrachtet werden, daß die Analogisierung der beiden Stadt-Kulturen einem Franzosen zu danken ist, einem Fremden, der womöglich und bestenfalls von den traditionellen Klischees nichts oder wenig weiß. Als Franzose weiß er natürlich, die Zentrale von der Provinz zu trennen – und verfehlt dabei wahrscheinlich die städtischen Realitäten der

---

78 Rainalter, Erwin H.: Dichter Österreichs. Deutsche Allgemeine Zeitung 10.12.29.

deutschsprachigen Metropolen, die die Provinz hinter einer intellektuell-urbanen Oberfläche verbergen und sich ansonsten im jeweiligen „Kiez" kleinstädtisch einzurichten wissen. Die Entgegensetzung von Metropole und Provinz war jedoch, wie zu sehen war, auch in den Wien-Feuilletons insbesondere der frühen Zwanziger Jahre als Strategie auffindbar. Die betonte Isolation vom umgebenden Land führte allerdings nie dazu, daß die deutsche und die österreichische Hauptstadt in eins gesetzt worden wären; selbst wenn die parallele Stellung konstatiert wurde, so war doch immer von den Differenzen zu lesen. Hier nun meint der fremde Blick erkennen zu können, daß die fortschreitende Internationalisierung der Kultur Wien und Berlin ihre spezifikatorischen, kulturprägenden Eigenarten ausgetrieben hätte. So ließe sich die Argumentation positiv lesen, doch soll offenbar eher den Kulturproduzenten unterstellt werden, daß sie vor lauter Orientierung auf das Internationale ihre Verwurzelung in der Heimat verloren haben und damit gesichtslos und austauschbar geworden sind. Sorge klingt an, daß im verbreiteten Bezug auf die universelle, sachliche Vernunft die Seele, welche in den Regionen haust, abhanden kommen könne – und was wäre eine deutsche Literatur ohne Seele? Lesbar, vielleicht? Die Sorge ist unnötig, denn die Seele wird sich aus Blut und Boden in die Literatur erheben.

Vielleicht wäre ein Gutteil der Literatur aus Österreich dagegen ein wirkungsvolles Remedium gewesen, denn sie war von eher ätherischer Natur.

>»Es ist Wachstum in dieser Prosa und zugleich auch schon das Welken, etwas Naturhaftes also und Vegetatives, Aufschwung und Abklang in einem. Die wirklich gute Prosa aus Österreich singt nicht nur, wie der Vogel singt, der in den Zweigen wohnt, sie ist auch so beweglich und elastisch wie die Zweige, auf denen der Vogel sitzt. Die wirklich gute Prosa aus Österreich wundert sich manchmal selbst darüber, daß sie bloß Prosa ist und kein Gedicht.«[79]

Doch Luftigkeit und Beweglichkeit bewährten sich nicht gegen die seelenschwere Faschisten-Literatur, sondern beugten sich oder suchten zu entfliehen, sofern die österreichischen Autoren nicht ohnehin einen auch literarischen Anschluß wünschten.

Der Wille, nach Deutschland zu gelangen, war in dieser Literaturlandschaft eh schon vorhanden, nicht allein wegen des großen Marktes, sondern auch wegen der Wertschätzung, die dort den Wiener Literaten im Gegensatz zur Heimat entgegengebracht wurde. Wobei genau die heimatliche Feindseligkeit und Kritik zur Ausbildung spezifischer Formen geführt haben soll.

---

79 Sinsheimer, Hermann: Prosa aus Österreich. Berliner Tageblatt 21.12.32.

2.2.2 Bücher

> »In Scharmützeln gegen die ‚Sekkaturen', in den kleinen Kämpfen gegen die kleinlichen, österreichischen Hindernisse geriet die pointierte Glosse, geriet das ironische Feuilleton, die ‚Kleine Form' in den Wirkungsbereich des österreichischen Literaten; und das Klima half, den ursprünglich bitteren Geschmack in jenes Aroma zu verwandeln, das die wienerische Kost für sich so schmackhaft macht.«[80]

Zugrunde liegt eine verallgemeinerbare Konkurrenzsituation, der sich das „Klima" als Hilfsgeist beigesellt, um die Wiener Besonderheiten zu erklären. Eine Spur von Selbstmitleid klingt in den Schilderungen des Wiener Literatenschicksals an, rekurriert auf die rhetorische Figur, die den Typus *verkanntes Dichtergenie* kennzeichnet: Empörung gegen Mittelmaß und Kleingeistigkeit der den hochfliegenden Geist zu Boden drückenden Umgebung.

> »Das neue Österreich, angeführt vom alten Wien, hat als homogene Zelle von seinem Vorgänger vieles übernommen, was in der Heterogenität des vordem übergeordneten Organismus eine Erklärung hatte: die obrigkeitliche und öffentliche Vorliebe für alles Mittelmässige, das tätige Mißtrauen für jedes Aus-der-Reihe-Treten. [...] In Deutschland ist das alles anders. [...] da ist ein Publikum, das alles, was aus der Reihe des Mittelmäßigen tritt, mit geradezu ängstlicher Entschlossenheit begrüßt. [...] Man hat den Österreicher in Berlin immer freundlicher empfangen als den Reichsdeutschen in Wien; die Sehnsucht nach wienerischer Wärme hat sich hier immer ganz unbefangen manifestiert [...], auch dies mag dem literarischen Anschluß seine ganz selbstverständliche Richtung von Wien nach Berlin hin gewiesen haben. Der Anschluß ist vollzogen. Aus häuslicher Not, aus Mangel an Absatz und Resonanz [...] sind wir hier eingezogen, Schreibende aller Gattungen stellen in Verlagen, Redaktionen, auf den Bühnen ein österreichisches Kontingent, das einen nach Bevölkerungsziffern errechenbaren aliquoten Anteil an dem Geld und an der Gunst des Publikums weit übersteigt. Eins wird allerdings bei diesem Assimilationsprozeß nach und nach verlorengehen. Die österreichische Diktion [...] wird hier verschwinden [...]. Die seiner Anlage fremde, zeitsparende Zweckmäßigkeit wird sehr bald den anmutig-barocken Wuchs des österreichischen Stils ganz unterdrückt haben – es ist schade um diese Ausdrucksform einer besseren, älteren Kultur. Der Österreicher, der literarische zumal, hat jetzt zwei Vaterländer. Das eine hat er, dem Dichter und dem eigenen Wesen zufolge, Ursach' zu lieben; das andere ist seine Zuflucht.«[81]

Berlin und seine Wunschlandschaft – in der Wien einen festen Platz innehat – gelten dem Österreicher Stephan Ehrenzweig und seinen Kollegen zwar als Land der Freiheit, doch ist es eben die Freiheit, sich zu verkaufen. Damit geht die Sorge einher, sich irgendwann nicht mehr *selbst* zu verkaufen, sondern die Eigenart preisgegeben zu haben, um statt dessen den Markt zu bedienen. Wohin solche Vorgehensweise führt, läßt sich an der Werkbiographie Melchior Vischers recht gut beobachten. Der pragerdeutsche Autor hatte mit

---

80   Ehrenzweig, Stephan: Der literarische Anschluß. Literarische Welt 33,34/1930 [S. 1. (Sondernummer: Österreich)].
81   Ebd.

dem Dada-Roman *Sekunde durch Hirn*[82] ein fulminantes Debüt vorgelegt, war später mit der Erzählung *Der Hase*[83] Kafkas Spuren gefolgt und suchte in Dramen wie *Fußballspieler und Indianer*[84] zur Neuen Sachlichkeit vorzudringen. Der Debüt-Roman, als aggressiver Dada-Text angelegt, arbeitet mit der Tilgung von narrativen und semantischen Fügungen: Kleine Absätze stehen unverbunden nebeneinander, Artikel und Pronomen werden ebenso ausgelassen wie Metaphern und Vergleiche.[85] In der Erzählung ist der Stil zwar auch durch eine künstliche Reduktion der Ausdrucksmittel bestimmt, doch entwickelt sich die Narration linear und wird die artifizielle Simplizität der Sprache motiviert.[86]

Nach Destruktion und Reduktion wird in Vischers Stilentwicklung eine Linie sichtbar, in der sich die erzählerische Sprache immer mehr anreichert, was jedoch nicht bereichernd wirkt, sondern den Autor bei seinen Versuchen, den Markt zu bedienen, nicht abhält, sprachliche Klischees aufzunehmen, abgenutzte Vergleiche und Metaphern ebenso wie kolportgehafte Handlungsentwürfe: Das Ansinnen, auf dem Markt erfolgreich zu sein, verführt Vischer zu einem Schreibstil, der als stromlinienförmig bezeichnet werden kann und der die Texte gerade deswegen uninteressant werden und relativ erfolglos bleiben läßt. Die Tendenz, die teilweise eindringlichen Stilelemente, die seine frühen Versuche auszeichneten, zu verflachen, führt zu einem derartigen Qualitätsverlust, daß die 1934 erschienene Agenten-Kolportage *Diana*[87] in ihrem opportunen Zugeständnis an die nationalistische Paranoia vor fremden Mächten sowohl inhaltlich wie formal auf dem Niveau des Trivialromans liegt.

Der Literaturmarkt läßt sich folglich nicht ohne weiteres bedienen, und die Chance der Österreicher liegt gerade in der Kultivierung ihres Österreicher-/Wienertums. Sind auch die Überfremdungssorgen obsolet, so besteht doch größte Gefahr für Dichter, wenn es keine zwei Vaterländer und damit keine Zuflucht in eine Sprachheimat mehr gibt. Während also der rein litera-

---

82 Hannover 1920.
83 Hellerau 1922.
84 Potsdam 1924.
85 Als greifbare Ausgabe liegt vor Vischer, Melchior: Sekunde durch Hirn / Der Hase. Frankfurt a. M. 1988.
86 Die Erzählung beginnt folgendermaßen: „Ich bin ein alter Straßenkehrer. Ich arbeite nur drei Stunden täglich; denn meine Kräfte sind nicht mehr groß. Daher habe ich viel Zeit; ich will also die Ereignisse meines Lebens niederschreiben. [...] Verzeiht, daß ich nur einfach schreibe. Ich kann keine japanisch gedrehten Sätze formen; auch verstehe ich nichts vom klugen Aufbau der Handlung. Das alles kann ich nicht. Es wäre hier auch nicht notwendig; es ist ein Bericht." (Ebd., 67.)
87 Leipzig 1934.

Exkurs: Musik (Wien)

rische Anschluß für die Dichter von Vorteil, ist der politische Anschluß für die Dichtung fatal und den Dichtern lebensgefährlich.

Exkurs: Musik (Wien)

Nachdem Theater und Literatur hinsichtlich ihrer Vorstellungen von kultureller Differenz untersucht worden sind, soll hier die Rede von der Musik sein. *Musik* nicht im Sinne populärer Musiken, heißen sie nun Walzer oder Shimmy, sondern im Sinne der „Hochkultur". Anders als Berlin und Preußen besitzen Wien und Österreich eine lange Tradition musikalischer Kultur. Ähnlich wie im Falle des Theaters erlangt die Musik eine Bedeutung für das kulturelle Selbstverständnis, die weit über den engen Raum des Konzerthauses, der Oper oder des Kammermusiksaales hinausweist:

> »Den Winter riechen, im letzten Winkel noch das leere Lärmgetöse der Leipziger Straße, hier aber ist Salzkammergut, erzbischöflich Land, Klöster und Kirchen, hier ist Mozart, Mozart und Reinhardt.«[88]

Vor Mozart und Reinhardt steht der katholische Klerus, dessen sinnenfrohe Gottesfeiern einen Gutteil der kulturellen Dominanten prägten; anders als im preußischen Protestantismus existieren in Österreich vor allem gesellige, gesellschaftliche Kulturpraktiken, die kollektiv produziert werden müssen und ebenso zu rezipieren sind; selbst noch die Literaten bilden Gruppen und versammeln sich in der Öffentlichkeit. Etwas, was – um mit einem der bisherigen Deutungsstereotypen zu argumentieren – dem norddeutsch-protestantischen Individualismus und seiner Eigenverantwortlichkeit gegenüber Gott und der Kunst eher fernliegt.

In Berlin beginnt man in den zwanziger Jahren, sich um die Reputation als Musikstadt zu sorgen, und da die Musik in der lokalen Kultur keine rechte Heimat hat, sucht man die bedeutenden Komponisten anderer Orte, insbesondere Wiens, zu gewinnen. 1930 stellt man drei Vertretern dieser Kunst eine Frage, die sich schlichtweg auf die Alternative zwischen den beiden hier in Frage stehenden Städte reduziert: *Berlin oder Wien?* Erklärend wird nachgetragen, worum es in dieser Frage geht: „Um den Vorrang als europäische Musiksstadt".[89]

---

88   Hildenbrandt, Fred: Herbst über Salzburg. Berliner Tageblatt 03.09.25 (a).
89   Rundfrage: Berlin oder Wien? Um den Vorrang als europäische Musikstadt. Deutsche Allgemeine Zeitung 10.08.30.

Zuerst antwortet Arnold Schönberg:

> »Schon vor dem Krieg war man in Wien mit Recht und Unrecht stolz und beschämt darüber, weniger regsam zu sein als Berlin. Schon damals zeigte sich in Berlin ein emsiger Fleiß des Erkennens und Lehrens der Symptome des Kunstwerkes, an welchem es in Wien wieder fehlte, dank einer hundertjährigen Komponierpraxis. Schon damals wurde in Berlin das Neue nach mehrmaliger, in Wien nach einmaliger Aufführung verlacht. Notfalls sogar an beiden Orten ohne Aufführung.«[90]

Der sonst an die ökonomische Praxis gebundene Gegensatz von Arbeitseifer in Berlin und lässigem Schlendrian in Wien dehnt sich auf die Musikrezeption aus. Die kunstvoll komponierten Stücke Schönbergs werden vom Komponisten selbst als Arbeitsaufgabe für die Hörer gesehen; Wiener entziehen sich dieser Aufgabe eher als Berliner, welche immerhin gewillt sind, gewisse Strapazen auf sich zu nehmen. Beide Städte ähneln sich jedoch in ihrer grundsätzlichen Ablehnung der Avantgarde.

Dem Beitrag Schönbergs folgt Paul Stefan:

> »Die G e f a h r e n der Musikstadt Wien liegen in einer weit und hoch hinaufreichenden Unempfindlichkeit gegen den Verlust großer heimischer Begabungen [...]; in einem Hochmut, der von der Vergangenheit alles, von der Gegenwart und Zukunft nichts erwartet und der durch gewisse einflußreiche Zeitungsstimmen bei jeder möglichen Gelegenheit genährt wird. [...] Noch vor wenigen Jahren hätte niemand an dem europäischen Primat der Musikstadt Wien gezweifelt. Heute müssen die Wiener zugegeben, daß sie nicht mehr in d e r Musikstadt leben, müssen zufrieden sein, wenn Wien e i n e Musikstadt bleibt. Es sind Kräfte am Werk, selbst das zu unterbinden. [...] Der europäische Primat aber ist auf B e r l i n übergegangen. Das ist die große Stadt mit dem großen Publikum, vor allem aber mit der eisernen Energie aller Verantwortlichen, die das Beste von überallher an sich ziehen. Auch wissen in Berlin alle, auf die es ankommt, daß es für eine Musikstadt nicht möglich ist, nur die eigene Vergangenheit noch einmal zu träumen. Man lebt eben in der Gegenwart und muß helfen, ihre Probleme zu lösen, möge das auch unbequem und hoher wie arrivierter Herrschaften nicht recht würdig sein.«[91]

Wie Schönberg spricht Stefan die Tradition der „Musikstadt" Wien an, die dem Hören gegenwärtiger Musik im Wege stehe. Insgesamt attestiert er gar den Wienern einen Hang zur Vergangenheit, der sie die Gegenwart nicht achten und die Zukunft verpassen läßt. Berlin dagegen erscheint als eine Stadt, die sich aktueller Musiken durchaus annimmt und so Wien die europäische Vorreiterrolle abgenommen hat. Allerdings bringt Berlin nach wie vor keine musikalischen Talente hervor, sondern steht lediglich hinsichtlich des Konsums und der Kommerzialisierung an der Spitze. Der letztbefragte Ernst Krenek dürfte von diesen organisatorischen Vorzügen Berlins wissen:

---

90 Ebd.
91 Ebd.

Während seine zeitgenössische Oper *Jonny spielt auf* an der Berliner Krolloper uraufgeführt und zum Kassenerfolg wurde, waren in Wien späterhin lange Verhandlungen notwendig, damit das skandalträchtige Stück überhaupt zur Aufführung gelangen konnte. Auf die öffentlichen, im Feuilleton ausgetragenen Debatten über diese Aufführung beziehen sich seine ersten Sätze:

> »Das ist jene in Presse und Gesellschaft wuchernde Koterie von Mittelmäßigkeiten, die unter der Devise des Traditionalismus und der Heilighaltung der überlieferten Kunstgüter das öffentliche Bewußtsein immer wieder zum Kampf gegen jede lebendige Bestrebung aufruft. Hier entstehen die ganzen unerträglichen Terminologien von „Musikatmosphäre", „Stadt Haydns, Mozarts, Beethovens [...] usw.", wobei geflissentlich übersehen wird, daß diese Leute auch einmal „modern" waren [...]. In allem ist Berlin diametral entgegengesetzt: Die Stadt [...] hat weder Gesicht noch Tradition, sie hat kein homogenes Publikum, sie ist irgendwie völlig wesen- und beziehungslos. Aber sie hat einen fieberhaften Tatendrang auf jedem Gebiet, weil sie in einer Atmosphäre existiert, in der das Leben fast gar keinen, die Arbeit aber einen [...] krankhaften Eigenwert hat, und weil sie eine Ansammlung von Menschen ist, die [...] viel vor sich zu glauben haben, weil sie nichts hinter sich haben.«[92]

Wie seine Vorgänger bespricht Krenek die Differenz der Städte über zeitliche Orientierungen und damit verbundene Arbeitshaltungen: Die defizitäre Wiener Arbeitsmoral erscheint als besinnungsvolle Muse, die sich der Tradition versichert weiß und dieser gedenkt, ohne eine Notwendigkeit des Neuen zu verspüren. Das traditionslose Berlin dagegen folgt einem unbewußten Imperativ, um eine Tradition allererst zu schaffen. Die Zeitachsen, auf die die Kulturen vorwiegend orientiert sind, laufen in entgegengesetzte Richtung.

2.2.3 Fundamente

Die im vorstehenden Exkurs gewonnene grundsätzliche Differenz kultureller Orientierung teilt sich auch in einem gleichermaßen grundsätzlichen Räsonnement über „Deutschland und Österreich" mit:

> »In konkreten Fragen zeigt sich immer wieder, daß zwischen Reichsdeutschen und Österreichern nicht unwesentlich Verschiedenheiten der Denkgewohnheiten liegen. Jeder Teil ist nun geneigt, seine eigene Denkweise zu überschätzen. Insbesondere muß gesagt werden, daß sich viele Reichsdeutsche gar nicht erst Mühe geben, ihre ziemlich geringschätzigen Urteile über wirkliche oder vermeintliche österreichische Eigenschaften zu verbergen, während oft Österreicher eine Art von „Kulturstolz" hervorkehren, der lächerlich wirkt.«[93]

---

92 Ebd.
93 Hertz, Friedrich: Deutschland und Oesterreich. Berliner Tageblatt 16.10.26.

„Geringschätzige Urteile" fällen die Reichsdeutschen, insofern sie auf jene Vergangenheitsorientierung kritisch Bezug nehmen und dann nicht die Wiener Lebensart in den Vordergrund, sondern die Produktivität in Frage stellen, weil der Blick ins Vergangene eine produktive Zukunftsorientierung und die Schaffung des Neuen verhindere. Das österreichische Pendant, der „Kulturstolz", meint die Verachtung der traditionslosen Parvenüs, was jedoch die Gefahr in sich birgt, die Kräfte, die sich innerhalb der eigenen Kultur gegen etablierte Formen und Gehalte stellen und den Aufbruch zu neuen Ausdrucksmöglichkeiten und Kulturpraktiken versuchen, auszuschließen und abzudrängen.

Beispielhaft widerfuhr letzteres dem schon erwähnten Adolf Loos, der auch in der nach-habsburgischen Donaumetropole keinen Platz finden konnte. Adolf Loos und seine geringe Resonanz sind Thema eines Feuilletons von Albert Ehrenstein. Er, der eigentlich „das auditorium maximum des Radio verdient",[94] spreche vor wenigen Leuten.

> »Daß er den tiefen Ursprung jeder scheinbaren Mode und echten Lebensgewohnheit der Vergangenheit und Zukunft – von der Toga bis zum Overall, vom Marschtempo bis zum Niggertanz – ergründet, macht ihn allerlei Tänzern um das goldene Kalb des Erfolges als modisch verdächtig, während sie vom Frikassee seiner Einfälle leben. [...] Wien und Berlin versuchten nicht, ihm [sic!] zu halten, so hält er seine Vorträge an der Sorbonne [...].«[95]

Warum Loos in Wien keinen Anklang fand, erklärt das oben Ausgeführte; warum er jedoch nicht in Berlin reüssierte, bedarf einer kurzen Erläuterung. Bereits um die Jahrhundertwende hatte Loos im Verbund mit Karl Kraus einen Vorstoß auf die ornamentale Ästhetik unternommen, die zwar auch im wilhelminischen Berlin der Nachgründerzeit bestand, jedoch ihren Höhepunkt im Wiener Jugendstil gefunden hatte. Loos greift diese Tradition an und setzt auf eine Sachlichkeit, die ihn eigentlich dem Berlin der Weimarer Republik nahebringen müßte, doch ist diese „Sachlichkeit" bei Loos (und auch bei Kraus) transzendental überhöht: Es geht dabei um das *Wesen* der Sachverhalte, welches sich entfalten können soll. Genau diese Wesensorientierung steht der „Neuen Sachlichkeit" und ihren Anhängern entgegen: Zumindest der neusachliche Alltagsdiskurs will vom Wesen nichts wissen, sondern sucht einen von abstrakten Problemstellungen unbelasteten, pragmatischen Umgang mit Sachverhalten zu gewinnen.[96] Die antitraditionalistische

---

94 Ehrenstein, Albert: Ins Leere gesprochen. Berliner Tageblatt 01.03.27.
95 Ebd.
96 Vgl. Jäger, Christian: Phase IV. Wandlungen des Sachlichkeits-Diskurses im Feuilleton der Weimarer Republik. In: Jahrbuch zur Literatur der Weimarer Republik 2/1996, 77–

2.2.3 Fundamente

Emphase der Vorkriegszeit wirkt daher in Berlin überholt und verstellt Loos den Zugang zu den Kreisen der Berliner Kulturproduzenten, so daß er, den einen zu sehr gegen die Vergangenheit gerichtet, den anderen zu sehr an dieselbe gebunden, sein Auskommen in Paris suchen muß.

Ergibt sich so trotz der Differenz eine gemeinsame Haltung beider Metropolen, findet man hinter diesen Differenzen aber auch eine fundamentale Einigkeit.

> »Aber vielleicht wirken wir Deutschen gleich einer zanksüchtigen Familie mit unseren Krakeelereien nur nach außen so zerrissen und uneinig. Wenn ein Fremder auf uns herumhackt, so rotten wir uns gleich gegen ihn zusammen und sind so am Ende mehr verbunden und einträchtiger als manche anderen Länder, so daß das Bündnis Wien–Berlin trotz perpetuierlicher gegenseitiger Neckereien über alle Staatsherrscher und Staatshändler Bestand halten muß.«[97]

Einheit des Volkes, geradezu völkischer Grund wird beschworen, der sich des Anderen, des Feindes, bedient um seine geschlossene Gestalt, seine Einheit als Volkskörper zu gewinnen. Die Waffenbrüderschaft des Weltkrieges mußte als Brüderschaft auftreten, da zwar die Herrscherhäuser in brüderlichem Verhältnis standen, das Volk jedoch, insofern es sich national begriff, hier keine Einheit sehen konnte, waren doch auf seiten der Mittelmächte fast ebensoviele Ethnien vereinigt wie auf seiten der Alliierten. Mit der Auflösung des Habsburger Imperiums ist nun der Weg frei geworden, sich als deutsche Kulturgemeinschaft zu begreifen. Die nationale Verbundenheit hat Vermittler nicht nur ex negativo wie Adolf Loos, sondern auch positive Protagonisten.

In Gestalt des Architekten Peter Behrens, der nach Wien berufen auch weiterhin in Berlin lehrt, erwächst den Metropolen eine Mittlerfigur, deren Funktion anläßlich der Berufung darin gesehen wird, „daß die auch heute noch lebendige alte Geschmackstradition, die geistige Beweglichkeit Wiens und der norddeutsche Organisations- und Arbeitswille sich zu gegenseitigem Vorteil beeinflußen könnten".[98]

Es wird postuliert, mit der Tradition zu arbeiten, die geistige Flexibilität zu organisieren, Widersprüchliches zu versöhnen. Komplementarität begünstigt eindeutig die Wiener Kultur, da ihre Gehalte ausgestaltet werden sollen, ihrem Defizit an produktiver Leistung durch andere Organisationen abgehol-

---

108.
97 Eulenberg, Herbert: Wien. Vossische Zeitung 25.01.24 (a).
98 Ohne Autorenangabe: Zur Berufung von Peter Behrens nach Wien. Berliner Tageblatt 02.05.22 (a).

fen werden soll. Berlin bietet anscheinend keine Inhalte, sondern steht für das Arbeiten an sich.

Knapp zwei Jahre nach seiner Berufung organisiert Behrens eine Ausstellung der Wiener Schüler in Berlin, um für deren Produkte zu werben.

> »Da aber der Vorsitzende des Oesterreichisch-Deutschen Volksbundes, Hermann Kienzl, sich die Aufgabe stellt, auch die maßgebenden Behörden auf die Wiener Architekturausstellung in Berlin aufmerksam zu machen, dürfte an dem Erfolg des [Peter – d. A.] Behrensschen Planes nicht zu zweifeln sein. […] Mit dieser Ausstellung wäre für den geistigen Anschluß viel getan; das große deutsche Organisationstalent und die große künstlerische Begabung der jungen Wiener Architekten würden zu besonders glücklicher Vereinigung kommen.«[99]

Hoch wird die Bedeutung dieser Ausstellung eingeschätzt, von einflußreichen Kräften unterstützt und so aufgebaut zu einer Manifestation des geistigen Anschlusses. Der Anschluß war politisch-ökonomisch immer als Anschluß Wien–Österreichs an Berlin–Deutschland zu verstehen, in der Frage des Geistigen scheint die Anschlußrichtung umgekehrt zu verlaufen, selbst wenn nach zehn Jahren Behrensscher Tätigkeit in Wien das folgende Resümee gezogen wird:

> »Behrens, der während eines Dezenniums als Lehrer und Nachfolger Otto Wagners an der Wiener Akademie wirkte […] hat nicht wenig Verdienst daran, daß der Stil neuer sachlicher Ästhetik in Österreich gleich schnell siegte.«[100]

Der als „neuer sachlicher" apostrophierte Stil reicht zurück bis in die Jahre 1908/1909, in denen nach den Plänen von Behrens eine Turbinenhalle der AEG im Berliner Wedding errichtet wurde, die zu den Prototypen moderner Industriebauten rechnet. Tatsächlich gilt Behrens als ein Vertreter des Neuen Bauens und schloß sich der *Novembergruppe* an – einer Gruppe von Architekten und anderen Künstlern, die sich mit ihrer Kunst programmatisch in den Dienst der jungen Weimarer Demokratie stellen wollte. Betrachtet man jedoch die Architektur, ergibt sich zumindest hinsichtlich des Neusachlichen eine gewisse Diskrepanz, so heißt es von der Turbinenhalle:

> »Das zentrale Stück der Anlage – halb mesopotamischer Tempel, halb Palast – lag innen: die Starkstromfabrik. Die sakralen Elemente gehen bis ins einzelne und unterlegen der praktischen Anordnung der Maschinenhallen eine archaische Topographie, die hoch über der umgebenden profanen Wohnstadtstruktur angesiedelt ist.«[101]

---

99 Ohne Autorenangabe: Peter Behrens und Wien-Berlin. Berliner Tageblatt 03.12.25 (a).
100 Lahm, Karl: Berliner Kunst in Wien. Vossische Zeitung 01.12.32.
101 Hoffmann-Axthelm, Dieter: Stadtbild-Baumeister. In Boberg, Jochen u. a. (Hrsg.): Die

2.2.3 Fundamente

Doch nicht nur die ersten, auch spätere Bauten setzten auf eigene Monumentalität ohne Bezugnahme auf umgebenden Stadtraum – selbst für Teile der Alexanderplatzbebauung 1928/1929 greift Behrens auf Entwürfe eines nie gebauten Kaufhauses Unter den Linden zurück, die der Romantiker Carl Friedrich Schinkel zirka hundert Jahre zuvor angefertigt hatte.[102] Diese Traditionsorientierung, die sich zwar dem Neuen bereitwillig anschließt, es jedoch nicht proklamiert, prädestiniert Behrens dazu, von Berlin nach Wien zu gehen und dort nun keineswegs funktionalistische Bauten zu forcieren, sondern die Tradition mit den modernen Bautechniken und -erfordernissen zu versöhnen. Worin Loos als Theoretiker scheiterte, darin kann Behrens als Praktiker erfolgreich hervortreten, in seinen Bauten gestaltet er den Geist der antitraditionalistischen, puristischen Modernebestrebungen der Jahrhundertwende. Daß Wien keine wirklich modernen Bauten aufzuweisen hat, das ahnen auch wienstämmige Journalisten, denen an der Modernisierung ihrer Heimatstadt liegt:

> »Ohne Zweifel stehen die Wiener Siedlungen an architektonischer Schönheit dem nach, was man in Frankfurt oder Berlin sehen kann. Der moderne kubische Zweckbau hat sich in Österreich noch nicht in gleichem Maße wie bei uns durchgesetzt. Die Österreicher sind konservativ.«[103]

Aus ebendiesem Grund konnte Peter Behrens dort reüssieren und zugleich noch in Berlin erfolgreich sein. Fungierte Behrens als architektonischer Mittelsmann einer mittelmäßigen oder gemäßigten Modernisierung, die hinter den jüngsten Möglichkeiten und Konzepten zurückblieb, so ist er doch als exemplarischer Vertreter einer an sich begrüßenswerten, lokale Spezifik und Ansprüche nivellierenden Architektur aufzufassen. In der Kritik von Architekturzeichnungen zu Berlin und Wien, die die Graphikerin Lili Réthi am Kaiserdamm ausstellte, beobachtet der Kunstkritiker Adolph Donath, daß es sich meist um Gegenüberstellungen handle, wobei in der Regel nicht zu vergleichen sei, da die Baugeschichte zu unterschiedlich gewesen ist; jedoch gebe es eine Parallele:

> »Die Zeichnungen der modernen Zweckbauten und zwar der Zweckbauten von Wien – und Berlin. Hier nämlich sind künstlerisch-sachliche Gemeinsamkeiten, wenn auch – internationaler Natur.«[104]

      Metropole. Industriekultur in Berlin im 20. Jahrhundert. München 1986, 66–79; hier: 74.
102 Vgl. ebd.
103 Strobel, Heinrich: Das neue Wien. Berliner Börsen Courier 02.06.31 (mlb).
104 A. D.: Berlin-Wien. Gezeichnete Architektur. Berliner Tageblatt 21.11.32.

Die durch architektonischen Funktionalismus forcierte Internationalisierung wird häufig in eine kulturkritische Perspektive gerückt, da in diesen Bauten repräsentative Funktionen (was Künstler und Bauherren anbelangt) zugunsten der Nutzbarkeit zurückgedrängt werden. Andererseits ist dies in zweiter Hinsicht offensichtlich nicht so, denn die neue Architektur diente Bauherren und Architekten als Ausweis von Fortschrittlichkeit und Dynamik – zumindest bis solche Werte derart diskreditiert waren, daß die Betonung der Tradition größeren Werbenutzen versprach.

Auch die sozialdemokratische Stadtregierung Wiens bedient sich über die Bauverwaltung der repräsentativen Funktion neuerer Architektur. So heißt es nach einer Schilderung des Karl-Marx-Hofes,[105] dieser mache großen Eindruck und sei „doch nur ein kleiner Teil jener vielen modernen Wohnungsbauten, die die Stadt Wien seit dem Jahr 1923 mit bewundernswerter Planmäßigkeit errichtet hat und denen sie den Ruf einer in ganz Europa einzig dastehenden sozialpolitischen Weitsichtigkeit zu verdanken hat".[106] Mit Hilfe der Bauwerke sucht sich Wien den Zugang zur Gemeinschaft kulturprägender Metropolen in den Zwanziger Jahren zu erschließen oder zu bewahren. Trotz aller Widrigkeiten[107] scheint dies auch zu gelingen, denn die architektonischen Sozialleistungen werden planmäßig in die Selbstdarstellung einbezogen:

> »Die Stadt Wien ist stolz auf ihre Sozialpolitik. Sie drückt den fremden Besucher eine Unmenge von Broschüren in die Hand, die über alle Details Aufschluß geben. [...] Aber was einen hier zu uneingeschränkter Bewunderung zwingt, das ist die Planmäßigkeit des organisatorischen Aufbaus. [...] hier wurde eine umfassende Fürsorge von Grund auf geschaffen.«[108]

Sozialbauten sind zweifelsohne sozialpolitische Leistungen, doch dienen sie zugleich der Repräsentation der Sozialpolitik und damit der Partei, die diese durchführt. Konsequenterweise endet der Bericht in einer Eloge auf Bürgermeister Karl Seitz:

---

105 An dem allerdings weniger die Architektur als der Namensgeber progressiv war.
106 Strobel, Heinrich: Das neue Wien. Berliner Börsen Courier 02.06.31 (m1b).
107 »Man wird fragen: warum sind diese Baukomplexe so bunt in das alte Bild der zwanzig Wiener Außenbezirke geworfen, warum hat man nicht geschlossene Siedlungen wie etwa Britz oder Reinickendorf bei Berlin angelegt? Hier die Antwort: Die Stadt Wien mußte den Bauplatz da nehmen, wo sie [!] billig fand oder wo sie schon Grundstücke besaß. Außerdem fehlen ihr die Schnellbahnen, die Voraussetzung für Siedlungsbauten, die weitab von den Arbeitszentren der Bewohner liegen.« (Ebd.)
108 Ebd.

»Der Zauber österreichischer Landschaft und österreichischer Kultur liegt über diesem Mann.«[109]

Die Behauptung wirkt, was die nationale Spezifik anbelangt, unglaubwürdig, denn die Politik des österreichischen Zauberers weist über Wien und Umgebung hinaus auf die reformatorischen Bestrebungen einer Vielzahl kapitalistischer Länder und hat so nur vermittelt mit der Kultur seiner Heimat zu tun. Vermittelt insofern, als sich die österreichische Kultur qua kommerzieller Aufbereitung auch deregionalisiert.

Exkurs: Revue (Berlin)

Bemühungen um regionale Spezifik waren schon beim Theater und Kabarett zu beobachten gewesen und setzen sich auf den profaneren Brettern des Unterhaltungstheaters oder Revuegeschäftes fort:

> »[...] es ist eine Revue aus Österreich und es wird strudeln und quirlen und glucksen darin von Wiener Lust und Laune und Lachen. [...] Da trieben sich viele schöne Mädchen in reizenden Winterkostümen herum, da zeigten sich viele schöne Mädchen im Modekostüm aller Zeiten vom Fell der Eva bis zum goldenen Cape von neunzehnhundertvierundzwanzig, da waren viele schöne Mädchen närrische Puppen, da tanzten viele schöne Mädchen nach einer enormen Jazzband. Und vor der Pause stand die ganze Revue auf und Wien grüßte Berlin; eine Deutschmeisterkapelle in Uniform mit einem himmlischen Tambourmajor kam an die Rampe geschmettert, der Deutschmeistermarsch und der Radetzky gewitterten einher, wieder und wieder, da dauerten die Beifallsstürme minutenlang. [...] Da müßte doch durch das Parkett ein Trupp friderizianischer Grenadiere mit dem Hohenfriedberger einherkrachen, damit die Deutschmeister nicht glauben, wir wissen nicht was sich gehört. [...] An Pracht und Glanz und Farbe und Idee glich diese Revue jenen, die in Berlin gewohnt sind. [...] Aber dies alles schien nicht so, daß es nur Wien sein konnte und nichts anderes, manchmal war ein Hauch in der Luft davon: wenn ein Dienstmann einen Schließkorb wegbringen soll und diese Aktion wie einen gefährlichen Feldzug organisiert und wenn zu einer Hochzeit statt zwei Festlakaien zwei Leichendiener kommen und ein Begräbnis aufbauen. Und um dieses Hauches willen war der Empfang der Wiener herzlich.«[110]

Die Wiener Revueproduzenten sind gescheitert, gescheitert am Projekt, in Berlin als Wiener verstanden zu werden, ohne ein zu artifizielles Wien, ein Wien der Klischees anzubieten. Doch die Verweise waren nicht stark genug, und eine Revue aus Wien ist noch lange keine Wien-Revue. Für ein solches Unterfangen müssen Indizien der Regionalität ausgestreut werden, die als solche erkannt werden und von daher als bekannt vorauszusetzen sind, dann

---

109 Ebd.
110 Hildenbrandt, Fred: Weekend. Berliner Tageblatt 18.08.24.

läßt sich die nur noch vermeintliche Spezifik kommerziell ausbauen und bspw. als Viennität konstruieren. Dabei wird tatsächlich ein Simulakrum im Sinne Baudrillards etabliert, von dem nicht mehr zu sagen ist, wie das Original beschaffen war und ob es überhaupt je eins gab.

Die Klischees, die die Revue bedient, sind auf verschiedenen Ebenen angesiedelt. Zunächst sollte offenbar der Mythos der ein wenig verruchten, doch eleganten Wiener Frau aufgerufen werden, der allerdings – da nicht durch zusätzliche Zeichen wie Trachten, Frisuren oder Szenarien als lokalspezifisch ausgewiesen – nicht als solcher realisiert wurde.

Einfacher hingegen die durch den Krieg als zu vergegenwärtigende Reminiszenz unterstellbare Militärmusik, die als österrreichische erkannt wurde, und beim Autor gleich den Revanchismus der „Waffenbrüderschaft" heraufbeschwor.

Fred Hildenbrandt, der auf seiner oben zitierten Autofahrt nach Wien zum Ausweis seines Dortseins sämtliche Standards des Wienerischen seinem Text einschrieb, geriert sich in Berlin als feinsinniger Kritiker, der nur in kleinen Gesten und knappen Szenarien Wien erkennt. Die als besonders wiengerecht geschilderten Szenen zielen auf die Umständlichkeit dortiger Organisation, auf den Typus des schwejkschen Dienstmannes mit seiner passiven Renitenz und die Mißverständnisse, die hinter der Heiterkeit einen ernsten Unterton bergen.

Auch dies deutliche Klischees, allerdings von einer vertrackteren Qualität, da sie nicht die allzu bekannten Vorstellungen von Wien wiederholen, sondern einen subtileren Indiziencharakter auf das wie auch immer vorzustellende oder vorgestellte Reale hin zu besitzen scheinen. Interesse weckt die Revueschilderung Hildenbrandts jedoch vor allem, weil sich mit dem Schreibort auch die Perspektive verändert: Beschrieb Hildenbrandt seinen Wiener Aufenthalt als lebensfrohen Exzeß – zwischen Wein und Weib Wiener Lieder singend bis der Magen nicht mehr mitmacht – und demonstrierte darin den Willen zur Wirklichkeit als Vorstellung, reichen ihm als Kritiker in Berlin die Imagos nicht als solche, sondern sollen es solche sein, die hinter sich „die" Wiener Wirklichkeit ahnen lassen. Das stilistische Defizit der Revue dient der Stilisierung des Kritikers, wie die Stilisierung der Stadt nicht von der Stilisierung des Reisenden zu trennen war.

2.3 Wien und Wiener in Berlin

Eine Ahnung von der Wirklichkeit bietet der Exodus der Wiener aus ihrer Heimatstadt nach Berlin, der verstärkt in den frühen Zwanziger Jahren einsetzt:

>»Es sind jetzt sehr viel Wiener in Berlin. Karawanen streben aus der österreichischen Wüste in die, trotz allem, oasegrüne Stadt. [...] Die Wiener bringen ihre reiche Erfahrung im Untergehen mit. Sie sind glänzend trainierte Ber[g]ab-Gleiter, gewitzte Führer vers l' àbime, Zusammenbruchssachverständige. [...] Ganz berauscht sind die Wiener in Berlin von der Relativität ihres Elends.«[111]

Vergewissern wir uns nochmals der historischen Umstände: Wien auf dem Weg in die ökonomische und kulturelle Bedeutungslosigkeit, Ende 1922 bereits über den Höhepunkt der Inflation hinaus, Berlin politisch gesehen nach den ersten Nachkriegswirren auf dem Weg in die Stabilisierung, zukunftsträchtig angesichts seiner hauptstädtischen Bedeutung, wenn auch in einer ökonomischen Krise. Für die Wiener heißt dies zuallererst, daß ihre Krone zur kaufkräftigen Devise geworden ist und ansonsten sich Berlin als Arbeits- und Absatzmarkt der Zukunft darstellt. Trotz allen Pioniergeistes haben die Österreicher, bevor sie nach Berlin kommen, ein offensichtliches Unbehagen vor dem, was ihnen dort begegnen oder angetan werden mag:

>»Also kommt der Fremde zitternd her: Er denkt: „Werden meine Nerven die brutalen, keifenden, unliebenswürdigen, ungerechten, dozierenden, spitzfindigen, eigensüchtigen, ruhmredigen Berliner zu ertragen vermögen?" Er fürchtet sich vor dem Berliner. [...] Man kann sich nun denken, wie sehr ich mich fürchtete, als ich aus dem sogenannt liebenswürdigen Wien nach dem sogenannt unliebenswürdigen Berlin [...] kam. Ich war auf das Schlimmste gefaßt. Aber es kam – wie immer – anders. [...] Nichts störte die Nervenruhe, deren wir alle so dringend bedürfen. Da fragt man sich verblüfft: Wo sind die Berliner? Natürlich weiß man ja, daß alle Berliner aus Breslau oder aus Soest, aus Bromberg, aus Plauen oder aus Gumbinnen sind. Aber selbst diese müßten doch etwas von Berlin an sich haben. Unmöglich, das herauszufinden. [...] wo sind die Berliner aus dem Witzblatt? Ich habe sie nicht getroffen [...]. Ich habe nur ein Volk gesehen, das stolz, tapfer, lautlos ein tragisches Geschick trägt, ihm auferlegt von einer Welt, die seinem Geiste und seiner Arbeit unerhörte Werte verdankt. Nur weil es eine „schlechte Presse" hat.«[112]

Die Wiener Feuilletonistin sucht – ebenso wie ihre nach Wien reisenden Berliner Kollegen – ihre medial gewonnenen Vorstellungen vom anderen Ort bestätigt zu sehen.

---

111 Polgar, Alfred: Wiener in Berlin. Berliner Tageblatt 11.11.22.
112 Schwarzwald, Eugenie: Verdient der Berliner seinen Ruf? Erfahrungen einer Wienerin. Vossische Zeitung 02.11.23.

Während jedoch die Reisen nach Wien zumeist in diesem Sinne erfolgreich waren, trifft dies für Berlin nicht zu. Die in Österreich kursierenden Dar- und Vorstellungen erweisen sich als unrichtig. Dafür soll die Presse, also das Feuilleton, die Verantwortung tragen.

Woran liegt es, daß sich die Berlinpräsentation der Zeitungen nicht in der Wirklichkeit auffinden läßt? Betrachtet man eine Auswahl der repräsentativen, im Feuilleton bürgerlich-demokratischer Zeitungen entworfenen Berliner Selbstbilder,[113] so ergibt sich ein höchst heterogenes Bild, das nur im Zusammenhang den Eindruck von Tempo und Betrieb liefert – insofern dann die verschiedenen Wahrnehmungsmöglichkeiten von Stille und Idylle, Hektik und Geschwindigkeit unmittelbar nebeneinander stehen.

Was für den Stadteindruck gilt, stimmt auch hinsichtlich der Bevölkerung, die, wie Eugenie Schwarzwald anmerkt, verschiedensten Landstrichen und Schichten und Konfessionen entstammt, so daß der Berliner nur im Feuilleton oder in der Heimatliteratur als dominante Kunstfigur zu konstruieren ist, die sich durch Dialekt und Schlagfertigkeit auszeichnet, was mit anderen Attributen ebenso für den prototypischen Wiener, den Hausbesorger, zutrifft.

Es nimmt folglich nicht wunder, daß der Berliner auf den Straßen oder in der von Frau Schwarzwald eingerichteten Schloßküche nicht einem Klischee entspricht. Zumal ihr dort, an einem Ort der Notverpflegung Bedürftiger, auch das organisationsbesessene, fleißerfüllte und prinzipienstrenge Arbeitstier mit analytischer Begabung, als das der Berliner und mehr noch der Preuße gemeinhin vorgestellt wird, nicht begegnen konnte.

Anders verhält es sich bei Alfred Polgar:

»Der Mensch ist, was er ist.

*

Besonders in Berlin. Hier kann man es mit freiem Auge sehen, daß der Beruf den Menschen ausübt und nicht umgekehrt. Hier versteht kein Tätiger die Kunst, sich aus dem Interessenkreis, in den er gebannt ist, auch nur für kurze Weile hinauszuzaube[r]n. Hier bibbert auch, wer stille steht wie angekurbelt und nur gebremst. [...] Auch in des Feiernden Brust taktet ohne Aufhören der Motor des Berufs: mit hörbarem Gesumm. Es mischt sich in die Melodie der Ruhe, selbst in die des Vergnügens, und ganz auszuschalten ist es, wie die Nebengeräusche im Grammophon, niemals. [...] Auch Geselligkeit sänftigt nicht den Berufskampf, löst nicht die Spannung in der Brust des deutschen Mannes. [...] Und der entspannte Mensch kommt nur ganz sporadisch vor, etwa im Dickicht des Schwannecke oder im fruchtbaren Tal des Mutzbauer, wo die Wiener weiden. Dieser Volksstamm hat nämlich, vielleicht sogar im übertriebenen Maß, die Fähigkeit der Entspannung. In Wien unterbricht der Mensch, begibt er sich ins Gesellige, den Stromkreis der Berufsinteressen,

---

113 Vgl. dafür Jäger, Christian und Erhard Schütz (Hrsg.): Glänzender Asphalt. Berlin im Feuilleton der Weimarer Republik. Berlin 1994.

> in den er sonst eingeschaltet ist: der Nachbar wird durch Induktion nicht beunruhigt. Aus solcher Fähigkeit der Entspannung und inneren Lockerung erklärt sich das Phänomen der Wiener Gemütlichkeit, die keineswegs nur, wie eine irregehende Forschung meint, das Produkt langer Aufzucht durch Zwetschkenknödel und adäquate Literatur ist.«[114]

Der Berliner Körper ist durchzogen von technischen Apparaturen, ein Maschinenmensch, der auch außerhalb des Produktionszusammenhanges sinnlos weiterläuft, Störgeräusche produziert und insofern keine funktionale Konstruktion vorstellt, sondern eher wie ein defekter Android wirkt, der in eine Programmschlaufe geraten ist und nicht mehr kontextadäquat zu agieren vermag. Dementgegen ist der Wiener eher Natur als Technik, eher Vieh als Roboter. Und selbst wenn er es sich mitunter zu lange auf der Weide gut sein läßt, so ist sein Handeln doch zwiefältig, da Polgar ja auch den Wiener als Arbeitenden in einem Stromkreis stehen sieht, und nicht unilinear oder einfältig, wie das Agieren des Berliners. Die den Wiener charakterisierende Eigenschaft besteht mithin nicht im konsequenten Phäakentum, sondern in der pragmatischen Fähigkeit, die Reproduktionsphase als solche zu erkennen und zu nutzen. Mit diesem Vermögen stellt er in vertrauter Weise das Ideal der Berliner dar, die ausspannen möchten, die vom Savoir-vivre träumen. Dieser Traum vom besseren Leben, für den Wien zumindest einem Teil der Berliner einsteht, besitzt auch kommerzielle Konsequenzen. Eine Wienmode bricht in der Reichshauptstadt zur Mitte der Dekade aus.

Am Anfang steht allerdings ein Skeptiker, der die ersten zagen Versuche, das Wienerische in Berlin zu popularisieren, mit seinem Zweifel verfolgt.

> »Es ist eine erstaunliche Verkennung der Sachlage [...] zu glauben, daß man in Berlin jemals mit vollem Erfolg das Wiener Kaffeehaus imitieren könne. Schon des Publikums wegen. Dies soll kein Hohelied der Wiener Gemütlichkeit werden, vielmehr eine sachliche, wo nicht gar trockene Feststellung. [...] Also, daß ist ja hinlänglich bekannt, daß der Wiener im Kaffeehaus geboren wird, lebt und stirbt. Freilich ist es darin auch auszuhalten.«[115]

Die Erfolgslatte wird hoch gelegt, denn es steht zweifelsohne nicht zu erwarten, daß die Bevölkerung der Spreemetropole je in Cafés sterben wird – es sei denn bei einem Arbeitstreffen. Doch auf solch konsequente Nachahmung wird nicht reflektiert, sondern auf die Illusion, gleichermaßen jene Lebenskunst zur Verfügung zu haben. Dies Bedürfnis nach einer Ästhetisierung der Freizeit erklärt sich vor dem Hintergrund der vorhergegangenen Krisenjahre ohne weiteres. Konnten in den frühen Zwanziger Jahren nur wenige Alt- und Neureiche den Rausch der roaring twenties finanzieren, so hat

---

114 Polgar, Alfred: Beruf. Berliner Tageblatt 01.12.27.
115 C. K.: Wienerisches. Ein Vorschlag zur Güte. Berliner Tageblatt 23.08.25 (m1b).

sich der Wohlstand um 1925 auch auf jene in diesem Maße neu erstandene und kulturprägende Gruppe der Angestellten ausgedehnt, die neben leitmotivischen Freizeitbeschäftigungen wie Sport, Tanz und Weekend auch in der alltäglicheren Rekreationsphase an der traditionshaltigen Aura des Wiener Cafés partizipieren wollen. Das Traditionsverständnis reicht lediglich in die Jahrhundertwende, zum Fin de siècle; mithin in die Dekadenzphase einer adlig-großbürgerlichen Kultur, an deren Nimbus angeschlossen werden soll.

> »Das Publikum von 1925 sieht auf Qualität. Das bedeutet Hochkonjunktur für den Wiener Cafetier [...]. Berlin hat sich die Diktatur Wiens immer schon gern gefallen lassen. Es war stets ein zärtliches Verhältnis zwischen den beiden Hauptstädten. Das Rauhe, Nüchterne, Gründliche des Berliner Bären paarte sich gern mit dem Zarten, Romantischen, Leichtlebigen der Dame Wien. Auf dem Speisezettel eines Volkes kann man jedenfalls viel von seiner kulturellen Wesensart ablesen. [...] Das empfindsame Wien analysiert mit subtiler Einfühlung nicht nur die Psyche, sondern auch die Küche. [...] Neben Magen und Mode ist die heitere Muse ein Instrument der Beziehungen Wien–Berlin.«[116]

Wiederum wird das Verhältnis Wien–Berlin auf die sexuelle Ebene gehoben, in ein Beziehungsfeld gespannt, in dem Wien – wie früher schon zu sehen war – den weiblichen Part innehat. Die geschlechtliche Sichtweise ist ein zweiter Abstraktionsschritt nach dem ersten, der nicht mehr bestimmte Bedürfnisse möglicherweiser bestimmter Schichten zu einem bestimmten Zeitpunkt betrachtet, sondern einen weite Zeiträume überspannenden, kulturtypologischen Vergleich anstrengt. Daß Wien angesichts der Felder, auf dem ihm noch kulturelle Kompetenz zugesprochen wird – also Küche, Mode, leichte Muse und bisweilen auch Psychologie –, dann den femininen Teil zu übernehmen hat, verwundert in Anbetracht der seinerzeitigen geschlechterspezifischen Arbeitsteilung, in der der Frau der Reproduktionsbereich zukam, nicht weiter.

Was sind – abgesehen von der Zuneigung der Berliner „Bären" – die Gründe für die Ausbreitung des österreichischen Einflusses entlang des Kurfürstendamms?

> »Das verarmte Wien bietet dem Bühnenkünstler und dem Kabarettisten nicht mehr genügend Bewegungsfreiheit. Eine mörderische Lustbarkeitssteuer hat die lachende Muse vertrieben. Und wenn die Bühnenleute früher von Wien aus nach Budapest, Prag, Preßburg, in Großstädte und Kurorte der Doppelmonarchie gehen konnten, so sind ihnen diese Städte heute von politischer Engherzigkeit vielfach verschlossen.«[117]

---

116 -zz-: Wien am Kurfürstendamm. Der österreichische Einfluß auf Magen, Mode und Muse. Berliner Tageblatt 06.10.25.
117 Ebd.

2.3 Wien und Wiener in Berlin

Anscheinend handelt es sich um ökonomische und geopolitische Gründe. Doch warum findet vorzugsweise in Berlin die kommerzielle Umsetzung des Wienmythos statt? Wieso stagnierten die möglicherweise ökonomisch erforderlichen Wanderbewegungen nicht in Zürich, München, Frankfurt oder Leipzig und Dresden?

> »Berlin hat sie wirklich gern, die Theaterleute und die Komiker, die Sänger und Dichter, die Modenkünstler und die Kunsthandwerker, die Köche und die Konditoren aus der heiteren, lebensfrohen Welt an der Donau.«[118]

Die behauptete Zuneigung reicht zur Erklärung nicht aus, denn gerade die Zuneigung gilt es ja zu erklären. Zumal Berlin das Verhältnis zur „Freundin Wien"[119] offenbar noch intensivieren soll.

> »Die Probezeit der Sympathien dauert über Gebühr an. Die Partner haben Geist und Gefühl, Wesensgut und Alltagsprodukt lange genug ausgetauscht. Berlin und Wien sind zur Ehe reif.«[120]

Zwei Jahre später ist man auf dem Wege der Legalisierung weiter fortgeschritten, und gewisse Unstimmigkeiten haben sich eingestellt, trotz einer gleichbleibenden Faszination an den Kulturgütern und -leistungen, die von Wien nach Berlin ziehen.

> »Vielleicht hat es so ausgesehen, als ob die Wiener Selcherei, die kühn einen ihrer Füße vom Franz-Josefs-Kai nach dem Kurfürstendamm gesetzt hat, hier gar zu enthusiastisch begrüßt worden sei. Aber sicher ist das nur ein Sichtfehler, in Wahrheit nämlich zeigen sich jetzt die ersten kleineren Reibereien, die den fortschreitenden „Anschluß" notwendig begleiten müssen. Es ist ja nicht nur das gemeinsame Strafrecht, das den kommenden rattachement einleitet, sondern weil man Wien, das trotz der bekannten „Schlappheit" in seiner Art eine Kraftzentrale ist, die Auswirkungsmöglichkeiten nach Süd und Ost arg beschnitten hat, so strahlt es jetzt unter Überspringung zweier Grenzen nach Norden Revuehumoristen, Operettensängerinnen, Stoffblumen, Zeichner, Lederwaren, Reportage und das kommunale Bausystem aus. – Dinge, die sich aus vielerlei Ursachen gerade dort in einer gewissen Eigentümlichkeit entwickelt haben; so wie man umgekehrt ganze Inszenierungen neuer und alter Stücke von hier nach Wien exportiert, die deutsche Rationalisierung dort nachgeahmt wird, deutsche Literatur und Presse eindringt. Das Ganze ist so einfach, Wien ist vielmehr als früher auf das Reich angewiesen, da sein eigenes Reich zerschlagen wurde, und naturgemäß fängt man also an, sich ein bißchen zu zanken, was hier und was dort besser sei, und je länger diese Entwicklung andauern und die gegenseitige Durchdringung inniger werden wird, je mehr es klar werden wird, daß man einander gut brauchen kann, desto ekelhafter wird man untereinander, das ist nun mal bei intimen Beziehungen im menschlichen Leben so. Mit den Wiener Würsteln ist das nur ein schwacher Anfang, besonders da es den Kennern sehr zweifelhaft sein muß, ob die Würsteln denn ein besonders charakteristisches Er-

---
118 Ebd.
119 Ebd.
120 Ebd.

zeugnis gerade Wiens sind. Die ganze Wiener Küche ist nämlich gar nicht autochthon, sondern ein Produkt der Königreiche und Länder, die einstmals unter glorreichen Krone Habsburgs vereinigt waren.«[121]

In der Reihung der vielen Produkte, die zumindest staunen läßt, wenn Begriffe wie *Reportage* fallen, steht an herausragender Stelle wiederum die Küche, deren exeptionelle Bedeutung wir bereits für das Wien der Zwanziger Jahre anhand des Streits um Adolf Loos erfahren haben. Die Begründung, die hier nun für die erfolgreiche Ausfuhr des Wiener Kulturgutes gegeben wird, nimmt die Perspektive der österreichischen Hauptstadt ein, insofern Expansion notwendig scheint. Darauf handelt, durchaus in doppeltem Sinne, die Stadt in adäquater Reaktion. Warum gehandelt werden kann und warum gerade mit diesen Gütern, bleibt unbeantwortet. Die Konsumentenbedürfnisse, die so handelnd befriedigt werden, sind andeutungsweise benannt: Ästhetisierung der Existenz. Das Besondere dieser Ästhetisierung besteht nun darin, daß sich Teile der jungen, sich als demokratisch verstehenden Republik ästhetischer Muster bedienen, die auf den Verfall einer großbürgerlich-adligen Kultur rekurrieren oder zumindest auf die Vorstellung von einem solchen, denn tatsächlich spielt die reale Wiener Kultur für den Export keine Rolle. Gedenkt man der oben ausgebreiteten Berichterstattung über Wien, so zeigt sich, wie wenig für dieses besuchte Wien die Cafés oder Operetten relevant waren. Es geht also in Berlin nicht um Wien sondern um Viennität[122], um eine mythische Konstruktion.

Bereits in der Sexualisierung des Stadtverhältnisses klingt eine mythische Metaphorik an, doch mehr noch ist es die Reduktion auf ein Ensemble von Indizien wie Café und Operette und Theater, was die Mythisierung auszeichnet. Die Komplikation, die dieser Wien-Mythos dem Aufklärer bereitet, liegt darin, daß er in sich gedoppelt ist: Nicht nur ein irreales Wien wird entworfen, das Charakteristikum dieses mythischen Wiens ist gerade, daß es ein Reich des schönen Scheins ausbreitet.

Das mit dem zweiten verwandte dritte Wien ist eine Stadt der Halb-Öffentlichkeit, wie eben ihr paradigmatischer Ort das Caféhaus. Eine Gesellschaft von Stammgästen, Freunden oder Bekannten, die sich zum gesellig-geistreichen Austausch versammelt haben, ohne ernstere Absichten oder Zwänge damit zu verbinden. Man verabredet sich nicht dorthin, sondern findet sich ein oder nicht. Es ist nicht das den Gastgeber verpflichtende Am-

---

121 Adriaen: Wohnen oder Essen? Berliner Tageblatt 27.09.27 (m1b).
122 Für diese Wortbildung und ihre Bedeutung sei verwiesen auf: Barthes, Roland: Mythen des Alltags. Frankfurt a. M. 1964; hier bes. 101 ff.

2.3 Wien und Wiener in Berlin

biente privater Räumlichkeiten, sondern ein allen offenstehender, aber nicht von allen genutzter Bereich, der durch die relative Exklusivität seiner Kundschaft eine Ahnung von Intimität und Gemeinschaft besitzt. Das Café liegt zwischen Straße und Stube, und dieser Status macht seine Annehmlichkeit aus. Die Atmosphäre interesse- und verantwortungslosen Wohlgefallens, die sich damit idealiter verbindet, charakterisierte einst den wohlhabenden Müßiggänger. Dieses Air des Müßiggangs, der Unbeschwertheit vom Arbeitsalltag, soll das Wiener Café den Berlinern bescheren. Es ist ein restauratives Bedürfnis, das ins Café führt, denn zum einen bedeutet der Rückzug von der Straße auch den Verzicht auf die in den Anfangstagen der Republik dort stattfindende Politik, zum anderen zeigt sich ein Wertewandel, der von dem selbstbewußten Auftritt einer Arbeiterschaft und den nachfolgenden Leitbildern der politischen Macher wie Rathenau abrückt, um zu einer Privatiersgestalt zu kommen, die eher Zinsen verzehrt, als Kapital akkumuliert oder politisch handelt, geschweige denn körperlich hart arbeitet. Die traditionalistische Konzeption guten Lebens steht zwar nicht im Gegensatz, aber doch quer zu anderen Leitmotiven der damaligen Freizeitgestaltung. In der Sportivität, im Jazz, in den verschiedenen Erscheinungsformen des Amerikanismus überhaupt drückt sich ein wesentlich aktivistischerer Geist aus als in der rückwärtsgewandten Caféhausromantik.

»Nachdem katastrophalen Verlust des alten Cafés des Westens suchte die Berliner Boheme bekanntlich Trost im „Romanischen". [...] Inzwischen ist im Westen ein neuer Künstler-Rendezvous-Platz entstanden, von der Öffentlichkeit noch unentdeckt, trotzdem diese kleine Wiener Konditorei [...] nachmittags wie abends eigentlich wegen Überfüllung geschlossen werden müßte. Hier spürt man etwas wie einen Hauch von Wien, heiter und leicht. Weniger Weltanschauung als Romanischen, und mehr Elan. Weniger Betrieb, Tempo, neue Sachlichkeit, statt dessen Haltung Witz und Grazie. Man findet hier jenen Teil des Kurfürstendamm-Publikums, der aus der Wiener Jugend besteht. Operette, Kabarett, auch Film. Gepflegte, gutgekleidete Herrschaften, die das Geld für Melange und Sprudel nicht erst zu borgen brauchen.«[123]

Nicht nur das Wiener Café besteht eine Reminiszenz an vermeintliche oder tatsächliche Vergangenheit, selbst die Besucher unterwerfen sich offenbar einer bestimmten Form der Selbstdarstellung, d. h., sie inszenieren und produzieren damit eine alltagsferne Unbeschwertheit, die trotz der oben angedeuteten möglichen Kritik der Entpolitisierung andererseits auch ein utopisches Moment vom besseren Leben enthält, einem Leben nämlich, das in sich seine Abkunft aus einer anderen Form der Produktion trägt, die wesent-

---

123 Arndt-Steinitz, Della: Eine „Melange" am Kurfürstendamm. Berliner Tageblatt 30.08.27 (m1b).

lich bedürfnisnäher organisiert ist als die industrielle Produktion mit ihren Zwängen.[124]

Insofern eine künstlerische Produktion größere Freiheiten, vor allem Individuierungsfreiheiten gestattet als andere Produktionssphären, kommt die Verdichtung der an künstlerischer Produktion Beteiligten an einem Ort der Privilegierung eines solchen Ortes gleich; er wird von denjenigen, die der gewöhnlichen Arbeit und ihren Zwängen enthoben sind, gleichfalls über das Gewöhnliche erhoben und so zu einem Versprechen möglichen besseren Lebens.

> »Piowatis Einzug nach Berlin scheint mir immerhin ein Zeichen unserer Zeit zu sein. Nach den Wiener Cafés, den Wiener Restaurants, den Wiener Konditoreien, den Wiener Mehlspeisen, nach den Wiener Melange und dem Wiener Schmus, welch letzteres speziell österreichisches Überzeugungsmittel eine immer größere Rolle im Berliner Leben zu spielen beginnt, erscheint nun auch Piowati auf dem Plan, um dem guten alten Wurstmaxe den Garaus zu machen und unseren leiblichen Genüssen die Wiener Krone aufzusetzen. Bereitet etwa Wien eine Revolutionierung des Berliner Gaumens vor? Soll durch Geselchtes und Kaiserfleisch eine Bresche der gemütlichen Schlamperei in die kahle Mauer preußische Tüchtigkeit geschlagen werden?«[125]

Die an sich banale Feuilletonisierung des Siegeszuges der Wiener Würstchen wäre nicht weiter von Belang, würde nicht im Aufgebot ihrer Metaphern die doppelte Natur des Wien-Mythos kenntlich: Einerseits scheint die restaurative Sehnsucht in monarchischen Begrifflichkeiten wie *Krone* und *Kaiserfleisch* im Verbund mit der Gemütlichkeit auf, andererseits ist in der *Revolutionierung* und ihrer Gewalttätigkeit – *dem guten alten [...] den Garaus [...] machen*, *eine Bresche [...] schlagen* das utopische Moment, das sich zuvörderst auf die *leiblichen Genüsse* richtet, deutlich.

Die zentrale Stellung der Leiblichkeit ist das Einfalltor politischer Ambivalenz, denn einerseits geht es darin zwar auch um den Selbstgenuß, die Verfügungsgewalt über den eigenen Körper und seine Arbeitskraft, andererseits aber auch um die weniger weitreichende Befriedigung simpler materieller Bedürfnisse, die auch und vielleicht gerade in der kapitalistischen Konsumtionssphäre befriedigt werden können. Wien ist so zunächst das Versprechen eines schöneren Kapitalismus und in zweiter Hinsicht auch ein Wunsch, der dessen Überschreitung einschließt. Für diese Dopplung stehen die Bewohner ein:

---

124 Wir bemühen uns hier wohlweislich, den Terminus Entfremdung zu vermeiden.
125 Ohne Autorenangabe: Wiener Würstel am Kurfürstendamm. Piowati gegen Wurstmaxe. Berliner Tageblatt 20.09.27 (m1b).

2.3 Wien und Wiener in Berlin

»Sie haben vielleicht schon davon gehört, dass in Berlin heute merkwürdig viele Wiener – und gerade Künstler und Schriftsteller, also Menschen, die gern freier leben – sesshaft sind.«[126]

Die Anzahl in Berlin lebender Österreicher läßt sich verrifizieren. Eine Statistik der Ausländer, die mit ständiger Wohnung in Privatwohnungen in Berlin leben, also keine unangemeldeten, zu armen Dauergäste, weist zum 31. 12. 1927 132.273 Personen aus, auf die diese Voraussetzung zutrifft.

»Die Zahl der ständig oder vorübergehend in der Reichshauptstadt wohnenden Ausländer [...] ist gegenüber dem Vorjahre fast unverändert geblieben; sie betrug beim Jahreswechsel 132273. [...] Von den Angehörigen fremder europäischer Staaten waren Österreicher mit 26218 am stärksten vertreten.«[127]

Wie aber nehmen – um unsere obigen Beobachtungen wieder aufzugreifen – die in Berlin lebenden Österreicher, ein Fünftel der ausländischen Bevölkerung Berlins, ihre Wahlheimat wahr? Lange Zeit wurde nach deren Befinden zumindest im Feuilleton überhaupt nicht gefragt, so daß sich über ihre Einschätzung nur mittelbar etwas sagen läßt. Die Mittel sind in die Hand gegeben durch den zeitweise höchst beliebten Vergleich beider Städte, der beinahe zu einer Feuilletonmode[128] und meist von Österreichern angestrengt wurde. Eine klare Darlegung der Relationen gibt 1924 Egon Friedell, der durch Max Reinhardt aus Wien ans Deutsche Theater zu Berlin kam.

»In Berlin sind hunderte von Menschen fieberhaft um eine Unordnung bemüht, die in Wien ein einzelner Dienstmann spielend zuwegebringt.

*

Man kann zum Lob Berlins noch soviel Wichtiges und Gescheites vorbringen: auf die Dauer ist es eben doch nicht möglich, in einer Stadt zu leben, in der es ein Wort wie „Mampediktiner" gibt.

*

In Wien bekommt man, genau genommen, in allen Restaurants nur Gulasch zu essen, aber es schmeckt immer anders. In Berlin bekommt man alles, was es gibt: Austernpastete, warmen Hummer, Ananascreme, gebackene Trüffeln, aber es schmeckt alles wie Sülzkotelette.

*

Wunderschön hingegen und viel zu wenig anerkannt ist die Umgebung Berlins, besonders die Kieferngegend. Getrübt wurde mir nur der Genuß durch die Beobachtung, daß dort neben jedem Baum eine sauber geschichtete Lage Hölzer liegt, denn ich habe den furchtbaren Verdacht, daß aus diesen Hölzern die Bäume gemacht werden.«[129]

---

126 Kuh, Anton: Brief an eine Wiener Küchengehilfin. Berliner Tageblatt 08.06.28 (a).
127 Ohne Autorenangabe: Berlin als zweite Heimat Berliner Börsen Courier 05.02.28.
128 Vgl. dazu Kuh, Anton: Die graue Krawatte. Tagebuch 17/1926, 571 f.
129 Friedell, Egon: Berliner Eindrücke. Berliner Börsen Courier 27.12.24 (laut redaktioneller Vorbemerkung handelt es sich um einen Nachdruck aus dem *Neuen Wiener Journal*).

Die Klischees in der Wahrnehmung des jeweiligen Gegenüber zeigen, daß eine Art des mentalen Zusammenschlusses bereits existiert, insofern man sich in Selbst- und Fremdkritik einig weiß. Für Berlin spricht die Organisation, der Reichtum, gegen Wien der Dilettantismus, die ökonomische Impotenz, für Wien hingegen die Lebensart und gegen Berlin das diesbezügliche Defizit. Eine Besonderheit stellt der Vorwurf im letzten Passus dar, in dem die Berliner als dermaßen denaturiert beschrieben werden, daß ihnen zuzutrauen ist, die Natur an selber Stelle nachzubauen.

Bei aller Anerkennung der Leistungen besteht ein Mißtrauen gegenüber Berlin. Den Verdacht, daß die bessere, effizientere Organisation noch nicht die lebens- und liebenswertere Kultur hervorbringt. Als Kritiker spielt Friedell genau die Rolle, die ihm als Wiener im Rahmen mythischer Wienvorstellungen zukommt. Er reklamiert für Wien größere Behaglichkeit und selbst Natürlichkeit, wohingegen er Berlin implizit unterstellt, die Zweckhaftigkeit oder Sinnhaltigkeit der Arbeit und ihrer Organisation nicht genügend zu bedenken und so letztlich dysfunktional zu sein – allerdings ist das Funktionalitätskriterium hier eben das Humanum und nicht der Mehrwert.

Albert Ehrenstein beschreibt noch im selben Jahr ein Hockeyspiel beider Städte bzw. von Mannschaften aus diesen Städten, die aber – wie dies im Sport üblich ist – symbolische Funktionen einnehmen, und eben ihre Städte vertreten oder repräsentieren.

> »Zwei Reichshauptstädte, innig verfeindet, schickten sich an, miteinander zu ringen. [...] die Wiener schienen wählerisch. Wenn sie es schon trotz ihrer Bequemlichkeit über sich gebracht hatten, nach Berlin zu kommen, so sollte man sie doch während des Wettspiels in Ruhe lassen. Wurde ihnen nicht der Ball von ihren zuvorkommenden Gegenspielern oder von einem ausnahmsweise aufopferungsvollen Mitspieler sozusagen auf dem Präsentierteller dargebracht, scherten sie sich überhaupt nicht um ihn. Es waren kapriziöse Artisten, reich an hieratischen Gebärden und an wirklichem Können. Die Berliner wieder waren rauhe Naturprodukte, impressionistische Einfälle lagen ihnen nicht, was sie in ehrlichem Training erworben hatten, gaben sie zum besten, ob es nun zur Gelegenheit paßte oder nicht. Die ganze Affäre kam über eine streng symbolische Verworrenheit nicht hinaus, endete unentschieden. Das Publikum gab natürlich dem Schiedsrichter die Schuld.«[130]

Die Wiener erscheinen ebenso wie in Friedells Küchenbemerkungen als kunstvolle Individualisten, die unberechenbare Kreationen schaffen, allerdings ohne diese zu planen oder ihnen sonst vorzuarbeiten. Die Wiener begreifen anscheinend den Sinn des Spiels ebensowenig wie die Anforderungen hinsichtlich abgestimmter Taktik und Strategie bei kollektivem Einsatz. Andererseits gilt dasselbe augenscheinlich auch für die Berliner, die in diesem

---

130 Ehrenstein, Albert: Städtewettkampf. Berliner Börsen Courier 04.11.24.

Feuilleton nicht als glänzende Organisatoren erscheinen, sondern eher tumben Kampfmaschinen gleichen, die nicht in der Lage sind, die Situation zu erfassen und entsprechend zu reagieren, sondern unreflektiert und unflexibel das einmal Erlernte anzubringen suchen. Hierin sind die Berliner in Ehrensteins Präsentation auch keineswegs denaturiert, vielmehr geradezu vertiert, so daß sich in die Dualität der Städte das Natur-Kultur-Verhältnis mit umgekehrtem Vorzeichen einschleicht. War vordem das Wiener Weib immer der Naturseite zugeschrieben worden, so erscheint der Wiener Hockeyspieler im Zeichen einer verfeinerten Kultur. Wien gehorcht dem Augenblick, handelt schlaraffisch dem Moment hingegeben, da es sich vor dem Hintergrund einer reichen Tradition dieser versichert weiß, ohne jedoch eine Vorstellung von den Möglichkeiten der Zukunft zu gewinnen. Berlin will Zukunft und drängt auf diese, ohne sich von Kleinigkeiten – Spielsituationen – aufhalten zu lassen.

Wie wir schon anläßlich des Exkurses zur Musik feststellten, liegen Wien und Berlin in der damaligen Wahrnehmung auf verschiedenen Zeitachsen. Wiens Gegenwart steht unter dem Bann der Vergangenheit, während es Berlin an Gegenwärtigkeit aufgrund seiner Zukunftsorientierung gebricht.

Anläßlich eines Besuchs der Wiener Stadtoberhäupter in Berlin wird der „Vielverwobenheit von Beziehungen"[131] nachgegangen, und dies betrifft auch die zeitlichen Dimensionen, die den Städten zugesprochen werden.

»Berlins gegenwärtige Überlegenheit [über Wien – d. A.] läßt sich aus der Statistik beweisen, aber sie ist auch, geben wir es zu, auf die Dinge beschränkt, die von der Statistik „erfaßt" werden können. Wiens Besuch ist ein Gruß des – Unwägbaren. Die beiden Städte Berlin und Wien haben jede ihr vorgeschriebenes Schicksal, jede ihre besondere Art von Deutschtum, Weltstadttum, Geschichtlichkeit oder Voraussetzungslosigkeit; es gibt keinen gemeinsamen Maßstab für sie. [...] „Für Wien bedeutet das Wort ‚Gegenwart' etwas anderes, Bedingteres als für Berlin. [...] Wien, als Hauptstadt des ‚Staates' Österreich und nur dieses Staates; das ist eine A u g e n b l i c k s l a g e , aber keine Grundlage, das ist, was immer geschehen mag, ein Zwischenzustand ohne letzte Gültigkeit, und der lange Atem, des vielerfahrenen, erinnerungsüberreichen, wienerischen Bewußtseins läßt diese ‚Gegenwart' auch innerlich nicht gelten. Zumal, da Wien, unter allen wechselnden Schicksalen der Völkerpolitik, niemals nur Hauptstadt war und ist, sondern eben: S t a d t ; eine Wesenheit von eigenem Leben, den anderen Weltstädten durch Beziehungen verbunden, die von den Grenzen, Freundschaften oder Getrenntheiten der Staaten immer unabhängiger werden. [...] Wiens tausendjährige Kultur und Geschichte hat ein anderes Zeitmaß als die, notwendigerweise, den Erfordernissen des Tages völlig zugewandte Gegenwart Berlins. Wien wird, weil es war, die Größe seiner Zukunft ist ihm als E i g e n s c h a f t gegeben."«[132]

---

131 Ohne Autorenangabe.: Wien. Berliner Börsen Courier 20.06.29 (a).
132 Ebd.

Eine urbane Internationale wird entworfen, die im Bund der Metropolen Wien auffängt, das zwar hinsichtlich der Quantitäten, also der ökonomischen Daten, die zählen und für Wien nichts Gutes versprechen,[133] von Berlin abgehängt ist, aber auch gar nicht auf dieses Maß zu bringen wäre. Es gibt vorgeblich keine Vergleichbarkeit der Städte, was letztlich bedeutet, daß Wien, da es sich nicht auf quantitative Methoden, auf die Statistik einlassen will, auf die Qualität setzen muß.

Qualität meint die Vergangenheit durchtränkte Atmosphäre der Stadt, ihr an traditioneller Kultur reiches Ambiente. Aus dieser Historizität kommt den Wienern zumindest 1929 die Gewißheit, daß ihre Stadt nicht zum Untergang verurteilt ist, sondern daß sich die als ungenügend empfundene Gegenwart langsam, aber sicher in eine bedeutendere Zukunft wandeln wird. Ein Unbehagen klingt an, über die Bindung an Österreich, die Hauptstadtfunktion, an deren Stelle ein prominenter Platz im Kreis der europäischen Großstädte treten soll. Wie das ohne die entsprechenden ökonomischen Eckdaten geschehen soll, bleibt dunkel, und es entsteht der Eindruck eines Schicksalsglaubens, der sich in der Gewißheit des kommenden Guten aufs Warten beschränkt. Der mangelnde Tätigkeitsdrang bildet den signifikanten Unterschied zu Berlin, denn trotz behaupteter Unvergleichbarkeit, sind sich beide doch darin einig, daß die Gegenwart unzureichend oder unbefriedigend erscheint, nur wollen die Berliner deshalb eine bessere Zukunft erstreiten, während die Wiener sich – dieser Darstellung zufolge – auf vergangene Größe verlassen.

Ein harmonischeres Bild der Gegenwart zeichnet Wilhelm Hausenstein:

»Berlin bedeutet kaum ein halbes Jahrtausend deutscher und neueuropäischer Geschichte; Wien bedeutet fast zwei Jahrtausende römisch-deutscher Geschichte. Wien hat Katakomben. [...] Das sogenannte „Historische" muß in Wien nicht erst aufgesucht werden: es ist vielmehr ein Stück der lebenden Gegenwart. Eine Stadt vom Typus Berlins scheidet das Historische aus ihrem radikal gegenwärtigen Zustand ab – bezieht sich mit dem unmittelbaren Leben fast gar nicht mehr darauf. Man erschrickt, wenn man in Berlin einer wahrhaftigen gotischen Kirche begegnet [...]. In Wien dagegen meint man Sinn und Wesen der Stadt immer aufs neue bestätigt zu finden, wenn man dem Alten entlanggeht, auf das Alte zuschreitet. [...] Was einem Menschen, den das berlinische, das industriell-sächsische, das industriell-rheinische Leben geprägt hat, kaum zu erklären ist: dies ist hier in Wien die

---

133 So heißt es in einem Bericht von der Unruhe und Enttäuschung in Österreich über die sich hinschleppenden österreichisch-deutschen Handelsvereinbarungen, über einen Vertrag, den die österreichische Wirtschaft benötigte: „Zahlen beweisen es. Die Ziffern des österreichischen Handelsverkehrs mit Deutschland haben sich im Jahr 1929 in bestürzender Weise zuungunsten Österreichs verändert." (Jacob, Heinrich Eduard: Wien und Berlin. Der Ruf nach dem österreichisch-deutschen Handelsvertrag. Berliner Tageblatt 13.02.30 [S. 1 (rechte Spalte)].)

selbstverständliche Wirklichkeit – nämlich die vollkommene natürliche Einheit des Gegenwärtigen mit dem Überlieferten.«[134]

Im Gegensatz zu vorhergehenden Ausführungen bestimmt Hausenstein sowohl Berlin als auch Wien als gegenwärtige Städte, denen es in ihrer Präsenz an nichts mangelt. Lediglich unterschiedliche Umgehensweisen mit der Geschichte sind zu beobachten, wobei die Wendung vom Ausscheiden des Historischen eine Verbindung erstellt zwischen dem geschäftigen Betrieb und dem Verzehren des Historischen, der alten Kultur und ihrer Werte, die ungefähr Henry Fords Diktum „History is bunk" folgt – worauf wir noch zurückkommen werden. Die wahrgenommene Dominanz kapitalistischen Wirtschaftens in Berlin hatten wir schon verschiedentlich verzeichnet, wohingegen die Beschreibung Wiens als harmonische Einheit, die sich mit ihrer Vergangenheit in versöhnlichem Verhältnis befindet, ein neues Indiz für die utopisch-eskapistischen Qualitäten der Stadt an der Donau liefert.

Paul Elbogen entwirft 1927 eine Gegenüberstellung[135] der in Wien gängigen Vorurteile bezüglich Berlins mit den Realitäten, die er als Wiener in Berlin vorfindet.

Die Lügen	Die Wahrheit
Das Essen in Berlin ist ungenießbar. (Rote Grütze , Pflaumensuppe, Flammeri mit Weintunke...)	Das Essen in Berlin ist international. Die Speisekarte bereitet hingegen ungeahnte Schwierigkeiten: das Wort Schweinebauch wäre in Wien nur als Schimpfwort zu verwenden.
Die Schutzmänner und Schaffner sind grob. dagegen vorzüglich informiert	Die Schupos und Schaffner sind freundlich. dagegen erstaunlich ahnungslos.
Die Frauen sind geschmacklos und tragen Kleider von 1921 samt dazugehöriger Jägerwäsche von 1900.	Die Frauen sind entzückend und werden spätestens 1931 ebenso geschmackssicher sein wie die in Wien oder Paris, vielleicht schon 1930.
Das Romanische Café vereinigt die interessantesten Köpfe Berlins.	Das Romanische Café vereinigt die häßlichsten Köpfe Deutschlands.
Die Taxis sind teuer.	Die Taxis sind sogar *absolut* billiger als in Wien.

---

134 Hausenstein, Wilhelm: Wiener Tagebuch I. Neue Rundschau 1932/1, 363 f.
135 Elbogen, Paul: Ein Wiener sieht Berlin. Tagebuch 1927, 270.

Der Berliner ist ungemütlich und humorlos.	Der Berliner ist gottlob ung'müatlich und sehr witzig.
Die Plakate sind modern und vorbildlich.	Die Plakate sind meist altmodisch und kitschig.
Man putzt die Ornamente und Erker von den Häusern – herrlich.	Die Häuser aus den achtziger Jahren sehen jetzt aus wie Don Quichotte in Badehosen.
Kein Mensch hockt den ganzen Nachmittag im Café wie in Wien.	Caféhäuser und Konditoreien ab 3 Uhr überfüllt.
Alle technischen Dinge sind vollkommen.	Jeder zweite Lift ist kaputt.
Auch das Telephon ist besser als in Wien.	Telephon ist die einzige Maschine, die schlechter ist als in Wien.
Der Straßenverkehr ist verwirrend und gefährlich.	Der Straßenverkehr ist faszinierend und viel ungefährlicher als der um neun Zehntel geringere Wiens.
Man behandelt den Wiener als Übergang vom Münchener zum Menschen.	Man behandelt den Wiener bewußt höflicher als den Berliner.
Der Kaffee ist sächsisch.	Der Kaffee ist (fast) wienerisch.
Man kann in Berlin nicht leben, die neue Zivilisation um jeden Preis erdrückt einen.	Man kann in Wien nicht leben; die alte Kultur um jeden Preis schlägt einen tot.

Bereits die tabellarische Gestaltung verdeutlicht, daß die Wahrheit nicht die reine sein kann, unterliegt sie doch einem stilistischen Systematisierungszwang, der nicht die Entdeckung eines möglicherweise Neuen gelten lassen kann, sondern darauf angewiesen ist, die Differenz zum Bekannten aufzufinden. Das Berlinbild ist so vornehmlich die Absetzung vom Wiener Berlinbild, was sich signifikant schon darin ausspricht, daß die Kulinaria an erster Stelle stehen.

Trotz des tabellenartigen Aufbaus wird deutlich, daß es sich nicht durchweg um klare Gegensätze handelt. Eher Verschiebungen finden statt. Das Essen ist nicht ungewöhnlich ungenießbar, sondern geschmacklos wie nahezu überall – außerhalb Wiens. Berliner sind zwar insgesamt höflicher und menschlicher, als in Wien vermutet wird, andererseits auch ungemütlich – eine positive Qualität in den Augen des Wienflüchtlings. Auch die Vollkommenheit technischer Errungenschaften Berlins wird von den in Wien Lebenden überschätzt, so daß insgesamt eine Relativierung der Vorstellungen zu bemerken ist. Sie erwiesen sich lediglich in bezug auf die in Berlin waltende

Geschmacklosigkeit als einigermaßen kongruent, wobei vor allem die auch bei Friedell beobachtete mangelnde sprachliche Sensibilität bemerkenswert scheint. Worte wie *Mampediktiner* oder *Schweinebauch* wirken auf Wiener wie Fanale der Kulturlosigkeit und weisen auf eine Spezifität der Wiener Berlinbetrachtung hin, die zurückverweist auf die hohe Sprachbewußtheit und -empfindlichkeit der Wiener. Selbst wenn man berücksichtigt, daß die vorliegenden Zeugnisse eben von Literaten und Feuilletonisten stammen, wird doch bereits im Fehlen solcher Beobachtungen seitens der Berliner Autoren, die über Wien schreiben, deutlich, daß Wien eine andere Tradition besitzt, die neben minimalistischen Sprachkünstlern wie Polgar auch Sprachkritiker wie Kraus und Sprachphilosophen wie Wittgenstein hervorgebracht hat.

Für die Stadtvergleiche ist von Belang, wo sie publiziert werden bzw. für welche Publikationsorgane sie geschrieben wurden. Friedells Vergleich erschien zuerst im *Neuen Wiener Journal*, während Elbogen für das *Tagebuch* schrieb.

Friedell kränkt also nicht in erster Linie seine zeitweiligen Gastgeber, sondern bestätigt die in der Heimat Verbliebenen in ihrem Bleiben. Elbogen hingegen denunziert mit seiner Darstellung der *Lügen* auch das Berlinbild seiner Landsleute, die sich in ihrer provinziellen Zurückgebliebenheit die Lektionen des Weitgereisten gefallen lassen müßten, so sie denn *Tagebuch* läsen. Mehr noch dürfen sich aber die Berliner als von ihren Wiener Bräuten und Brüdern Verkannte sehen. Nach den bisherigen Textfunden kann von einer Tendenz zum Wiener Wohlgefallen an der Reichshauptstadt nicht gesprochen werden; selbst wenn es einmal heißt:

> »Es gibt eine ganze Masse österreichischer Brüder überhaupt, die sich ganz wohl bei uns fühlen und denen es ganz nett bei uns geht, und die sich gar nicht nach Wien zurücksehnen.«[136]

Zwar sehnen sich die bisher zitierten Autoren augenscheinlich nicht nach Wien, andererseits ist ihre Berlinkritik so deutlich, daß der Eindruck entsteht, sie nehmen Berlin in Kauf, weil sie in Wien nicht mehr leben können, obgleich dies im Zweifelsfall vorzuziehen wäre. Die Hindernisse, die einem glücklichen Künstlerleben in Wien entgegenstehen, haben wir bereits mehrfach als Verbund von ökonomischen und soziokulturellen Faktoren beschrieben, so daß wir dem Ungenügen Berlins in der Wahrnehmung dortlebender Wiener weiter nachfragen.

---

136 Ohne Autorenangabe: Weaner Schmarrn: Geschichten aus dem Wiener Blätterwald. Berliner Tageblatt 30.04.32 (m1b).

»Was überrascht den Wiener oder die Wienerin am meisten, wenn sie nach Berlin kommen? Daß es keine Gassen gibt, sondern nur Straßen, daß das kürzeste und engste Gäßchen – auch in Berlin gibt es noch solche – "Straße" genannt wird. [...] Zu diesen Überraschungen gehören noch die erstaunlich zahlreichen "Markthallen", die ungefähr dem Wiener "Greißler" an tatsächlicher Bedeutung gleichkommen, die "Molkereien", die kleine säuerlich riechende Milchläden sind, die "Trinkhallen". Am amüsantesten erscheint dieser Titel als Anschrift an den fahrbaren Milch- und Selters-Verkaufsständen. [...] Aus alledem schließt der Wiener oder die Wienerin, daß man in Berlin nicht gerade an übergroßer Bescheidenheit, am "Miko" kranke, dem "Minderwertigkeits-Komplex", der in Wien von Freud und Adler entdeckt worden ist. [...] In den Familien findet man ihre Sprechweise entzückend und niedlich [...]. Nach einer Weile erkennt sie, daß man in ihr, [...] etwas von dem "Süßen Mädel" finden will, daß man als Wiener Charakteristikum ansieht. Sie fühlt sich beschämt und verletzt, weil man von Wien anscheinend nichts anderes als Walzer, Operetten, ein bißchen Kunstgewerbe und Liebelei kennt und erwartet. [...] Sie merkt mit gekränkter Heimatliebe, daß man von der ungeheuren Kulturarbeit, die in ihrer Vaterstadt und in ihrem Vaterland geleistet wird und geleistet wurde, so gut wie nichts weiß. Nichts von dem hervorragend fortschrittlichen Erziehungs- und Unterrichtswesen, nichts von der enormen sozialen Fürsorge, die sich auch in der Bautätigkeit ausspricht.«[137]

Die Sprache birgt das Geheimnis der Differenz: In den alltäglichen Bezeichnungen der Berliner vermuten die Wiener ausgehend von ihrem exzessiven Gebrauch des Diminutivs eine Großmannssucht, eine Grobheit und Unhöflichkeit, die sie dem Berliner ins Charakterporträt schreiben. Mühselig sucht die Autorin, sich und Wien dagegen zu behaupten, indem sie Attribute wie *ungeheuer*, *hervorragend* und *enorm* aneinanderreiht. Doch die dahinter gelegenen Begrifflichkeiten machen eben keine Wiener Spezifik aus; sozialdemokratische Politik wurde auch in Berlin gemacht und erschien dort nicht als etwas, auf das man stolz zu sein hätte, sondern als halbwegs angemessene Bewältigung sachlicher Erfordernisse. Eine solche Politik kann aber nicht Ziel der Wünsche sein; jedenfalls nicht, solange sie stattfindet, da sich ihre undurchsichtige Kompromißstruktur nicht affektiv besetzen läßt, es sei denn gegen eine Drohung mit schlechterer Politik. Für das Begehren oder den Wunsch bedarf es vielmehr eines imaginären Ortes der über dem Reich der Notwendigkeit liegt – wie des von süßen Mädels bevölkerten Operettenwiens. Die Vorbehalte, auf die die Wiener Autorin stößt, wenn sie Anerkennung für die Modernisierungsbestrebungen der Donaumetropole verlangt, verweisen auf die libidinöse Besetzung, die jenes Wienimago auf sich gezogen hat, und welche Widerstände der Relativierung dieses Affektbildes durch die Kenntnisnahme realer Gegebenheiten entgegengesetzt werden.

Je mehr sich zum Ende der Weimarer Republik hin die Lebensumstände der Berliner verschlechtern, je ungemütlicher ihre Lage, desto stärker wird

---

137 Federn-Kohlhaas, Etta: Die Wienerin in Berlin. Sie kennt sich hier nicht aus. Vossische Zeitung 10.07.29.

2.3 Wien und Wiener in Berlin

die Sehnsucht nach *Wien*. Nicht zuletzt wird man hierin einen der Gründe sehen können, warum die Stadt tatsächlich vom Feuilleton aufgegeben werden mußte; der Film mit seinem ungleich größeren ökonomischen und imaginativen Potential erfüllte diese Bedürfnisse besser – und erfüllte sie bereitwillig, weil sie vorhanden waren und so die Rendite gesichert schien. Das Wien der Berliner gehörte am Ende der Zwanziger Jahre in die Traumfabrik, wohin Berlin so gut wie nicht gelangte, da seine Spezifik eben die Ausdehnung der Fabrik in den Alltag war, der Betrieb.[138] Um 1930 wurde der Betrieb zusehends eingestellt, was den Wienern und anderen Zugereisten Anlaß gab, dorthin zurückzugehen, wo der Betrieb in dem Maße noch gar nicht begonnen hatte. Lotte Zavrel erzählt 1932 fast durchweg in wörtlicher Rede drei Episoden, in denen Vilma aus Wien, eine Tante aus dem „Böhmischen Wald" und ein junger Engländer, vom Typ Byron oder Shelley, enttäuscht aus Berlin abreisen. Wir beschränken uns auf Vilmas Argumente:

> »"Bitte, stellt euch vor, wo man auch hinkommt, das gleiche Lamentieren. Gewiß, ihr habt nichts zu lachen mit eurer Politik, mit dem Abbau der schönen Theater, den Bankkrachs und Konkursen. Aber meint ihr, wir in Wien erlebten nur Witze den ganzen Tag? Gewiß nicht, aber wir spielen uns wenigstens die gute Laune vor! Ihr aber seid rücksichtslose Pessimisten allesamt! [...] Ich hab's satt. Grüß euch Gott, ich fahr heim!"«[139]

Die Klage, das Lamento der Wienerin gilt der behaupteten Angewohnheit der Berliner, die Dinge beim Namen zu nennen, sich der Krisensituation zu stellen, in dem man wenigstens über sie spricht. Diese Form der Erörterung des Unangenehmen und die darin enthaltene Bestätigung und Wiederholung desselben ist der mutmaßlich fiktiven Vilma nicht geheuer; sie setzt dagegen ihre Heimatstadt, in der der schöne Schein hochgehalten werde. Die Theatralisierung der Öffentlichkeit wurde bereits in unseren Ausführungen zum Theater als ein zentrales Moment kultureller Selbstverständigung der Wiener entfaltet; wir wiesen daraufhin, daß dies eng mit der Kohärenz einer dominanten Schicht zusammenhängt. In Berlin findet sich ein solcher Zusammenhang ebensowenig wie die Dominanz einer kulturellen Repräsentanz. Die Stadt besaß keine Identität und nicht eine Seele, sondern mehrere, deren eine sich nach Wien so sehr sehnte, daß es gelang, Grinzing in der Bar um die Ecke vorzufinden.

---

138 In einigermaßen populären Berlin-Filmen, wie *Menschen am Sonntag*, *Mutter Krausens Fahrt ins Glück* und selbst in *Kuhle Wampe*, wird ein Gutteil des Geschehens an die Peripherie, in einen Grenzbereich von Stadt und Land verlegt.

139 Zavrel, Lotte: Abfuhr aus Berlin. Vossische Zeitung 01.05.32.

»Drüben „Bei uns rund um die Gedächtniskirche" hat eben noch die bezaubernde Mewes sich im Dreivierteltakt über Wien mokiert. Heuriger, süßes Mädel, es gibt nur an Stefansturm, Griiinzing, [...] und nun, kaum fünf Schritt daran, spricht alles wieder weanerisch. Aber ein „süßes Mädel", wirklich ein süßes Mädel, im billigen Kostüm, schmiegt sich des süßen Chablis voll an ihren Kavalier [...]. Das Mädel ruft die Musikanten: „Das Fiakerlied", bittet sie. Also das Fiakerlied, Girardi hin, Girardi her, es geht nicht mehr, „i hab zwa harbe Rappen", nicht zu ertragen. Das Mädel versinkt immer mehr. [...] Die Musikanten singen von Griiinzing [!], am Tisch nebenan sagt ein Schauspieler: Also was soll ich ihnen sagen, da hat doch Egon Friedell erzählt, daß im „Wiener Journal"...«[140]

Gabriele Tergits Schilderung verdeutlicht, mit welcher Leichtigkeit Kritik an der verkitschten Wiengemütlichkeit neben der tragischen Realität dieses Kitsches stehen kann. Das mag nicht zuletzt daran liegen, daß so viele Wiener in der Stadt sind, die sich deren Sehnsüchte zu eigen gemacht haben.

2.4 Arbeiten

Neben dem im engeren Sinn kulturellen Sektor und seinen Diversifikationen, nebst der Schilderung der Wienmode in Berlin und der Berlinwahrnehmung der in Berlin lebenden Wiener findet sich ein anderes Terrain, auf dem sich ein Großteil expliziter Stadt-Vergleiche ereignet: die alltägliche Arbeit und ihre Bedeutung.

Den immer präsenten Hintergrund dieser Vergleiche bilden einerseits die Berliner Sehnsucht nach dem unterentwickelten Wiener Kapitalismus und andererseits die Vorstellung von Berlin als einem betriebsamen Arbeitsmoloch. Das Wiener Anliegen besteht darin, sich von der Verdächtigung, Phäakenstadt zu sein, frei zu machen.

»Es ist schon lange, lange vor dem Krieg in Wien ehrlich und ernst gearbeitet worden, vielleicht nicht mit dem Fanatismus der Arbeit wie in Berlin, aber die Wissenschaft, [...] die Industrie, die städtische und staatliche Bautätigkeit, die Kunst zeugen davon in ihren Resultaten.«[141]

Mitnichten wird in Wien zu wenig gearbeitet, die Berliner sind einfach zu fanatisch. Das Defizit an Fanatismus führt so weit, daß der Großteil als vorbildlich erwähnter Leistungen durch Stadt und Staat finanziert oder gesteuert wird. Österreichische Privatwirtschaft trägt zum Florieren des Gemeinwesens nicht maßgeblich bei, was 1919 auch verständlich scheint, sind doch mit der Nationalisierung des Habsburger Reiches Produktionsanlagen und lang er-

---

140 Tergit, Gabriele: Grinzing in der Bar. Berliner Tageblatt 28.02.28 (m1b).
141 Wolffenstein, Yella: Deutsches Geistesleben in Wien. Berliner Börsen Courier 06.02.19.

schlossene Absatzmärkte der vormaligen Großbetriebe verlorengegangen. Die Aufteilung vormaligen K. u. k.-Reichtums wirkte zunächst sehr zum Vorteil der dadurch reicher gewordenen, neuen Hauptstädte wie Prag:

>»Also vor einem Jahr dachte ich: du tausendspuriges, unerhört arbeitsames Berlin, du arme gelähmte, mißhandelte, durch den Irrsinn der Weltereignisse verprügelte Menschheitszentrale Berlin – du frierst und feierst, hast Millionen Räder, die stille stehen, hast tausend Automobile, die zum Fahren kein Benzin oder kein Gummi haben, hast unzählbare Hände, die sich aus Mangel an Tätigkeit zur Faust ballen. Deine Häuser sind schadhaft, dein Asphalt ist an tausend Ecken rissig, deine Bewohner fiebern, phantasieren und darben [...]. Aber Prag: wie blühst du auf und blähst dich, Weltstadt zu werden, dich nach allen Richtungen des Erdballs aufzutun. Rausch und Glanz und neuen Lebensdrang für kommende Geschlechter auszuströmen. Ja, so dachte ich, als ich das in Prag ungewohnte Getute der Auto [!] hörte, als ich vielseitiges Geblitze vorbeifahrender Gesandtschaften sah [...], als sämtliche Straßen und Plätze überfüllt waren, als die ganze Stadt heißer, bunter und regsamer als sonst [...] emporzuglühen schien. Berlin stockt ... dachte ich mir und Prag schien mir zu brausen.«[142]

1921 notiert Emil Faktor, aus Prag stammender Feuilletonchef des *Berliner Börsen Courier*, auf einer Reise, die ihn über Prag nach Wien und Budapest führen sollte, diese Beobachtungen eines Pragaufenthaltes im Vorjahr. Doch die Eindrücke halten der späteren Überprüfung nicht stand:

>»Der Eindruck, den ich vor einem Jahre von Prag hatte, wiederholte sich diesmal nicht. Das Verhältnis von Prag und Berlin schien sich ins Gegenteil umzudrehen [...]. Immerhin haben wir hier in Berlin, trotz Kohlennot, trotz verhängnisvollen Generalstreiks, trotz zentnerschwerer Sorgen, wieder rastlos arbeiten gelernt und unser altes Tempo zurückerobert. [...] Man schwelgt zwar nicht, aber man atmet, wieder, man pinselt den Schmutz weg, man räumt den Schutt auf, man weiß heute, daß man jeden Berliner einzeln abtöten müßte, wenn man der Riesenstadt ihre Energie, ihren Lebenswillen, rauben wollte. [...] Wird hier [in Prag – d. A.] nicht das Leben wieder hundertfach mehr Symbol als innerhalb der kühl nüchternen Wirklichkeit Berlins?«[143]

Das vermeintliche Arbeitsethos Berlins wird ungebrochen und ohne weitere Frage nach dessen Sinnhaltigkeit oder historischer Bedingtheit als Ruhmesblatt geschildert. Eine Gemeinschaft von Arbeitsbesessenen, die sich in der Fusion ununterscheidbarer Atome zum Reaktor verdichtet, ersteht in dieser Schilderung der „kühl nüchternen Wirklichkeit". Doch hängt der Drang zur Arbeit vielleicht gerade an miserablen Lebensumständen, die verbessert werden sollen und für die Staat oder Stadt weniger Sorge tragen, so daß es von der beförderten Privatinitiative abhängt, sich die Existenz zu sichern oder zu gestalten. Und hier liegt eben die grundlegende Differenz: Einerseits ver-

---

142 Faktor, Emil: Städtereise. Prag-Wien-Budapest II. Berliner Börsen Courier 03.03.21.
143 Ebd.

spricht Berlin den Unternehmern rasche Rendite, so sie sich eine Marktnische erschließen oder bewahren können – die Stadt expandiert schließlich nach wie vor und bildet das Zentrum einer aufstrebenden Republik –, andererseits existiert ein breiter Bodensatz urbanen Proletariats, von dem zu jenem Zeitpunkt immer noch die Marxsche Bestimmung gilt, daß es nichts anderes zu verkaufen habe als seine Arbeitskraft. Diese Differenz von Gewinnversprechen und Notverkauf ist dem „kollektiven" Arbeitsethos eingeschrieben – selbst wenn es nicht in der Zeitung steht. In dieser Hinsicht bildet Berlin eine gewisse Besonderheit, weil im Gegensatz zu anderen Metropolen wie Prag und Wien sich innerhalb des Stadtgebietes – zumindest Groß-Berlins – eine veritable Schwer- und Großindustrie – Siemens, Borsig und AEG – befindet. Insofern die Arbeitswirklichkeit der Metropole solchermaßen auf bzw. in den Leib gerückt ist, leuchtet ein, daß „das Leben" unmittelbarer erfahren werden mag als in Städten, die sich weniger sprunghaft entwickelt haben und deswegen die größere Industrie samt dazugehöriger Arbeiter weit in einen Vorstadtbereich auslagern konnten, so daß zumal dem Besucher „das Leben" in die Distanz des Symbols gerückt scheint. Folgt man dem Autor zur nächsten Reisestation, gelangt man nach Wien. Er beginnt die Erzählung des dortigen Aufenthaltes mit einer Beschreibung seiner Vorbehalte gegen die Wiener.

> »In guten Jahren war es nicht so sehr Wien, das ich schließlich doch nur flüchtig kannte, als die Wiener, wogegen ich manches einzuwenden hatte. Ich meine hauptsächlich jene im Auslande auffindbare Sorte, die viel öfters als es zu hören angenehm war, Dich versicherte, daß man in Berlin einen Schlangenfraß zu sich nehme, daß a Stadt ohne Umgebung kane Stadt sei, daß es nur an der Donau schöne Madeln gebe, daß dort sogar Sonne, Mond und Sterne mehr Schmitz haben, kurzum, daß man nur in Wien leben könne.«[144]

Eine äußerst verdichtete Reihung der Urteile, die – wie oben ausführlicher dargelegt wurde – in Berlin lebenden Wiener über ihre neue Heimatstadt abgegeben haben, wobei zu beachten ist, daß Faktor diesen Text 1921 geschrieben hat und sich folglich mehr auf die Vorkriegsmigranten bezieht, als auf diejenigen Zuwanderer, die in den Zwanziger Jahren aus der verfallenden Donaumetropole an die Spree gekommen sind, so daß das Urteil derjenigen, die noch die Hoch-Zeit Wiens im Gedächtnis hatten, notgedrungen härter ausfallen mußte. Doch selbst in der Inflationszeit erscheint Faktor die nur noch österreichische Hauptstadt nicht dermaßen vom Elend gekennzeichnet, wie es im feuilletonistischen Bild übermittelt wurde.[145]

---

144 Faktor, Emil: Städtereise. Prag-Wien-Budapest III. Berliner Börsen Courier 06.03.21.
145 Vgl. dazu unsere Darstellung der feuilletonistischen Wien-Berichte dieser Jahre im Chronik betitelten Abschnitt.

> »Und darum möchte ich [...] beteuern, daß Wien nicht daran denkt, weder in den nächsten achtundvierzig Stunden, noch im nächsten Jahrhundert, [...] unterzugehen. Es ist trotz der miserabelsten Valuta eine wundervolle, eine rauschvoll bewegte, eine lichtselig herausgeputzte, seine Kalbsschnitzel justament nicht verkleinernde, redoutenreiche, kaffeehausfreudige, melancholisch jubilierende Stadt geblieben. [...] Du merkst es gewiß nicht, wenn du dich zu irgendeiner Vormittagsstunde auf den Opernring hinstellst und das dicht hinströmende, anmutig geballte, Energie sprühende, wenn auch etwas gemächlicher als in Berlin flutende Leben an dir vorbeibrausen läßt. Es mag in tausend Fällen Verhüllung und Maske sein. Aber gewiß sieht es nicht nach Untergang aus. [...] Wien hat mich tief erwärmt. Als unvergleichlich kultiviertes Stadtbild, von unverlierbarer, gerade in tristen Zeiten doppelt leuchtender Schönheit. Als Zentrum lebensfreudiger, wahrhaft liebenswürdiger, auf dem Passionswege [...] echter gewordenen Menschen, die sich aller Schicksalsmißhandlungen zum Trotz in neue Großstadtmöglichkeiten umgruppieren. Was tuts, daß diese lieben, beschwingten Zeitgenossen auch jetzt noch herzlich verwöhnt sind. [...] Man lernt dort wieder Freundschaft auf den ersten Blick – was in Berlin nicht so leicht passieren kann.«[146]

Keine Rede mehr von der Kühle der Berliner Wirklichkeit, statt dessen: Erwärmung. Und das gegen Prag hochgehaltene Arbeitsethos interessiert in der Wienwahrnehmung nicht mehr. Das Leben wird dort auch nicht Symbol oder ähnliche Distanz, sondern anmutiger Rausch, eitel Sonnenschein und Freude, was sich genau vor dem Hintergrund der Abwesenheit von Arbeit einstellt. Zwar meldet sich ein Verdacht auf *Verhüllung und Maske*, doch ist der Wille vorhanden, in Wien echteres und wahrhaftigeres Menschentum zu entdecken, welcher sich schließlich durchsetzt. Ausgedrückt findet sich diese willentliche Verkennung in der Bezeichnung Wiens als eines *unvergleichlich kultivierten*, in seiner Schönheit *unverlierbaren Stadtbildes*. Das aus allen Möglichkeiten der Relativierbarkeit herausgehobene Imago zeigt, daß diesem Wien kaum eine Wirklichkeit – abgesehen vielleicht von der des Wunsches – Abbruch tun könnte. Stärker als Emil Faktor geht Victor Auburtin auf die Wiener Wirklichkeit ein. Programmatisch sucht er die „andere Seite" auf, die Arbeiterbezirke, in denen er Not zu finden hofft – oder fürchtet.

> »Immer, wenn ich den Wienern sage: „Kinder, ich glaube nicht recht an die Not, ihr lebt mir so flott", immer, wenn ich das sage, antworten sie: „Laufen Sie nicht den ganzen Tag die Kärntnerstraße auf und ab, gehen Sie in die Außenbezirke, da werden Sie die Not sehen." Ich bin in den Außenbezirken gewesen. In Margareten; in Weidling; in dem gefährlichen Favoriten hinter dem Staatsbahnhof. Und ich kann mir nicht helfen: es sieht lichter aus als am Berliner Wedding. [...] Und wenn es auch Not ist, so ist sie weniger grau, weniger verdrossen und weniger hastig als bei uns; und die Freude am Feiertag darf sie auf keinen Fall stören. Am Sonntag sind die armen Bezirke leer, daß man sie fortstehlen kann; und im Prater, auf dem Kahlenberg und abends in der Stadt wird ein sündhaftes Geld, das doch vorhanden sein muß, verjuxt, verjaust, verkinot und vernachtmahlt.«[147]

---

146 Faktor, Emil: Städtereise. Prag-Wien-Budapest III. Berliner Börsen Courier 06.03.21.
147 Auburtin, Victor: Die andere Seite. Berliner Tageblatt 12.05.23 (m1b).

Das Elend ist relativ; anders als die Schönheit der Stadt läßt es sich zu Berlin ins Verhältnis setzen, wobei Wien vorteilhaft abschneidet. Selbst wenn so die Not der arbeitenden Bevölkerung bemerkt wird, klingt doch in der Beschreibung des wochenendlichen Exodus ein Unglaube an, der nicht wahrhaben will, daß es den Wienern schlecht gehen könnte, daß es auch dort eine arbeitende Klasse gibt, deren Lage elend ist. Die Erstellung eines Zusammenhangs zwischen Ruhe der Arbeiterbezirke und Treiben in den Vergnügungslokalitäten grenzt an Verleumdung, denn zweifellos sind es nicht die Proletarier, die ein *sündhaftes Geld verjuxen*, schlicht weil sie es nicht besitzen. Aber das mythische Wien darf auch beim Blick auf die andere Seite nicht gefährdet werden, so daß angesichts der offensichtlichen Abwehrhaltung davon ausgegangen werden muß, daß die Leichtigkeit des Lebens in der Phäakenstadt tief im kollektiven unbewußten Wunschpotential begründet ist.

> »Wir sprachen gerade von den Dingen, die man in Wien nicht sieht. Aktenmappen sieht man wohl schon in Wien, aber man sieht ihrer lange nicht soviel wie in Berlin, wo sie selbst am Sonntag und auf den Spazierwegen der öffentlichen Lust getragen werden müssen. Der Wiener ist kein Mensch für Aktenmappen, weil er nicht genügend Hände hat. Mit der einen Hand sucht er in seiner Westentasche nach einem Zahnstocher; mit der andern Hand hält er seinen Freund am Jackettknopf fest, um ihm die bewußte Geschichte zu erzählen. [...] „Zuerst bin ich aus der Haut gefahren über dieses Phlegma", sagte mir der Industrielle, der aus Hannover stammt, „jetzt habe ich es aufgegeben. Das, was wir Betrieb nennen, kennen sie hier eben nicht." Nein, das kennen sie nicht. Aber die elektrischen Bahnen fahren schneller als bei uns und sie fahren häufiger. Und die Briefe sind pünktlicher da; und das Bier kommt im Restaurant sofort und niemand schreit. Und es geht auch so ohne Betrieb.«[148]

Bereits Faktor erwähnte eine auffällige Umstandslosigkeit im Begründen neuer Bekannt- oder gar Freundschaften, und ebenso verweist Auburtin darauf, daß Freundschaft im öffentlichen Raum wichtiger ist als Betriebsamkeit, Geschäftigkeit. In Berlin hingegen zählt die Arbeit augenscheinlich – und auch hierfür lieferte schon Faktors Feuilleton Indizien – zu den ästhetischen Elementen des Lebens. Selbstbewußt wird herausgestellt, daß man Arbeit hat und dieser nachgeht, und so dominiert zumindest in manchen Bereichen die Arbeit das Stadtbild. Diese veranschaulichte Betriebsamkeit wird von Auburtin kritisiert, insofern sie ihm leer und nicht funktional erscheint, was einerseits daraufhin deutet, daß es sich um durchaus ästhetische Qualitäten handelt, um die Präsentation von Arbeitsamkeit, während andererseits die Wiener Beispiele den Verdacht verstärken, daß sich die Wiener zu einem Gutteil auf ihre kommunalen und staatlichen Einrichtungen verlassen und

---

148 Auburtin, Victor: Impressionen. Berliner Tageblatt 15.05.23 (m1b).

verlassen können, so daß in der Konsequenz, die in Berlin geforderten Bürgerlichen sich angesichts der Funktionalität öffentlicher Verwaltung in ihrer Aktivität behindert sehen und statt mehr zu verdienen und entsprechend Steuern abzugeben, sich mit relativ geringem Einkommen und hoher Lebensqualität bescheiden. In Anbetracht dieses Vorschlages, die Feuilletons vor dem Hintergrund sozialer Differenzierung zu lesen, macht sich schmerzhaft jener schwarze Strich bemerkbar, der das Feuilleton wochentags auf das untere Zeitungsdrittel beschränkte und von den oberen zwei Dritteln abschnitt, denn Klagen über den Mangel an Mittelstand, über die soziale Besteuerungspolitik der Wiener Kommune fanden nur am Rande und im Ausnahmefall Eingang ins Feuilleton, so daß der Zusammenhang zwischen Wirtschaftspolitik und Lebenskunst hier nur auf spekulative Füße gestellt werden kann. Zum Beleg der Wahrscheinlichkeit dieser Spekulation geben wir im Fußnotenbereich einen Zitatauszug wieder, der vollständig bereits in die Chronik eingegangen war.[149]

Doch zurück zur Arbeit und ihrer Ästhetik:

> »Was lobt man in Berlin? Das Tempo, die Arbeitslust – schon stockt die Aufzählung. Charme, Genuß der Stunde, die kleinen Reize des Lebens stehen nicht auf der kurzen Liste seiner Vorzüge. Berlin ist topographisch ein Eingeweideschlauch; immer muß man den ganzen Darmtrakt durchlaufen. Wien ist wie ein Spinnetz, die Boulevards (es sind Boulevards im Pariser Sinn) legen sich um den Mittelpunkt, so daß man fortwährend die Altstadt kreuzt.«[150]

Welchen Körperteil mag die Altstadt in der Vorstellung Otto Flakes präsentieren? Und ist es ein Zufall, daß Berlins Citybereich als Magen imaginiert wird? Zweifellos ist der Tauentzien nicht mit der Gegend *Les Halles*, die Zola einst als *le ventre de Paris* bezeichnete, zu vergleichen. Vielmehr scheint der Autor auf die Cloaca maxima der ewigen Stadt anzuspielen, nicht

---

149 »Am übelsten ist der Mittelstand dran, dem es so schlecht geht, daß es ihn gar nicht mehr gibt und für dessen Förderung, unter Hinweis, daß er nicht mehr vorhanden, sich die bürgerlichen Zeitungen das Herz aus dem Leibe schreiben. Ein Mittelstand gedieh wohl auch unter anderen Breitegraden, aber nirgendwo fand er so gute biologische Voraussetzungen wie an den Hängen des Kahlenbergs. [...] Geistig bildete der Mittelstand die unübersteigliche Menschenbarriere, die das Bestehende vor dem Ansturm sogenannter neuer Ideen sicherte und dem Klima um den Stefansturm jene kostbare Eigentümlichkeiten konservierte, die ihm das ehrende Beiwort „das gemäßigte" erwarben. All das war einmal. Unterdessen ist der Mittelstand bekanntlich zwischen Schieberwelt und Proletariat zerrieben worden und für das traurige Dokument der Zeit nur mehr als Streusand zu verwenden.« (Polgar, Alfred: Lokalbericht. Berliner Tageblatt 07.06.21 (a). – Vgl. dagegen auch Hirschfeld, Georg: Beichte eines Wiener Mädchens. Vossische Zeitung 03.12.22 (4b).)

150 Flake, Otto: In Wien und Prag. Neue Rundschau 2/1924, 977.

Magen, sondern Darm, also gedrängte, stickige und stinkende Enge – ein düsterer Untergrund, der nicht produziert, sondern konsumiert oder bestenfalls transformiert. Wie oben zu lesen war, wird auch das Historische aus dem Stadtkörper ausgeschieden. Augenscheinlich sind diese Metaphorisierungen der Topographie wenig gelungen, wenn wir uns also mit ihnen eingehender befassen, dann weil sie so mißraten sind. Flake kartographiert nicht das wirkliche Straßensystem der Städte, sondern die Schieflage der Metaphern verweist auf eine unbewußte Karte, die mehr über libidinöse Besetzungen verrät, als eine bemüht-adäquate Beschreibung zu leisten vermöchte. In Berlin muß niemand einen Eingeweideschlauch durchlaufen; zwar kann man sich eine von Halensee bis zum Alexanderplatz in West-Ost-Richtung verlaufende Zentralachse durch die Stadt denken – und ihre Errichtung im Feuilleton beobachten[151] –, andererseits läßt sich auf dem inneren S-Bahnring die Stadt umrunden respektive sind Querungen zwischen einzelnen Stadtteilen möglich, wie sich auch im Verfolg der ehemaligen Stadtbefestigung das historische Zentrum umkreisen läßt. Die Darmmetaphorik stellt somit auf einer unbewußten Karte einen assoziativen Konnex zum analen Charakter, zur Geldwirtschaft her, die die Stadt bestimmen soll. Die im Bildungsbürgertum als präsent zu unterstellende Wendung *pecuniam non olet* verbindet überdies die latente Rom-Anspielung mit der vom Tauschwert bestimmten Darm-Stadt. Unsichtbare Transformationsprozesse dominieren die Stadt, eine stetige Bewegung, die kein Verweilen kennt und damit auch nicht bei den „kleinen Reizen des Lebens" innezuhalten vermag. Das Subjekt, das im Metaphernfeld den Platz der Nahrung eingenommen hat – den Trakt durchlaufen muß –, wird dort verzehrt, wird ausgebeutet, seiner wertvollen Gehaltsstoffe beraubt, die dem Gesamtkörper zugeführt werden, während es selbst leer ausgeschieden wird.

Die Beschreibung Wiens kennzeichnet in geradezu frappanter Weise eine Fehlleistung, denn gerade die um die Altstadt gelegten Kreise, Ring und Gürtel, führen ja dazu, daß man die Altstadt nicht zu kreuzen braucht. Im Zuge der Modernisierung der Verkehrsmittel bestand der Sinn solcher Ringe genau darin, als Umgehungen zu fungieren. Waren die Altstädte bis zum Zweiten Weltkrieg enge und verwinkelte Viertel, in denen öffentlicher Nahverkehr aufgrund einer nahezu mittelalterlichen Topographie unmöglich war, sofern die Stadt nicht untertunnelt wurde, nutzte man zur und nach der Jahrhundertwende diese Ringe zum Auf- und Ausbau des Verkehrs. Historisch

---

151 Vgl. dazu Jäger, Christian und Erhard Schütz: Nachwort zu Glänzender Asphalt. Berlin im Feuilleton der Weimarer Republik. Berlin 1994, 339–343.

ergaben sich diese Altstadtumkreisungen häufig aus Befestigungsanlagen, die nach und während der Napoleonischen Kriege geschleift worden waren, um zunächst als Promenaden der Bürger zu dienen. Im ausgehenden 19. Jahrhundert wurden dann die Eisenbahnverbindungen aufgebaut und konnten wegen der erwähnten Altstadtstruktur nur bis an deren Rand, eben bis zum Ring geführt werden, so daß sich die damals üblichen Kopfbahnhöfe zumeist in unmittelbarer Nähe oder direkt an diesen Altstadtumkreisungen befinden. Nicht zuletzt diese Plazierung der Bahnhöfe erforderte schließlich die Verbindung zwischen ihnen und damit den Aufbau eines öffentlichen Nahverkehrs innerhalb der Stadt.

In Wien verlief der Aufbau des Verkehrs gleichfalls nach diesem Muster, so daß keinerlei Notwendigkeit besteht, das Zentrum zu kreuzen. Doch ist die Stadt, Flake zufolge, auch mit Paris vergleichbar und wie ein *Spinnetz* strukturiert. Letztgenannte Metapher bedarf kaum einer Interpretation, ist sie doch geläufige Insignie der Bedrohung durch ein Sich-Verfangen und Eingefangenwerden. Spinnen wir den Faden weiter, geht es schließlich um ein Verzehrtwerden desjenigen, der zuvor von einer Spinne vergiftet wurde. Die Spinne ist konventionellerweise weiblich konnotiert, und zwar als Weiblichkeit, die den Mann verzehrt. Des weiteren ist die zu Paris geknüpfte Verbindung zu beachten, zu der Metropole also, die im kollektiven Vorstellungshaushalt zumindest in einer Schicht als die Stadt der Liebe und auch der sündigen Liebe gespeichert ist. Wien verdichtet sich so zur Stadt sündiger Liebe, in der die Bedrohung des Mannes, vergiftet und verzehrt zu werden, aufscheint. Das Gemeinsame beider Städte liegt im Imago des gefräßigen Molochs, der sich das eine Mal als Drohung formiert, zum subiectum einer anal geprägten Wirtschaft zu werden, während es im anderen Falle eine Bedrohung durch genitale Sexualität ist, die direkt zur männermordenden Amazone führt.

Wir sind auf diesen Grund unterschiedlich dominanter Sexualität im Wien-Berlin-Vergleich bereits früher gestoßen und erhalten hier wiederum – innerhalb einer verschobenen Topik – eine Bestätigung der Vermutung, daß Wien deshalb so von den Berlinern geschätzt wurde, weil es diesen als Ort eines menschlicheren Kapitalismus galt. Ein weiteres Indiz für die enge Verbindung der Topoi liefert Franz Bleis „Besuch in Wien":

»In Wien [...] wurde ehemals ein Konditorgeselle, der in die neue Stelle eintrat, vom Chef gefragt, wo er zuvor gearbeitet und was er da Neues gelernt habe. In Berlin wird derselbe Geselle vom Chef gefragt: wieviel Ware können Sie aus sechzig Mark im Tag herausbakken. Man wird bald auch in Wien so fragen müssen. [...] Die eine Sache, liebe, nette und berühmt schlampige Wiener zu bleiben, müsse man weil Goldes wert, erhalten, um sich den norddeutschen Freunden beim Anschluß kostbar zu machen. So wartet die Wiener Braut auf den Berliner Bräutigam, ängstlich auf ihr weißes Kleidchen bedacht und daß sie das nette bräutliche Lächeln nicht verliere, ihren einzigen Besitz, ihre kostbare Mitgift. Ich glaube, die Braut überschätzt das. Und ich sage ihr öfter, das der Berliner Bräutigam über die Zeit hinaus ist, wo er sich alles daraus machte, auf wienerisch angelächelt zu werden, um gänzlich zu zerschmelzen.«[152]

Deutlich wird Berlins Fortschrittlichkeit in der Dominanz des Tauschwerts, der Quantität über den Gebrauchswert, die Qualität der Ware, artikuliert. Die Wiener Braut wird zwar als auf ihre Jungfernschaft bedacht beschrieben, doch ist die Bedenklichkeit nicht sittlichem Dünkel, sondern ökonomischem Kalkül geschuldet, die Braut verkauft sich, prostituiert sich als Virgo intacta. Vormals verging der Bräutigam vor dieser Virginität, er zerschmolz, worin wiederum das Motiv des von der Frau verzehrten Mannes angespielt ist. Mittlerweile schätzt der Wiener Franz Blei die Berliner Orientierung anders ein[153]: Ihnen geht es nicht mehr um die heterosexuelle Erfüllung bis zum Untergang, sondern – wie die vorstehende Passage über die Bäcker nahelegt – um eine mehr materielle Ausstattung, die sich nicht aus abstrakten Liebes- und Lebenskünsten, sondern aus einem Reichtum an Finanzen oder Produktionsmitteln zusammensetzen sollte. Hier irrt der Wiener und überschätzt das Arbeitsethos des Berliners, der in Wien seine Kompensation und nicht seine Fortsetzung sucht. Das Problem für die Wiener, sofern sie den Anschluß wollen, liegt lediglich darin, daß zur Befriedigung der abstrakteren Bedürfnisse die reale Donaustadt überhaupt nicht erforderlich ist: Die mediale Aufbereitung des Mythos sowie seine Simulation am Kurfürstendamm reichen für dieses Begehren völlig hin, wohingegen eine wirkliche Stadt in ihrem heterogenen Erscheinen, in der Vielfalt der Probleme und erforderlichen Differenzierungen ihrer Idealisierung nur unnötige Schwierigkeiten entgegensetzt.

Geraten die Berliner dann schließlich doch in die Stadt ihrer Sehnsucht, bedarf es guter Führung, um die Enttäuschung zu vermeiden und die Bedürfnisse zu befriedigen.

»Nach Wien kommen jetzt sehr viele Deutsche aus dem Reiche. Sie kommen als Kongreßteilnehmer – denn Wien ist in diesem Sommer vor allem eine Kongreßstadt –, sie

---

152 Blei, Franz: Besuch in Wien. Berliner Tageblatt 14.03.28 (m).
153 Diese Vermutung bestätigt das nachstehende Zitat: „Die deutsche Liebe zum Stefansdom, zur Donau, die nicht blau ist, und zum Heurigen steht außer Frage; doch wollen wir wohl nicht, daß diese Beziehung auf der Gegenseite als eine nur noch blumige empfunden wird." (Jacob, Heinrich Eduard: Wien und Berlin. Der Ruf nach dem österreichisch-deutschen Handelsvertrag. Berliner Tageblatt 13.02.30 [S. 1 (rechte Spalte)].)

> kommen als Bummler und Touristen, sie kommen in großen Gruppen auf Sonderschiffen und in Sonderzügen. Vor ihnen schweben Träume, Legenden, denen sie voll froher Neugierde folgen. Sie suchen Wien. Und zwar suchen sie ein ganz bestimmtes Wien, von dessen Ruhm die Welt ehemals widerhallte. Das Wien der Originale und der Musik, das Wien der Gemütlichkeit und der Reschheit, das Wien des Walzers und das Wien des Heurigen und vor allem natürlich das Wien des Stefansturmes. Die Deutschen lieben und liebten dieses legendäre, lockende, betörende Wien. Sie liebten es schon als Begriff, ohne es noch zu kennen [...]. Sie streifen durch die Straßen und agnoszieren vertraute Bekannte in Dingen, die sie zum ersten Male sehen. Da ist der Stefansturm, ein Wahrzeichen, wie es deren in der Tat wenige gibt; da ist der Prater, eine grüne Wildnis inmitten der Großstadt; da sind das Burgtheater und die Hofburg. Wenn die Fremden gut geführt sind, dann erreichen sie den Heurigen auch dort, wo er am besten und unverfälschtesten fließt, als reiner Freudenspender in einem schattigen Garten, den die Schrammelmusik durchtönt.«[154]

In wünschenswerter Klarheit wird das Imaginäre der gesuchten Stadt hervorgehoben, werden die schon ausführlich entwickelten Topoi nochmals auf engstem Raum aufgeboten. Allerdings ist in diesem Feuilleton der konservativen *Deutschen Allgemeinen Zeitung*, deren Wienkorrespondent den Text verfaßte, eine Bewegung des Verfalls angedeutet. Es gab einmal vor Zeiten dies imaginäre Wien, und in Erinnerung des ehemals Wirklichen brachen Scharen wiengläubiger Deutscher auf – doch müssen sich Rudimente oder Rekonstruktionen dieser glücklicheren Zeit erhalten haben, denn die Touristen wenden sich nicht desillusioniert von der Stadt ab – jedenfalls 1926 noch nicht.

Bereits drei Jahre später hat sich die Situation verändert:

> »Berlin hat immer eine stille, wenn auch nicht stets erwiderte Neigung für Wien gehabt. Aber dieses Wien der Sehnsucht war nachgerade etwas irreal, es war die Phäakenstadt der Backhendl und des Heurigen, der Operette und des „goldenen Weaner Herzens". Ein anderes Wien aber ist seit dem Krieg entstanden, das sich zwar noch immer im Kranz seiner Berge lagert, aber die alten Paläste mit neuem Geist füllt und in einer klaren, oft nordischhart anmutenden Zielbewußtheit Sozial- und Kulturpolitik treibt. Als Vorsitzender des österreichisch-deutschen Volksbundes wies Reichstagspräsident Löbe darauf hin, daß der frühere Gegensatz Wien Berlin jetzt verschwunden sei. „Beide ostdeutschen Städte sind Schwesterstädte geworden," sagte er, „die die gleiche soziale Struktur aufweisen und die gleichen Probleme haben."«[155]

Das mythische Wien löst sich deutlich von der realen Stadt, die in enge Verbindung zu Berlin gesetzt wird, und zwar nach einem veränderten Verwandtschaftsmodus: nicht mehr Braut und Bräutigam, sondern Schwestern, Schwestern der geopolitischen Lage im Osten Deutschlands wie der sozialen Problematik. Eine Anverwandlung Wiens ging dieser Schwesternschaft voraus,

---

154 Rainalter, Erwin H.: Auf der Suche nach Wien. Deutsche Allgemeine Zeitung 22.08.26.
155 Eam: Wien in Berlin. Berliner Börsen Courier 09.03.29.

denn nicht Berlin ist südlich-weich, sondern die Donaustadt ist nordisch-hart geworden. Fragt man nun, wie dies bei einem Geschwisterverhältnis naheliegt, nach den Eltern, so ist zunächst keine Antwort zu erhalten. Doch geschwisterliche Verwandtschaft läßt sich auch maskulin fassen, und so schreibt der Wiener Arthur Kahane über zwei Brüder.

> »Jeder weiß, welche ich meine. Es gibt keine zwei anderen, die so oft miteinander verglichen, so oft gegeneinander ausgespielt werden, wie diese beiden. Und doch sind sie so verschieden wie Dur und Moll, wie Nord und Süd, wie Grunewald und Wienerwald, wie Spree und Donau. [...] Der ältere Bruder ist der leichtfertigere, der Windhund in der Familie. Der Jüngere ist über seine Jahre stockernst. Darum gehts ihm auch verdientermaßen viel besser als dem andern, der auf keinen grünen Zweig mehr kommen will. Dem fehlt eben die solide Basis einer lebenstüchtigen Weltanschauung [...]. Immer noch die Stadt der Liebe, die Stadt, in der Liebe eine Hauptsache ist und kein bloßes Ornament des Lebens, in der Liebe nicht als Profession, sondern als Beruf geübt wird, die Stadt, die eine unglaubliche Begabung für die Sachen der Liebe hat. In dieser Stadt gilt nur eins, in den sie sich verlieben kann. [...] Es gibt keine verliebtere als jene Stadt. Manchmal scheint die ganze Stadt von Liebe übertaut. [...] Sie haben die Kultur der Liebe. [...] Während man im Spreeklima das Tanzen gerade so ernst nimmt wie die Arbeit. Hier ist alles genau eingeteilt: der Tag gehört der Arbeit, die Nacht dem Vergnügen. Wenn der Tag dem Vergnügen gehört, ist auch das Vergnügen Arbeit. Beides wird in großem Maßstab, in großen Betrieben getrieben. Planmäßig, ernsthaft, fleißig, kolossal. Man merkt, daß man sich nicht zu seinem Vergnügen vergnügt. Man tanzt ,Weltstadt'.«[156]

Obgleich ein Gegensatz aufgebaut werden soll, der die Stadt der Liebe derjenigen der Arbeit gegenüberstellt, besitzen die Brüder eine Familienähnlichkeit, denn ebenso wie in Berlin Vergnügen als Arbeit praktiziert wird, so wird in Wien Liebe als Beruf aufgefaßt. Das gemeinschaftliche Erbgut entstammt der gesellschaftlichen Formation, die Kapitalismus heißt. Sowohl Vergnügen als auch Leidenschaften werden auf eine Skala gesetzt, die vom gemeinsamen Gipfelpunkt, der Prostitution, ausgeht und bis zum hintergründigen ökonomischen Kalkül, dem Tauschprinzip in zwischenmenschlichen Beziehungen, die emphatisch als Liebe aufgefaßt werden, reicht. Die Bestimmung der interpersonalen Beziehungen, des Charakters der Städte und der Städter, ähnelt sich auch über Figuren des Kalküls hinaus.

> »[...] die kühle, preußisch unsentimentale Neutralität dieser Stadt, die eben doch schon Weltstadt ist! Sie hat keine bestimmte Atmosphäre, weil sie hundert verschiedene Atmosphären hat. Sie hat kein Zentrum, aber sie hat auch keine Peripherie, weil sie unzählige Zentren hat, unzählige Stellen, an denen du immer wieder überrascht den Höhepunkt ihres brausenden Lebens zu finden glaubst. [...] Hier kannst du leben, wie du willst, und kein Mensch kümmert sich um dich. [...] Hier findest du keinen Freund, aber es drängt sich dir auch keiner als Vormund auf. [...] du kannst dir, wenn du darnach das Bedürfnis hast, den ganzen Höllenkessel in die Ohren dröhnen lassen, und du kannst so still und zurückgezo-

---

156 Kahane, Arthur: Die beiden Städte. Berliner Börsen Courier 13.05.26 (1. Beilage, 5 f.).

gen leben, wie auf einem Dorfe, ohne zu merken, daß um die nächste Straßenecke schon wieder Weltstadt ist. Du kannst hier allerdings auch in aller Stille verrecken, ohne daß sich ein Mensch drum kümmert. Wenn dir das dagegen in jener anderen Stadt passiert, wird die ganze Stadt gerührt in mildem Mitleid zerfließen: aber helfen wird dir keiner.«[157]

Der Berliner Stadtraum wird in überzeugender Weise als Simultaneität des Disparaten gezeichnet, dessen topographische Fragmentierung in Relation zur Fragmentierung der Einwohnerschaft steht. Unmittelbar nebeneinanderstehende Zonen bereiten dem Rückzug und der Isolation ebensolche Existenzmöglichkeiten, wie dem Eingang in die Menge und der Auflösung in derselben.

Trotz dieser Gelegenheiten des Wechsels scheint für den Wiener Kahane sowohl der Bewohner seiner Heimatstadt als auch der seiner Gaststadt letztlich allein zu sein: In den Massen der großen Städte sind es traditionell die einzelnen, die sich behaupten müssen oder untergehen – jedenfalls in der Tradition der aus der Provinz in die Metropole ziehenden Publizisten und Künstler, die in ihren Publikationen oftmals ihre biographischen Erfahrungen generalisierten.

Ein bezeichnendes Exempel bietet im hier relevanten Kontext ein im *Berliner Tageblatt* veröffentlichter Auszug aus Ernst Lissauers Vorwort zu seinem Buch *Glück in Österreich*.[158]

»Das Leben auf der Erde wird mechanisch; das will sagen: es lösen sich die naturhaften Zusammenhänge jeglicher Art [...] üblich und normal war es, daß alle Straßen in Parallelen rechtwinklig angelegt waren, und daß alle eben und gleichmäßig verliefen; üblich und normativ war es, daß alle Häuser neu, hochherrschaftlich, komfortabel waren und man sie eigentlich nie näher ansah, Bäume und Blumen waren kaum irgendwo zu sehen, daß die Straße Unter den Linden nach Bäumen hieß, kam mir in all den Jahren niemals zum Bewußtsein [...]. Alles Berlinische war üblich und normativ und wurde von mir als selbstverständlich und ohne Kritik hingenommen. [...] Alles war gut und alles war da: Stadtbahn und Trambahn, Telephon und Post, alles funktionierte, alles war geregelt, alles war üblich, alles war normativ. [...] Indem ich aber überzeugt war, daß alles Berlinische üblich und normativ sei, bewährte ich mich als echten Berliner; denn nichts anderes sagt man ja dem Berliner nach. Und da ich als Student nach Bayern und nach Österreich kam, bestand meine gesamte Entwicklung darin, zu entdecken, daß eben das Berlinische nicht üblich und nicht normativ war. Ich durchschaute das Mechanische, ich erlebte das Organische. Der Sohn der Berliner Bourgeoisie entdeckte den Bauern, den Edelmann, den Mönch, den Offizier, der Mensch der Stadt das Land, der der Ebene das Gebirge, der der geschichtslosen Siedelung die Geschichte. Ich durchschaute das Mechanische, ich erlebte das Organische. Österreich verkörperte dabei „reiner als selbst im Südland des Reichs, alte organische Kultur. [...] Ich möchte, schlicht gesagt, als Berliner nicht, daß Wien, daß Österreich verberlinert wird. [...] Ich sage: „Geh nach Österreich, du findest die deutsche Vergangenheit!" [...] Ich fühle die tausend Jahre der Ruppprechtskirche zu Wien, ich staunte zu den Stifts-

---

157 Ebd.
158 Vgl. Lissauer, Ernst: Glück in Österreich. Bilder und Betrachtungen. Frankfurt 1925.

kuppeln von Klosterneuburg hinauf, ich wandelte im süßen Biedermeierwesen von Ischl und Baden, und uralte Zeit ergriff mich im Sonnenschein und ich war froh.«[159]

Die von Berlin verdrängte, in Wien und Österreich bewahrte Vergangenheit wird keine zehn Jahre später wiedergekehrt sein – und es gab und gibt keinen Grund, darüber froh zu sein.

---

159 Lissauer, Ernst: Das Erlebnis des Berliners. Berliner Börsen Courier 12.05.25.

3. Feuilleton im Feuilleton

3.1 Viennoiserien

>»Vergleiche zwischen Wien und Berlin sind aus der Mode. Die Geschichte hat einen Feuilletonstoff kassiert.«[1]

Das Feuilleton als Ort, an dem die Texte erschienen, aus denen vorstehend eine Geschichte der Wien-Präsentation in Berlin und der Bedeutung des Wien-Berlin-Vergleichs konstruiert wurde, ist in einigen eher randständigen Reflexionen bereits berührt worden. Hier sollen nun die autoreflexiv orientierenden Feuilletons herangezogen werden, um über die Selbstwahrnehmung des Feuilletons Aufschluß zu geben. Eine solche Befassung mit dem *unter dem Strich* gelegenen Zeitungspart legitimiert sich nicht nur, weil sich die materielle Grundlage der hier entwickelten Stadtimagos daraus speist, sondern auch aufgrund der kulturhistorischen und metaphorischen Verbindung, die zwischen dem Feuilleton und Wien besteht. Einer der Bereiche, in dem Wien lange Zeit eine Kulturhoheit zugestanden wurde, war neben dem Theater eben dieser Teil der Zeitung, in dem Formen der kleinen Erzählung, der Prosaskizze und die Kritik kultiviert wurden.

>»Nicht Paris und nicht Berlin ist die Stadt des Feuilletons. Nur in Wien gab es – noch vor kurzem – die Kunst des „Plauschens", die etwa die Mitte hielt zwischen espritvollem Geplauder und ernstem Essay. Kürnberger und Speidel hatten eine Art von Prägnanz, die eigentlich keine war: man geht solange in Spiralen um etwas herum, bis man sich in seinem Zentrum befindet; oder dies dem Leser glauben macht.«[2]

Wien brachte nicht nur vorwiegend im Feuilleton der *Neuen Freien Presse* die ersten Glanzlichter des feuilletonistischen Schreibens hervor, sondern besaß in Karl Kraus auch den ersten Radikal- und Großkritiker dieser Literaturform. In seinem Aufsatz über „Heine und die Folgen"[3] entwickelt er ein sprachliches Dekadenzmodell, das eben Heinrich Heine beschuldigt, in die

---

1   Kuh, Anton: Die graue Krawatte Tagebuch 17/1926, S.571 f.
2   P. E.: Raoul Auernheimer. Literarische Welt 2/1926, 6.
3   In: Die Fackel 329/330, 31.08.11, 1–33.

deutsche Sprache die „Franzosenkrankheit"[4] eingeschleppt zu haben. Durch seinen Parisaufenthalt der romanischen Sprachkultur anverwandelt, habe er die hohe deutsche Sprachkultur aufgeweicht, erniedrigt. Die Sprache erscheint Kraus als entscheidendes Medium der kulturellen Selbstwahrnehmung und -gestaltung, die in ihrer nationalen Unterschiedlichkeit für die weiterreichenden kulturellen Differenzen verantwortlich ist. Diese Sprachen werden als weibliche Typen imaginiert:

> »Vor der deutschen Sprache muß einer schon ein ganzer Kerl sein, um sie herumzukriegen, und dann macht sie ihm erst die Hölle heiß. Bei der französischen aber geht es glatt, mit jenem vollkommenen Mangel an Hemmung, der die Vollkommenheit einer Frau und der Mangel einer Sprache ist. [...] Die Sprache regt an und auf, wie das Weib, gibt die Lust und mit ihr den Gedanken. Aber die deutsche Sprache ist eine Gefährtin, die nur für den dichtet und denkt, der ihr Kinder machen kann. Mit keiner deutschen Hausfrau möchte man so verheiratet sein. Doch die Pariserin braucht nichts zu sagen als im entscheidenden Augenblick très joli, und man glaubt ihr alles. Sie hat den Geist im Gesicht.«[5]

Offenbar ist die in Kraus' Ausführungen als hehre Hausfrau inszenierte deutsche Sprache durch Heine schon ziemlich vom idealen Piedestal heruntergebracht worden, daß sie sich bereitwillig für diese Krausschen Auslassungen hergibt, denn gedacht wurde bei der Zeugung dieses Sprach-Kindes offensichtlich nicht so sehr, daß von legitimer Vaterschaft die Rede sein könnte. Entweder ist die Sprache eine keusche, die sich auch durch französisierenden Charme nicht herumkriegen läßt, oder eben nicht. Kraus schreibt einen Wunsch auf, den Wunsch nach einer sprachlichen Zucht und Schamhaftigkeit, die nur durch geistige Potenz bezwungen werden kann. Er selbst kommt diesem Wunschbild nicht sonderlich nahe, da er sich in die Metaphernfelder der National- und Weiblichkeitsstereotypen verstrickt. Natürlich ist die Sprache dem als Syphilitiker charakterisierten Heine genauso dienstbar wie dem potenten Ganzkerl Kraus, da sie als weibliches Attribut eben nur den Artikel aufweist und die auf diesem gründende patriarchale Metaphorik.

Einer der aktivsten und bekanntesten Wiener Feuilletonisten geht von derselben Genealogie des Feuilletons aus, zieht allerdings andere Schlußfolgerungen:

> »Der Stammvater des deutschen Feuilletons ist *Heinrich Heine*, der es sogleich auch zur Vollendung bringt. Ihm reihen sich zuweilen Worte wie im Traum, durch keinen klaren Gedanken gestört, nur durch die Lust an ihrer eigenen Schönheit bewegt, so glückverheißend aneinander, daß ihr holder Klang uns, wenn auch nur einen Atemzug lang, von aller Erdenschwere befreit und wir aufzufliegen meinen, wenn wir uns auch dabei bewußt blei-

---

4 Ebd., 7.
5 Ebd., 7 f.

ben, daß es nur ein täuschendes Spiel ist und er uns gleich wieder auf den harten Boden der Wirklichkeit niedersetzen und dazu noch auslachen wird.«[6]

Bahr sieht die besondere und wünschenswerte Leistung des Feuilletons gerade in dessen Unbeschwertheit und entwirft das Bild eines selbstzweckhaften Wortkunstwerks. Genau diese Beschränkung auf das Ästhetisch-Formale läßt den Anstoß Heines in Wien fruchtbar werden.

> »Es [das Feuilleton – d. A.] entstand zunächst in *Wien*, das damals noch die Vorherrschaft über den deutschen Geschmack bewahrte. Hier war noch aus der barocken Zeit her ein starkes Gefühl für Form lebendig, nicht bloß im Adel, sondern auch in den neuen, sich rasch die geistige Herrschaft über die Stadt aneignenden und über die Rechte der Macht auch ihrer Pflichten keineswegs vergessenden Schichten des Geldbürgertums und in der sie lenkenden Presse.«[7]

Augenscheinlich läßt sich das Feuilleton doch nicht ohne weiteres auf von Inhalten ungetrübte Schönheit reduzieren, da es den Bedürfnissen einer bestimmten Schicht zugehört und bestimmten politischen Konjunkturen unterworfen ist.[8] Das Feuilleton als Ort eines alltäglichen l'art pour l'art ist gekoppelt an die Stabilisierung des Bürgertums als eines politisch partizipierenden Subjekts. Diese Verknüpfung läßt erwarten, daß das Feuilleton in dieser Form sich mit einer Änderung der politischen Machtverhältnisse gleichfalls verändern wird. In der Tat läßt Bahr am Ende seines Artikels die von ihm beschriebene Hoch-Zeit des Feuilletons als zurückliegende Historie erscheinen:

> »Alle diese glänzenden Feuilletons sind jetzt schon Geschichte. Und vielleicht wird die hohe Kunst des klassischen Feuilletons für das nachwachsende Geschlecht bald auch nur noch staunenswerte Geschichte sein.«[9]

Die angedeutete Feuilletondämmerung hat noch nicht stattgefunden, doch angesichts ihrer möglichen Nähe finden in den Zwanziger Jahren Versuche der Neubestimmung sowohl des Feuilletons als auch des Journalismus im weiteren Sinne statt.

Bevor wir uns im folgenden eingehender mit dem Feuilleton befassen, sollen möglichst knapp die kursierenden Vorstellungen über Möglichkeiten und Aufgaben des Journalismus dargelegt werden.

---

6   Bahr, Hermann: Feuilleton. Vossische Zeitung, 15.01.26.
7   Ebd.
8   An anderer Stelle heißt es im selben Artikel Bahrs: »Das deutsche Feuilleton entstand, aus Erinnerung an den Heineton, gemäßigt durch Anpassung an den Geschmack des inzwischen wieder loyal gewordenen liberalen Bürgers.«
9   Ebd.

3.2 Journalismus und Journalisten

Der Journalismus, das ist denen, die sich im Feuilleton Gedanken über ihn machen, an erster Stelle der Journalist, d. h. die produzierende Person qua Persönlichkeit und gedacht als Mann. Victor Auburtin vertritt in der Besprechung eines Buches, das sich als Leitfaden einer journalistischen Ausbildung präsentiert, die Ansicht, „daß jeder Journalist werden kann, der den gehörigen Mut hat".[10] Diesen offen gehaltenen Zugang zur journalistischen Praxis begründet Auburtin mit den berufsspezifischen Anforderungen, die er folgendermaßen bestimmt:

> »Man braucht dazu nur einen Bleistift, Papier, ein Konversationslexikon, den Gothaischen Hof- und Staatskalender und ein Quantum Gehirnmasse, das je nach der Parteistellung des betreffenden Blattes verschieden sein wird. Nicht alle diese Apparate sind notwendig, und man kann bequem etwas anderes statt dessen verwenden. So gibt es bedeutende Journalisten, die anstatt des Bleistiftes einen Klebepinsel gebrauchen und die Gehirnmasse durch Gummiarabikum ersetzen. Die Wirkung auf den Leser ist in beiden Fällen vollkommen gleich.«[11]

Dem Journalisten ist – im unausgesprochenen Gegensatz zum Dichter – keinerlei Originalität vonnöten, seine Artikel können aus diversen, fertigen und fremden Materialien zusammengeklebt werden. Weder für die Produktion noch für die Konsumtion der Artikel oder Berichte wird mit Notwendigkeit das Gehirn eingesetzt. Auburtin zeichnet ein amüsiert-pessimistisches Bild der journalistischen Tätigkeit, wobei zunächst nicht klar ist, ob er zeitgenössische Vorurteile nur vorführt oder ironisiert – oder beides, was am wahrscheinlichsten ist. Die Skepsis betrifft zuerst die theoretischer gehaltene Auseinandersetzung mit dem Journalismus, dann die journalistische Praxis und schließlich deren Rezeption. Die Zeitungs-Rezeption thematisiert auch Stefan Großmann, wenn er den Verfall der deutschen Presse zu schildern sucht:

> »Das Publikum, ehedem innerlich beteiligt, ist stumpf geworden und liest über das leere Gerede hinweg. [...] Freilich, der Fisch stinkt vom Kopfe. Die Zeitungen gehören entweder einem Verleger oder einer Partei. [...] Zeitungen lassen sich aber nicht einrichten wie Warenhäuser. Zum Journalismus gehört Passion. Daran fehlt es allenthalben. Das große Feuer ist erloschen, links und rechts. So kam der jähe Verfall der deutschen Presse.«[12]

---

10 Auburtin, Victor: Die Erfindung des Journalismus. Berliner Tageblatt 29.09.20.
11 Ebd.
12 Thomas Wehrlin [d. i. Großmann, Stefan]: Der Verfall der deutschen Presse. Tagebuch 1/1923, 7–10; hier 10.

3.2 Journalismus und Journalisten

Der Journalismus ist offenbar in den frühen Zwanziger Jahren – wie fast durchweg in seiner Geschichte – nur defizitär zu bestimmen. Auburtin beschreibt den Mangel an Intellektualität bei Lesern und Schreibern, Großmann behauptet dasselbe für die Leidenschaftlichkeit. Einigkeit besteht scheinbar in der Annahme, daß der Journalismus nicht eine bestimmte Inhaltlichkeit intellektuell oder leidenschaftlich zu vertreten habe. Einen der Gründe für diese Einigkeit spricht Großmann an: Zeitungen sind Waren, sie können gekauft werden von Vertretern unterschiedlicher Inhalte, seien es Verleger oder Parteien. Der Warencharakter der Zeitungen als Istwert widerspricht in den Augen der Journalisten dem Sollwert. Genauer besehen ist es natürlich nicht die Dominanz des Tauschwerts, die moniert wird, sondern lediglich dessen offensive Sichtbarkeit in den Zeitungen. In dem Maße, indem der Tauschwertaspekt hinter dem Gebrauchswert zurücktritt, erhält sich die Attraktivität einer Zeitung und mithin ihr Tauschwert.

Daß im Frühjahr 1923 die ökonomischen Machtverhältnisse thematisiert werden, ergibt sich deutlich aus der Lage der für die Zeitungen Schreibenden. Um ihren Lebensunterhalt angesichts der galoppierenden Inflation finanzieren zu können, sind sie, sofern sie nicht als feste Mitarbeiter einen an die Inflationsrate angepaßten Lohn erhalten, darauf angewiesen, ständig erneut über diesen zu verhandeln und ihn in die Höhe zu treiben, ihn also auf dem früheren Wertniveau zu halten.

> »Der Schriftsteller war bisher dazu verurteilt, machtlos seiner Verelendung zuzusehen: die Presse, die immer das öffentliche Gewissen spielt, die im Namen der Kultur, als Wächter der geistigen Arbeit alles beurteilen und beaufsichtigen will: dieselbe Presse sperrt sich nur dem Elend der Schriftsteller. Dieselbe Presse, die im Leitartikel das Unternehmertum angreift, beweist die schlimmste Manchestergesinnung im inneren Betrieb: sie beutet den Schriftsteller aus, weil er unorganisierbar und wehrlos ist (denn er allein hat kein Sprachrohr zur Öffentlichkeit). Ja, sie bedroht sogar den, der ihr zu sagen wagt, daß er bei diesen Honoraren verhungert. Ein beliebtes Mittel, auf das fast alle Journalisten noch hereinfallen, ist die Drohung, „das Feuilleton überhaupt fallen zu lassen" […].«[13]

Mit wünschenswerter Deutlichkeit wird die Lage der schreibenden Zunft aus ihrer Sicht dargelegt, und en passant das Selbstverständnis der Zeitungen bestimmt: im Gegensatz zu den vorherigen defizitären Bestimmungen geht es positiv darum, kulturelle Werte zu verteidigen, die diffuse Sittlichkeit urteilend zu bewahren. Nimmt man hingegen die Position des ökonomischen Kalküls ein, die in der Mehrzahl der Fälle, die Zeitungseigner beziehen dürften, ergibt sich ein anderes Bild:

---

13 Zarek, Otto: Presse und Geistesarbeit. Tagebuch 1/1923, 24.

»Eine Zeitung kann ohne Journalisten leben. Sie kann selbst leben, ohne zu erscheinen. [...] In jedem Fall, der Leser in seiner Gesamtheit kostet die Zeitung mehr, als er ihr einbringt. Man ist in diesem Zusammenhang gezwungen, ihn trotz allem zu werben zu suchen, weil der Wert einer Reklame von der Anzahl der Leser abhängig ist. Ebenso drückt sich die ungeheure Anstrengung der Unternehmer, Inserate zu bekommen, in dem Willen aus, die Auflagenziffer zu erhöhen. Daher die wichtigen Informationen, daher die Spesen jeder Art, daher selbst die Literatur. Aber täuschen sie sich nicht darüber: Es handelt sich nicht so sehr darum, mehr zu verkaufen, um mehr zu verdienen, es handelt sich darum, mehr zu verkaufen, um den Wert seiner Reklameplakate zu erhöhen.«[14]

Vom ökonomischen Standpunkt aus bewahrheitet sich so einerseits Auburtins Behauptung, daß die journalistische Arbeit gleich-gültig ist, daß es auf ihren Gehalt nicht ankomme, andererseits zählt sie aber in quantitativer Hinsicht, in bezug auf die Anzahl der Leser, die durch diese Arbeit gehalten oder gewonnen werden können.

Die Käuflichkeit der Zeitungen und ihre Orientierung auf Verkäuflichkeit setzen die dort beschäftigten Journalisten, die sich als Beurteiler und Bewahrer von Sitte und Moral berufen fühlen, in ein schlechtes Licht. Da die Publizisten so in einem Spannungsfeld von Sittlichkeit und Kommerzialität situiert sind, erhält ihre Position, die sich an beiden Polen und ihren Wechselfällen orientieren muß, etwas Changierendes, Ambivalentes. In der öffentlichen Meinung wird diese Wechselhaftigkeit, die sich aus den Produktionsbedingungen ergibt, den Journalisten als charakterliches Defizit angeheftet. So wird in einem universitären Blatt durch einen Professor vor der Berufslaufbahn Journalist gewarnt, da diese zu verkrachten Existenzen führe. Auf diese Anwürfe reagiert Carl von Ossietzky mit einer Verteidigung des Berufsstandes:

»Zeitungsschreiber und Professoren, zwischen ihnen liegt, wenn nicht eine Welt, so doch eine Kenntnis von dieser Welt. Eine Kenntnis, die nicht aus Büchern zu holen ist. Der Journalismus ist der einzige loser oder enger mit dem Geiste zusammenhängende Beruf auf Gottes Erde, der nicht in das Prokrustesbett des Examens zu spannen ist. Die Tüchtigkeit, die Eignung entscheidet. [...] Grund genug für die Herren Professoren, einem Beruf von so abgründig verruchten Möglichkeiten zu mißtrauen. Die Zeitung von heute ist, darüber brauchen wir kein Wort zu verlieren, kaum eine moralische Anstalt zu nennen. Aber sie hat den Universitäten von gestern und heute noch immer ein gewisses Maß Intelligenz voraus.«[15]

---

14 Jouvenel, Robert de: Die Zeitungsindustrie. Tagebuch 28/1924, 954–957; hier 955. Die eigenartige Sprache resultiert aus einer mangelhaften Übersetzung aus dem Französischen, die hier, da das Original (Paris 1914) nicht zu erlangen, auch nicht zu korrigieren war.
15 Ossietzky, Carl v.: Professoren, Zeitungsschreiber und verkrachte Existenzen. Tagebuch 5/1925, 159–162; hier 162.

3.2 Journalismus und Journalisten

Wie Auburtin vertritt auch Ossietzky die Ansicht, Journalisten seien nicht auszubilden, Journalismus sei nicht zu erlernen. Die Qualität erweist sich in der Praxis, d. h. nach Maßgaben des Marktes. Diese Aspekte journalistischer Tätigkeit, die Auburtin zum Anlaß der Kritik nahm, wertet Ossietzky positiv, insofern sie der Wirklichkeit angemessener sind als die offensichtlich als Elfenbeinturmexistenz imaginierte Akademikerlaufbahn, die sich von der praktischen, weltzugewandten Intelligenz abgewandt habe.

Das Kriterium der Weltzugewandtheit, der größeren Lebensnähe kehrt wieder in der stereotypen Entgegensetzung von Dichtern und Journalisten.

»Die verbreitete Formel, welche dem Journalisten den Tag, dem Dichter die Ewigkeit zuerkennt, ist nur mit behutsamen Vorbehalten und nicht in dem Maße und Sinn richtig, wie man gemeinhin zu glauben scheint. Auch der Dichter hat es, wie der Gestaltende, mit der Gegenwart zu tun, die lebendige Stunde, und sie allein ist ihm Antrieb und Stoff. Es gibt in Wahrheit keine Forderung außer jener, die der unmittelbarste Augenblick an uns stellt, und die Vergangenheit darf, wie die Zukunft, nur in ihren Bezügen auf diesen Geltung beanspruchen. [...] Die Formen, unter denen sich das Leben mitteilt, werden vom Zufall hervorgerufen, und sie sind darum in einem Maße vorläufig und verwechselbar, daß nur der Mitlebende sie voll zu erkennen und richtig zu deuten vermag. Der Dichter kann sie so, wie sie sind, nicht übernehmen, er darf sich dem qualvollen Umschaffungsprozeß nicht entziehen, der das Provisorische dauernd, das Zufällige gültig und eindeutig macht, und indem er so die wesenlose Erscheinungsform in wesenhafte Gestalt verwandelt, rettet er ein Stück der zerrinnenden Zeit ins Unendliche hinüber. Der Journalist dagegen hat die Dinge des Lebens so hinzunehmen, wie sie sich geben, mit allem Zufälligen ihrer einmaligen Erscheinung [...]. Aus der Gemeinsamkeit von Lebensformen und Lebensinhalten, aus der Gleichartigkeit von Denk- und Willensrichtungen, von Vorstellungen und Assoziationen bildet sich eine gemeinsame Sprache, die jede Zeit wie eine Chiffernschrift [!] unter der offenen trägt [...]. Auf diese Chiffernsprache [!] des Zeitalters hat der Journalismus zu hören, in ihr muß er reden und rufen. [...] Sie ist das beinahe substanzlose und gerade darum so verlockende Mittel, mit dem er aus dem Leben ins Leben zurückwirkt.«[16]

Der Autor weist selbst eingangs auf die Formelhaftigkeit der Entgegensetzung von Journalist und Dichter auf einer Zeitachse hin und sucht im weiteren, obgleich er diese aufgreift, sie dahingehend zu relativieren, daß beide Typen von Schreibern ihren Ausgang in der Gegenwart nehmen, jedoch unterschiedliche Materialien und Bearbeitungsformen haben. Bemerkenswert scheint die Bestimmung des Gegenstandes journalistischer Arbeit: In ungewohnten Ausdrücken sucht der Autor jenen Wirklichkeitsbereich zu beschreiben, den man heutzutage gemeinhin als *Diskurs* bezeichnet. Die Arbeit des Journalisten ist also eine in und an der diskursiven Öffentlichkeit. Wenden wir diese Überlegungen auf unsere vorhergehenden Untersuchungen zu

---

16 Koffka, Friedrich: Bemerkungen über Journalismus. Tagebuch 21/1925, 751–753; hier 751 f.

den Wien- und Berlin-Beschreibungen an, lassen sie sich mit historischem Fug und Recht als Diskurspräsentation und -analyse in einem nicht-foucaultschen, allgemeineren Sinn bestimmen, wenn man unterstellt, daß die Journalisten tatsächlich in der beschriebenen Weise arbeit[et]en.

Robert Scheu stellt sich die Frage, was die Publizisten zu leisten vermögen, und gibt selbst eine emphatische Antwort:

> »Wer die Menschheit dazu bringt, daß sie das, was sie lebt, auch erlebt, der hat schon Großes zu ihrer Besinnung und Veredlung beigetragen. [...] Die große Aufgabe der Presse besteht darin, täglich über die Welt und was sich darin zuträgt, zu staunen. Dieses Staunen niemals einschlafen zu lassen, es in immer neue Formen zu kleiden, die Menschheit zur denkbar höchsten Wachheit anzuregen, sie über ihre Großtaten und Infamien [...] und vor allem ihre Unmenschlichkeit erstaunen, ja sich entsetzen zu machen, das ist der Beruf der Presse, der freilich in der niederen Sensation, dieser Abart und Entartung des sittlich-wertvollen Staunens entwürdigt und entstellt wird.«[17]

Der Journalismus ist mithin Dienst an der Menschheit und nicht am Diskurs. Die Presse zeigt das wahre Bild, insofern sie eine Ethnologie der eigenen Kultur betreibt, sich dem normalen Gang der Ereignisse fremd gemacht hat, um vor diesem als Anderem ein Staunen wiederzugewinnen, das als Mitgeteiltes den Lesenden in die Position des Ethnologen zu versetzen verspricht, wodurch er zur Erkenntnis seiner Handlungsweisen vorzudringen vermag. So ließe sich die vollkommen im obigen Sinne umgesetzte Publizistentätigkeit bestimmen, in der der Journalist samt seiner Arbeit nicht mehr im Diskursgeflecht der Gegenwart arbeitet, sondern sich offenbar Tag für Tag ins Abseits stellt und den Ort des Mahners und Predigers einnimmt. Doch es handelt sich Scheu zufolge keineswegs um eine Hybris des Berufsstandes, sondern um eine adäquate Reaktion auf die Bedürfnisse der Leserschaft.

> »Die Menschheit hat ein heißes Verlangen nach Gestaltung ihres Daseins im Wort, eine Lust sich selbst zu bewundern, sich auszulachen sich über ihre Niedertracht zu entrüsten und zu schämen.«[18]

Die Position, die das Begehren des Publikums dem Journalisten bereitet, ist die des Messias, was überdeutlich wird, wenn es von der Menschheit heißt, „sie verzehrt sich nach dem Erlöser im Wort".[19] Zwischen den Ausführungen Auburtins, die am Anfang der Zwanziger Jahre standen und dieser Auratisierung des Journalisten, der als der wahre und erlösende Mittler zwischen den Menschen und ihrer Wirklichkeit in Erscheinung tritt, zeichnet sich eine auf-

---

17 Scheu, Robert: Der Publizist. Vossische Zeitung 01.01.26.
18 Ebd.
19 Ebd.

steigende Linie des Selbstwertgefühls und des Selbstbewußtseins ab, das die Publizisten von sich und ihrer Praxis haben.

Unter dem Druck der Inflation – im Hintergrund der verlorene, lange Zeit von der Presse unterstützte Krieg und die ehemals befehdete Revolution vor Augen – waren zumindest die Journalisten der großen Tageszeitungen mehrheitlich damit befaßt, ihre Wunden zu lecken, sich neu zu orientieren und ihre gefährdete Existenz zu sichern. In dem Maße, in dem sich die sozialen und die persönlichen Verhältnisse stabilisieren, setzt zunächst eine Umwertung ein, in welcher vormals selbstkritisch denunzierte Eigenarten der publizistischen Praxis nunmehr positiv bewertet werden, da sie unmittelbarer an der – kapitalistischen – Wirklichkeit partizipieren, in dieser Gesellschaft am Selbstporträt mitarbeiten. Sie scheinen schließlich die einzigen zu sein, die ein adäquates Bild zu geben vermögen. Der letztgenannte Schritt führt schon wieder aus der modernen Lebenswirklichkeit hinaus und hinein in einen humanistischen Wertekanon, von dem aus ewig gültig gesprochen werden kann.

Daß sich aufgrund dieses neuerwachsenen Selbstbewußtseins nochmaliger Klärungsbedarf in bezug auf das Verhältnis von Dichtung und Journalismus ergibt, verwundert dann nicht mehr. Anläßlich eines Berichtes über die Weltpresse-Konferenz in Genf stellt Arnold Höllriegel folgende Zeilen an den Anfang seines Textes:

»Ist Presse Literatur? Die Frage ist zumal in deutscher Sprache schwer mit einem einfachen Ja zu beantworten.«[20]

Sechs Jahre zuvor wäre es undenkbar gewesen, die Frage überhaupt mit einem Ja zu beantworten. Die Problematik der einfachen Bejahung gründet Höllriegel zufolge in der Mittelbarkeit der journalistischen Praxis, der Zeitungsschreiber lebe größtenteils vom Hörensagen, weswegen er nichts Erlebtes zu gestalten vermag.

»Aber es gibt trotzdem etwas, was der Journalist des besten Grades selbst erleben kann: Bilder und Menschen.«[21]

Diese Erlebnismöglichkeit ist die Voraussetzung, Dichtung zu schaffen – wenn Dichtung, mit Höllriegel zu sprechen, die sprachliche Gestaltung subjektiven Erlebens ist.[22] Die Differenz zwischen Journalist und Dichter ist so-

---

20 Höllriegel, Arnold: Die Weltpresse in Genf. Literarische Welt 2/1926, 2.
21 Ebd.
22 Eine ein wenig pikante Note erhält diese Dichtungstheorie, berücksichtigt man, daß Höll-

mit eine lediglich quantitative, insofern die Erlebnismöglichkeiten des Journalisten strukturell beschränkt sind. Die qualitativen Kriterien zur Bestimmung des Dichters verbauen dem Zeitungsschreiber in keiner Weise den Zugang zum Parnaß der Schriftsteller. Was noch in Frage steht, sind die Darstellungsmöglichkeiten, des Mediums und des Schreibenden, die als qualitative Kriterien zu werten sind. Höllriegel kleidet diese Frage in ein optozentristisches Gewand:

> »Nur ob er Menschen sehen kann, oder nicht, das macht aus dem Journalisten oder macht aus ihm nicht einen Dichter.«[23]

Die Ununterscheidbarkeit von Publizist und Dichter wächst immer mehr, setzt sich über eine imaginäre Grenzlinie kultureller Bewertungsmuster fort, so daß am Ende des Jahres 1926 die texteinleitenden Fragen schon ganz anders gestellt werden müssen.

> »Ist es wirklich so weit gekommen, daß nicht mehr dem Dichter, sondern dem Journalisten ein Gott gegeben hat, unserer Zeit zu sagen, was sie fühlt? Mit einem unbegreiflichen Konservativismus verklammern sich unsere Dichter anscheinend in die Wunschträume einer vergangenen Menschheit, glauben ihre Zeit zu erschöpfen, wenn sie uralte Bilder in neue Rahmen hängen – während der Journalist schon längst die neuen mythologischen Gestalten sieht und malt, die Chimären und Flügelrosse, die unsere, unsere ureigene Zeit wünscht und – schon hat.«[24]

Die mythologischen Gestalten, die die Journalisten porträtieren und die die „Zeit" wünschte und schuf, sind die technischen Apparaturen, Medien und Maschinen. Das Hohelied dieser Insignien der Moderne wird zumindest 1926 nicht von den Dichtern gesungen: Im Feuilleton werden die Gänge in die Industrielandschaften und Kinowelten unternommen, die Hymnen auf Automobil und Flugzeug angestimmt.

Die Aufgaben der Wahrnehmungsgestaltung wurden dem Feuilleton stets in bezug auf einen enger umgrenzten, gegenwärtigen Zeitraum zugemessen, so daß es nicht wunder nimmt, daß die Journalisten eher als die an der Ewigkeit arbeitenden Dichter auf eine Veränderung der sozial konstituierten Wahrnehmungswirklichkeit zu reagieren vermögen. Jenen Diskurs, der ihr Gegenstand und eigenes Terrain ist, modifizieren in der Mitte der Zwanziger

---

  riegel als Sonderkorrespondent des *Berliner Tageblattes* fast die ganze Welt bereiste und somit von Profession her einen höchst privilegierten Zugang zu Erlebnismöglichkeiten hatte wie kaum ein Dichter.
23 Ebd.
24 Ohne Autorenangabe [Großmann, Stefan]: [Auszug aus der Rubrik] *Tagebuch der Zeit*. Tagebuch 48/1926, 1782; kursiv im Original.

3.2 Journalismus und Journalisten

Jahre weniger technische Innovationen, die mehrheitlich schon im Krieg oder gar Vorkrieg entwickelt wurden,[25] sondern politisch-ökonomische Verschiebungen, die einen soziokulturellen Umwertungsprozeß zur Vollendung bringen, dem Krieg, Revolution und Inflation den Weg bereiteten. Die verbreiterte Wohlstandsbasis erhöhte das identifikatorische Potential der Bürger mit ihrer Republik bzw. den technischen Grundlagen oder Symbolen des Wohlstandes. Während die Journalisten der bürgerlich-demokratischen Blätter von den Errungenschaften und der beginnenden Demokratisierung des Bürgertums profitierten und folglich zum Lob geneigt waren, nahmen viele Dichter die neue Zeit eher als Bedrohung war, deren Beschleunigung und sich verändernde Medienkultur ihnen, insofern sie auf eine breit angelegte Prosa oder empfindsame Lyrik setzten, eher zum Nachteil gereichte, so daß sie sich gegen die Asphaltkultur verwahrten, um damit in einem politisch konservativen Lager einzukehren. Dort trafen sie sich natürlich mit den Journalisten konservativer Blätter, die die Republik seit deren Beginn als Angriff auf ein gutes und tradiertes Wertesystem begriffen hatten und sich auch nicht von den Erfolgen derselben in ihrer Meinung irremachen lassen wollten. Bis eine neue Generation von Dichtern herangewachsen ist und die älteren Dichter neue Erzählformen und -motive gefunden haben, bilden die Journalisten für eine knappe Zeitspanne die literarische Avantgarde. Diese zumindest zeitweilig deutlicher ins Bewußtsein tretende Überlegenheit der Journalisten über die Literaten wendet Stefan Großmann schließlich zu einem Appell, mehr journalistisches Selbstbewußtsein zu entwickeln und überhaupt nicht mehr auf die Dichter als idealen Maßstab zu schauen.

> »Was uns von den Schauspielern unterscheidet ist unser törichter Mangel an Selbstbewußtsein. Wir sind, so unwahrscheinlich es klingt, die bescheidensten Leute im Land. Wir, jawohl *wir* formen das geistige Antlitz der Nation. Die Zeit ist vorbei, da die Bücherschreiber allein über die Köpfe herrschten. Die Zeitung ist mächtiger als die Bücher, mächtiger als das Buch der Bücher.«[26]

Stilisierte Robert Scheu den Journalisten zum Propheten und Erlöser, so gerät Stefan Großmann folgerichtig die Zeitung zum „Buch der Bücher". Die Sakralisierung der Zeitung ist allerdings von einer gewissen Skepsis gezeichnet, da zum einen die tradierten Buchautoren ihre Anerkennung verweigern und

---

25 Film und Automobile wurden bereits vor der Jahrhundertwende entwickelt, und selbst Taylorismus und Fordismus wurden in den USA vor dem Ersten Weltkrieg in Fabriken durchgesetzt.
26 Großmann, Stefan: Glück des Zeitungsschreibers. Tagebuch 33/1927, 1320–1323; hier 1321; kursiv im Original.

zum anderen auch einige Zeitungsschreiber für sich nicht einen Gültigkeitsanspruch reklamieren, der den der Bibel überschreitet:

> »In unserer Deutschen, Verzeihung, Preußischen Akademie der Dichter hat kein Zeitungsschreiber Aufnahme gefunden. Gott bewahre. Es gibt einen Hochmut des Schriftstellertums, der auf den Journalisten geringschätzig herabsieht. [...] Wir können darüber lächeln, wir Zeitungsschreiber, denn wir gehören nicht zu den Toren, die den Ruhm überschätzen. [...] Nein, nein, wir sind glücklich über unseren Beruf, obwohl oder weil er uns zwingt uns zu verschwenden. Der berufene Journalist, der Zeitungsschreiber aus Passion, könnte sehr oft aus einer Notiz ein dickes Buch, aus einem volkswirtschaftlichen Einfall ein einträgliches Geschäft, aus einer produktiven Kritik eine Komödie machen, aber wir sind nun einmal leichtsinnige Verschwender, der Stunde hingegeben, und das bedeutet auch, von der Stunde ganz erfüllt. [...] Aber gibt es denn etwas Schöneres auf der Welt, als sich fortwährend auszugeben, sich zu verlieren, um sich zu erneuern.«[27]

Die Verschwendung führt weit über die Zwanziger Jahre hinaus in die theoretische Landschaft der nächsten Nachkriegszeit.

Im Rekurs auf Georges Batailles Studie zum Begriff der Verschwendung und seine Ausführungen zur Überschreitung läßt sich der Verschwendung ein progressiver Status zuweisen, insofern sich ein verschwendendes Subjekt dem kapitalistischen Tauschkalkül entzieht. Späterhin wird die Verschwendung durch feministische Theoretikerinnen wie Hèlene Cixous sexualisiert und als spezifische Eigenart der Weiblichkeit behauptet. Ungefähr zur selben Zeit werden jedoch Zweifel an dieser Konzeption einer sich preisgebenden, stets erneuernden Subjektivität hinsichtlich ihres kritischen Potentials angemeldet.

Gilles Deleuze und Félix Guattari zeigen ausgehend von einer Untersuchung schizophrener Produktion, wie sehr die Verschwendung eine dem Kapitalismus immanente Bewegung ist.[28] Die journalistische Aktivität erscheint aus dieser Perspektive als eine affirmative Mimesis an die Bewegungen des Kapitals, daß sich auch täglich veräußern muß, um sich zu erneuern und zu mehren. Diese Nähe zur politischen Ökonomie kann angesichts der Verwiesenheit des Journalisten auf die aktuellen Ereignisse nicht verwundern, zeichnen sich doch auf dieser Oberfläche jene Wechselbewegungen von Re- und Deterritorialisierung ab, in denen die Ströme des Geldes und der Arbeit freigesetzt werden, während zugleich eine Reproduktionssphäre gesichert

---

27 Ebd.; kursiv im Original.
28 Deleuze, Gilles und Félix Guattari: Anti–Ödipus. Kapitalismus und Schizophrenie. Frankfurt a. M. 1977. – Vgl. für eine historisch weit früher liegende Verortung der Verschwendung als eines wesentlichen Bestandteils frühkapitalistischen Wirtschaftens Helvétius, Claude Adriaen: Vom Menschen, seinen geistigen Fähigkeiten und seiner Erziehung [frz. EA 1772]. Frankfurt a. M. 1972, 336 f.

wird, in der die Aufwendung zur Systemstabilisierung dem tendenziellen Fall der Profitrate entgegenwirkt.[29]

Insofern der Journalismus die täglichen Begebnisse verzeichnet, gibt er in seiner Gesamtheit ein Protokoll der divergenten Bewegungen, die im Wechselspiel ökonomischer Makrosphäre und sozialpsychologischer Mikrosphäre stattfinden. Auf der Ebene der für sich genommen nicht-signifikanten Einzelereignisse bietet die Zeitung ein Material an, das in einer sekundären Bearbeitung nicht mehr nur das Antlitz der Zeit mitgestaltet, sondern das zu einer exemplarischen Porträtstudie ausgestaltet werden kann. Diese Möglichkeit, die in gewisser Weise wieder einen Konnex zur Bibel als narrativem Materialfundus erstellt, wird auch in einer Zeitschrift thematisiert: 1929 startet die *Literarische Welt* eine Umfrage unter dem Titel „Die Tagespresse als Erlebnis". Zu diesem Thema sollen sich verschiedene Dichter äußern hinsichtlich der Anregungen, die sie der Zeitung verdanken, und inwieweit diese Eingang in ihre literarische Produktion gefunden haben. Von den befragten neun Dichtern behaupten lediglich drei, niemals durch die Zeitung in ihrem Schaffen angeregt worden zu sein,[30] während die übrigen sechs[31] insgesamt die Wichtigkeit der Zeitung und insbesondere der Zeitungsnotiz und des Nachrichtenteils für ihre dichterische Tätigkeit unterstreichen. Exemplarisch sei hierzu aus der Antwort Walther Harichs zitiert:

> »Man muß unterscheiden zwischen dem in Artikeln und Aufsätzen durchgeformten Stoff und bloßer formloser Mitteilung von Tatsachen und Vorgängen. Artikel sind wichtig, nicht so wichtig wie selbsterlebte Eindrücke.«[32]

Betont wird der Charakter des Rohmaterials, des Ungestalteten, was die Nachricht vor dem Artikel privilegiert, Grundlage einer sekundären Bearbeitung zu werden. Harich insistiert ebenso wie diejenigen, die den Einfluß der Zeitung ganz von sich weisen, auf der Prävalenz des eigenen Erlebens. Eigenes Erleben steht auch im Mittelpunkt eines emphatischeren Zeitungslesers.

---

29   Marx zufolge fällt die Profitrate tendenziell, weil der Anteil des konstanten Kapitals in der Produktion stetig anwächst, diese in Maschinen oder ähnlichem enthaltene Kapitalform aber keinen Mehrwert produziert, was dem variablen Kapital in Gestalt der Arbeitskräfte bspw. vorbehalten ist. Erhöhen sich also die Kosten, die zur Reproduktion der Arbeitskräfte erforderlich sind, wächst der prozentuale Anteil des variablen Kapitals in der Produktion, und es läßt sich ein gegenüber dem drohenden Fall relativ höherer Mehrwert erzielen.
30   Herbert Eulenberg, A. Artur Kuhnert und C. G. Kolbenheyer.
31   Hans Leip, Lion Feuchtwanger, Walter von Molo, Wilhelm Scholz, Josef Winckler und Walther Harich.
32   Harich, Walther: Antwort auf die Umfrage „Die Tagespresse als Erlebnis". Literarische Welt 39/1929.

> »Wer einerseits unmittelbar gestaltend auf die Zeitseele einwirken will, muß sich ihren Äußerungen gleich unmittelbar hingeben, selbst auf die Gefahr hin, vom rasenden Tempo rasch wieder fortgespült zu werden – Vielen Graun [!] und Verhängnis: andererseits wird eigentlich Niemand unbewußt dem Weltfluidum sich entziehen können.«[33]

Die Unmittelbarkeit wird überraschenderweise dem Medium Zeitung zugesprochen, in dem sich das *Weltfluidum* ausspricht. Die Zeitung hat ihren Charakter im Grunde nicht geändert, offensichtlich hat sich aber die Bewertung dieses Charakters gewandelt, und damit auch die Machtdimension, die der Zeitung offensteht. Erschien der Journalismus zu Beginn der Zwanziger Jahre noch als gleichgültig hinsichtlich der Produktionen, die er hervorbrachte, so sind genau diese Produkte nun zu Emanationen des Zeitgeistes geworden, auf die der Schriftsteller als elementare Zeugnisse seiner Gegenwart Bezug zu nehmen hat.

Es finden sich jedoch nicht nur Postulate, die Zeitschrift in ihrem Materialcharakter ernst zu nehmen.

> »Vor die Frage gestellt, ob ich auf die gesamte Literatur zur Zeitgeschichte oder auf die Zeitung verzichten soll, würde ich die Zeitung beibehalten. Oft hat eine Zeitungsnotiz von wenigen Zeilen mir soziale und kulturelle Zusammenhänge plastischer gemacht als dicke abstrakte Wälzer.«[34]

Feuchtwanger nimmt die Zeitung wahr als ein aufklärerisches Medium, in dem sich Erkenntnisse über die größeren Zusammenhänge der Gegenwart scheinbar mühelos gewinnen lassen, was auf der anderen Seite, bei den Buchproduzenten, nicht ohne weiteres möglich sei.

Dieses Versagen der Bücherschreiber, im engeren Sinne der Verfasser von Belletristik, beklagt auch Joseph Roth in seinem „Lob der Dummheit"[35]:

> »Jedenfalls glaube ich, ohne Übertreibung sagen zu können, daß man in Deutschland wenn schon nicht die Dummheit für eine Hauptbedingung des Dichtens hält, so doch die Vernunft für ein großes Hindernis eines Dichters. [...] Noch niemals las ich in einem der vielen Buchreferate ein Lob der Intelligenz eines Autors, noch niemals hörte ich in einer Gesellschaft, die über Bücher sprach, einen Deutschen sagen, er freue sich über die Klugheit des von ihm gelobten Autors. Nun glaube ich ja allerdings, ja ich weiß es fast bestimmt, daß nur sehr wenige Schriftsteller intelligent sind. [...] Der Buchreferent scheint in den Büchern gar nicht nach der Intelligenz zu suchen. Sie ist kein Kriterium. Und der Leser scheint sie zu fürchten.«[36]

---

33 Winckler, Josef. In: ebd.
34 Lion Feuchtwanger. In: ebd.
35 Roth, Joseph: Lob der Dummheit. Literarische Welt 39/1929.
36 Ebd.

So hat sich endgültig Auburtins Skriptum von dem Quantum Hirnmasse, das der Journalist manchmal brauche, das aber auch durch andere Apparate ersetzt werden könne,[37] vom Typus des Journalisten gelöst und an den Dichter gelagert, der damit im öffentlichen Diskurs den Status übernimmt, den zu Beginn der Zwanziger Jahre der Publizist besaß.

Allerdings ist bei der Bewertungsverschiebung zu beachten, daß der öffentliche Diskurs in der Zeitung, und zwar in deren Feuilleton stattfindet. Blicken die Journalisten nach außen, auf jenen Diskurs, der von denjenigen geführt wird, die heutzutage als schweigende Mehrheit oder moral majority apostrophiert werden, so ergibt sich ein anderes Bild.

> »Skribler, das sind diese notigen [!] Tintenkleckser mit Augengläsern, die arroganten Knechte der Schriftsprache und anderer suspekter Mächte, das sind die armseligen Nachfahren von Dichtern in Erz und Halbfranz-Bänden in Goldschnitt, das sind die Kerle, die falsche Wetterprophezeiungen und Angriffe gegen den Bürgermeister in die Zeitung geben [...]. Skribler, das sind diese Gehirnfatzkes, diese Affen, die, statt was zu arbeiten, mehr gelernt haben, als was man so braucht [...]. Und gelegentlich, sogar oftmals, sind diese Zeitungsschreiber noch dazu Juden, und dann muß ein bodenständiger und ganzer Mann, wie der Starhemberg, der jetzt Innenminister geworden ist, [...] ein geharnischtes Wort gegen diese dreckigen Niemande loslassen, die, wie er sagt, mit ihrer Schreiberei ohnedies nichts anderes erstreben, als die „Anti-Marxisten" untereinander auseinanderzubringen.«[38]

Zwar bezieht sich Ehrenzweigs Nachzeichnung des populistischen Diskurses über die Presse auf Österreich, doch werden die Ansichten in den Provinzen des Reiches nicht wesentlich von diesen abweichen. Als heruntergekommene Dichter, die weder Kunst schaffen noch wenigstens die Meinung des vermeintlichen Volkes verkünden, stellen die Zeitungsschreiber den Typus des Asphalt-Literaten in nuce dar. In dieser Gestalt, deren österreichische Variante eben Skribler heißt, sind die Vertreter einer intellektuell-demokratischen Kultur nach wie vor die Schreckbilder jener blut-und-boden-ständigen Publizisten und Politiker, denen die moderne soziale Wirklichkeit zu komplex ist, als daß sie anders als mittels gewalttätiger Reduktion zu bewältigen wäre.

In bezug auf das Sozialprestige des Journalisten außerhalb der intellektuellen Gemeinschaft läßt sich von daher folgern, daß er durch die gewachsene Bedeutung innerhalb des kulturellen Sektors eher höhere Aversionen mobilisiert als in jener Zeit, in der dem Journalismus ohnedies kaum Wertschätzung entgegengebracht wurde.

---

37 Vgl. Auburtin, Victor: Die Erfindung des Journalismus. Berliner Tageblatt 29.09.20 (oben zitiert).
38 Ehrenzweig, Stefan: Wir Skribler. Tagebuch 41/1930, 1655 f.

Die Politisierung der Debatten um den Journalismus verdeutlicht sich in einer rhetorischen Frage:

> »Wäre es in Deutschland denkbar, daß sich alle Journalisten vom „Völkischen Beobachter" bis zur „Roten Fahne" zusammentäten, um das x-ste Jubiläum des ersten Artikel von Maximilian Harden zum Beispiel würdig zu feiern?«[39]

Ohne eine ernsthafte Antwort zu geben, konstatiert der Autor: „Es gibt eben in Deutschland nur Zeitungen und keine Presse."[40] Diese politische Zuspitzung in den Auseinandersetzungen mit der Zeitung entspricht der konfliktuellen politischen Landschaft jener Zeit. Politische Differenzen überlagern alle möglichen Fragen nach den Qualitäten des Schreibens oder dem Verhältnis zur Dichtung.[41] Für den hier gegebenen Problemzusammenhang genügt es zu konstatieren, daß die Verständigung über das, was Journalismus bedeutet, in einer Problematik der Politisierung aufgeht, ohne daß darüber hinaus die Vertiefung der Kontroversen erforderlich ist.

3.3 Unter dem Strich. Der Meta-Diskurs des Feuilletons

3.3.1 Einleitung

Nachdem so weit die der Zeitung zugeschriebene Bedeutung und ihre Bewertung sowie deren Wandlungen in der Weimarer Republik nachgezeichnet worden sind, wird im folgenden dem Feuilleton und seiner Selbstreflexion nachgespürt.

Bei der Beschäftigung mit der selbstreflexiven Darstellung des Feuilletons müssen verschiedene Unterscheidungen getroffen werden: Zunächst läßt sich eine Gruppe von Narrationen ausmachen, in denen die Produktion des Feuilletons selbst beschrieben wird. Eine weitere Gruppe bilden die feuilletoninternen Auseinandersetzungen über die formalen Möglichkeiten und inhaltlichen Aufgaben der Kritik, die sich insbesondere über die Kritik des Theaters und des Films zu verständigen suchen. Schließlich findet auch eine Kritik der feuilletonistischen Produktionen statt, allerdings vorzugsweise im Rahmen von Buchbesprechungen, wenn die Feuilletons als gebuchte Sammlung vorgelegt worden sind. Feuilletons werden gemeinhin erst dann kritisch

---

39 Kbg.: Journalismus und Tradition. Literarische Welt 44/1931, 2.
40 Ebd.
41 Die im übrigen von genau derselben Politisierung ihrer Darstellung betroffen ist; vgl. dazu Haas, Willy: Schmock hie und drüben. Literarische Welt 1/1931, 1 f.

behandelt, wenn sie ihre Aktualität hinter sich gelassen haben und in gebundener Form einen weiterreichenden Anspruch stellen. Des weiteren finden sich Verknüpfungen kritischer Feuilleton-Reflexionen mit Würdigungen der für das Feuilleton schreibenden Autoren, also an Geburtstagen, in Nachrufen oder Erinnerungen an gemeinsam verbrachte Zeiten.

Eine Sonderform stellen Untertitelungen dar, die den Geltungsanspruch des nachfolgenden Textes formulieren. Um ein Beispiel zu geben: dem Haupttitel *Außer Dienst* folgt die Bestimmung *Ein Gegenwartsbildchen*,[42] womit offenbar die Vorstellung zu verbinden ist, es handle sich bei dem nachfolgenden Feuilleton nicht nur um ein Bild von aktueller Bedeutung, sondern eben um eine (Miniatur-) Skizze der Gegenwart, ein Porträt des Zeitgeistes. Welchen Inhalts dieser Geist ist und ob er trefflich abgebildet wurde, interessiert hier nicht, doch ist die dem Text zugemessene Bedeutung signifikant, verweist sie doch auf einen der im Feuilleton kurrenten Ansprüche, eine Art künstlerische Photographie im Medium Literatur zu leisten. Dieser photographische Aspekt wird noch stärker in einem anderen Untertitel betont: *Ein Momentbild*,[43] worin die Parallele zum Schnappschuß deutlich genug anklingt. Doch der Schnappschuß soll ebensowenig wie diese Feuilletons nur einen zufälligen Ausschnitt der Wirklichkeit einfangen, vielmehr geht es darum, einen Verdichtungspunkt zu finden, in dem eine über diesen Punkt hinausweisende Verdeutlichung der Realität geleistet wird. Diese Möglichkeit führt in die feuilletonistische Erkenntnisperspektive ein, die sich als Verkehrung des konventionellen Blicks versteht:

»Es wird im Leben gewöhnlich vom Großen zu viel und vom Kleinen zu wenig hergemacht. Und wer im Zeitungsleben die Überschriften der Größe nach liest, kommt um manche Weisheit zu kurz. Sie lassen sich bequem aus der „Kleinen Chronik" fischen, wo sie in Form von unscheinbaren Sechszeilennotizen ihr Wesen treiben. Erst wer von vornherein die Dinge, die auf ihn losgelassen werden, ins umgekehrte Verhältnis bringt, hat gewöhnlich gerade die richtige Einstellung zum Leben.«[44]

Die Verkehrung des Blicks, der sich dem Kleinen zuwendet, hilft, das Wesen zu erkennen. Welches Wesen möglicherweise erkannt werden kann, sei zunächst dahingestellt; festzuhalten bleibt die Hoffnung, in der genauen Beobachtung der Details, der scheinbar unscheinbaren Ereignisse, einen Einblick in den größeren Zusammenhang der Dinge zu gewinnen, der zudem genauer und wahrer ist als in jenen Versuchen, die sich dem Großen verschreiben und

---

42 -ma: Außer Dienst. Ein Gegenwartsbildchen. Berliner Börsen Courier 27.07.22.
43 Dovvero-Hofer, Nina: Versuchung. Ein Momentbild. Berliner Börsen Courier 24.12.21.
44 -ma: Außer Dienst. Ein Gegenwartsbildchen .Berliner Börsen Courier 27.07.22.

dies tatsächlich für wichtig halten, obgleich es sich aus der feuilletonistischen Perspektive eher um Simulationen wahrer Größe handelt, um einen Oberflächenschein.

3.3.2 Die Feuilletonisten und ihre Arbeiten

Im folgenden werden wir anhand der bereits erwähnten Zeugnisse des Denkens und Schreibens über das Feuilleton im Feuilleton, also Rezensionen von Feuilleton-Anthologien, sowie Gratulationen und Kondolationen für Feuilletonisten – diesen Binnendiskurs darzustellen suchen.

> »Von ihm hätten hundert Schriftsteller leben können, wenn sie hinter ihm hergegangen wären und all seine geistig-seelischen Randbemerkungen zum täglichen Einerlei, zum vorbeigehenden Menschen, zum vorüberflutenden Ereignis aufgefangen und aufgeschrieben hätten. Er streute unermüdlich Samenkörner aus. Hierhin. Dorthin. Überall. Und der Wind kam und fegte sie fort. So blieb von diesem überaus reichen Lebensinhalt nichts auf das Papier gebannt übrig. Aber wir, die wir in dem Bannkreis seiner Persönlichkeit standen, atmeten täglich einen Hauch dieses Daseins ein.«[45]

Der zum Ende 1924 entstandene Nachruf fällt bereits in die oben erschlossene Phase erstarkenden journalistischen Selbstbewußtseins und verweist dementsprechend die Schriftsteller gegenüber dem verstorbenen Publizisten in die zweite Reihe; sie hätten dem Verstorbenen nur in seinen Feuilletons nachgehen müssen, um genügend Anregung für ihre literarische Produktion zu erlangen.

Der verstreute Ideenreichtum schließt an das Motiv der Verschwendung an, das die für den Tag schreibenden Autoren charakterisiert. Insbesondere in den Nachrufen begegnet diese Problematik der Vergänglichkeit aktuellen Schreibens häufiger, geht es doch im Memento mori stets um die Behauptung des Wirkens über den Tod hinaus. Da für dieses Fortwirken die feuilletonistische Produktion jedoch nicht genug Material bietet, sofern sie nicht in Buchdeckeln gesammelt und gespeichert vorliegt, wird auf die Persönlichkeit ausgewichen, die bleibenden Eindruck im Gedächtnis der Zeitgenossen hinterlassen hat.

Im selben Jahr wie der Nachruf erscheint Egon Erwin Kischs wegweisende, dem reportierenden Journalismus Bahn brechende Sammlung *Der rasende Reporter*. Eine der ersten Besprechungen stammt von Fred Hilden-

---

45 Dombrowski, Erich: Siegfried Bryk †. Der Mensch und Journalist. Berliner Tageblatt 03.09.24.

3.3.2 Die Feuilletonisten und ihre Arbeiten

brandt, der in seiner Lektüre unter anderem eine eigenartige Ambivalenz verzeichnet.[46]

»Im Vorwort versucht der Verfasser den Begriff Reporter einzuengen, aber in den nachfolgenden, vielen wahrhaft meisterlichen Aufsätzen schlägt er über alle Stränge [...] und zeigt, daß ein verdrängter Dichter, der Disziplin in der Feder hat, immer der geniale Reporter ist. [...] Da helfen alle Vorwörter nichts, das schrieb kein Reporter. Journalismus aus dem Blut, hinter dem kein unwesentlicher Mensch, sondern immer einer lauert, der vor den Dingen, den Menschen und dem bunten Durcheinander mehr ist, als eben ein Reporter.«[47]

Die Reporter sind, wenn sie es wert sind, in Buchdruck überzugehen, keine solchen mehr, sondern erhalten über die Zusprechung des Dichterischen eine Nobilitierung, die ihrerseits wiederum den „einfachen" Reporter entwertet. Auf diese Weise hält Hildenbrandt, selbst wenn er sich der Reportage zuwendet, den Kanon der Hochkultur aufrecht. Die Dichtung erfolgt zudem aus dem Blut und erweist sich darin als unhintergehbar.

Ein anderer Rezensent, der zu den vergessenen Größen der Buchkritik zu rechnen ist, Bernard Guillemin, beschreibt in eindrucksvoller Weise, in welchem Maße *Der rasende Reporter* eine wohlüberlegte, durchkonzipierte Konstruktion darstellt.

»Ganz merkwürdig wie bewußt der Autor den Ideen ausweicht, wie ängstlich er Abstraktes vermeidet, um behäbig zu schildern, Sachnamen aneinanderzureihen, Dinge aufzuzählen, die man sehen und greifen kann, niemals ein Zeichen für viele Dinge sondern immer viele Dinge für das vermiedene Zeichen. Die Sachlichkeit in jedem nur erdenklichen Sinn, von der Sachkenntnis, der Genauigkeit, der Dingenfreude bis zur fast wahnwitzigen Verliebtheit in alles, was Kontur, Farbe, sichtbares Maß, gegenständliche Existenz hat, ist bei Kisch zur fixen Manie geworden. [...] Zum Bau eines Feuilletons verwendet Kisch nur vorgefundene Materialien, mit Vorliebe vergessenes Gerümpel, nicht einmal Sachen, sondern Nebensachen, lauter Dinge, die so sehr bloße Dinge sind, daß kein noch so phantastischer Kopf dahinter ein Gleichnis wittern könnte. Trotzdem läßt er zuweilen ein Gleichnis aus seiner Dingwelt emporblühen [...].«[48]

Vom Blut zum Bau bewegt sich die Spanne der beiden Besprechungen; im Gegensatz zu Hildenbrandt insistiert Guillemin nicht auf einem Dichtungsbegriff, sondern läßt dem Text die Bezeichnung als Reportage, die er aber nur dann für vorbildlich und gelungen hält, wenn sie sich um die Wahrnehmung der Wirklichkeit bemüht, also nicht meint, diese unmittelbar aufzeichnen zu können, sondern ihre kongeniale Wiedergabe nur in der Konstruktion für möglich hält. Guillemin geht es folglich nicht um eine Nobilitierung der

---

46   Hi [d. i. Hildenbrandt, Fred]: Egon Erwin Kisch: „Der rasende Reporter". Berliner Tageblatt 18.12.24.
47   Ebd.
48   Guillemin, Bernard: „Der rasende Reporter". Berliner Börsen Courier 21.05.25.

Kischschen Texte, insofern sie eigentlich oder wesentlich Dichtung sind, sondern darum, an diesen ein Leistungsmaß der Reportage zu gewinnen und auf diese Weise deren Eigenständigkeit zu behaupten.

1925 erscheint die erste Sammlung der Feuilletons von Fred Hildenbrandt unter dem Titel *Tageblätter*.[49] Egon Erwin Kisch revanchiert sich anscheinend anläßlich dieser Publikation für die Rezension, die ihm Hildenbrandt bei Erscheinen des *Rasenden Reporters* zudachte.[50] Zu Beginn seiner Besprechung formuliert er die hier relevante Problematik auf einer allgemeineren Ebene:

»Schliesst ein spezielles Lob [...] nicht auch die allgemeine Gutheissung eines journalistischen Ehrgeizes in sich, der eine Exhumierung seiner Kinder aus dem Massengrab des Holzpapiers und ihre Bestattung in der Gruft des holzfreien Papiers erstrebt, das heisst unmetaphorisch gesprochen: die Herausgabe von Zeitungsartikeln in Buchform? Gott bewahre uns gleichermassen vor der Tageseinstellung als Buchautor, wie vor dem Ewigkeitsaspekt als Zeitungsredakteur.«[51]

Offenbar ist Kisch gegen eine Vermischung der Literaturformen, da es keinen Anlaß gibt für die Umbettung der verstorbenen Tageswerke und abgesehen von der Befriedigung des persönlichen Ehrgeizes nichts zu gewinnen ist. Dichtung und Feuilleton widmen und definieren sich über unterschiedliche Zeitdimensionen; diesem gehört der Tag, für den es geschrieben ist, jener die Zukunft, an die sie adressiert ist. Allerdings macht Kisch gegenüber dem Feuilleton zwei Ausnahmen geltend: die Erhebung von „Tageblättern" in den Adelsstand gebundener Literatur rechtfertigt sich bei der Behandlung exzeptioneller Themen oder bei herausragenden Autorenpersönlichkeiten. Für Fred Hildenbrandt ergibt sich die Legitimation aus dem zweiten Aspekt.

»Denn aus dem Plural „Tageblätter" spricht, was man im Singular kaum bemerkt hätte, überraschenderweise ein Dichter, – kein Feuilletonist vermöchte z. B. das „Notturno" zu schreiben, [...] kein noch so geschickter Prosaist wäre imstande, den Taumel des Sechstagerennens in die Vision eines Zweckes münden zu lassen, eines dichterischen Zweckes – wenn er nicht selbst ein Dichter ist. [...] Es kann doch unmöglich sein, dass ihn der Druck zum Dichter gemacht hat; wo war der Druck, der bis dahin auf ihm lastete, dass niemand das Flüstern eines Dichters namens Fred Hildenbrandt hörte, bevor er auf dem Postament stand und eine so erstaunlich laute Stimme bewies?«[52]

---

49 Berlin, Landsberg 1925.
50 Diese Vermutung wird auch gestützt durch das Erscheinen der Besprechungen am selben Ort, dem Berliner Tageblatt, dessen Feuilletonredakteur Hildenbrandt zu dieser Zeit gewesen ist.
51 Kisch, Egon Erwin: Journalismus als Buchliteratur. Berliner Tageblatt 12.07.25.
52 Ebd.

3.3.2 Die Feuilletonisten und ihre Arbeiten

In überraschender Parallelität zeichnet Kisch die Argumentation nach, die Hildenbrandt seiner Textsammlung gegenüber vorbrachte. Auch er sieht nicht eigentlich einen Feuilletonisten am Werk, sondern entdeckt zwischen den Buchdeckeln einen Dichter. Hildenbrandt erscheint als in den Zeitungsblättern verborgener Dichter, der aufgrund einer Unterordnung des Erzählten unter einen dichterischen Zweck – was immer das sein mag – zum Dichter bestimmt scheint. Genau diesem Verfolg dichterischer Zwecke widerspricht ein anderer Rezensent des Bandes. Nachdem er Hildenbrandt als Feuilletonisten belobigt hat, der „virtuos" auf „dem Tagesklavier zu spielen verstände", kommt Großmann zu seiner Kritik[53]:

> »Hier ist ein Publizist, der virtuos schreibt und mit Leidenschaft bei seinem Metier ist und es doch nicht ausübt um einer Idee willen, nicht einmal um eines Dichters willen, geschweige denn um einem ethischen oder ästhetischen Willen zu dienen, sondern bloß aus Freude am Wort, vielleicht aus Lust an der eigenen Virtuosität. [...] Ihr Herz, ihr Kopf ist immer frei oder immer leer, wie man will, immer impressionsbereit. Vielleicht schmerzt diese Feststellung Hildenbrandt gar nicht sehr, weil er offenbar keine kritische, sonder eine schildernde Begabung ist [...].[54]

Obgleich Großmann die Texte Hildenbrandts anders einschätzt als Kisch, folgt er doch dessen Bewertungskriterium eines dichterischen Zwecks, einer Idee, die verfolgt werden müsse, was bei den „Tageblättern" aber nicht auszumachen ist, wodurch sie zwar noch als ansprechende Feuilletons durchgehen, aber nicht als Dichtung Geltung beanspruchen dürfen.

Anders liegt der Fall bei Alfred Polgar, der zu dieser Zeit bereits als feuilletonistischer Großmeister gilt. Anläßlich des Erscheinens der Sammlung „An den Rand geschrieben"[55] veröffentlicht Gina Kaus eine Besprechung, deren Leitmetaphorik die Schneeflocke unter dem Mikroskop ist.

> »Schneeflocken unter dem Mikroskop – das sind die kleinen rasch verwehenden Augenblicke des täglichen Lebens, gesehen mit den Augen des Dichters Polgar. [...] Welcher Trost zu wissen, daß alles Erbärmliche, auf das unser Auge fällt, diesem zwar verborgen, aber dennoch voller Schönheit steckt! [...] Wie soll man diese Gebilde nennen? Skizzen, das erweckt die Vorstellung von Unfertigem, Vorläufigem. Diese hier aber sind vollendet und endgültig [...]. Wie Kleines groß, wird Großes klein. Philosophie und Weltanschauung, Leben und Tod, Liebe und Leid sind leuchtende Kugeln in der Hand des genialen Prestidigitateurs, wirbeln in der Luft, schimmern, schweben, ohne einander zu stoßen, und schwupp! sind sie verschwunden. Wie Schneeflocken auf einer warmen Hand.«[56]

---

53 St[efan]. Gr[oßmann].: Fred Hildenbrandt: Tageblätter. Tagebuch 37/1925, 1391 f.
54 Ebd.
55 Berlin, Rowohlt 1926.
56 Kaus, Gina: Alfred Polgar: „An den Rand geschrieben". Literarische Welt 4/1926, 5.

Von der üblichen Feuilletonrhetorik bleibt das Motiv der Vergänglichkeit erhalten. Das Mikroskop gibt den Wechsel der Perspektive vor, die metafeuilletonistische Metaphorik der Vergrößerung mit der einhergehenden Verkleinerung greift Platz. Die Verkehrung des gewöhnlichen Blicks ist die genuine Bestimmung der feuilletonistischen Arbeit an der alltäglichen Wahrnehmung.

Die in den kleinen Texten behandelten Details lenken das Augenmerk auf Fluchtpunkte der alltäglichen Wahrnehmung und bedeuten diese, laden sie mit Sinngehalt. Die Steigerung der Bedeutung von „Kleinigkeiten" relativiert andererseits die großen Lehrgebäude und philosophischen Systeme, da sie ein „Wissen" am Konkreten gewinnen, das den unanschaulich vermittelten Ideen zu fehlen scheint. Die Bewegung eines kleinen Gedankenspiels, das die soziokulturellen Bedeutungsmuster en detail erprobt und sie darin verfügbar macht, sie auf den „Boden der Tatsachen" zurückführt. Erprobungen und Reduktionen stellen in den Bindungen ans Konkrete ein kulturgeschichtliches Material bereit, das der großen Literatur – die ihre eigene, intertextuelle Geschichtlichkeit konstituiert hat, in der sie sich auf die Geschichte ihrer Formen und Gehalte bezieht – eine weitere geschichtliche Dimension an die Seite stellt, insofern der gesellschaftliche Präsens anhand von aktuellen Ereignissen und deren semantischen Aufladungen oder diskursiven Mustern verschriftlicht wird. Wie an den vorhergehenden Rezensionen bereits aufgezeigt werden konnte, wird der Wert solch einer Gegenwartsspeicherung relativ gering geschätzt und zu deren Nobilitierung nach externen Kriterien gesucht, die den Anschluß an die große Literatur stiften. Die Frage, die Feuilletons immer wieder stellen, läßt sich folgendermaßen formulieren:

> »„Sind wir, vom Tage geboren, langlebiger als der Tag?" Ist diese „kleine Chronik" wert, als Zeichen des Intellekts, der Empfindungsweise, des persönlichen Stils, aller schriftstellerischen Eigenschaften ihres Autors in die Hand der Buchleser und ihrer Büchersammlungen überzugehen?«[57]

Das Feuilleton hat offenbar von dem Selbstbewußtsein, das der Journalismus in toto zu dieser Zeit beansprucht, nur einen Teil angenommen, da seine Bedeutung noch fragwürdig ist und es seine Relevanz über den Rekurs auf eine Autorenpersönlichkeit, auf den Dichter abzusichern sucht. Einer derjenigen, die die Aufwertung des Feuilletons ebenso wie die des Journalismus emphatisch forciert haben, war Stefan Großmann. Auch 1926 ergreift er in seiner Wochenschrift das Wort zu einer Eloge auf „zeitungschreibende Dichter".[58]

---

57 F[ritz]. E[ngel].: Fred Hildenbrandt: Kleine Chronik. Berliner Tageblatt 09.05.26.
58 Großmann, Stefan: Zeitungschreibende Dichter. Tagebuch 27/1926, 946 f.

3.3.2 Die Feuilletonisten und ihre Arbeiten 259

>»Will man in Deutschland als Schriftsteller berühmt werden, so muß man zuerst ein mindestens dreihundert Seiten dickes Buch in die Welt setzen, dann wieder eins und in zwei Jahren das dritte. [...] Weh dir aber, wenn du so unvernünftig bist, die Ereignisse des Tages jeden Tag oder jeden zweiten mit fünfzig funkelnden, sauberen, von Menschenmilde und Lebensglauben erfüllten heiteren Zeilen zu begleiten. Wer in dieser deutschen Welt hat Sinn und Dankbarkeit für die Meisterschaft des Zeitungschreibers Sling [...]? [...] Diese kleinen Zeitungsdichtungen (die gar nicht in die Zeitung gehören, wie ja überhaupt das Beste der Zeitung nicht in sie gehört) sind in dem schrecklichen und blutigen Durcheinander des Acht-Uhr-Abendblattes erschienen oder vielmehr nicht zum Vorschein gekommen, denn sie mußten zwischen grausigen Haarmanniaden und fabelhaften Geheimnissen der Fürstenhöfe tödlich erblassen. Aber hier im Buch erstehen diese zart gefärbten Kunstwerke wieder und man merkt, hier spricht ein norddeutscher Bruder von Peter Altenberg. [...] Wir haben ein paar menschliche und also heitere Gedanken und Bilder in reinem Deutsch darzustellen versucht, wir können von Glück sagen, daß man uns, weiß Gott warum, zwischen den Morden und Fürstengeheimnissen duldet, wir sind, wie es sich für uns geziemt, eigentlich vollkommen überflüssig. Aber das Überflüssige nicht wahr, ist für einige Überlebende doch noch das Notwendige?«[59]

Die Problematik der Geringschätzung des Feuilletonisten wird nationalisiert, als ein deutsches Problem gekennzeichnet. An anderer Stelle hat Großmann auf die differenten Kulturen Englands und Frankreichs sowie der USA hingewiesen, in denen dem Feuilleton und dem Journalismus überhaupt eine wesentlich größere Bedeutung zugesprochen wird. Auch hier wird auf eine Differenz angespielt, indem der Name Altenberg genannt wird, wodurch auf die österreichische Wertschätzung der Prosaskizze, der feuilletonistischen Plauderei verwiesen wird. Die Bewertung der verschiedenen literarischen Erzeugnisse hängt in Großmanns Perspektive an ihrer Materialität und Kontextualisierung. Die in Buchdeckel gefaßten Texte erscheinen isoliert, werden besten- oder schlimmstenfalls ins Regal neben andere kanonisierte Dichtungen gestellt und kontrastieren mit den Zeitungszeilen auf vergänglichem Papier, die umgeben sind von sensationsheischenden Berichten, die anscheinend keinen Anspruch auf Literarizität erheben dürfen. Um also in der deutschen Rezeptionskultur angemessene Beachtung zu finden, müssen Großmann zufolge die Feuilletons zwischen Buchdeckel gefaßt werden, wo sie ihre Auferstehung erfahren, womit ja nicht nur eine Wiederkunft gemeint ist, sondern mit welcher der Gewinn einer Aura, einer den Tag transzendierenden Qualität einhergeht. Diese Qualität ist das Überflüssig-Notwendige, eine Art von Luxus oder Verschwendung, die bereits erwähnt wurde. Es handelt sich um die Verschwendung des eigenen Schreibens und damit Lebens, was das Versprechen einer Kultur der Preisgabe aufrechterhält. Die Feuilletonisten opfern sich der Gemeinschaft der Lesenden, verzichten auf den Eingang

---

59 Ebd.

in den Olymp der Dichter und Denker für ein mühseliges Tagwerk, das den Zeitungslesern Freude und Unterhaltung und bisweilen Erkenntnis zuteil werden läßt. Diese Diskursfigur einer anonymen Arbeit am durch den Leserkreis eingeschränkten Gemeinwohl hält die Fahne eines Idealismus hoch, der in der Wirklichkeit der Zeitungsschreiber relativiert wird durch den Charakter der Lohnarbeit, den gerade ihre Tätigkeit aufweist, und durch das gelegentliche Bemühen, via Buchdruck der Vergänglichkeit des Tagesgeschäftes zu entkommen. Schließlich sind ein nicht geringzuschätzender Teil der Feuilletonisten auch Dichter wie Musil, Döblin oder Hermann Hesse und widmen sich dem Zeitungsgeschäft vor allem als Brotarbeit, während die professionellen Feuilletonbeiträger wie Auburtin, Kisch, Polgar oder Hildenbrandt fest auf das Buchwerden ihrer Tagesbeiträge rechnen können. Einer, der weder auf die eine noch auf die andere Seite zu schlagen ist, ist Joseph Roth.

> »Roth ist Dichter und Journalist, wobei unter Journalist ein Schriftsteller zu verstehen ist, der nicht das fragwürdige Recht für sich in Anspruch nimmt, über dem Morgen das Heute zu vergessen. Es ist knapper gesagt, ein dichterischer Mensch, der die Aufgaben erkannt hat, die seine Zeit und seine Umwelt ihm stellen. Für ihn gibt es keine Grenze mehr zwischen Roman und Reportage, beide sind gleich wesentlich, beide sind „Berichte aus der Wirklichkeit".«[60]

Anhand der Präsentation des Dichters und Journalisten zeigt sich eine leichte Verschiebung im Diskurs: Zwar wird auch der (bedeutende) Journalist an den dichterischen Menschen gebunden, doch zeigt sich in der Bestimmung dieses Typus, daß er kein autonom-genialer Künstler außerhalb der Zeit ist, sondern seinen Schreibauftrag, der ihn als Journalisten auszeichnet, aus der Jetztzeit und seiner Umwelt erhält. Der Schriftsteller, dem Roman und Reportage gleich gelten, ist das Vollzugsorgan einer Zeit, die er eher protokolliert, denn gestaltet, geschweige denn, daß er sich über sie „hinausschwinge".

Zu den Autoren, die weniger als Feuilletonisten erzählender Art in verwandtschaftliche Nähe zu den Dichtern rücken, sondern als Kritiker des Theatergeschehens ihren Namen berühmt gemacht haben, zählt Alfred Kerr. Ihm wird anläßlich seines sechzigsten Geburtstages, dem 25. 12. 1927, räsonierende Aufmerksamkeit geschenkt.

> »Nichts wäre falscher, als diesem reimfrohen Schlesier einen Verlegenheitsplatz am Tische der Dichter zu suchen. Er selbst, gewohnt, ohne Schüchternheit den eigenen Wert zu betonen, beansprucht freilich den Poetenrang für sich. Aber er meint damit den Rang des

---

60 Palitzsch, Otto Alfred: Dichter und Journalist. Zu einem Buche von Joseph Roth. Vossische Zeitung 24.07.27.

3.3.2 Die Feuilletonisten und ihre Arbeiten

Schöpferischen des Dichters, des Künstlers, dem die Sprache gehorcht und der den Strom der Sprache nach seinem Willen gelenkt hat. Gerade weil er als Kritiker, als Journalist ein produktiver Geist ist, hat er es nicht nötig, daß man seinen Ruhm mit Ausreden begründet.«[61]

Die Kritik ist zwiespältig: Deutlich spielt die Rivalität des Verfassers, der als Theaterkritiker der *Vossischen Zeitung* ähnlich exponiert war, mit dem Beglückwünschten in den Text. Die Gültigkeit als Dichter, die Kerr für sich beansprucht, nimmt ihm Jacobs, um die Eigenart des Kritikers und den darin gegebenen Sonderstatus zu unterstreichen. Was möglicherweise als persönliche Kränkung intendiert ist, zielt jenseits von dieser Konkurrenz doch auf ein erstarkendes Selbstbewußtsein, das die Feuilletonisten offenbar im Anschluß an den Diskurs über den allgemeinen Journalismus nunmehr für sich reklamieren.

Im Frühjahr 1928 stirbt Paul Schlesinger, der unter seinem Pseudonym Sling zu *dem* Gerichtsreporter der frühen Zwanziger Jahre geworden war.

»Als Hauptmitarbeiter der „Vossischen Zeitung" ließ er kaum einen Tag vergehen, an welchem er nicht seine blitzenden Fähigkeiten erprobte. Sie griffen alles auf, was Phantasie, Klugheit und leicht entzündbare Laune vors Bewußtsein der Großstadtmenschen drängen. Spürkräftig las er aus dem scheinbaren Alltag die feinere Bedeutung, den menschlichen Untergrund, die komischen Wechselbeziehungen heraus. Selten hat aktiver Geist so eifrig der Aktualität gedient, ohne jemals dabei die Reize des Schriftstellers einzubüßen.«[62]

Das Verhältnis von Dichter und Journalist scheint sich durch eine terminologische Veränderung zu entproblematisieren: An die Stelle des emphatischeren *Dichters* wird der weniger traditionsbelastete, sachlicher wirkende *Schriftsteller* in den Artikeln genannt. Während ein Feuilletonist nun zuvor Exzeptionelles leisten mußte, um als Dichter anerkannt zu werden, so fällt das Zugeständnis, der Feuilletonist sei ein Schriftsteller, offenbar leichter.

Auch in diesem Nachruf wird der Dienst an der Aktualität herausgehoben, die Aufgabe, die dem Tagesschriftsteller gegeben ist und der er sich verschreiben muß. Anderseits ist auch hier zu sehen, daß das vermeintliche Protokoll wesentlich Bedeutungsproduktion, semantische Besetzung ist.

In einem anderen Nachruf, anläßlich des Todes von Victor Auburtin, heißt es über dessen Schreiben gleichfalls: „gerade das Kleinste wurde ihm zum Erlebnis".[63] Diese Grundfigur des Sprechens über das Feuilleton reicht aber nicht hin, das Schaffen Auburtins entsprechend zu würdigen.

---

61 M[onty]. J[acobs].: Alfred Kerr. zum 60. Geburtstag am Sonntag. Vossische Zeitung 24.12.27.
62 Faktor, Emil: Sling †. Berliner Börsen Courier 23.05.28.
63 T[heodor]. W[olff].: Victor Auburtin. Berliner Tageblatt 29.06.28.

»Aus Partenkirchen kommt die schlimme Botschaft, daß die deutsche Literatur einer ihrer feinsten Federn beraubt worden ist. Mit dem Feuilletonisten des „Berliner Tageblatts", mit Dr. Victor Auburtin, der dort, 57 Jahre alt, im Sanatorium [...] den Tod fand, ist einer jener Plauderer gestorben, wie sie gerade in unserem Lande selten wachsen. [...] Auburtin hat sich als Erzähler und Dramatiker versucht. Aber er wird als ein F e u i l l e t o n i s t fortleben, dem die seltene Gabe des Humors als Geschenk zugefallen war. [...] Spanien, Griechenland, zuletzt Italien waren die Länder, deren Eindrücke ihm die Motive für die liebenswürdigen Pastelle seiner Plaudereien boten. So graziös sie geformt waren, so viel Charakter verriet sich in ihnen. Ein deutscher Humanist, weinfroh und allen Gaben des Himmels zugetan, ein Widersacher des Sports und des Amerikanismus, ein fröhlicher Verächter der Literatursnobs, so demaskierte sich der Autor dieser persönlichen Bekenntnisse. Sie werden hoffentlich zu einem Bande vereinigt werden, der den Feinschmeckern soviel Freude bereiten mag, wie Victor Auburtin sie vor einem guten Glase Burgunder zu empfinden wußte.«[64]

Der Verstorbene wird zu den „feinsten Federn" der Literatur gerechnet und hat so schließlich Eingang in die Unsterblichkeit gefunden, selbst wenn er als Feuilletonist und nicht als Dramatiker oder Erzähler dort anlangt. Diese Strategie relativierenden Lobes im Verbund mit der Charakterisierung Auburtins als eines weinseligen Kulturkonservativen, der an die Ideale der neuen Zeit keinen Anschluß mehr fand, deuten auf Monty Jacobs als Verfasser, der die Devise de mortuis nihil nisi bene nur begrenzt befolgt. Doch ein Indiz wird gegeben, das für einen Großteil der bedeutenden Feuilletonisten – heißen sie nun Hildenbrandt, Kerr oder Höllriegel – zutrifft: die Relevanz des Reisens, der Eindrücke aus der Ferne, die in die „liebenswürdigen Pastelle" der Plaudereien eingehen. Diese gründende Motivation des feuilletonistischen Schreibens verweist auf Walter Benjamins Aufsatz zum Erzähler,[65] in dem zwei Grundtypen des Erzählers unterschieden werden: der Seßhafte, der die Narrationen der Vergangenheit des Ortes übermittelt, und damit eine Tradition bewahrt und stiftet, und der Fahrensmann, der Reisende, der aus der Ferne Berichte mitbringt und das Neue, kulturell Andere mitteilt.

Eine Synthese findet sich in mittelalterlichen Handwerkern, die sich nach ihren Wanderjahren als Meister niederlassen und so beide Typen in sich vereinigen und damit die Erzählkunst zu hoher Blüte bringen. Wesentlich an diesem Erzählen ist, daß es sich aus Erfahrung speist. Diese Erfahrung wird schließlich durch die Presse bedroht, da die Presse an die Stelle der Erzählung und der ihr innewohnenden Erfahrung die Information setzt. Die Information führt das Erzählen in eine Krise, da sie den Kurs der Erfahrung senkt und statt dessen den Anspruch auf Nachprüfbarkeit erhebt.

---

64   -s: Victor Auburtin †. Vossische Zeitung 29.06.28.
65   Benjamin, Walter: Der Erzähler. In: Gesammelte Schriften Bd. II.2, Frankfurt a. M. 1977, 438–465.

3.3.2 Die Feuilletonisten und ihre Arbeiten

Signifikanterwiese wird in der ausgedrückten Wertschätzung des Feuilletonisten Auburtin nun genau auf das Reisen, auf die Erlebnisse in der Ferne rekurriert, wird der Autor geradezu darauf reduziert. Innerhalb der Presse tut sich in Form der Reisefeuilletons somit ein Residuum vergangener Erzählkultur auf, in der sich ein erfahrenes Subjekt exemplarisch auszusprechen vermag.

Ein geradezu paradigmatischer Feuilletonistennachruf erscheint im *Berliner Börsen Courier*:

> »Victor Auburtin war ein Schriftsteller der leichten und anmutigen, den kleinen Dingen des Lebens zugetanen Form. Gerade dieses Talent pflegt in Deutschland nicht eben häufig zu sein und die deutsche Publizistik erleidet mit Auburtins Tod einen bedauerlichen Verlust. Sie wird den tapferen Menschen und liebenswürdigen Schriftsteller in ständiger Erinnerung behalten.«[66]

Die Bestimmung des Plauderers, die Betonung der Seltenheit solcher Schriftsteller in Deutschland und schließlich das Versprechen, den Autor und seine Persönlichkeit nicht zu vergessen, bilden Grundfiguren des Diskurses über die Feuilletonisten, insbesondere die verstorbenen.

Doch zeigt sich im gegebenen Beispiel, daß sich im Laufe der Zwanziger Jahre, die Anerkennung der Feuilletonisten vergrößert hat. War im ersten hier präsentierten Nachruf noch davon die Rede, daß von den Texten nichts bleiben werde und der Verstorbene nur in der Erinnerung seiner Freunde fortexistiere, so kann, nachdem die Feuilletonisten zwar nicht die Dichter-, aber die Schriftstellerposition zugestanden bekommen haben, von der Vergänglichkeit und Verschwendung keine Rede mehr sein, statt dessen besteht Gewißheit über die über den Tod hinausreichende Bedeutung auch der Tagwerke.

> »Und seine Flöte war das Instrument der Sprache, diese schlanken, leichten, hellgeschliffenen Sätze, die so unverbindlich daherkamen und einen nachdenklich stehen ließen. [...] Welch ein wahrhafter Schriftsteller! Was er auch anblickte und was er auch antastete, wurde lebendig und voller Beziehungen, bekam Sinn und Bedeutung. Niemals hob er die Dinge auf und warf sie emphatisch umher, niemals machte er Lärm, dieser Gentleman legte, was er fand auf die flache Hand und beugte sich liebend aufmerksam darüber, daß es aufschimmerte und unter seinem Atem etwas wurde, davor man stehen bleiben mußte und es beachten.«[67]

---

66 Ohne Autorenangabe: Victor Auburtin †. Berliner Börsen Courier 29.06.28.
67 Hi. [d. i. Hildenbrandt, Fred]: Victor Auburtin: „Einer bläst die Hirtenflöte". Berliner Tageblatt 07.12.28.

Der Feuilletonist erscheint als ein Schöpfer, der den mißachteten Tonklumpen des Alltäglichen den Odem des Lebens einhaucht. Die Schöpfung aus dem Fast-Nichts hat von der Nichtigkeit ihrer Gegenstände die Unverbindlichkeit und Leichtigkeit, doch allein die Tatsache, daß diese Dinge es wert scheinen, Anlaß des reflektierten Schreibens zu werden, setzt in Erstaunen, erzeugt die Nachdenklichkeit. Die Aufgabe des Feuilletonisten liegt offenbar darin, eine Art Ethnologie der Alltagswirklichkeit und ihrer Dingwelt zu treiben, die er ins gesellschaftliche Bewußtsein führt und dort zum Leben erweckt und es erhält. Es geht mithin um ein Staunen über das Andere oder Fremde, was anscheinend einen aufklärerischen Impetus impliziert, da es einer Totalität der Wirklichkeitssicht entgegensteht. Auf einen gesellschaftlichen Rahmen bezogen, ist diese Vorstellung allerdings illusionär, da es keine Gesellschaften gibt, die so homogen sind, daß es nicht konkurrierende Realitätsvorstellungen und -wahrnehmungen gebe. Die geschlossene Totalität eines Wirklichkeitszugangs zeigt sich lediglich auf der Ebene individueller Konstruktion, mithin als eine erarbeitete Beschränkung der Weltsicht, die selten mit der Bereitschaft einhergeht, diese Konstruktion durch Feuilletons gefährden zu lassen, sondern genau diese Gefährdung durch Begriffe wie *Asphaltliteratur* oder Äquivalentes bezeichnet. Was also jenseits des Staunens, das die Feuilletons auslösen sollen, bleibt, sind Unterhaltsamkeit und Unterhaltung, die in dieser sprachlich gestalteten Form ein erstrebens- und bewahrenswertes Moment von Zivilisation und Kultur darstellen.

3.3.3 Kritik der Kritik

Unter dem Strich fanden sich neben den eher narrativ ausgerichteten Schilderungen kleiner Begebnisse auch die Besprechungen von Büchern und Kunstausstellungen, Berichte von Vorträgen und Kongressen, die Kritiken zu Filmen und vor allem dramatischen Aufführungen. An manchen Tagen bestand das Feuilleton – sieht man von den Kurznachrichten ab – lediglich aus zwei oder drei umfangreicheren Theaterkritiken. In der Saison sollte nach Möglichkeit bereits in den Morgenausgaben die Besprechung der Aufführung vom vorhergehenden Abend zu lesen sein. Während Buchbesprechungen und Filmkritik im Laufe der Zwanziger Jahre aus dem Feuilletonhauptteil ausgelagert wurden und eigene Rubriken zugewiesen bekamen, wie *Literarische Umschau*, *Der Bücherkarren* oder *Filmschau*, in denen an einem bestimmten Wochentag und außerdem in der Sonntagsausgabe umfangreiche Kritiken erscheinen konnten, blieb die Theaterkritik immer als ein wesentlicher Bestandteil des Feuilletons an ihrem Ort.

Kritik und Kritiker, ihre Aufgaben und Möglichkeiten wurden gleichfalls im Feuilleton bedacht, und dieser Versuch zu bestimmen, was und wie die richtige Kritik sei, soll im folgenden nachgezeichnet werden. Der zeitlich früheste Beitrag zum Meta-Diskurs der Kritik im Feuilleton stammt von Hans Natonek, der sucht, die „Stufen der Kritik"[68] zu veranschaulichen. Seine Darstellung beginnt mit dem Phänomen sich widersprechender Kritiken, die den Kritisierten unberaten und verwirrt zurücklassen, da der eine belobigt, was der andere kritisiert.

> »Der Künstler rettet sich vor der Kritik, wenn er in ihr keine waltende Norm, viel eher Willkür sieht, in eine mehr oder weniger gekünstelte Überlegenheit. [...] Alle Kritiker sind in den Augen aller Künstler Idioten. [...] Wenn schon der Künstler sich nicht nach der Kritik richtet, dachte sie [die Kritik – d. A.], so will ich doch wenigstens auch einen Kunstwert haben.«[69]

Dieser Anspruch der Kritik, selbst Kunst zu sein, bringt die Künstler noch mehr als ohnehin schon gegen die Kritiker auf, da es so scheint, als seien diese verhinderte Künstler, die allerdings keine großen Werke zu schaffen vermögen, sich statt dessen aus Ärger an ihrem eigenen Ungenügen auf den Richterstuhl der Kritik schwingen, um von den wahrhaft Schaffenden einzuklagen, was ihnen selbst um so mehr mangelt und das sie nicht kritisieren dürften, weil sie selbst es nicht zu schaffen vermöchten.

Vom Publikum schreibt Natonek, daß es nur die „niedersten Funktionen" der Kritik anerkenne, da es rein pragmatisch in seiner Lektüre orientiert sei und lediglich wissen wolle, ob es für das besprochene Kunstwerk Geld und Zeit anlegen soll.

Das Problemfeld wird also durch drei Positionen markiert: Das Kunstwerk und der Künstler, der Kritiker und sein Text, schließlich das Publikum. Wobei idealerweise eine Verknüpfung stattfindet: Ausgehend vom Künstler wird das Kunstwerk geschaffen, das der Kritiker rezipiert, um seine Rezeption in einem Text zu gestalten, den das Publikum liest, zu dem auch der Künstler gehört, und der so zweifach auf den Künstler und seine Kunst wirkt. Einerseits steuert die Kritik den Zulauf, den das Kunstwerk hat, und andererseits könnte die sachlich nachvollziehbare Kritik dem Künstler Rat geben für weitere Gestaltungen. Der Kritiker soll als Mittler zwischen Künstler und Publikum nun aber nicht auf das Publikum hören, sondern auf das Kunst-

---

68 Natonek, Hans: Stufen der Kritik. Deutsche Allgemeine Zeitung 21.06.19.
69 Ebd.

werk, diesem muß er sich verschreiben und sich die Kritik von ihm diktieren lassen. Natonek meint sogar, daß dies nicht nur ein Postulat sei, sondern tatsächlich stattfinde:

> »Nicht die Kritik ist das Verneinende, sondern das Werk, das den Kritiker zur Negation zwingt. [...] Kein Wesen bejaht so gern wie der echte Kritiker, der Kritiker von Geblüt; man verwechselt nur die Seltenheit des Anlasses zur Bewunderung mit der Häufigkeit der Anlässe zum Spott. Kann denn der Kritiker dafür, wenn er sich ein so hohes Bild von der Kunst gemacht hat, daß die übliche Kunstleistung nicht hinanreicht? Hier ist die Strenge und Negation der Kritik nicht Willkür und Laune, sondern Erlebnis und Notwendigkeit.«[70]

Der Kritiker faßt als Bezugspunkt seiner Kritik offenbar die Höhepunkte bisheriger Kunstgeschichte ins Auge, wobei die aktuellen Produktionen in Anbetracht dieses Maßstabes nur gering erscheinen können. Auf der Stufenleiter der Kritik erscheint Natonek diese Position als „die höchste Sprosse"; dieser Kritiker gilt ihm als „eine Art Schutzmann und Verkehrsbeamter der Kunst".[71] Wie schon die Vokabel vom „Geblüt" andeutet, ist man zu solchem Kritikertum geboren oder nicht. Der Geburtsadel der Kritik nobilitiert die Kritiker, da sie in Analogie gesetzt werden zu den konventionellen Vorstellungen vom Künstler als einem zur Kunst Geborenen; eine Vorstellungswelt mythisch-aristokratischer Art wird darin aufgerufen, in der Schicksalshaftigkeit und Unausweichlichkeit walten, in der das Tun eines einzelnen zum heldenhaften Annehmen und Ausleben des vom höheren Prinzip angelegten Fatums wird.

Die Metaphorik Natoneks gerät folgerichtig auch auf eigenartige Bahnen:

> »Kein Kritiker mehr, ein Dämon der Kritik, erleidet er die Tragik eines Luzifer, der kein Vernichter ist, sondern ein gefallener Erzengel, der sich zu Gott zurücksehnt. Kritik als Auseinandersetzung mit Menschen, Welt und Gott, das ist das letzte Stadium, das sie erreichen kann. – Allerdings: die Rezensionen der Schöpfung sind keine kritischen Referate, sondern Dichtungen, und solche Kritiker keine Rezensenten, sondern [...] Propheten, Verkünder und Dichter.«[72]

Die Transzendierung des Kritikers gleicht in ihrer Hybris der Selbsterhebung der Journalisten, die diesen Vorstoß allerdings erst zur Mitte der Zwanziger Jahre wagten, als sich die kulturellen Parameter bereits deutlich zu ihren Gunsten verschoben hatten. Diese relativ umstandslose Art, sich zu Dichtern und Propheten zu stilisieren, legitimiert sich zum einen durch die starke Position, die die Kritiker im Tagesgeschäft innehatten, eine Stellung, in der sich

---

70 Ebd.
71 Ebd.
72 Ebd.

3.3.3 Kritik der Kritik

Regisseure, Schauspieler, Autoren und Direktoren möglichst gut mit den Kritikern stellen mußten, wenn ihre Produktionen ein zumindest kommerzieller Erfolg werden sollten, zum anderen aber durch die Bezugnahme auf die Kunst, der selbstlos gedient wird und die sich eben durch die Zeilen der Kritiker der gläubigen Gemeinde offenbart. Der Kritikaster ist Teil einer Kritikerkaste, die die Messe der reinen Kunst und ihrer Heiligen zelebriert.

Diese Position bleibt – wie nicht anders zu erwarten steht – nicht unumstritten. Der äußere Anlaß ist die Schöpfung des Wortes „Alleinkritiker", das geprägt wurde, um im Rahmen von Tarifverhandlungen den lediglich für eine Zeitung Kritiken Verfassenden zu bezeichnen.

»Soll in diesem Wort „Alleinkritiker" unbewußt das aufgeblasene Selbstbewußtsein dieses überflüssigsten Berufes ausgedrückt werden? Zu denken, daß ein erwachsener, kräftiger, körperlich und geistig verwendungsfähiger Mensch vierzig Jahre lang keine andere Arbeit tun soll, als prüfen, ob Fräulein Zimpe als Gretchen den richtigen Ton hat oder ob Herrn Sudermanns neues Opus die seelische Entwicklung des Dichters fortsetze, – wer wünscht da nicht brutalen Sowjetismus herbei, der auch dem sogenannten geistigen Arbeiter einen starken Besen oder harten Hobel in die Hand zwingt? Statt seine Verkrüppelung zu spüren, fühlt der kleine Spezialist sich noch als große Pagode, als „Alleinkritiker", als fester unnahbar thronender Herrscher einer unter ihm seufzenden Welt.«[73]

Das Attest, das den Kritikern ausgestellt wird, lautet überzogenes Selbstgefühl und Sendungsbewußtsein. Dieses Symptom erscheint als psychischer Defekt, da die Diagnose jeglichen realen Grund desselben bestreitet. Die Kritiker und ihre Selbstdarstellung werden in selbst über Gebühr aufgeregter Weise pathologisiert, so daß man sich fragt, was dem anonymen Autor von seiten der Kritik zugefügt wurde, daß er selbst davor nicht zurückschreckt, den Sowjetismus herbeizuwünschen, um seine Gegner auf den vermeintlichen Boden der Tatsachen zurückzuholen. Einer derjenigen „kleinen Spezialisten", die in der Kritikerlandschaft der Weimarer Publizistik als große Pagoden aufragten, war sicherlich Herbert Ihering. Als Theater-Kritiker beim *Berliner Börsen Courier* äußert er sich zur Theaterkritik.

»Johannes Günther irrt, wenn er die Kritik der Gegenwart ablehnt, weil sie nicht „wissenschaftlich" ist. Methodisch durchgebildete Kritiker gibt es durchaus. Aber die Methode läuft leer, weil das, woran sie sich bewähren soll, sie aufhebt: die Dichtung, das Theater. Jede Zeit hat eine gewandelte Kunst, und eine gewandelte Kunst verlangt eine gewandelte Kritik. Es gibt keine dramatische Technik, an deren Beispiel die Güte eines Dramas kontrolliert werden könnte. Und es gibt auch keine kritische Technik, deren Vervollkommnung den Musterkritiker hervorbringen würde.«[74]

---

73 Ohne Autorenangabe: Der Alleinkritiker. Tagebuch 25/1920, 844.
74 Ihering, Herbert: Theaterkritik. Berliner Börsen Courier 01.01.21.

Ihering wendet sich deutlich gegen eine Methodologie der Kritik, da es zum einen keine zwingende Ästhetik für den Gegenstand gebe und daher und zudem auch die Kritik nicht technifizierbar sei. Überzeugend erscheint in seiner Präsentation die Geschichtlichkeit der Kunst und mithin ihrer Kritik auf. Fraglich bleibt aber, woran sich der Kritiker als Beurteiler des Kunstwerks halten soll. Hatte Natonek noch für die kunstgeschichtlichen Höchstleistungen als Maßstab plädiert, der aufgrund der epochalen Differenzen auch in der Gegenwart eine gewisse Spannbreite an Differenzierungen bereithält, läßt Ihering den Kritiker in seinen Bestimmungsversuchen der Kritik unberaten zurück.

> »Die Berufung des Kritikers zeigt sich darin, ob er die ordnende Phantasie hat, aus Fragmentarischem die organische Zukunft, aus Zerstreutem die Zusammenhänge abzulesen. Kritik ist Erkenntnis der Symptome. [...] Kritik ist Gefühl für die innere Berechtigung zur Kunst. Ist Gefühl für das Verhältnis des Dichters zum Werk. [...] Philologie ist die Wissenschaft des Details. Kritik ist Gefühl für Einheit von Kern und Schale. [...] Die Philologie stellt sich ein, auch auf eine neue Kunst. Kritik aber ist nicht Einstellung, sondern Blutbekenntnis. [...] Erfassung der Dichtung im eigenen Blut und des Mimischen im eignen [!] Blut, keine Beziehung des Dramas auf die Realität oder die Logik, kein Urteil über den Schauspieler aus der Literatur, Gefühl für das Organische, für das Niveau, für das Schöpferische im Dichter und im Darsteller, das ist Kritik. Sie ist hart, weil sie gläubig ist. Negativ, weil sie das Positive will.«[75]

In der Tat muß der Kritiker unberaten bleiben, da kein Rat gegeben werden kann. Die Entwicklung zum Kritiker ist nicht durch Ratschläge beeinflußbar, nicht rational zu bewerkstelligen, denn es ist das Blut, das sich in der Kritik ausspricht und das als unhintergehbarer Biologismus den Kritiker schafft bzw. es nicht zuläßt, daß Unberufene Kritiker werden. In auffälliger Weise schließt Ihering an die Position Natoneks an und verstärkt noch den Charakter der Naturgegebenheit der Kritikerexistenz. Die Determination aus dem Körpersaft artikuliert sich in Gefühl und Wille des Kritikers, die aber nicht eigentlich bewußt verfügbar oder zu erarbeiten wären, sondern als Äußerung des Angeborenen gelten.

Die Kritik wird in dieser vitalistisch-biologistischen Denkfigur systematisch der Philologie entgegengesetzt, so daß sich eine Folge von Oppositionen ergibt, die wir kurz anführen:

---

75 Ebd.

3.3.3 Kritik der Kritik

Detail	Einheit
Analyse	Synthese
Einstellung	Blutbekenntnis
Rationalität	Emotionalität
Vermittlung	Unmittelbarkeit
Wissenschaft	Glaube
Konstruktion	Organik
Urteil	Empfindung
Technik	Schöpferisches

Deutlich verschreibt sich Ihering in seiner dichotomischen Definition der Kritik und des Kritikers einem Irrationalismus und Subjektivismus, der – auf ein ideologiekritisches Register gesetzt – sich äußerst bedenklich völkischem Denken annähert. Einen wesentlich weniger emphatischen Standpunkt artikuliert Erich Vogeler in einem Rückblick, als er im Oktober 1921 nach einer Folge von Streiktagen zu einer Sammelkritik ausholt:

> »Ob auch zumeist die Tageskritiken nicht ganz so schnell zu veralten pflegen, wie die Kunstwerke (mit dem Ewigkeitswert), über die sie geschrieben wurden, so verlangt doch die Rotationsmaschine der Zeit, daß die Kritik den – Postume! Postume! – ach so flüchtigen Dingen der heutigen Kunst unmittelbar auf der Achillesferse sitzt. Schon aus Raummangel ist es nicht möglich, den Erscheinungen, die in diesen zeitungs- und kritiklosen Tagen vorübergetanzt, gespielt und gesungen sind, noch nachträglich eingehende Würdigungen zuteil werden zu lassen.«[76]

Gleichfalls wird die Kritik hier auf die Fährte der Kunst gesetzt, der sie nachzufolgen hat, doch empfängt sie durch diese nicht eine Weihe, sondern ist bisweilen den aktuellen Produktionen überlegen. Angesichts der Flüchtigkeit und Vergänglichkeit der Kunstproduktionen darf sich die Kritik beschränken. Die Kritik erscheint so weniger als die Ausarbeitung des Wesentlichen im Kunstwerk, das sich in ihr offenbart, sondern als eine Art Protokoll aktuellen Kunstgeschehens. Die Kunst ist für Vogeler weniger Göttin als Betrieb, und mit dieser Relativierung des Status der Kunst geht eine Relativierung ihrer Kritik einher.

> »Von der „unverstandenen Frau" haben wir seit den Tagen der „Madame Bovary" bis zur Psycho-Analyse ja genügend singen und sagen gehört; hier handelt es sich um eine neue Spielart, die schon wieder eine Species für sich ist: Die unverstandene Dame Kritik. – Welcher Analytiker, Romancier, Tragöde lotet und leuchtet in das schwer faßliche Helldunkel dieser Psyche hinab? [...] Um es unbildhaft, platt und deutlich zu sagen: Kritik und Kritiker gehören seit jeher und zumal heut zu den unverstandensten und in ihrer Unverstanden-

---

76   E[rich]. V[ogeler].: Rückblick. Berliner Tageblatt 22.10.21.

heit problematischsten Erscheinungen. [...] Man sehe einmal näher zu: wie stellt sich im Durchschnitt das offizielle und private Urteil zur Kritik?! [...] Nicht nur in der Mappe, auch bei den Guten und Besten lebt oft nur eine negative und odiöse Vorstellung von der Kritik. Kritik ist ihnen der Inbegriff der selbst unfruchtbaren und rein zerstörerischen Kraft. Man mache einmal eine Umfrage bei den Geistigen, und ich bin keinen Augenblick im Zweifel, daß das Ergebnis lauten wird: der Kritiker – das ist der „Herunterreißer"."[77]

Die Kritik erscheint als Dame, der sich die Literatur und die Psychologen zwecks Analyse zu widmen haben, wie sie es bei der tatsächlichen Weiblichkeit bereits taten. Das Geschäft der zumeist männlichen Autoren und Psychologen lief allerdings auf eine Produktion von Weiblichkeit hinaus, wie es das Beispiel Flaubert belegt, da er die Frau als Produkt von Literatur in Literatur thematisierte. Innerhalb dieser Schrift gewordenen Weiblichkeit ist eine Konstante in dem Bild der kulturell unproduktiven, in ihrer *Natürlichkeit* und *Triebhaftigkeit* eher noch kulturzerstörerisch wirkenden Frau gegeben, die hier scheinbar das Vorbild für die feminin figurierte Kritik bietet. Wenn also von „Unverstandenheit" die Rede ist, so ist damit moniert, daß die Kritik im öffentlichen Diskurs im Gegensatz zu den Frauen noch keine angemessene Deutung und Wertschätzung erfahren hat. Aus dieser defizienten Auseinandersetzung mit der Kritik folgt weiter, daß es an einer adäquaten Vorstellung, an einem verbindlichen Imago derselben mangelt. Wie unsere vorhergehenden Ausführungen jedoch darlegen, existiert ein öffentlicher Diskurs, der an der Imagination der Kritik und des auffällig damit verbundenen Kritikersubjekts arbeitet. Diskursiv verdichtet sich das Kritikerimago zu einer Mittlerposition, die mit der Gestalt und Funktion des Priesters verknüpft ist, wobei sich in bezug auf dieses Imago Varianten ergeben haben. Innerhalb des imagologischen Feldes kann die stets diffus herangezitierte Kritik des Kritikers als „Herunterreißer" oder Negativist umgedeutet werden: Aus der Perspektive des Priesterkritikers läßt sie sich entziffern als Rancune der Sünder, die sich getrieben von einem nur halb verdrängten schlechten Gewissen an denjenigen zu rächen suchen, die ihnen über ihre Sündhaftigkeit und ihr menschliches Ungenügen ständige Gewißheit geben. Sobald der Kritiker sich die Priesterposition zu eigen macht, verfügt er über eine gewisse Unangreifbarkeit, kann die Kritik an seiner Kritik hintergehen.

Unverstanden ist also nicht so sehr die Dame, sondern der Priester Kritik, der in seiner zölibatär-katholischen Form auch der monierten Unfruchtbarkeit gerecht wird.

---

77 Goldschmidt, Kurt Walter: Die unverstandene Kritik. Berliner Börsen Courier 19.07.22.

3.3.3 Kritik der Kritik

> »Selten, und doch gibt es manchmal Menschen, die – ohne selbst produktiv zu sein – das Bild einer vollendeten Kunst in sich tragen und vor sich sehen. Sie sind die wahren Kritiker. Sie sind die wahren Kritiker, denn sie messen die bestehenden und eben entstandenen Kunstwerke an ihrem Ideal.«[78]

Der Kritiker – sofern er als wahrer oder echter Kritiker gelten will oder kann – verkündet die reine und ideale Kunst, auch wenn er selbst unfruchtbar ist; der Diskurs über die Kritik und ihre Produzenten formiert sich in aller Deutlichkeit, und der Dramatiker Paul Kornfeld schreibt in seiner Beschreibung der Berliner Kritiker die Bestandteile fast vollständig auf.

> »Man lese dann die Inhaltsangabe eines Stückes in einer Berliner Zeitung, und was weiß man? Nichts; man weiß nicht, ob eine Tragödie von Wildenbruch oder von Shakespeare ist; ja, man errät nicht einmal, wo das Zentrum des Stückes ist, denn derjenige, der darüber schreibt, hat noch gar nicht einmal den Blickpunkt gefunden, von dem aus er es zu betrachten hat. Denn ihn zu finden ist eine Sache des Instinktes.«[79]

Daß die Kritik eine Angelegenheit des Instinktes oder des Blutes ist, mithin nicht erlernt werden kann, war schon früher zu lesen, interessant wird dieser Aspekt hier in seiner Anbindung an die Kultur- und Kritikmetropole Berlin. Entgegen seinen Erfahrungen mit der Berliner Kritikerschaft betont Kornfeld nämlich, daß es in der Provinz seltener zu solchen Mißverständnissen oder Fehlleistungen der Kritik komme. Dies legt den Schluß nahe, daß sich bei den Schreibern der Provinz der Instinkt reiner, natürlicher erhalten habe als in den dekadenten Umständen der Berliner Theaterszenerie; Kornfeld führt diese Zivilisationskritik zwar nicht aus, doch bahnt er in seiner Darstellung den Gedankengang.

> »In der natürlich sich bildenden Organisation der Geister eines Landes könnte die Kritik eine gewichtige Stellung haben; was aber in Berlin geschieht, ist höchstens die Ausübung einer kleinlichen Polizei. Was sind's auch für Menschen, diese Polizisten? Wie viele von ihnen haben aus Not und als Zuflucht diesen Beruf ergriffen? [...] Wie viele von ihnen haben nicht zwanzig unveröffentlichte Dramen und zweitausend Gedichte in ihrem Schreibtisch? Wie viele waren einmal Hoffnungen und sind nun Enttäuschte [...]? Arme Menschen, sie haben eine Familie zu ernähren und müssen, müssen gackern, wenn ein anderer ein Ei gelegt hat.«[80]

Der Weg vom Priester zum Polizisten ist, wie man spätestens seit der heiligen Inquisition weiß, nur kurz, und als Gegenbild kann der Polizist folglich nicht recht taugen. Der Polizist steht für einen Ordnungshüter, der das als

---

78   Kornfeld, Paul: Die Berliner Kritiker. Tagebuch 16/1924, 529–533; hier 529.
79   Ebd., 531.
80   Ebd., 532.

wahr und gerecht anerkannte Gesetz bewahrt und durchsetzt und weist in dieser Hinsicht Ähnlichkeit mit dem Kritikertypus auf, der die wahre Kunst im Blick hat und seine Kritik ihr unterordnet, der schließlich gegen diejenigen, die gegen die Gesetze der verehrten Kunst zu verstoßen scheinen, auch wie ein Büttel vorgehen wird.

Ein solcher Reinhaltungswahn mag sich bei den als enttäuscht geschilderten Kritikern verstärken, die statt ihrem eigentlichen Bestreben, Kunst zu produzieren, nachzugehen, ihre WARE, den Text, über die Kunstbetrachtung vermittelt auf den Markt tragen und so nicht unbeschränkt dem Wahren leben können – doch welcher Künstler vermag das schon?

Kornfelds „Naturalismus" ist signifikant in der Verkennung der Sachlage, denn „natürlich" bildet sich die geistige Organisation eines Landes nicht natürlich, sondern nach Maßgabe der Einrichtung von Verbänden, politischen und ökonomischen Vorgaben, kulturell entwickelten Bereichen entfalteter Konkurrenz und anderem. Diesen Maßgaben gehorcht auch der Kritiker, und es liegt innerhalb des ökonomischen Kalküls einiger Kritiker in Berlin, sich nicht auf den Blickpunkt des Autors zu stellen, um den Kern eines Stückes zu erfassen, sondern ihre subjektive Perspektive auszuformulieren, die die Leser mehr interessiert als die autorhörige Theaterberichterstattung: Der Instinkt dient hier nicht der Kunst, sondern dem gesicherten Überleben. Folgerichtig heißt es:

> »Kunst-Kritiker sind Dichter. Wenigstens glauben sie, daß ihre Mitteilungen erst interessant werden durch Beigabe von Goldschnitt-Lyrik. [...] Folge dieser Mischung aus 1 % Sache und 99 % Lyrik ist, daß in den Zeitungen für wichtige Mitteilungen kaum Platz bleibt. Tatsächlich ist doch der Inhalt der Kunstberichte und -kritiken von einer beschämenden Armut.«[81]

Der Vorwurf des Kunstkritikers Behne geht in dieselbe Richtung wie derjenige Kornfelds: Die Kritiker sollen in der Kritik nicht ihre eigenen kreativen Bedürfnisse ausleben – und das auch noch dilettantisch –, sondern sich als Diener des kritisierten Gegenstandes verstehen, den sie in größtmöglicher Sachlichkeit zu präsentieren haben. Kritik als Kunstform kann ihre ästhetische Geltung aus dieser Perspektive offenbar lediglich aus einer Form von Adäquanz oder Mimesis an das Kritisierte erlangen. Sowohl Kornfeld als auch Behne entgeht dabei, daß gerade im vorgeblichen Subjektivismus und in der sogenannten Goldschnitt-Lyrik Versuche zu sehen sind, sich den Gegenständen anzuverwandeln – jedenfalls kann man einem Teil der Kritiker

---

81 Behne, Adolf: Die Kunst unter dem Strich. Tagebuch 45/1924, 1601 f.; hier 1601.

3.3.3 Kritik der Kritik

ein solches Bemühen zugute halten. Doch Behne will noch mehr als die postulierte größere Sachlichkeit der Kritik:

> »Liest man heute eine deutsche Tageszeitung, so muß man glauben, der Strich zwischen Politik und Feuilleton (ideologisch-metaphysischer Unterbau) markiere eine Verminderung des Lebenstempos auf das Maß eines gesunden Dornröschen-Schlafes.«[82]

Kritik soll schneller und bedeutender und spannender werden – soll werden, wie der über dem Strich gelegene Part der Zeitungen, kurzum: zeitgemäßer. Doch ist die Aufgabe der Texte unter dem Strich ja genau darin gegeben, das Andere des politischen Teils zu sein. Das Feuilleton ist die Sphäre der Kunst, des Müßiggangs und der Zerstreuung, der Unterhaltung und Erholung vom Tagesgeschäft der Ökonomie und Politik. Natürlich ist damit nicht gesagt, daß es belanglos und rein eskapistisch sei, nur ist ihm aufgegeben, eine Balance zu finden über die Phänomene der Wahrnehmung, die es einerseits in den Kontext einer Überlieferung zu stellen hat und die es andererseits den Dominanten der soziokulturellen Wahrnehmungsveränderung folgend modifizieren und darstellen soll. Als Ort, in dem durch den Rahmen vorgegeben eine moderate Verständigung über die Wahrnehmungswirklichkeit der Gesellschaft stattfindet, hat das Feuilleton notwendig Platz für Traditionalisten und Progressive, deren wechselseitige Bezugnahme die Spannung in das Feuilleton einer Tageszeitung trägt und sie zwischen den verschiedenen Zeitungen begründet. Die Spannungen bestehen, wie zu sehen gewesen war, nicht nur zwischen Traditionalisten und Fortschrittlern sondern auch zwischen Theoretikern und Subjektivisten. Für die letztgenannte Polarität sucht Bernhard Diebold eine Synthese zu formulieren:

> »Der wahre Kritiker muß zugleich Impressionist als *Genießender* und Theoretiker als *Urteilender* sein. [...] Zur Kritik ist also beides unerläßlich: zum ersten die offenen Sinne zum Empfang des lebendigen Kunstwerks, geschärft durch weiteste Erfahrung, die jegliches Objekt in hundert Vergleichungen spiegeln läßt. Zum zweiten eine einheitliche Haltung der *denkenden* Persönlichkeit, die ihre Kunsterlebnisse nach selbsterschaffenen oder nachgeschaffenen Prinzipien ästhetisch formuliert und mißt.«[83]

Die Aufgabe des Kritikers als gedoppelte, die den subjektiven Eindruck auf eine Systematik zu beziehen versteht und die darin zugleich den Kritiker erzieht zu einer einheitlichen Haltung, zur denkenden Persönlichkeit, zur umfassenden Kenntnis der Kunstgeschichte. Hier findet sich eine erste Begründung des stets wiederkehrenden Zusammenhangs von Kritik und Kritiker,

---

82 Ebd.
83 Diebold, Bernhard: Sinn der Kritik. *Frankfurter Zeitung* 21.11.24; kursiv im Original.

denn die Kritik kann ihren pädagogischen Eros offenbar nur dann entfalten, wenn der Kritiker vorher sich als Person vervollkommnet hat, im strengen Sinne Autodidakt gewesen ist. Die Aufgabe der Kritik besteht mithin nicht bloß in der Besprechung und Beurteilung von ästhetischen Produktionen, sondern auch in der Produktion einer Vorstellung vom idealen Kunstbetrachter.

Bevor wir auf diesen Aspekt zurückkommen, sei noch der Versuch einer Synthese jenes anderen Pols zwischen Traditionalisten und Progressiven vorgestellt:

> »Kritik ist die *Berichtigung der kulturellen Fehler*, die Abschwächung der Übertreibungen, die Aufreizung und Wiederbelebung des Überbildeten und Erstarrten. [...] Sie zerstört das Überlebte und erdichtet das Projekt für das Neue, das Zukunft sein soll. Kritik ist die Waage für das Wachsende und Sterbende. Kritik ist der wissende Ausgleich des Mannigfaltigen. Kritik schafft die Stabilität einer Epoche. [...] Die *aktive* Kritik ist aber *wesentlich* verneinend; sie negiert das Alte zugunsten des Jungen; sie negiert das schlechte Produkt der Gegenwart gegenüber dem bejahrten Meisterwerk [...]. Kommt keine dieser Negationen mehr in Betracht, so haben wir eine klassische Aera, welcher der Kritiker nur noch als Priester, nicht als Richter dient. Der Kritiker wird [...] zum Poeten. Die aktive Kritik hebt sich auf.«[84]

Das Zauberwort der synthetisierenden Betrachtung der Kritik heißt Dialektik. Als These tritt das Kunstwerk auf den Plan, dem die Kritik als Negation entgegentritt, um schließlich in der Negation negierender Kritik zur Poesie aufgehoben zu werden. Die Dialektikvorstellung Diebolds, die eher von Hegel als von Aristoteles oder Marx herkommt, vermag zwar gegenüber den früheren Kritikern der Kritik den Zusammenhang des scheinbar Gegensätzlichen von Tradition und Fortschritt, Büttel und Priester zu denken, doch zeigt sich darin zugleich, daß diese Dialektik und – wie aufgrund der funktionalen Applikation geschlossen werden kann – auch die Kritik einer Pazifizierung dient, konservativ wirkt. Gelten die Bestimmungen Diebolds, dann „ist die Kritik das Komplement der Kultur, Ausgleicherin der problematischen Gegenwirkungen, Erhalterin der Stabilität der Gesellschaft".[85] Zu dieser Stabilität gehören eben auch die Gegenwirkungen der Kritiker:

> »Herr Kerr tötet Dramatiker, um einen Kritiker, um mich zu treffen. [...] Auf dem Rücken von anderen wird der Kampf zwischen zwei Kritikern ausgefochten. [...] Es ist Zeit aus der Sache zu kämpfen und das Erlebnis sprechen zu lassen. Das Erlebnis des Kritikers. Das Erlebnis des Dramatikers. Herr Kerr setzt dem Drama nur das Augenerlebnis der Zeit entgegen. Er sieht technische Fortschritte, bewundert Erfindungen, aber alles bleibt an der Peripherie, dringt nicht ins Zentrum. [...] Sinnliches Erlebnis ohne geistiges Regulativ

---

84 Ebd.
85 Ebd.

3.3.3 Kritik der Kritik

stumpft sich ab. [...] Was er erblickte, bereicherte ihn nicht, brachte ihn nicht auf sein Wesen, füllte ihn nur an, zerstreute, zersplitterte ihn.«[86]

Die feuilletonistische Kritik, der Leichtigkeit und Oberflächlichkeit nachgesagt wird, ringt um Wesentlichkeit, um Eigentlichkeit. Der Kern des Kunstwerks soll getroffen werden, der Kritiker soll seine Persönlichkeit zum Wesen klären; es reicht nicht die Wiedergabe eines Augenscheins, und derjenige, dem die Zerstreuung aufgegeben ist, muß diese von sich fernhalten. Erstaunlich ist an diesen Argumenten lediglich, daß sie in einer vermeintlich persönlichen Debatte ad personam vorgebracht werden, obgleich sie sich nach dem vorhergehenden deutlich als Elemente des öffentlichen Diskurses ausweisen. Was Ihering scheinbar konkret auf Kerr münzt, entspricht der allgemeinen Kritikerkritik und bestätigt damit die Wirkungsmächtigkeit des Diskurses.

Wir können davon ausgehen, daß sich Mitte der Zwanziger Jahre folgende Anforderungen an Kritik ergeben haben, die einen relativ festen Wertzusammenhang begründen, an dem die Kritik und der Kritiker gemessen wird.

Kritiker:
1. Empfindsamkeit des Kritikers für die akuten, ästhetischen Eindrücke
2. Einbindung dieser Eindrücke in eine theoretische Systematik
3. Entwicklung einer festen Kritikerpersönlichkeit mit Vorbildfunktion

Kritik:
1. Das Kunstwerk in seinem Wesen darstellen
2. Neue Kunst nicht von vornherein ablehnen, sondern an der Tradition messen und gegebenenfalls befördern.
3. Eine Sachlichkeit, die der Kunst folgt, und nicht durch subjektiven Stilwillen überlagert wird

Mit dieser zumindest vorläufigen Festschreibung kommen die Dispute über Aufgaben und Versäumnisse der Kritik im konventionellen Sinn auch an ein Ende, um sich anderen Formen der Kritik zuzuwenden. In Frage steht 1925 die Filmkritik. Eine Befassung mit dieser mediengeschichtlich bedingten Innovation scheint dringend not zu tun:

»Ein Filmrezensent ist kein exakter Forscher. [...] Er ist kein Fachtechniker, kein Sachkenner und vor allem keine seriöse Persönlichkeit. Er ist nicht einmal ein Betrachter von

---

86 Ihering, Herbert: Klärung. Berliner Börsen Courier 11.12.24.

Filmen. Sondern er ist ein normaler Zuschauer mit der Fähigkeit, seine Eindrücke und das Maß seiner Ergriffenheit in bildhaften Wendungen mitzuteilen.«[87]

Erinnert der erste Teil der Schilderung des Filmkritikers, der nicht einmal Filme betrachtet, sehr an die oben zitierte Beschreibung, die Victor Auburtin vom Journalisten gab – auch dieser eine ungebildete, nicht notwendig intelligente, unseriöse Persönlichkeit –, so wird im zweiten Abschnitt, der den „normalen Zuschauer" beschreibt, deutlich, daß Blass nahezu einen Dichter beschreibt, der sich zum Broterwerb diesem Kritikgeschäft verschrieben hat – was auf ihn persönlich als dichtenden Filmkritiker des *Berliner Tageblatts* jedenfalls zutrifft. Daß es reicht, sprachmächtig die von der zweiten Realität der Leinwand empfangenen Eindrücke wiederzugeben, liegt aber auch in der aktuellen Filmproduktion begründet, denn nach der Beschreibung des „Kritikers" heißt es weiter:

> »So wenigstens liegen die Dinge heute, wo in Sachen Kino eine "„Kunstkritik" deplaciert ist. Kein Mensch geht ins Kino um der Kunst willen, und gerade hier wünscht keiner seine kritischen Organe zu gebrauchen. [...] Es handelt sich um schnelle Wirkungen. Filme „betrachten", heißt sie allzu genau zu betrachten.«[88]

Die Aufgabe des Kritikers orientiert sich in ihren Möglichkeiten somit auch hier an ihrem Gegenstand. Doch ist der problematisierte Gegenstand, der Film und sein Entwicklungsstand durchaus strittig, und im *Berliner Tageblatt* entgegnet ein anderer Filmkritiker auf die Ausführungen Ernst Blass':

> »Wir wollen einmal frei von der Leber weg reden: Der Filmkritiker m u ß heute ein Sachkenner sein – eine „seriöse Persönlichkeit" – nie und nimmer nur ein „Betrachter". Entweder man liebt eine Materie und ist imstande, mit ihr und für sie zu kämpfen – oder man soll die Finger davon lassen. [...] Kunst im Film negieren, heißt, von dem Stand der Entwicklung des Films nicht unterrichtet sein.«[89]

Zwei Argumentationsstränge werden verknüpft: während der erste an den allgemeinen Diskurs der Kritik anschließt und eine entwickelte Persönlichkeit mit Sachkenntnissen und emotionaler Offenheit verlangt, die im besonderen Fall des Films auch dermaßen leidenschaftlich für das junge Medium eintreten soll, daß dies als Kampf erscheinen kann, wird auf einer zweiten Ebene das sachliche Argument vom künstlerischen Entwicklungsstand des Films gebracht, das letztlich die Applikation der allgemeinen Kritikstandards legitimiert. Zur Stützung der These vom Film als Kunst wird das Theater an-

---

87 Blass, Ernst: Filmkritik. Berliner Tageblatt 22.07.25.
88 Ebd.
89 Zelnick, Friedrich: Filmkritik II. Berliner Tageblatt 27.07.25.

geführt, das in Formen wie Schwank oder Operette auch eher einem Unterhaltungsbedürfnis entgegenkomme, ohne jedoch deshalb dem Verdacht ausgesetzt zu werden, unkünstlerisch zu sein. Doch es ist nicht allein die noch verkannte Kunst, der der Kritiker mit einer verstärkten Anstrengung dienen soll:

> »Der deutsche Film ist auf dem Wege, sich die Weltachtung zu erobern; er kann dies nur in einer betonten Eigenart. Diese zu finden, ist Aufgabe der Künstler sowohl wie derjenigen, die seine Arbeit in sich auffangen und ihm erfreuliche Winke geben können. [...] Wie das russische Ballett und Theater Triumphe auf der ganzen Welt feierte, so kann der deutsche Film bald von Erfolg zu Erfolg gehen. Dazu ist aber eine Zusammenarbeit von Künstler und Kritiker unentbehrlich.«[90]

In überraschender Offenheit wird hier der selbstlose Prophet der jungen Kunst in den Dienst der Nationalökonomie gestellt. Es geht nicht mehr um die hehre Göttin Kunst, sondern um die nahezu *imperialistisch* zu nennende Erarbeitung einer kulturellen Weltgeltung des deutschen Films, die ihren Lohn nicht nur in sich trägt, sondern auch in Profiten veräußerlicht. Die Prinzipien des Marktes sind in einer Weise präsent, die die Kunst der (Ver-)Käuflichkeit unterordnet, denn wenn der Kritiker und der Künstler an einer betonten Eigenart des deutschen Films arbeiten sollen, zählen nicht mehr transnationale ästhetische Ideale, sondern das Interesse, ein neues Marktsegment zu erschließen, indem man sich ein Profil gibt, das sowohl die Differenz zu anderen Produkten markiert, als auch noch genügend Kommensurabilität zum (globalen) Konsumentengeschmack besitzt, um in den Markt eindringen und sich dort behaupten zu können.

Die ökonomistische Argumentation bildet augenscheinlich einen Teil des allgemeinen Bewußtseins um 1925 ab: Nach der Überwindung der Krisenjahre gewinnt das zuvor geringgeschätzte Deutschland durch seinen wirtschaftlichen Aufbauerfolg international an Anerkennung, drängt aus der Ecke, in die es als Kriegstreiber und -verlierer gestellt worden war. Die Ökonomie erscheint im angekratzten Nationalbewußtsein somit als Heilmittel der alten Wunden und wird dementsprechend positiv bewertet, was einhergeht mit jener Strömung, die in der Kunst *Neue Sachlichkeit* genannt wird und die sich um einen weniger ideologiebesetzten Umgang mit der Realität bemühte, wofür die scheinbar wertneutrale, auf Kalkül beruhende Wirtschaft als Bezugspunkt denkbar geeignet schien.

Der Diskurs der Sachlichkeit, der sich technischer Innovation und ökonomischen Handlungskalkülen verband, läßt sich wohl am treffendsten als

---

90   Ebd.

Amerikanismus bezeichnen, selbst wenn dieser sich bisweilen gegen die wirtschaftliche Vormacht der USA wendete.

Als dritter Debattant in der Diskussion um die Filmkritik äußert sich der Regisseur und Produzent Lupu Pick. Als Vertreter der Produktionsseite verlangt er vor allem Glauben vom Kritiker:

> »Glauben muß er an die Mission, die diese „technische Erfindung" in der Welt hat und erfüllen wird. Und in diesem Glauben allerdings muß er fanatisch sein. Er muß glauben und seine Leser glauben machen können [...].«[91]

So werden die Kritiker zu Propheten bestellt, und das neue Medium wird im weiteren zum Messias, den sie verkünden sollen. Der Film kann das Unsagbare zeigen, er macht die Schrecken des Krieges ebenso sichtbar wie die Wunder der Natur.[92] In der Darstellung Picks wird das Kino die Vollendung der Aufklärung mit sich bringen. Doch, wie es in den Religionsgeschichten zu lesen ist, ist der Messias immer der Gesandte einer höheren Macht und die wird auch benannt:

> »Alle beschönigenden Kommentare täuschen nicht darüber hinweg. Die amerikanische Filmindustrie möchte eine irgendwie auf dem Weltmarkt Geltung heischende fremdländische Filmherstellung nicht leben lassen. Die Sache ist einfach die, daß um die Erhaltung oder Steigerung der Filmherstellung ein Wirtschaftskampf im Gange ist, der auf europäischer Seite insbesondere in Deutschland und Frankreich zum Teil mit Idealismus, auf amerikanischer Seite mit nüchternstem Kalkül geführt wird. Darüber muß der Filmkritiker allerdings etwas wissen [...].«[93]

Trotz allem technischen Optimismus und geradezu macchiavellistischem Pragmatismus, die beide im zeitgenössischen Diskurs dem Amerikanismus zugeschlagen werden, wird gegen den Medienimperialismus der USA Front gemacht. Allerdings ist das Gegenbild nicht die deutsche Filmproduktion, sondern die europäische. Pick denkt eher in Kontinenten als in Nationen, wodurch er sich positiv von Zelnick abhebt. Einig wissen sich jedoch beide im Bestreben, die Kritik dem ökonomischen Interesse der Filmwirtschaft an einer Expansion unterzuordnen. Ein Bezug der Kritik auf den möglichen Profit bleibt bei allen anderen im Feuilleton kritisierten Kunst-Formen unerwähnt, da dort auch die Kunstfrage unstrittig ist und es im Feuilleton nur darum geht, den künstlerischen Wert zu erschließen. Beim Film steht allerdings der Kunstanspruch selbst in Frage, so daß die Kritik sich nicht auf normative Ästhetiken beziehen kann, sondern diese eigentlich erst formulie-

---

91 Pick, Lupu: Filmkritik III. Berliner Tageblatt 08.08.25.
92 Vgl. ebd.
93 Ebd.

ren müßte. Das eigentliche Faszinosum, daß der Film Mitte der Zwanziger Jahre ausstrahlt, ist jedoch seine ökonomische Potenz; die Bilder selbst vermögen kaum noch zu verblüffen: Bereits in den zehner Jahren gelangte der Film vom Jahrmarkt in feste Häuser, und die bewegten Bilder sind wohl von nahezu jedem Stadtbewohner gesehen worden, neu ist hingegen die Prachtentfaltung, die Vielzahl von Kinopalästen, die in Berlin eröffnet werden, die Ausdehnung der Filmproduktion räumlich und finanziell. Ein Zentralisierungsprozeß hat innerhalb der zuvor verstreuten Kleinstudios stattgefunden, und Filmgesellschaften wie die Ufa stellen mit ihren Stars einen sagenhaften Reichtum aus, dessen Nimbus von den ersten Legenden aus Hollywood noch unterstützt wird. Der Film erscheint als mediales Eldorado, und eine Goldmine wird nicht befragt, ob aus dem Gold auch wirklich Kunstwerke geschaffen werden. Die Auseinandersetzungen über die Filmkritik werden so auf eine ökonomische Argumentationsebene gesetzt, die sich teilweise mit dem allgemeinen Diskurs über Kritik verbindet, jedoch in diesem Spannungsfeld keine kohärente Position auszuformulieren vermag. Die Filmkritik wird denn auch innerhalb des Feuilletons bis auf weiteres nicht mehr befragt, sondern nur noch vollzogen.

1927 initiiert die *Literarische Welt* eine Umfrage, die nach der „Einwirkung der Kritik auf die Schaffenden"[94] fragt. Repräsentanten der verschiedenen Künste äußern sich zu diesem Thema. Für den Film spricht der (Drehbuch-) Autor und Kritiker Béla Balazs, der an erster Stelle von der Kritik verlangt, daß sie eine theoretische Reflexion bereitstelle, die dem Film den Weg weist.

> »Die alten Künste haben alle ihre Theorien, und weil sie sie haben, brauchen sie sie nicht. Aber in der jungen Kunst des Films, wo jeder Tag neue Probleme bringt, kann die Praxis nicht vorwärts helfen. [...] Zum Experimentieren ist der Film ein zu teueres Ding, nur die Theorie kann das Neue berechnen. [...] Aber ist die Kritik, wie sie heute gehandhabt wird, so? In den 10 bis höchstens 20 Zeilen, auf die sich der Filmkritiker in den meisten Fällen beschränken muß, ist es fast unmöglich, eine theoretische Analyse zu geben. Das Beste, was die Kritik in dieser Form zu leisten vermag, das ist für das Gute Propaganda machen.«[95]

Die Theorie wird benötigt in Ermangelung der Finanzen zum Experimentieren. Es geht somit zwar nicht mehr vordergründig um die Hilfe, die die Filmindustrie erwartet, um auf dem globalen Markt Geltung zu erlangen oder zu bewahren, sondern bereits um den Weg des Films zur Kunst. Doch sind

---

94 Literarische Welt 27/1927, 3.
95 Balasz, Béla: Antwort auf die Rundfrage „Die Einwirkung der Kritik auf die Schaffenden". Literarische Welt 27/1927, 3.

der Kritik für diese heilsame Wirkung noch nicht die Möglichkeiten gegeben, so daß unter Berücksichtigung ihres eingeschränkten Status, für das Gute, und hier deutet sich die Normalisierung an, als das ästhetisch Wertvolle geworden werden soll. Die Normalität einer Kritik des Films als Kunst bezeugt nur zwei Jahre später eine Kritik der Filmkritik:

> »Die Filmkritik, wie sie heute in Berlin geübt wird, hat einerseits einen immensen Einfluß, um auf der anderen Seite völlig wirkungslos zu bleiben. Ein paar brillante Kritiken vermögen die Karriere eines Schauspielers, eines Regisseurs zu machen, schlechte Kritiken können sie radikal hemmen. Den entscheidenden Erfolg aber, den die Geschäftsbücher beweisen, holt sich der Film unabhängig von der Berliner Kritik oder gar ihr zum Trotz. Die Kritik ist absolut und rein künstlerisch eingestellt. Das ist ihr Fehler. Eine relativistische und technizistische Kritik hätte mehr Berechtigung. Das heißt eine Kritik, die das Handwerk kennt, und die den Voraussetzungen gerecht wird, unter denen ein Film im allgemeinen und dieser insbesondere entstanden ist. Denn: wozu die Augen vor der Wahrheit verschließen? vor der Wahrheit, daß der Film von heute in erster Linie eine Industrie und erst in zweiter eine Kunstgattung ist.«[96]

Die auf den Kunstwerkaspekt abhebende Kritik verfehlt in der gegebenen Darstellung ihren Gegenstand. Für diese Verfehlungen werden Beispiele angeführt, in denen Kritiker offensichtlich künstliche Landschaften als grandiose Naturaufnahmen gelobt haben oder Schauspielern attestierten, sie seien im Laufe des Films sicherer geworden.[97] Abgesehen von der Unkenntnis der filmischen Produktionsweise zeigt sich in diesen Fehlleistungen aber auch, daß die Filmkritik keine Vorstellung von der besonderen „Künstlichkeit" des Films hat – welche nicht ausreichend als Handwerk zu bezeichnen ist –, sondern sie läßt sich von anderen Kunstformen wie Theater, Photographie oder Malerei in ihrer Beurteilung leiten. Wird einerseits das Versagen der Kritik vor der Technizität des Films moniert, so wird andererseits auch gerügt, daß die Kritiker am Publikum vorbeischreiben. Der Solipsismus der Kritik veranlaßt eine panoramatische Schilderung der Lage der Kritik in Deutschland:

> »Deutschland ist nicht die Welt, Berlin ist nicht Deutschland, und der Kurfürstendamm ist nicht Berlin. Auch in punkto Filmgeschmack ist Deutschland in zwei Lager geschieden. Das eine umfaßt den Kurfürstendamm, wozu noch allenfalls ein paar Uraufführungstheater in Frankfurt, Hamburg und Köln, sowie die Redaktionen in der Koch- und der Jerusalemerstraße gehören. Der zweite Teil ist das ganze Reich mit seinen Millionen Kinobesuchern. [...] Dem Produzenten und dem Verleiher liegt nicht allzuviel am Kurfürstendamm, wo ja nur ein bescheidener Prozentsatz der Einnahmen gebucht wird, während Regisseur und Autor vom Kurfürstendamm und seiner Kritik abhängig sind. Dieser Gegensatz schafft ununterbrochen Reibungen zwischen dem Fabrikanten und den Künstlern; und da der Fabrikant als Geldgeber und Risikoträger immer der Stärkere ist, sind die Künstler gezwungen,

---

96 Schulz, Franz: Die Filmkritik. Tagebuch 17/1929, 696–701; hier 697.
97 Vgl. ebd., 701.

3.3.3 Kritik der Kritik

sich ihm zu fügen, das Provinzniveau und den Provinzhorizont zu berücksichtigen. Und der Erfolg ist, daß der Kritiker sich mit Alfred-Kerr-Prätentionen vor ein Werk setzt, das besser mit den Ansprüchen eines mittleren Provinztheaterkritikers gemessen würde.«[98]

Die Unterscheidung wirkt historisch geläufig und verhängnisvoll: Auf der einen Seite steht die „breite Masse", auf der anderen Seite die dieser fremdgewordenen „verkopften" Kritiker oder Asphaltliteraten. Eine latente Anklage enthält auch dieser Passus, der dem metropolitanen Szenepublikum vorwirft, in seiner Elfenbeinturmexistenz einem ästhetischen Maximalismus zu huldigen, der einerseits so abstrakt geworden sei, daß er nicht mehr zu vermitteln ist, andererseits auch die Produktionsbedingungen verkennt oder verkennen will. Wendet man diesen Vorwurf positiv, so hält die Filmkritik das Versprechen einer besseren Welt aufrecht, in der nicht so sehr der Tauschwert, sondern der ästhetische Wert – der Gebrauchswert eines ästhetischen Produkts darf wohl so genannt werden – des Films zählt. In der Kritik lebt der Traum von einer unentfremdeten Filmproduktion, und auch Franz Schulz berichtet davon, indem er eine Anekdote erzählt:

> »„Die Russen haben es gut", sagte mir jüngst einer der besten deutschen Producer, „sind die ersten, die im Film an die wirklichen Probleme herandürfen."«[99]

Anhand der Filmkritik wird der Grundwiderspruch verhandelt, der die Feuilletonisten und die Kritiker in ihrer eigenen Arbeit betrifft: Sie sollen der Kunst dienen, ihre Texte künstlerisch gestalten, sie verkaufen und über die Verkäuflichkeit von Kunstprodukten befinden. Die Anforderungen stehen im Rahmen eines Anspruches auf ästhetische Autonomie quer zueinander. Dieser Anspruch geht traditionellerweise einher mit einer emphatisch übersteigerten Vorstellung vom künstlerischen Subjekt. Angesichts der industriellen Produktionsweise des Films werden diese Ansprüche problematisch und lassen die Kritik, wie gezeigt werden konnte, in ihren Grundannahmen zweifelhaft werden, verweisen auf die Spaltung, die das Feuilleton und seine Autoren durchzieht. Diesen Widerspruch vermag die Kritik nicht in einer Selbstbefragung aufzulösen und kann ihn auch nicht weitertreiben, über die Vagheit hinaus, die wir zu pointieren suchten, da sie andernfalls eben keine Kunstkritik und Kritik dieser Kritik wäre, sondern eine Gesellschaftskritik, die aber keinen Platz im Feuilleton bürgerlicher Tageszeitungen hat bzw. hatte.

---

98 Ebd., 699.
99 Ebd., 700.

Die Auseinandersetzungen über die Kritik kommen also mit Notwendigkeit an ein Ende, und das Geschäft läuft weiter wie zuvor – bis die Geschäftsleitungen ausgewechselt werden.

3.3.4 Feuilleton schreiben. Narration und Reflexion

> »Ich sitze im Kaffehaus und warte auf Helene. [...] Was fange ich an? Zeitung lesen? Nein, es ist zu heiß. Nur keine geistige Anstrengung! Ich will Ihnen lieber ein Feuilleton schreiben.«[100]

Aktualität wird erschrieben. Ort und Zeit – obgleich diffus – als bestimmte angegeben. Die Situation des Schreibenden wird dem Leser vorgestellt, und er hat am Schreiben und Überlegen teil. Durch Mittel wie die nachfolgende direkte Rede[101] und die Anrede der Leser ergibt sich eine Aktualität, in der Lesen und Schreiben zusammenfallen. Das scheinbare Monologisieren des Feuilletonisten wirkt wie ein Protokoll der Gedanken, die so, wie sie durch den Kopf gehen, auf das Papier übertragen werden.

> »Ich weiß bloß nicht, worüber ich schreiben soll. Ich werde jedenfalls als Titel das Wort „Feuilleton" hinschreiben. Das paßt immer. Hab schon.«[102]

Im Präsens wird Ratlosigkeit artikuliert, im Futur der Entschluß formuliert und schließlich in einem verkürzten Perfekt, das sehr umgangssprachlich anmutet, die Umsetzung des Entschlusses bekannt gegeben. Dieser Wechsel der Zeiten bindet den Leser in die Zeitlichkeit der Ereignisse ein, macht sie in authentischer Weise nachvollziehbar. Insbesondere durch den Wechsel von der Überlegung auf das Ergebnis der Niederschrift im „Hab schon" wird das Ereignis, das zwischen dem Entschluß und seiner Ausführung stand, kenntlich. Das Lesen wird so in unmittelbare Nähe zum Schreibakt gestellt.

> »Jetzt werde ich aufschreiben, daß ich im Kaffeehaus sitze [...] – kurz, all das, was der Leser in den sechzehn ersten Zeilen dieses Artikels gefunden hat. Ich halte jetzt in der Beschreibung meiner Arbeitsleistung bei den beiden Schlußworten „Hab schon" des vorigen Absatzes.«

Das deutlichste Indiz der Aktualität liegt im temporalen Adverb „jetzt", das zwar Augenblicklichkeit benennt, hier jedoch eine Differenz zum ersten

---

100 Kisch, Egon Erwin: Feuilleton. Bohemia 12.08.17.
101 »Herr Oberkellner, einen Bogen Papier und Tinte!« (Ebd.)
102 Ebd.

3.3.4 Feuilleton schreiben. Narration und Reflexion

„jetzt" des Textes[103] markiert. Diente dies dazu, die zeitliche Dimension der Situation zu vereindeutigen, zu konkretisieren, so eröffnet das „jetzt" am Eingang des zuletzt zitierten Passus eine Doppelung der Zeitachse: War der Leser zunächst in der Situation des Schreibens und folgte ihr aus der Perspektive eines anwesenden Beobachters, zeigt sich im neuen Absatz, daß die Anwesenheit nur in der Schrift, im bereits protokollierten Schreiben, und nicht im Schreiben als Akt war, womit das Bündnis der Fiktion aufgekündigt wird. Das Gelesene wird zeitlich nachgestellt und so eine neue Aktualität des Lesens erstellt, die nun das Schreiben selbst und seine Zeitlichkeit reflektiert, worin die Fiktion auf einer zweiten Ebene, verstärkt durch die bereitwillige Enthüllung der vorgängigen Fiktion, erneut begründet wird.

Doch die Zweispaltung des Schreibens dessen, was für den Leser schon geschrieben ist und was er gerade liest, wird im vierten Absatz wiederum reflektiert und in seiner Uneinholbarkeit dargelegt. Ein aktuelles Schreiben kann in der Schrift nicht ohne gründende Fiktionalität vorgeführt werden. Selbst die Antizipation des zu Schreibenden im Futur II kann, da das sich präsentisch inszenierende Schreiben in der Vergangenheit liegt, nicht in einem Vorlauf die Vergangenheit des gründenden Schreibakts auffangen.

Kisch insistiert denn auch nicht auf einer weiteren Reflexion dieser Problematik, sondern setzt seine Fiktion des Präsens und der Präsenz fort:

»Aber ich will heute gar keinen Gegenbeweis liefern. Ich will lieber [...] gleich in medias res übergehen. Aber in welche res? Worüber dichtet man? Aha, ich weiß schon: Über irgend etwas, das ich vor mir sehe, damit ich mich nicht anstrengen muß.«[104]

In den Eingangspassagen, war bereits ausgeführt worden, daß der Ich-Erzähler ein Feuilleton schreiben wolle, um jegliche Anstrengung zu vermeiden. Die sich anschließenden Überlegungen zum aktuellen Schreiben verdeutlichen jedoch, daß es sich um eine ironische Wendung handelt. Ist soweit das Mühelose, das dem Feuilleton als Textsorte zugesprochen wird, in praxi bestritten worden, wird in der Frage nach dem Gegenstand ein weiteres Vorurteil beschworen, das besagt, daß zu allem möglichen ein Feuilleton zu schreiben wäre. Gleichzeitig wird in der Frage *Worüber dichtet man?* ein bestimmter Feuilletontypus charakterisiert: Die Gelegenheitsarbeit eines Dichters scheint gemeint zu sein, Broterwerb, der nicht viel Zeit und nicht viel Mühe kosten darf und dessen Gehalt von daher ohne Belang ist, so daß es sich nur um ein müßiges Spiel mit Worten um nichts handelt. Das aufgegrif-

---

103 »Jetzt ist es halb vier.« (Ebd.)
104 Ebd.

fene Vorurteil wird im Fortgang des Feuilletons zunächst bestätigt, insofern als äußerer Anlaß des Schreibens die dem Schreibenden vorliegende Inseratenseite einer agrarisch-orientierten Tageszeitung gewählt wird. Die Betrachtung der Anzeigen löst dann ein Wort- und Gedankenspiel aus, in dem über Sprache und die aktuelle politische Situation räsoniert wird. Auf diese Weise wird vorgeführt, wie ein Feuilleton tatsächlich aus einem unscheinbaren Gegenstand eine Form von Wirklichkeitserkenntnis zu entwickeln vermag, die den Anlaß gebenden Gegenstand wesentlich überschreitet.

Die Bestätigung des Vorurteils geht folglich einher mit seiner Relativierung, wie auch die Fiktionen der Aktualität in den Eingangspassagen immer weiter relativiert wurden, ohne deshalb aufgegeben zu werden, was sich im Abbruch des Feuilletons ausdrückt, wenn im letzten Satz auf die anfängliche Rahmenhandlung zurückgegriffen wird und die erwartete Helene eintrifft, so daß das Feuilleton und seine Niederschrift zu einem Ende kommen.

> »Ich möchte etwas sagen und weiß nicht, wie ich es nennen soll. Der Titel bleibt leer. Man müßte an seine Stelle eines jener Gedankenornamente setzen, wie man sie auf das Löschpapier zeichnet, wenn man über etwas nachdenkt oder das lange telephonische Gespräch eines beredten Freundes anhören muß.«[105]

Die Ausgangssituation ist wiederum Ratlosigkeit, in die sich ein Ich-Erzähler gestellt findet. Die nachfolgende Überlegung, wie das folgende zu nennen ist, schlägt einen weiteren Bogen zu Kischs stärker narrativ ausgearbeitetem Feuilleton, doch wird deutlich, daß auch Bie sein beiläufig entstandenes-entstehendes Gedankenornament „Feuilleton" hätte betiteln können. Deuten wir die Metapher von der Telefonkritzelei weiter aus, so indiziert sie nicht nur Beiläufigkeit, sondern kann als Karte einer bestimmten Art des Schreibens gelesen werden. In der Leere einer weißen Fläche, in die Gegenstandslosigkeit werden Linien eingetragen, die sich nach nicht-bewußten Kriterien verbinden, die Zusammenhänge erschließen, die zuvor nicht gegeben waren, und so einen neuen Gegenstand konstruieren. Wie zu lesen war, hat auch das Feuilleton zunächst keinen Gegenstand, entsteht aus einer Leere heraus, in die sich mehr oder minder zufällig Objekte schieben, die dann Verbindungen ermöglichen, die zuvor nicht absehbar waren. Da die Feuilletons auf Veröffentlichung in einer Zeitung angelegt sind, werden sie jedoch abgeschlossen oder abgebrochen, wie in Kischs Rekurs auf die Rahmenhandlung, und sind, wenn man hier eine Parallele sehen will, in bezug auf die surrealistische Schreibweise nur als écriture semi-automatique zu betrachten, zumal ja auch

---

105 Bie, Oskar: Ohne Ueberschrift. Berliner Börsen Courier 25.12.18.

3.3.4 Feuilleton schreiben. Narration und Reflexion

Ausschweifungen in erotische oder gewalttätige Sprachphantasien von vornherein als nicht zulässige ausgeschlossen werden. Diesem Entwurf des Feuilletons als eines en passant entstehenden Gedankenornaments, von dem nicht anzugeben ist, zu was es sich als Ornament verhält, folgt offenbar Andreas Latzko, wenn er über „Die Tür" schreibt.[106] Ein schriftstellernder Ich-Erzähler berichtet von der Tür, die er von seinem Schreibtisch aus sehen kann und deren Farbe abblättert. Die Abschweifungen, welche von den Konturen der Flecke ausgelöst werden und den Anstrich notwendig machen, werden ausführlich beschrieben, wie auch Unterhandlungen mit einem Maler, die schließlich zu einer panoramatischen Ausführung über das Lohnverhältnis von geistiger und handwerklicher Arbeit in den Zeiten sich intensivierender Inflation münden. Die Berechnungen führen zum Abbruch des Feuilletons in folgenden Sätzen:

> »Ich m u ß meine acht Artikel schreiben. Dieses war der erste. Der Leser möge beruhigt sein. Die anderen sieben werde ich nicht im „Berliner Tageblatt" veröffentlichen.«[107]

Wie sich am Ende herausstellt, erzählt der Artikel die Geschichte seiner Entstehung. Der Leser wird so in eine Situation gedoppelter Präsenz geführt, in der zunächst der Akt des Schreibens die Situation des Feuilletonisten vergegenwärtigt und schließlich seine Lesesituation und er selbst angesprochen werden.

Einen ebenfalls irritierenden Titel hat Mynona, der philosophierende Dichter Salomo Friedländer, seinem Feuilleton vorangestellt: „Garnichts!".[108] Unvermittelt hebt der Text an:

> »Da ich weder Genie noch auch nur Talent, ja nicht einmal den bloßen gesunden Menschenverstand besitze, sondern ein närrischer Kerl [...] bin, wird es ein wahres Kunststück sein, wenn ich trotzdem etwas Herrliches erzählen kann.«[109]

Ein Charakteristikum der Feuilletons, die ihr Erzählen thematisieren, ist anscheinend neben der Person des Ich-Erzählers und dem Präsens die anfängliche Problematisierung des Schreibens, die mitunter schon im Titel auftaucht und sich fortsetzt oder verdeutlicht in der Beschreibung der Umstände, die dem Schreiben im Wege stehen.

Eine Beglaubigung finden die geschilderten Umstände behinderter Produktion oftmals in der Beteuerung, der Verfasser wisse nicht, was er schrei-

---

106 Latzko, Andreas: Die Tür. Berliner Tageblatt 31.08.20.
107 Ebd.
108 Mynona [d. i. Friedländer, Salomo]: Garnichts! Berliner Tageblatt 02.09.20 (m).
109 Ebd.

ben solle und es sei ohnedies gleichgültig. Mynona formuliert es folgendermaßen:

> »Ich schwöre heilig und teuer, daß ich hier ohne die geringste Ahnung dessen sitze, was ich eigentlich erzählen will. Aus dem blanken Nichts heraus [...] will ich eine Welt erschaffen mit Helden, Heldinnen, Palästen, Hütten, Schurken, Tieren und Landschaften. Verehrteste Herrschaften, wenn mir das gelänge, und Sie mir nur, weil ich nun einmal kein Genius bin, Ihre Anerkennung versagten, das wär schnöd. Magna voluisse satis est. [...] noch ist sie rein die Schwelle. Aller Anfang ist schwer, mais il n'y a que le premier qui coûte. Mir ist nicht wohl zumute. Der Empfänger will es immer recht bequem haben, der Leser oder Zuhörer will den Autor sich schinden lassen. So haben wir nicht gewettet. Tun Sie gefälligst mit! Strengen Sie Ihre eigene Phantasie an!«[110]

Weitere Merkmale werden kenntlich: die Betonung der aktuellen Schreibsituation durch die direkte Ansprache des Lesers, eine Form des kolloquialen Umgangs, der spontan niedergeschriebenen Gedanken oder Formulierungen wird eingesetzt, um die Direktheit und Aktualität des Textes zu erhöhen. All dies ist nötig, um die grundlegende Fiktionalität des narrativ inszenierten Ereignisses zu hintergehen: Der adressierte Leser ist ebenso imaginär wie der Ich-Erzähler, der eine geläufige literarische Erscheinung und als solche viele Ich ist.

Zur Bestärkung der Illusion ist auch der Titel von Relevanz. Die Problematik, die an ihm hängt, wird gleichfalls von Mynona benannt:

> »Ich habe keinen Titel gegeben, weil ich frei sein will. Der Titel übt einen unangenehmen Druck aus. Er wirkt oft so, daß man seinetwegen alle Begebenheiten erfindet. Der Text ist dann nichts als eine Erläuterung des Titels, also langweilig.«[111]

Umgekehrt bedeutet die Verweigerung eines die Narration „programmierenden" Titels, daß sich dem Autor Freiräume erschließen, die er mit Überraschendem zu füllen vermag, und darin, in den unverhofft nebeneinanderstehenden Einfällen, läge dann die offenbar erforderliche Unterhaltsamkeit. Betrachtet man kurze Texte Mynonas, wie den vorliegenden, so zeigt sich zwar einerseits, daß er selbst dieser Programmatik folgt, daß er aber andererseits, darin nicht das Versprechen exzeptioneller Unterhaltung einzulösen vermag. Der Titel, der die Texte offenhält, motiviert sich offensichtlich von der als klassisch zu bezeichnenden Ausgangsposition feuilletonistischen Erzählens, daß die Dinge, wo nicht gleich gültig sind, so doch einen mehr als geringen Wert besitzen – selbst deren Kleinste.

---

110 Ebd.
111 Ebd.

3.3.4 Feuilleton schreiben. Narration und Reflexion

Zu einer Interpretation dieser Bewertungspraktiken bieten sich zwei Bezugssysteme an, zum einen das Ökonomische, zum anderen das Politische. Im Bereich der Ökonomie ergibt sich für die Gleich-Gültigkeit nahezu mit Zwangsläufigkeit das Charakteristikum des Tauschwertes, der in entwickelten Ökonomien, auf der Basis eines allgemeinen Warenäquivalents (Geld), die Dinge austauschbar werden läßt, weil sie darin einen gemeinsamen Bezugspunkt finden, der sie vergleichbar macht, was bei Berücksichtigung ihres individuellen Nutzens, ihres Gebrauchswerts, nicht möglich wäre. Wenn den Feuilletonisten die Dinge also als ersetzbar, nahezu beliebig erscheinen und fast alles Gegenstand ihres Erzählens werden kann, dann folgen sie darin einer tief in der ökonomischen Sphäre verankerten Wirklichkeit und Gesetzmäßigkeit. Betrachtet man dieses Verhalten im Bezug auf die politische Ebene, so erscheint es als genuin demokratisches, insofern die Demokratie, um eine solche zu sein, immer von der Gleichheit ihrer politischen Subjekte ausgehen muß.[112] In bezug auf ihre Partizipationsmöglichkeiten sind alle als solche anerkannten formal gleich. Welche Analogie hier die signifikantere ist, ob es gar eine wirklich dominante Einflußnahme der ökonomischen oder der politischen Ebene oder gar beider auf die Gesamtheit des Feuilletons gibt, ist nicht zu entscheiden. Gegen solch ernste Mitsprache gesellschaftlicher Verhältnisse spricht das Ansehen, das das Feuilleton im seinerzeitigen Diskurs besitzt oder noch nicht besitzt. Dem bekannten Gerichtsreporter Sling, vulgo Paul Schlesinger, erscheint eine Oberrealschule als Feuilleton-Akademie:

> »Jenssen gibt seinen Kindern einen völlig „freien" deutschen Unterricht. Wahrheit und Natürlichkeit der schriftlichen Darstellung wie des mündlichen Vortrags werden zu einer erstaunlichen Einheit verschmolzen. Daß die wirkliche Beschaffenheit des kindlichen Gemüts aber in ausgelassener jugendlicher Laune und nicht in korrekter Nachbeterei zutage tritt, ist die Entdeckung, die Jenssen gelungen ist, weil er selbst den Sinn für kecke Jugend unverdorben in sich trägt. Deshalb läßt er keine korrekten Aufsätze schreiben, sondern – nicht ganz unbedenklicherweise – Feuilletons. Die Kinder werden angehalten, kleine Erlebnisse niederzuschreiben, nicht nur spaßhafte – auch ernste, wenn es ihnen behagt.«[113]

Feuilleton, das ist also für Kinder, das sind keine korrekten Aufsätze, ausgelassen-kecke Jugendlichkeit zieht demnach durch die Spalten unter dem Strich. Das Feuilleton wird zudem der subjektiven Laune überantwortet. Ein Traum von Unbeschwertheit und Verfügungsgewalt über Zeit und Arbeit

---

112 Natürlich greifen unterschiedliche Ausschließungsmechanismen in den Prozeß der Konstitution dieser Subjekte ein: Es können die besitzenden Bürger einer Polis, die volljährigen Männer eines Kantons oder alle, die deutsches Blut in ihren Adern fließen fühlen, sein.
113 Sling: Feuilleton-Akademie. Vossische Zeitung 22.03.21.

scheint hier auf, der mit den alltäglichen Zwängen feuilletonistischer Produktion nicht viel gemein hat, geradezu im Widerspruch dazu steht, doch geht es im Handwerk des Feuilletonisten gerade darum, diesen Eindruck der Unbeschwertheit, einer leichten Sprache zu produzieren.

> »Die Vollbartmänner, die Ernstlinge und Würderiche, geringschätzen das Feuilleton. Ich könnte jetzt wunderbare, bunte Seifenblasen schreiben; wahre Regenbogenblasen. Aber nur die Frauen und Kinder Gebliebenen würden sich dran freuen. Die Männer dagegen behaupten, sich lediglich mit ewigen Dingen zu beschäftigen.«[114]

Die Leichtigkeit der Sprache erscheint als Kinderspiel, als Seifenblase: schillernd, vergänglich und nutzlos, wenn man nicht an zweckentbundener Schönheit selbst Freude hat. Wie schon früher gezeigt, gehört dieser Bereich der Schönheit – aufs geschlechtliche Register gesetzt – den Frauen an, während die Männer sinnvollere, fortwährende Arbeit verrichten. Roth, der einerseits für Unterhaltung und Amüsement plädiert, dem Langeweile als ethische Verwerflichkeit gilt, erhebt andererseits auch Anspruch auf eine solche Gültigkeit seiner Arbeit: „man darf doch auch auf einer halben Seite einer Zeitung gültige Dinge sagen?!"[115] Man darf, und in Frage steht vor allen Dingen, wie dies geschieht:

> »Wenn Du eine Wahrheit kurz pointiert und neubeleuchtet zeigst, ist sie nur ein Paradox. Das Klischee für Wahrheiten ist: „schlichtes Gewand."
> Ist ein Satzungeheuer, ein sprachlicher Megalobatrachus maximus. Mit Hilfszeitwörtern, baumelnden Hilfszeitwörtertroddeln behangen, mit losen Nebensatzzipfeln, mit Prädikaten, die sich irgendwo verbergen, wie Münzen im Unterfutter einer zerrissenen Westentasche. Was so gesagt wird, ist eine „Wahrheit".«[116]

Zwei Positionen folgen aufeinander und widersprechen einander – ebenso wie die beiden im Text aufzufindenden Thesen, der schlechte Ruf des Feuilletons beruhe einerseits auf dem Stil der Pathetiker bzw. andererseits auf demjenigen der Antipathetiker. Diese unaufgelöste Widersprüchlichkeit wirkt wie ein Symptom feuilletonistischer Unverbindlichkeit. Aufgabe des Feuilletons ist es eben nicht, Klarheit und Wahrheit zu schaffen, oder?

> »Was hier gesagt wurde, ist auch „Feuilleton". Deshalb hab ich das Ganze so genannt: und kann hier dennoch Wahrheiten, gültige, gesagt haben. Ich habe etwas über eine Stunde dran geschrieben.«[117]

---

114 Roth, Josef: Feuilleton. Berliner Börsen Courier 24.07.21.
115 Ebd.
116 Ebd.
117 Ebd.

3.3.4 Feuilleton schreiben. Narration und Reflexion

Wiederum der Rückbezug auf den Text und seine Titulierung als Insignien feuilletonistischer Selbstreflexion. Die unterstrichene Geschwindigkeit des Schreibens nimmt dem Artikel seine mögliche Würde; „etwas über eine Stunde" ist kein Tagwerk, keine Arbeit im konventionellen Sinn, sondern mußevolle Produktion, doch ist dieser Angabe auch nicht zu trauen. Durch die oben erwähnten Widersprüche gerät der Text in eine Schwebe, in der die wirkliche Meinung des Autors und der Gültigkeitsanspruch seiner Ausführungen im unklaren bleibt. Der Text wirkt arabesk wie eines der bereits thematisierten Gedankenornamente, was schon in der unzusammenhängenden Druckgestalt anschaulich wird. Ein loser Verbund von Sätzen und Absätzen, so präsentiert sich das „Feuilleton"-Feuilleton Joseph Roths. Die Engführung von Inhalt und Form entspricht, glaubt man der Auskunft Kurt Walter Goldschmidts, dem „Zeitgeist".

> »Der Aphorismus – der „Vers der Kunstprosa": [...] Längst ist Philosophie in den alten scholastischen Formen nicht mehr möglich; längst sprengen auch die Inhalte des persönlichen Erlebens das Gehäuse der überlieferten lyrischen Form. Hier bietet sich wie von selbst der zugleich lyrischer und intellektueller Möglichkeiten fähige Aphorismus als die „synthetische", die „klassische" Form an. Von Friedrich Schlegel über Nietzsche und das im- und expressionistische Zwischenspiel führt die Linie bis hierher.«[118]

Die Ausführungen verdanken sich der Besprechung eines Buches von Johannes Nacht,[119] das noch weiterreichende Überlegungen über die Umbrüche in den Denk-Formen – also den sprachlich-schriftlichen Formen, in denen sich Denken präsentiert – enthält. Der Rezensent zitiert ausführlich aus dem selbst aphoristisch gestalteten Werk:

> »„Ein Blick aus der Vogelschau: die Buchdeckel mehrbändiger Romane gleichen heut schon Sargdeckeln. – Ein schöngeistiges Werk großen Formates und dicken Leibes wird künftig ein literarischer Atavismus sein. – Der Aphorismus ist von der Inselhaftigkeit zur Einheit des Kontinents gewachsen. [...] Der aphoristische Kunststil darf in die Vorhalle des telegrammatischen und des asthmatischen Stils treten, doch nie in ihr Tollhaus... Als synthetischer Stil wird er der Stil der kommenden Kunst."«[120]

In der Tat handelt es sich bei diesem Hymnus um „aphoristische Zukunftsmusik", wie sie der Titel der Besprechung avisiert. Die große Erzählung ist in eine Krise geraten, was bereits 1916 Georg Lukács in seiner *Theorie des Romans* konstatierte, insofern er im Roman ein Krisensymptom der bürgerlich-

---

118 Goldschmidt, Kurt Walter: Aphoristische Zukunftsmusik. Berliner Börsen Courier 21.11.22.
119 Nacht, Johannes: Pflugschar und Flugsame. Berlin 1922.
120 Goldschmidt, Kurt Walter: Aphoristische Zukunftsmusik. Berliner Börsen Courier 21.11.22.

kapitalistischen Gesellschaft erblickte und in ihm den Ausdruck transzendentaler Obdachlosigkeit entdeckte. Nach dem ersten Weltkrieg hat sich die Krise weiter zugespitzt, und angesichts des Zusammenbruchs der tradierten Deutungsmuster steht keine Systematik mehr zur Verfügung, auf die die Phänomene rückbezogen werden könnten. Der Aufbau eines sinnvollen Deutungszusammenhangs geht nun mit aller Vorsicht formal „neue" Wege: durch kleine Schritte – in Aphorismen, Sentenzen, kurzen Prosaskizzen oder Parabeln – werden Bausteine zusammengetragen, aus denen der neue Bau einer Weltsicht erstehen soll. In dem Maße, in dem dies Bestreben breite Anerkennung findet, werden auch das Feuilleton und der Journalismus höher gewertet. Die Nobilitierung eines Schreibens, das dem feuilletonistischen verwandtschaftlich nahesteht, ändert jedoch zunächst nichts an der skeptisch-ironischen Perspektive, die die Feuilletonisten auf ihre eigene Produktion beziehen.

> »Nun kann sich niemand, der es noch nicht versucht hat, einen Begriff davon machen, wie schwer es ist, ein Feuilleton über Ostern zu schreiben; weil nämlich alles darüber schon gesagt ist. [...] Und erst sehr viel später habe ich gemerkt, daß man sich die Sache mit dem Osterfeuilleton viel bequemer machen kann. Man nimmt irgendeinen beliebigen Artikel, der gerade daliegt; also etwa über die Brotpreise, über die Goldankaufstellen oder über die Detektivbureaus, und braucht diesem Artikel nur die richtige Überschrift zu geben: die Brotpreise zu Ostern; goldene Ostern; der Osterdetektiv.«[121]

Natürlich erscheint der Text zum Osterfest des Jahres 1923 und trägt den Titel „Das Feuilleton zu Ostern". Die Beliebigkeit und Gleichgültigkeit der Gegenstände, die Erzählanlaß werden können, wird in aller Deutlichkeit expliziert und in Bezug gesetzt zu dem Anspruch, etwas Neues zu sagen/schreiben. Innerhalb des Feuilletons steht die schiere Quantität anscheinend der Innovation im Wege, und Auburtin sucht in einer selbstreflexiven Schlaufe diesem Trauma des Schriftstellers zu entkommen, in dem er es zum Thema erhebt, wobei er, wie nachdem vorhergehenden zu sehen ist, jedoch auf inhaltlicher Ebene nichts Neues zu sagen vermag. Indes wird durch die Wiederholung bestimmter Muster feuilletonistischer Selbstreflexion nicht die zweite These von der Gleichgültigkeit des Gegenstandes verifiziert. Während einerseits für die Feuilletonisten ein gewisser marktbedingter Innovationsdruck besteht, ergibt sich aus dem Umfang des Marktes eine Menge und Geschwindigkeit von Neuerungen, die vom einzelnen nicht mehr einholbar ist und zu den seriellen Figurationen bestimmter Gehalte führt. Trotz des Tatbestandes besteht kein Kausalnexus zu den Gehalten und ihrer Beliebigkeit,

---

121 Auburtin, Victor: Das Feuilleton zu Ostern. Berliner Tageblatt 27.03.23.

3.3.4 Feuilleton schreiben. Narration und Reflexion

vielmehr ist der Bereich möglicher Gegenstände doch – wenn auch weit gefaßt – eingeschränkt. Welcher Feuilletonist einer bürgerlichen Tageszeitungen könnte unter dem Strich erotische oder politische Eskapaden publizieren? Wieso wird dann aber immer wieder auf die Beliebigkeit verwiesen, geradezu auf ihr insistiert? Eine psychologische Notwendigkeit scheint darin zu wirken, eine (Auto-) Suggestion, die Produzenten und Rezipienten den Eindruck vermittelt, alles sei offen und möglich, eine Freiheit von jeglichem, vor allem aber dem ökonomischen Druck. Diese Beschwörung der Freiheit dient nicht nur den Feuilletonisten und ihrem Selbstbewußtsein, sondern vermittelt sich als Unbeschwertheit, Leichtigkeit auch den Lesern, die dem Feuilleton genau diese abverlangen. Die Betonung der Beliebigkeit als selbst serielles Textelement im feuilletonistischen Metadiskurs, besitzt also nicht nur psychologische Notwendigkeit, sondern befriedigt darüber hinaus noch ein Erfordernis des Marktes.

> »Auf meinem Schreibtisch liegt ein Totenschädel.«[122]

So unvermittelt ins semantische Spannungsfeld von Tod und Schreiben springt Erich-Maria Remarque in seinem *Still-Leben*, das sich dann auch wirklich als solches herausstellt: das den zu lesenden Text verfassende Schreiber-Ich schildert den Ausblick auf die Gegenstände vor seinem Schreibplatz: Der Schädel führt zu einer Kurzreflexion des Todes; die Kalksteinbüste Echnatons führt in einen umfassenderen geistes- und kulturgeschichtlichen Exkurs, der sich schwerpunktmäßig über das Verhältnis von Blut und Denken und Dichten ausläßt.

> »Zwischen den beiden Köpfen steht eine braune Tonvase aus Mykenä. Mit Blumen, Krokusblüten, blühenden Pfirsichzweigen. Eine Frau mit schmalen Gelenken hat sie gebracht.«[123]

Angesichts der signalisierten persönlichen Anbindung und Bedeutung dieses Gegenstandes wird keine weitere Bedeutung dem mutmaßlichen Liebesgeschenk zugeschrieben, und statt dessen wird – da es sich ja um einen öffentlichen Schreibprozeß handelt, in dem die Leser dem Schreiber über die Schulter und in den Kopf sehen, er also keine Zeit für Korrekturen seines sich gleichzeitig denkenden und schreibenden Textes hat – eine überzeugende psychologische Abwehrreaktion inszeniert:

---

122 Remarque, Erich-Maria: Still-Leben. Berliner Tageblatt 02.06.23.
123 Ebd.

»Weshalb erwarten Sie jetzt von mir einen kitschigen Sermon über Allverknüpfung, welthistorische Perspektiven mit Frühling lauwarm angerührt, oder eine sentimental getrüffelte Werden-Vergehen-Pastete mit freudigem Dessert: Noch sind wir – Was wollen Sie nur – ich sagte Ihnen doch schon viel mehr; daß die beiden Köpfe da sind. Und Blumen. Und ein Mensch davor.«[124]

Mit dieser Zäsur im Verfolg des narrativen Verfahrens geht die Einführung der Leseranrede in den Text einher. Die ersten Zeilen greifen offenbar gängige Muster auf, denen folgend der bis dahin entwickelte Erzählstrang konventionellerweise forterzählt werden würde. Dieser feuilletonistischen Entelechie nachzufolgen, weigert sich der Erzähler jedoch und karikiert den möglichen Fortgang, den seine Eingangspassagen nahegelegt und fast erfüllt haben. Vermeintlich gegen die Konvention wird auf genau diese Passagen rekurriert und behauptet, sie stünden für vielmehr als ihr möglicher Fortgang. Bei der Thematisierung des eigenen Geschriebenen zeigt sich eine signifikante Verkürzung: In der Nacherzählung wird die gesamte, im vorherigen Text vollzogene Bedeutungsaufladung, werden die abstrakten Ornamente, die um die auf dem Schreibtisch gelagerten Gegenstände geschlungen worden waren, fortgelassen, und die Erzählung sieht sich reduziert auf eine Konkretisierung, die lediglich Dinge bezeichnet, ohne sie zu bedeuten. Diese vorgebliche Konkretion als Indiz persönlichen Erlebens und subjektiven Wahrnehmens, der wahren Präsenz, steht gegen die erdachten Fortsetzungen, die überpersönlich ein Bestandteil allgemeiner Rede sind, jedem geläufig und verfügbar. Auch dies Feuilleton umkreist somit das Verhältnis von Beliebigkeit und Besonderung und verfällt dessen Gesetzmäßigkeiten, insofern der Schreibende sich sowohl inhaltlich als auch sprachlich-formal um Besonderung bemüht, verfällt er den Konventionen der diskursiven und narrativen Gestaltung von Besonderung.

Die Konventionen des Schreibens sind jedoch nicht derartig determinierend, daß sich nicht im Rahmen einer Aussageintention verschiedene Strategien finden ließen. Augenfällig setzt Auburtin auf die Besonderung als Autor, in dem er seinen Erzähler die Beliebigkeit affirmieren läßt, wohingegen Remarque seinen Erzähler auf der Besonderung insistieren läßt und dabei vor allem durch Einsatz gestalterischer Mittel auf Besonderung als Autor setzt.

Wie zwei weitere Feuilletons zeigen, die gleichfalls 1923 entstanden, wird diese Besonderung jedoch immer schwieriger.

Ossip Kalenter bedient sich des schon bei Kisch zu findenden Vorwurfs: Der Erzähler sitzt im Café, wie der Titel vorgibt exakt 14 Minuten lang.[125]

---

124 Ebd.
125 Kalenter, Ossip: Café. (11 Uhr 42 bis 11 Uhr 56 vormittags). Vossische Zeitung

3.3.4 Feuilleton schreiben. Narration und Reflexion

Zunächst gelangweilt, sucht er nach Möglichkeiten des Erzählens und beginnt, von der Umgebung angeregt, verschiedene Stränge zu entwerfen, die abbrechen, als mittels einer direkten Rede signalisiert wird, daß eine Dame, um die zuvor eine Narration entworfen worden war, gehen wird. Der Artikel kulminiert und kollabiert nach deren Aufforderung „Ober, zahlen!" in den beiden nachstehenden Sätzen:

> »Die Welt ist eine Simultanbühne. Und ich habe schon wieder bloß noch so und so viel Mark.«[126]

Kontrastiert werden die Reichhaltigkeit der Welt und die Armut des Erzähler-Ichs, wobei die Unbestimmtheit der Besitzangabe einer Parodie gleichkommt, zumal zuvor durch quasiexakte Angaben, wie der hier zusammenfallenden Erzählzeit und erzählten Zeit, Authentizität suggeriert wurde. Eine ähnliche Ausgangssituation wie bei Kisch erfährt eine Variation, die in ihrem Schlußpassus der Aktualität Rechnung trägt – es ist die Zeit des Höhepunkts der Inflation –, dieses aktuelle Moment jedoch in einer ironischen Formulierung sogleich wieder zurücknimmt. In der Bewegung wird kenntlich, daß eben die Täglichkeit Chance und Trauma der Feuilletonisten bildet, insofern sie darin die Gelegenheit haben, Muster wiederzuverwenden, die im täglichen Lektürefluß nicht mehr als solche erkannt werden,[127] und außerdem als Trauma, weil neben der Vergänglichkeit des eigenen Schreibens die Ununterscheidbarkeit von dem der anderen riskiert wird. Verständlicherweise werden daher allzu deutliche oder tatsächliche Konkretionen, die den Text nicht an einen subjektiven Eindruck, sondern an eine objektive zeitliche Gegebenheit knüpfen, vermieden. Der Rekurs auf das raum-zeitlich verortbare Ereignis wird denn auch die Scheidelinie zwischen der Reportage und dem Feuilleton markieren. Im Bestreben, der Tagesbedingtheit zu entkommen, werden die feuilletonistischen Narrationen bei aller fingierten Situativität in einem abstrakten Raum lokalisiert, der sich nicht konkret bestimmen läßt, der eine gewisse Über-Zeitlichkeit schafft, die die Feuilletons zwar länger als bspw. Nachrichten bestehen, sie jedoch zugleich wiederholbar, verwechselbar werden läßt.

21.07.23.
126 Ebd.
127 Einigen Feuilletonisten gelang es sogar, nahezu unveränderte Artikel nach wenigen Jahren nochmals zu publizieren; als Beispiel sei Hans Natoneks Artikel „Bruder Boxer" angeführt, der zuerst in der Deutschen Allgemeinen Zeitung vom 09.11.23 erschien und im Berliner Börsen Courier vom 15.03.27 nochmals veröffentlicht werden konnte.

Während Kalenter an das Muster des Schreibens aus einer aktualisierten Schreibsituation und einer Atmosphäre der Langeweile, des Wartens, anknüpfte, gibt Hans Pick eine modellhafte Variante des Erzählens vom scheinbar belanglosen, alltäglichen und unscheinbaren Gegenstand aus; also eines Musters, das sich häufig in das vorhergehend bezeichnete einfügt. Das von ihm als Schreibanlaß erkorene Detail des Alltagslebens ist – anders als der Titel *Feuerzeug*[128] glauben macht – die Zündholzschachtel, und zwar insbesondere die leere, achtlos auf den Gehweg geworfene.

>»Die leere Schachtel schien, was sie nicht mehr war: voll zu sein. Sie war so das richtige Symbol ihrer Zeit und verkörperte deren Philosophie des „Als ob".«[129]

In auffallender, ja geradezu plakativer Weise wird der Vorgang des Bedeutens vorgeführt: Der Gegenstand wird in einer Hinsicht verkürzt, aus einer Perspektive interpretiert und dann an ein Bedeutungssytem angeschlossen, hier die neokantianische Philosophie Hans Vaihingers, die in jenen Jahren zwar en vogue war, aber zumindest mit den lebensphilosophischen Schulen und dem Salonsozialismus zu konkurrieren hatte.

Würde sich das Feuilleton nur auf diese eine Bedeutungsfunktion beschränken, wäre es zweifellos als Feuilleton nicht veröffentlicht worden, so daß weitere Bedeutungsebenen der Zündholzschachtel erschlossen werden, indem Umgangsweisen mit derselben soziologisch differenziert und psychologisiert werden, eine Relation zum Obstkern hinsichtlich der Umgangsweisen und kulturgeschichtlichen Aspekte aufgemacht wird. Die Beudeutungsanreicherungen der Zündholzschachteln relativieren den Stellenwert des Zitats, wodurch die scheinbar schwerwiegende oder unsinnige Behauptung, die Zündholzschachtel sei das Symbol der Zeit, in eine Schwebe- oder Balanceposition gebracht wird, die es zuläßt, der Aussage eine Ernsthaftigkeit zuzugestehen, ohne daß mit ihr ein absoluter Geltungsanspruch verbunden wäre. Viele Dinge können zugleich Symbole von verschiedenstem sein. Hans Pick expliziert diese Ansicht im letzten Satz seines Feuilletons, der auch innerhalb dieses Textes eine signifikante Zäsur darstellt:

---

128 Pick, Hans: Feuerzeug. Vossische Zeitung 17.10.23 (a). – Das Feuerzeug kommt im gesamten Text nicht vor, weder wörtlich noch in Umschreibungen, doch führt der Titel nach der Lektüre des Feuilletons zu der Annahme, daß ein Gutteil der geschilderten Vorgänge und Veränderungen mit dem Feuerzeug und seiner Verbreitung zusammenhängt. Gleichzeitig wird das Feuerzeug rückbedeutet und erscheint als Feuer-Zeug, mithin als Gesamtheit der Gegenstände, die zum Feuermachen erforderlich sind. Diese Differenz und nachfolgende Wechselwirkung von Titel und Text weist voraus auf ein Bauprinzip der *Denkbild* genannten Kurzprosa.

129 Ebd.

3.3.4 Feuilleton schreiben. Narration und Reflexion

>»Wovon rede ich denn, was spreche ich denn da – ich wollte von Zündholzschachteln sprechen und Obstkernen – es ist doch alles, alles so gleichgültig und gleich gültig.«[130]

Der Einschnitt besteht zunächst in der Einführung eines Ich-Erzählers, der wie auch in den vorigen Feuilletons die explizite Selbstreflexion indiziert. Die in Frageform vorgebrachten Einwendungen gegen das zuvor Gesagte perspektivieren es kritisch, verweisen es als Abschweifungen ins Reich der Abstraktionen, nehmen es virtuell zurück, um statt dessen auf die vermeintlich konkreten Erzählanlässe zu verweisen, die, wie auch in dem Artikel Kalenters deutlich wurde, in ihrer Dinglichkeit offenbar nicht einzuholen sind. Die Schlußformulierung überführt dies vorgebliche Streben nach Konkretion in eine Universalisierung, die das Grundthema feuilletonistischen Schreibens und seiner Möglichkeitsbedingung – die Auswirkung des die Gesellschaft dominierenden Tauschwerts auf das Erzählen – benennt.

Gegen die Besonderungstendenzen etablieren sich zwei Formen der narrativen Organisation feuilletonistischer Selbstreflexion: Der erste Typ setzt mit dem unberatenen Ich-Erzähler ein, der sich fragt, was er schreiben könnte. Er wählt einen beliebigen, vorzugsweise im Blickfeld des Erzählers gelegenen Gegenstand und entwickelt von dort aus ein wucherndes System der Bedeutungs-Produktion oder -Aufladung, das schließlich ein abruptes Ende findet, indem auf die anfängliche Situation zurückgekommen wird, in der eine Veränderung stattgefunden hat, die das Ende des Erzählens motiviert. Der zweite Typ beginnt umgekehrt mit einem Gegenstand, an den dann gleichfalls ein Bedeutungssystem geknüpft wird, bis eine Zäsur eintritt, die den Ich-Erzähler zu Wort kommen läßt, der über sein vorhergehendes Schreiben räsoniert und mit einer resignativen Bemerkung den Text endet. Benennen wir die Organisationsformen nach ihren dominanten Strukturmerkmalen, so läßt sich die erste als Rahmentyp und die zweite als Zäsurtyp bezeichnen. Die Organisationsform wirkt auf die Bedeutung des Binnenfeuilletons: Während es im Rahmentyp als leichthändiges Zwischenspiel erscheint, wird es im Zäsurtyp als (gescheiterte) Versuchsanordnung rückbedeutet. Natürlich bestehen verschiedene Mischformen, was die untergeordneten Merkmale anbelangt, sie beeinflussen jedoch nicht die Gestalt der Grundmuster.

Einschränkend muß angemerkt werden, daß sich die Grundmuster lediglich auf die narrativ organisierten, ein Erzähler-Ich ausweisenden Selbstreflexionen der Feuilletonisten beziehen; weniger narrativ oder feuilletonistisch ausgerichtete Auseinandersetzungen folgen anderen Organisationsformen.

---

130   Ebd.

> »Wer rettet unseren ehrwürdigen alten Planeten vor der gänzlichen Verfeuilletonisierung? Wenn das Tempo und die Intensität der buchförmigen und zeitungsspaltenförmigen Reiseschilderungen so weitergeht, werden bald alle Länder und Landschaften dieser Erde in Fetzen z e r schildert sein. Das Reisen, früher ein Abenteuer, hat heute seinen Seltenheitswert durchaus eingebüßt.«[131]

Bereits der Begriff „Verfeuilletonisierung" signalisiert die kritische Position, die gegenüber dem Feuilleton eingenommen wird. Der angegebene Grund besteht darin, daß im Feuilleton und seiner Massenhaftigkeit eine Bedrohung, nun, wohl nicht wirklich des Planeten, doch der „individuellen" Erfahrung desselben gegeben ist. Das subjektive und tiefe Erlebnis wird von omnipräsenten Feuilletons bedroht, da sie anscheinend derart wirkungsmächtig sind, daß sie Erfahrung präformieren können. Doch existieren noch weitere Vorwürfe:

> »Und mit diesem Schwarm behäbiger Bürgerlichkeit, der überall, wohin er kommt, die alte, schöne, wilde Erde behäbig und bürgerlich macht, marschiert eine Rotte geschwätziger Feuilletonisten, Stimmungsautomaten, die nach alten Vorschriften sentimental werden. Beobachtungsgenies, die aus Land und Leuten Hundertzeilenextrakte machen. Wer nur irgendwie die Feder schwingen kann, glaubt nicht reisen zu können, ohne mit dieser Feder die oberste Oberfläche der Landschaften für irgendein Blatt oder Blättchen abzuschaben. Die Zeitungen sind Ablegestätten für diese Epidermisschuppen geworden. Vor dieser flachen Feuilletonade kann man sich schützen: man liest sie nicht. Wer aber rettet uns vor den Erzählungen der Heimgekehrten? Vor diesen Leuten, die, befreit von heimatlich-bürgerlicher Enge, alles durch das farbige Prisma der ferialen Zweckbefreitheit sehen und sie in das fremde Land projizieren?«[132]

Es handelt sich um einen Schwarm von Vorwürfen, der befremdlicherweise genau das umkreist, was das Feuilleton als solches ausmacht: Oberflächlichkeit, Bürgerlichkeit, Zweckbefreitheit und Projektion. Gegen diese Grundelemente des Feuilletonismus wird ex negativo ein Werteensemble aufgeboten, dessen Leitgedanke das individualistische Dichterkonzept ist. Der Dichter, der nicht Stimmungsautomat ist, sondern in die Tiefe dringt, offen die Eindrücke in sich aufnimmt und sie nicht nach alten Mustern gestaltet. Dieser Dichter kommt selten vor, bildet eine elitäre Schicht der Schreiberschaft und ist zumindest Lebenskünstler, wenn nicht wohlhabend und zudem Lebenskünstler, da es für ihn keine *feriale Zweckbefreitheit* gibt, woraus zu folgern ist, daß er entweder eine ohnehin zwecklose Existenz fristet, oder ihm das Dichten Selbstzweck ist. Der antibürgerliche Impetus verbindet sich mit Konventionen bürgerlicher Kunstvorstellung.

---

131 Hahn, Arnold: Reise-Feuilletons. Tagebuch 36/1925, 1350 f.; hier: 1350.
132 Ebd.

3.3.4 Feuilleton schreiben. Narration und Reflexion

> »Sie schwärmen von der Pariser Eleganz, haben aber nicht beobachtet, daß der Durchschnittspariser viel weniger gut angezogen ist als der Durchschnittsberliner. Sie schwärmen, sie schwärmen von irgendeiner Oberfläche, die gar nicht existiert, haben aber in den acht Tagen ihres Aufenthalts das Innere nicht einmal erahnt, um das Paris wahrhaft beneidet werden muß.«[133]

Das *Innere* von Paris bezeichnet aber eine Form von Oberflächenkultur, die sich mit äußerlichen Freuden begnügt und nicht aufs Wesentliche oder Innere dringt. Antizivilisatorisches Ressentiment verbindet sich mit einem ausschließlichen Besitzanspruch auf die symbolische Hauptstadt west-europäischer Lebensart. In dieser unreflektierten Widersprüchlichkeit verknüpft sich wiederum das Schlecht-Feuilletonistische mit seiner Kritik.

Während der Text weitgehend den Eindruck weckt, es handele sich bei den inhärenten Kontradiktionen nicht um eine Konstruktion, eine artifizielle Ambivalenz, sondern um ein schlichtes Versagen des Autors, so mag man doch nicht glauben, daß einerseits beklagt wird, daß die *Stimmungsautomaten nach alten Vorschriften sentimental* werden, und andererseits gefordert werden kann, daß ein *kluger Mann ein Pendant zum Baedeker schreiben* sollte, eine „länderweise Anleitung zu Reiseerzählungen". Ist doch der Baedeker dem Kulturbourgeois genau jener Stimmungsautomat, der steuert, wann in Ehrfurcht zu erstarren ist. Die Frage, ob es sich um eine Konstruktion oder einen Fehler in derselben handelt, kann nicht abschließend geklärt werden. Sehen wir von der möglichen Autorintention ab, dann ist an diesem Text und 1925 überhaupt ein eigenartiges Drängen auf oder um das Authentische oder Wesentliche zu bemerken.[134] Auch Moritz Heimann schreibt „Über das Authentische [;] ein Feuilleton".[135] In diesem Feuilleton wird zwar einerseits ein fortschreitender Verlust von Subjektivität, Individualität und Persönlichkeit konstatiert, doch führt gerade diese Beobachtung auf eine nachdrückliche Emphase gegenüber dem Rest-Subjekt:

> »Nur Eines bleibt als Geheimnis zurück: daß der authentische Teil der Menschen, diese Persönlichkeit, dieses Kaum-noch-Etwas und Beinahe-Nichts, dieser Augenblick im Strom – der ganze Strom, die ganze Welt ist.«[136]

Wiederum verknüpft sich die Sicht auf das Wesentliche mit einem elitären Dünkel, der der vermeintlichen Oberflächen- und Zerstreuungskultur des

---

133 Ebd.
134 Vgl. Jäger, Christian: *Phase IV. Wandlungen des Sachlichkeits-Diskurses im Feuilleton der Weimarer Republik*. Jahrbuch zur Literatur der Weimarer Republik 2/1996, 77–108.
135 Heimann, Moritz: Über das Authentische; ein Feuilleton. Weltbühne 14/1925, 505–510.
136 Ebd.

Feuilletons entgegensteht. Bezieht man diese Tendenzen auf die gleichzeitige Stärkung des Ansehens, die dem Journalismus und auch dem Feuilleton widerfährt, so verwundert zunächst der befremdliche Rekurs auf traditionalistische Wertmuster, die zur Nobilitierung feuilletonistischen Schreibens eigentlich nicht erforderlich sind. Andererseits gewinnt es eine gewisse Plausibilität, wenn man davon ausgeht, daß in dem Moment, in dem das Feuilleton sich anschickt, innerhalb des kulturellen Kanons den Platz einzunehmen, den zuvor die Literatur im engeren Sinne innehatte, auch der Diskurs, den diese Literatur führte, vom Feuilleton übernommen wird.

Ebenso wie in der Selbstreflexion der Literatur bestehen auch hier unterschiedliche Vorstellungen über das, was ein Feuilleton sein kann oder sein soll. Daß über die Aufgaben des Feuilletons und den Begriff selbst Auseinandersetzungen beginnen, zeigt deutlich den Zugewinn an sozialer Geltung, der die feuilletonistische Selbstreflexion aus der ironischen oder resignativen Narrationsform hinausführt.

Neben dem bereits angeführten historisch-systematischen Text Hermann Bahrs[137] kann auch der kurios anmutende Bericht über einen Eindeutschungsversuch des Begriffs, der unter dem Pseudonym Plim Plam erschien, als Indiz dafür gelten.

> »Gewiß: mit dem Wort „Feuilleton" ist nicht viel Staat zu machen. Aber muß es, wenn schon ausgemerzt werden soll, muß es gleich „Heimgart" sein? Ein Mann namens Draxler, ein Deutschböhme, hat diesen Vorschlag gemacht, in der „Muttersprache", dem Organ des Deutschen Sprachvereins. „Heimgart" sei althochdeutsch. Die Rubrik unterm Strich sei ja oder wenigstens sie solle sein: wie ein Heimgarten ein Ort traulichen Beisammenseins zu gemütlicher Unterhaltung. Auch werde das Zeitwort „Heimgarten" sich gewiß bald einbürgern.«[138]

Der Nationalisierungsversuch des Feuilletons, für den der Feuilletoinist nur Spott hat, formuliert eine idyllische Variante dessen, was Feuilleton sein könnte: eine Art *Gartenlaube*, im Sinne der Zeitschrift für die Hedwig Courths-Mahler schrieb, in der es ausschließlich um Unterhaltung geht als einem Moment konservativer Kommunikation. *Unterhalten* bedeutet in diesem Fall soviel wie *etwas unten-halten*, indem man sich *über* etwas unterhält; das, was unten gehalten wird, ist das, was auf Veränderung oder Kritik drängt. Das Über als Ebene, auf der man sich unterhält, heißt, daß die Dinge, Gegenstände und Sachverhalte der Unterhaltung genau nicht verfolgt werden, man geht ihnen nicht nach und auf den Grund. Unterhaltung kann min-

---

137 Bahr, Hermann: Feuilleton. Vossische Zeitung 15.01.26.
138 Plim Plam: Statt Feuilleton – „Heimgart"? Berliner Börsen Courier 21.08.27.

3.3.4 Feuilleton schreiben. Narration und Reflexion

destens zweierlei sein: zum einen der eben pointierte Austausch von Gewißheiten und Phrasen, der der Bestätigung dient, und zum anderen jenes anregende Gespräch, das Fragen aufwirft und Probleme stellt. Wenn dem Feuilleton von Germanisierern jene erstgenannte Unterhaltungsfunktion zugemessen wird, so bedeutet das, daß sich im Feuilleton der zweite Typus bedrohlich stark entwickelt. Und in der Tat setzt nach der Mitte der Zwanziger Jahre eine feuilletonistische Evolution ein, die sich im Anschluß an das diskursive Sammelsurium Neue Sachlichkeit auf Qualitäten des Berichts und der sozialen Reportage besinnt, die es mehr zum zweiten Pol der Unterhaltung führen – und schließlich in die Entwicklung der eminent kritischen und beunruhigenden Denkbilder bspw. bei Walter Benjamin und Ernst Bloch münden. Doch wie die Unterhaltung zwei Pole hat, so auch das Feuilleton; und selbst wenn es eine Tendenz zum einen Pol gibt, wird der andere nicht völlig aufgegeben, nicht verlassen, denn:

> »Das Werkzeug liegt bereit und die Gewohnheit des Arbeitens treibt wie ein Dynamo, so flüchtet der Schaffende zu den kleineren Beeten seines Gartens und bemüht sich um sie. Der Dichter schreibt Feuilletons.«[139]

Zu Anfang der Zwanziger Jahre bekannten sich nur wenige Dichter zu ihrer feuilletonistischen Tätigkeit; sauber getrennt, schien das eine mit dem anderen nichts zu tun zu haben. Felix Langer nun erhebt die meist ökonomisch notwendige Doppelung von Dichter und Feuilletonist zum Thema seines nach dem Rahmentyp organisierten Feuilletons: Die Arbeit des Ich-Erzählers am großen Roman stockt, und so beginnt er ein Feuilleton, in dessen Verlauf sich die Phantasie wieder den Romangestalten zuwendet, so daß das Feuilleton endet, wenn der Roman fortgesetzt werden kann. Als Shifter, der diese Engführung von Feuilleton- und Romanautor erleichtert, diente zu jener Zeit der Begriff des Schriftstellers, den wir in dieser Bedeutung bereits in den obigen Ausführungen entwickelten, auf den Langer jedoch verzichtet, um statt dessen den Kontrast von Dichter und Feuilletonist aufrechtzuerhalten.

Es handelt sich um einen rustikalen Typus von Schriftsteller, der, wenn er nicht die kleineren Beete des Feuilletons bestellt, offenbar das weite Feld des Romans beackert. Die naturalisierende Metaphorik ruft im Verbund mit dem Begriff des „Schaffenden" die Assoziation zum Schöpfer im Garten Eden auf. Die biblisch-religiöse Tradition erwies sich gleichermaßen fruchtbar für die Selbststilisierung der Kritiker als Propheten und diente dort wie hier der Aufwertung eigenen Schreibens. Wie sich dies Schreiben positioniert, wird

---
139 Langer, Felix: Feuilleton. Berliner Tageblatt 05.04.28.

nicht nur in der Gartenmetapher kenntlich, sondern auch wenn es von der Phantasie als leitender Kraft dichterischer Produktion heißt:

> »Sie verzaubert ihm das Nahe und Nächste, dass er der Lust zu verweilen und zu rasten nicht widerstehen kann, und ohne dass er es merkt, bindet sie ihm, wenn es an der Zeit ist, ihre buntschillernden Flügel wieder um zum Flug in die Weite, die sie ihn ahnen liess, als er zu schaffen begann.«[140]

Der einzelne und die ihn befruchtende Kraft stehen aufgrund ihrer Bewegungen in Relation zu den Erzählformen: Das Verweilen, die Aufmerksamkeit für das Nächste und die entsprechende Detailfreude sind dem Feuilleton zugeordnet, während der Roman erstaunlicherweise mit einer hohen Geschwindigkeit, mit dem Fliegen in eins gesetzt wird. Die literarische Raumordnung die sich damit verbindet, geht von einer eskapistischen Funktion der Hochliteratur aus, die separate Wirklichkeiten erschließt, in denen ein größeres ästhetisches Glück möglich ist als in den Ausschnitten der Alltagswirklichkeit, die das Feuilleton zu erzählen sucht. Profaner und sakraler Raum kontrastieren via Erzählform und ziehen eine Differenz der Autorengestalt in den zugehörigen Diskursen nach sich: Im Feuilleton ist der Autor Exeget bzw. bestenfalls Prophet, während er im Roman eher Schöpfer, mehr auctor als einfacher Autor ist. Die eigentliche Freiheit des künstlerischen Schaffens findet sich mithin in der umfangreichen Prosa,[141] und nicht in jenem reproduktiven Tagwerk, das zu dieser freimacht, die Möglichkeiten schafft.

> »Die Feuilletonisten existieren von zweierlei: von der Erinnerung an ihre Jugend und von ihren Kindern. Wenn sie welche haben. Einigen fällt auch noch auf, daß es Tiere gibt. Wir leben alle von dem, was wir einmal seelisch verspeist haben. Wir speisen in der Jugend viel. Der Appetit oder vielmehr die Aufnahmespannkraft läßt sehr bald und rasch nach. Wir sind Wiederkäuer. Immer wieder greift man in die Vorratskammer aus frühen Tagen zurück. Es scheint unser Schicksal zu sein, desto mehr an unsere Erinnerungen gebunden zu sein, je älter wir werden. Man weiß ganz genau, daß diese Haltung nach rückwärts sentimental ist. Man wehrt sich gegen diese Gefühlsseligkeit. Man mokiert sich darüber – bei andern – und versucht mit großartiger Geste bei sich das Gedächtnis kritisch zu sichten und die Usance solcher Sentimentalität auf eine höhere Ebene der Selbstgestaltung und des Selbstbewußtseins zu heben. Man schämt sich der Üblichkeit und möchte gern komplizierter und diffiziler sein als der alte Kommerzienrat Schmidt, der einen Orden von anno domini regis alicujus oder die alte Pensioninhaberin Schneider, die eine verblichene Schleife aus den Tagen ihrer Tanzstunden eines Abends wiederfindet. Und eines Abends trifft es dich doch und wirft dich aus allen Komplikationen und Diffizierungen in die primitivste Hilflosigkeit vor einer Erinnerung zurück. Man räumt wieder einmal auf, die alten

---

140 Ebd.
141 Im übrigen ist dies eine Behauptung, die sich auch in jüngeren Autorpoetiken findet, wie bspw. in Arno Schmidts Ausführungen zum „Längeren Gedankenspiel", die in seinen literaturreflexiven Texten immer wieder begegnen.

3.3.4 Feuilleton schreiben. Narration und Reflexion

> Kästen, die in Romanen Spinde heißen und schon in dieser Vokabel etwas von Staub und Spinngewebe in sich tragen. Man macht Ordnung, das Gedächtnis von altem Wust zu befreien. Man will nichts anrühren, was wertlos, was überlebt ist. Man will den ganzen Plunder in den Ofen stecken oder, wenn man eine unromantische Zentralheizung im Haus hat, in die Waschküche zum Verbrennen geben.«[142]

Feuilletonisten existieren von Kritiken und Erzählungen der Kunstereignisse, von Reisen, von Café- und Barszenerien und nicht zuletzt narrativ aufbereiteten Alltagserlebnissen. Wieso gibt Gesell als konstitutives Material Sachverhalte an, die nur einen geringfügigen Anteil an der damaligen Feuilletonproduktion besitzen? Betrachtet man die Schilderung genauer, die von den Erinnerungen gegeben wird, so erscheinen sie als mèmoire involuntaire im Sinne Prousts. Sie brechen in eine geordnete Welt ein und zwingen dem Bewußtsein etwas auf, das es gar nicht aufnehmen wollte. Es ist ein unwillkürlicher, gegen den bewußten Willen gerichteter Einbruch des Vergangenen und, wie Gesell es beschreibt, auch eine affektbesetzte Erinnerung, die Sentimentalität heraufbeschwört.

Doch was hat diese unfreiwillige Erinnerung mit dem Feuilleton zu tun? Im zitierten Passus ist dort, wo die Erinnerung sich Platz verschafft und den Autor bezwingt, signifikanterweise die Rede vom Roman, von der romanhaften Vokabel, die Vergangenheit beschwört. Das Feuilleton kann im Gegensatz zum Roman ja auch keine literarische Gestaltung der Vergangenheit als Erinnerung vornehmen, es fehlt schlicht an Raum, um eine Persönlichkeit aufzubauen, einen Charakter zu entwickeln, dessen Erinnern als solches Plausibilität gewänne. Erinnerungen, die tatsächlich ins Feuilleton eingehen, sind denn auch von der Art, die eine im öffentlichen Diskurs präsente Geschichte voraussetzen, um sinnvoll erzählt werden zu können. Sie beziehen sich entweder auf Personen, deren Bekanntheit dem im Feuilleton erzählten Teilaspekt ihrer Persönlichkeit das entsprechende Interesse und die Verknüpfungsmöglichkeit mit einem etablierten Bild dieser Persönlichkeit sichern, oder auf kulturgeschichtliche Alt-Neu-Kontraste, bei denen der Erinnerung aufrufende Feuilletonist zumindest unterstellen kann, daß seinen Lesern deren Gegenwart geläufig ist. Insbesondere in Berlin-Schilderungen findet sich ein Gutteil solcher Feuilletons, in denen ältere Autoren aus ihrer Berliner Jugendzeit berichten, wodurch aufgrund der Entwicklung, die in Berlin nach 1870 stattfand, ein starker Kontrast zur Gegenwart der Zwanziger Jahre markiert wird. Der Feuilletonist muß für die Erinnerung also auf eine im öffentlichen Bewußtsein präsente Geschichte Bezug nehmen können, was dement-

---

142 Gesell, Michael: Der Brief. Vossische Zeitung 31.05.28.

gegen den Romanautoren als Erschaffern einer „eigenen" Wirklichkeit nicht notwendig ist. Selbst wenn es sucht Erinnerungen zu erzählen, bleibt das Feuilleton zwingend der Aktualität verhaftet. Gesells Versuch, die Erinnerung ins Feuilleton zu überführen, sie als Element feuilletonistischen Schreibens bereitzustellen mit der Behauptung, sie sei ein Kennzeichen des Feuilletons überhaupt, ist folglich a priori zum Scheitern verurteilt. Die Unmöglichkeit privater Erinnerung im Feuilleton wird direkt im Anschluß an den reflexiven Part des Gesellschen Textes deutlich, anhand einer mutmaßlich persönlichen Erinnerung, die Gesell anschließend erzählt und die nicht nachvollziehbar ist, sondern deplaziert und unverständlich, unfeuilletonistisch und psychologisch wirkt. Ein Erinnerungsstück wird darin aufgeboten, um vorzuführen, daß sich Erinnerung nicht mehr einzustellen vermag, so daß das Versprechen, eine Erzählung zu lesen zu bekommen, eine Enttäuschung erfährt.

Benno Reifenberg weist dem Feuilleton eine völlig andere Bedeutung zu:

> »In dem journalistischen Bezirk, der nach dem heutigen Aufbau der Zeitungen Feuilleton heißt, werden *Berichte* gegeben; d. h. hier wird ins allgemeine Bewußtsein gebracht, wie die Substanzen unserer Gegenwart gelagert sind, nach welchen Absichten sie sich ändern. Die Berichte zeigen den Raum an, in dem überhaupt Politik gemacht werden kann. Das Feuilleton ist der fortlaufende Kommentar zur Politik. Die Gefahr, Konventionen für Wirklichkeit zu halten, bedrängt die Politik. Hieraus wird deutlich, wie verantwortungsvoll die Aufgabe sein muß, von den echten Inhalten der Gegenwart Bericht zu geben. In der Zeit wird man die Bedeutung eines Feuilletons zu messen haben an den Themen seiner Berichte. Der Journalismus, der sich mit dem gegebenen, dem vorgeformten Thema beschäftigt, bestimmt nicht mehr ausschließlich den Charakter des Feuilletons. Neben den Referaten zu Theater, Kunst, Musik tritt die nur in Umrissen zu ahnende, überhaupt noch nicht geleistete Arbeit des Reporters.«[143]

In dieser Bestimmung des Feuilletons geraten verschiedene Aspekte durcheinander, werden nicht vermittelt gedacht. Zuerst fällt auf, daß der Begriff *Feuilleton* und das damit verbundene Erzählerische durch den Terminus *Bericht*, der weniger erzählerisch als deskriptiv bestimmt ist, ersetzt wird. Noch über die Beschreibungsfunktion hinaus werden dem Bericht analytische Aufgaben zugewiesen, er soll die Substanz erschließen und die hinter den Veränderungen liegenden Intentionen aufdecken. Es ist zu fragen, um welche Substanz es im Bericht geht. Im vorhergehenden hatten wir als Bereich des Feuilletons die gesellschaftlichen Vorstellungen und Wahrnehmungen über Wirklichkeit ausgemacht, deren Veränderungen verzeichnet und mitgestaltet werden können, wobei letzteres eine Maximaloption darstellt. Reifenberg blendet diese diskursive Vermittlungsebene aus und bezieht das Feuilleton

---

143 Reifenberg, Benno: Gewissenhaft. Frankfurter Zeitung 01.07.29.

unmittelbar auf die Politik. Zwar ist die Politik auch diskursiv, doch sind ihre entscheidenden Faktoren, auf die sie Bezug zu nehmen hat und auf die sie zielt, nicht-diskursive Praxen. Wenn das Feuilleton nun den *Raum* beschreiben soll, in dem Politik möglich ist, bedeutet dies nach konventioneller Denkweise, das Feuilleton zu einem Leitartikel zu machen, der de facto oftmals einen (unausgewiesenen) Kommentar zur Politik darstellt. Unkonventioneller gedacht, wäre davon auszugehen, daß die Politik sich stärker auf diskursive Formationen einläßt als auf nicht-diskursive Praxen. Politisch machbar wäre dann bspw. nicht, was sich finanzieren läßt, sondern was eine gesellschaftliche Unterstützung besitzt bzw. würde sich das die Entscheidung am stärksten beeinflußende Kriterium vom ökonomischen auf den sozialkonsensuellen Pol verlagern.

Der weg- und raumweisende Kommentar des Feuilletons zur Politik verschreibt das Feuilleton in ungeahnter Weise der Aktualität und geht mit einer Hybris einher, die bereits in den autoreflexiven Feuilletons zur Mitte der Zwanziger zu bemerken war: Das Feuilleton erschließt das Wesentliche, der Feuilletonist durchschaut die Konventionen, um die echten Inhalte ins allgemeine Bewußtsein zu führen. Das zuvor noch in pathetischem Vokabular avisierte Prophetentum der Journalisten und Kritiker wird hier in neusachlich-nüchterner Diktion als Analyse präsentiert. Doch daß es nur um eine Transformation der Kunst-Priester, als die sich die Kritiker gerierten, geht, wird im weiteren Textverlauf um so deutlicher:

> »Wir sind, so scheint es uns, dabei, die große Bestandsaufnahme unserer Zeit durch die journalistische Arbeit anzufangen. Von dem Reporter zu sprechen ist ebenso peinvoll, wie wenn man sich um den Dichter bemüht. Beide stellen genau soviel dar, als ihre Individualität hergibt, und dem echten Individuum tut jede allgemeine Charakterisierung unrecht. Immerhin darf das Folgende ausgesprochen werden: Zu den moralischen Qualitäten des Journalisten, also Wahrhaftigkeit und Mut, gehören einige *handwerkliche*. Im Gegensatz zu den allzu vielen Schriftstellern, die ihren Mangel an Sprache durch den kuriosen und seltsamen Gegenstand ihres Schreibens zu überreden suchen, muß der echte Journalist mit dem Glanz und der Verläßigkeit [?] seiner Sprache auch den geringen, den unscheinbaren Gegenstand ausstatten. Man würde uns völlig mißverstehen, wollte man annehmen, es sei vom Journalisten „Brillanz" gefordert, Oberflächenschwindel. Vielmehr bezeugt der Journalist durch die ständige, niemals erlöschende Mühe um den sprachlichen Ausdruck seine Ehrfurcht vor dem Objekt. Er haßt die schnelle Formulierung, das billige Gleichnis, weil er das Dasein respektiert.«[144]

Eine Elite von höchst individualisierten Individualisten, die Reifenberg schon gar nicht mehr zu charakterisieren vermag, wird beschworen, der es in ihrer Arbeit gelingt, die *Zeit* – im Gegensatz zum zuvor beschworenen *Raum* –

---

144 Ebd.

einzufangen, zu erschließen oder zu durchdringen. Das *echte Individuum*, das sich einer *allgemeinen Charakterisierung* entzieht, entspricht als Denkfigur dem blutbestimmten Dichter oder Journalisten, wie er oben skizziert wurde, der genauso „echt" und ebensowenig allgemein zu charakterisieren ist.

Diese naturgemäß wenigen Autoren haben allerdings auch teil an der Allgemeinheit, insofern ihnen moralische Qualitäten zukommen, die derart selbstverständlich sind, daß *Mut* und *Wahrhaftigkeit* eigentlich nicht genannt zu werden brauchten – zumal ihre jeweiligen Bezugsfelder unklar sind: mutig in bezug worauf oder wogegen? An welchen Kriterien gemessen wahrhaftig?

Es scheint nur folgerichtig, daß sich ein solchermaßen emphatischer Bezug auf die echte Wirklichkeit gegen sprachliche Brillanz und Oberflächenschwindel verwehren muß: die Position, von der aus Karl Kraus seine Kritik betrieb, hier ist sie Programm geworden. Gegen den ins Feld geführten politisierten und moralinsauren und zudem mit elitärem Dünkel behafteten Protestantismus scheint der ungehemmte Feuilletonismus eines Hermann Bahr ein steter Hort des Humanum, eine Fluchtburg demokratischer Toleranz zu sein und letztlich auch die wegweisendere Form von Politik: schnell, billig und respektlos. Die Rigorosität, die dazu führen soll, daß der Feuilletonist „lieber den Arbeitstag eines Postbeamten [beschreibt], ehe er das Kinostück kommentiert, mit dem der Postbeamte seinen Abend ausfüllt",[145] wird weder den Postbeamten erreichen, noch der Politik neue Räume bereiten. Die vermeintliche Objektivität der Wirklichkeitsschilderung scheitert daran, daß sie das Irrationale des Wirklichkeitszugangs ausblendet und so in der avisierten Objektivität nicht anzukommen vermag.

In einem Vortrag über das Feuilleton kritisiert der Feuilletonredakteur der zum Ullsteinkonzern gehörenden *Vossischen Zeitung* Monty Jacobs diese Überlegungen Reifenbergs. Auszüge des Vortrages werden von Erik Wickenburg[146] kolportiert. Jacobs insistiert demzufolge auf dem kompensatorischen Charakter des Feuilletons; es erscheint ihm wichtig „etwa, um ein Gegengewicht gegen das Sportgötzentum zu schaffen; um den Ausgleich gegen den schweren Inhalt der Zeitung herzustellen".[147] Weiter wird gefolgert, es sei „also die Aufgabe des Feuilletonisten, leicht und verständlich zu sein".[148] Wickenburg, der die Position Reifenbergs vertritt, läßt sich auf dies zentrale Argument jedoch überhaupt nicht ein, sondern polemisiert, Jacobs habe nur

---

145 Ebd.
146 Wickenburg, Erik: Das Feuilleton. Frankfurter Zeitung 08.07.29.
147 Jacobs, Monty: zit nach ebd.
148 Ebd.

3.3.4 Feuilleton schreiben. Narration und Reflexion

von seiner Zeitung – der *Vossischen* – gesprochen und die dortigen Verhältnisse seien nicht übertragbar.[149]

Es hat sich in der Diskussion um das Feuilleton und seinen Stil seit Kraus' Angriff auf die Franzosenkrankheit und das Ornament offenbar nicht viel geändert. Immer noch oder eher: schon wieder stehen sich diese Positionen gegenüber in scheinbar nicht vermittelbarem Widerspruch. Sucht man dennoch, eine Position zu finden, die sprachlicher Brillanz und politischem Anliegen gerecht wird, ohne elitäre Wesenstümelei und gleichfalls frei von der kompensatorischen Genügsamkeit des Kunsthandwerks, so muß die Sprache als das eigentliche Medium des Politischen gedacht werden, und zwar nicht wie bei Kraus in einer imaginären Reinheit, die herzustellen sei, um zu einer moralischeren Politik zu gelangen. Diesen Krausschen Weg zu beschreiten heißt, die Sprache zu verengen, auf ein System von Konstanten zu setzen, das keine weitere Entwicklung gestattet. Dem entgegen ist eine Politik denkbar, die die Sprache variabel hält, in Variation versetzt und so neue Denk- und Handlungsmöglichkeiten schafft. Über- oder zugespitzt kann man sagen, die Sprache muß mit allen vorhandenen Sprachabfällen bearbeitet werden, sie muß mit allem Sprachmüll zugeschüttet werden, um eine Alternative entstehen zu lassen. Paradoxerweise ist diese Bearbeitung der Sprache unter Zuhilfenahme ihrer Abfälle nicht nur bei Polgar zu finden, sondern auch bei Kraus selbst, der in seinem Collage- und Montagedrama von den letzten Tagen der Menschheit genau in diesem Terrain und mit diesen Mitteln arbeitet.

Die Arbeit an und mit den Phraseologien, Ideologemen oder Diskurselementen läßt die Feuilletonisten nicht unversehrt:

»Ungeziefer: das sind wir, die Feuilletonisten. Das Feuilleton habe dem deutschen Volke den Feuilletonisten gebracht, der Feuilletonist aber das „unabsehbare, schmierende, plaudernde und abschreibende ‚schriftstellernde' Ungeziefer, das nachdrängt, wo die prüfbaren Grenzen zwischen einem Handwerk und einer Pfuscherei verschwimmen und die schmutzigste Federarbeit noch den Zeilenpfennig zu bringen verspricht". Das also sind wir: „unsagbares und unfaßbares Proletariat" und „anonymer Abhub des Schreibergewerbes", wie es auch formuliert wird.«[150]

Die im Zitat zitierten Ausdrücke stammen nicht von einem schäumenden Stammtischbürger, der seine Wut herausschnaubt, sondern von Rudolf

---

149 Vgl. zu der gesamten Debatte auch Todorov, Almut: „Wollten die Eintagsfliegen in den Rang höherer Insekten aufsteigen?" Die Feuilletonkonzeption der *Frankfurter Zeitung* während der Weimarer Republik im redaktionellen Selbstverständnis. In: Deutsche Vierteljahresschrift, 62/1988/4, 697–740; insbesondere 736 f.
150 Gesell, Michael: Ungeziefer- und andere Belehrungen. Vossische Zeitung 23.04.30.

Borchardt. Borchardt, der einer restaurativen Literaturkonzeption anhängt, die sich der Erstellung einer künstlerischen Totalität verschrieben hat, wird von Gesell in seiner weltanschaulichen Position folgendermaßen dargestellt:

> »Der vornehme Mann fällt auch hier noch immer wieder aus, ohne das entfernteste Gefühl und Verständnis für die soziologischen Bedingungen von etwa 60 Millionen Menschen, die sozusagen auch zu Deutschland gehören. Die aber will er gar nicht erkennen und berücksichtigen. Für ihn ist das All-Heilmittel „Minderheit, die geheiligte Auslese über dem Pöbel, die Vorform eines neuen Volkes, zu der das Morgen ja sagen kann". Der Weg zu dieser Minderheit ist die „Poesie". Mit ihrer Hilfe muß man wieder „Aristokrat" werden. Man muß sich distinguieren, wenn es sein muß, ein wenig „vereinsamen", um wieder den Wert vom Unwert unterscheiden zu lernen.«[151]

Im Konflikt zwischen Gesell und Borchardt spiegelt sich die vorstehend geschilderte innerfeuilletonistische Debatte noch einmal, nun auf ein Gefälle von Literatur und Feuilleton projiziert.

Borchardt besetzt den Pol des elitären Sprachreinigers und Kunstbewahrers, während Gesell sich zu einem Popularismus bekennt, der sich dem „brennende[n] Problem dieser Zeit [...] [stellt]: wie man die Millionen in ihrer wirtschaftlichen Zwangslage fähig mache, sich geistig weiterzubilden und seelisch überhaupt nur zu erhalten".[152] Wohlgemerkt, diese Auseinandersetzung findet vor dem Hintergrund der Weltwirtschaftskrise statt. Börsenkräche und Deflation, Arbeitslosigkeit und politische Radikalisierung liefern das Szenario, in das hinein Borchardt seinen Ruf nach einer neuen (Kunst-) Elite schickt. Gesell setzt dagegen nicht das Konzept Jacobs' der kompensatorischen Zerstreuung und Unterhaltung, sondern nach Maßgabe der veränderten politisch-ökonomischen Verhältnisse eine soziokulturelle Kompensation, die den in eine Notsituation versetzten Lesern die kulturellen Lebensmittel zur Verfügung stellt.

Zwar mag man in Variierung einer zeitgenössischen Liedzeile sagen „Erst kommt das Fressen, dann kommt die Kultur", doch die Verschiebung von Moral[153] auf Kultur funktioniert nicht. Während die Moral davon abhält oder abhalten kann, die materielle Situation zum Anlaß zu nehmen, die Besitzverhältnisse zu hinterfragen, kann auch angesichts der Not die Kultur eben dazu führen – wie bspw. Brechts Dreigroschenoper, die mit einem sozusagen feuilletonistischen Popularismus in zweifacher Hinsicht Ernst macht.

Ob die Feuilletonisten tatsächlich einem derart weitreichenden Anspruch genügen, wie er in Gesells Verteidigung des Berufsstandes angedeutet wird,

---

151 Ebd.
152 Ebd.
153 Bertolt Brecht benutzt im Finale der Dreigroschenoper diesen Ausdruck.

3.3.4 Feuilleton schreiben. Narration und Reflexion

soll hier nicht entschieden werden, fest steht aber, daß Gesell selbst an seine Kollegen und deren Aufrichtigkeit glaubt:

> »Selbstverständlich bin ich ein „Lohnsklave", der diese Kritik nur schreibt, weil er bestochen ist. Ich sitze in einer Redaktionsstube, in der es täglich von dem Ungeziefer der Feuilletonisten wimmelt. Ich kenne dieses Ungeziefer sehr genau: es sind Menschen wie alle Menschen, alle hängend zwischen dem Geltenwollen und dem Schaffenmüssen, zum allergrößten Teil Gläubige und Unbestechliche.«[154]

Wie eine Gläubige wirkt auch Sophie von Uhde, die sich im selben Jahr zur „Jagd nach einem Feuilleton" aufmacht, in welchem sie nur verdeckt und mit der Anfangszeile auf die Zeit, in der sie schreibt, Bezug nimmt:

> »Pleite ist immer eine faule Angelegenheit, aber geistige Pleite, diese sporadisch auftretende, unentrinnbare Heimsuchung, steht in der Rangliste des Teufels noch vor Hiobs Plagen.«[155]

Mit dieser Zeile wird eine Bewegung verdoppelt, die wir als Verschiebung bezeichnen. Auf der ersten Ebene des Textgeschehens wird die assoziierte ökonomische Pleite relativiert in Absetzung vom geistigen Bankrott. Auf einer zweiten Ebene wird der adressierte Leser[156] aus dem Kontext der ökonomischen Not herausgeführt, an die Hand und mit auf die Jagd nach dem Feuilleton genommen. Das Feuilleton selbst erzählt die Schwierigkeit, einen Stoff zu finden, perspektiviert diese Erzählung jedoch nicht durch einen Ich-Erzähler, sondern bleibt beim unbestimmten „man". Auf der Suche nach Stoffen werden die Hoffnungen auf bestimmte Situationen als Lieferanten erzählerischen Materials sämtlich enttäuscht, so daß schließlich die Jagd abgebrochen wird, und „man" zieht sich ins Bett zurück „und träumt von einem wunderschönen, fix und fertigen, süßen, kleinen Feuilleton".[157] Ziel der Verschiebung ist sowohl auf der innertextuellen wie der kontextuellen Ebene also der Traum oder die Hoffnung, daß sich alles schließlich in Wohlgefallen auflöst, wofür dieses Feuilleton ja selbst einsteht: Es ist der wahrgewordene Traum. In Zeiten der Krise wandelt sich das kompensatorische Feuilleton dem Märchen an.

---

154 Gesell, Michael: Ungeziefer- und andere Belehrungen. Vossische Zeitung 23.04.30.
155 Uhde, Sophie von: Jagd nach einem Feuilleton. Deutsche Allgemeine Zeitung 14.03.30.
156 Anders als bei Romanen oder Erzählungen kann bei Feuilletons immer der zeitgenössische Leser als Adressat unterstellt werden. Die „hohe" Prosa schreibt dem entgegen eine besondere geschichtliche Dimension an: die Literaturgeschichte, die nur Werke und Autoren kennt und der Leser überhaupt nicht bedarf.
157 Uhde, Sophie von: Jagd nach einem Feuilleton. Deutsche Allgemeine Zeitung 14.03.30.

Diese Märchen gehören der Gegenwart an, was sie jedoch nur in wenigen Worten verraten. So beobachtet Arthur Kahane ein „Phänomen", eine offenbar junge und zweifelsfrei attraktive Frau. Dies Phänomen „sieht gar nicht so aus, als ob es sich höchst gewissenhaft in der sozialen Fürsorge betätigt, was es nämlich tut".[158] Daß ein junges Mädchen sich um soziale Fürsorge kümmert, ist sicherlich nicht eindeutig spezifizierend, insofern daraus nicht auf ein bestimmtes Jahr geschlossen werden kann, doch handelt es sich auch nicht um einen einfachen Zufall, wenn 1931 eine Beschäftigung gewählt wird, die auf soziale Not verweist, und nicht ein ins Büro oder zum Shopping eilendes Girl genannt wird. Die Andeutung wird denn späterhin auch vereindeutigt, nachdem der Ich-Erzähler bekannt hat, daß er sein bewundertes Phänomen „nur in dem Spinnwebnetze eines Feuilletons"[159] einfangen will, heißt es:

> »Eine junge Generation erwacht aus dem behüteten Traum von Jahrhunderten. [...] Wird unvorbereitet, in dasselbe Chaos des grausamsten Wirtschaftskampfes hinausgestossen wie die besser gerüsteten Erwachsenen.«[160]

Im zarten, vergänglichen Gespinst des Feuilletons hat sich eine historisch völlig neue Situation gefangen. Kahane benennt und erkennt die gegenwärtige Situation als geschichtliche Zäsur und pflegt dennoch einen höchst befremdlichen Umgang mit dieser Einsicht:

> »Und es geht ungeheuer viel vor in den blonden und braunen Köpfchen. Sie wälzen schwere Gedanken und ganze Komplexe. Und doch kommen für jede die lichten Augenblicke, in denen sie es vorzieht, zu walzen statt zu wälzen. Und es geht ungeheuer viel vor in den blonden und braunen Seelen. Aber im Grunde werden es dieselben lieben und wichtigen Dinge sein, die schon immer in Mädchenseelen vorgegangen sind. In einem Feuilleton darf man das verraten, weil ja doch das Feuilleton unter den Künsten des Wortes dasselbe ist wie der Flirt unter den Spielen des Herzens.«[161]

Obgleich Kahane die Andersartigkeit der Zeit und der in ihr lebenden Frauen nochmals thematisiert, findet zugleich eine Relativierung des Bruchs statt – zunächst für Augenblicke, dann aber in abwiegelnder Formulierung *im Grunde schon immer*. War zuvor das exzeptionell Neue beinahe sensationsheischend herausgestellt worden, so mutet vor diesem Hintergrund die Relativierung nahezu unglaublich und unverständlich an. Sucht man sie zu rationalisieren, bietet es sich an, von einem Begehren, einem Wunsch auszuge-

---

158 Kahane, Arthur: Feuilleton. Berliner Tageblatt 13.01.31.
159 Ebd.
160 Ebd.
161 Ebd.

3.3.4 Feuilleton schreiben. Narration und Reflexion

hen, der die Realität anders wahrnehmen will, als er gezwungen ist, sie wahrzunehmen. In diesem Sinne ist das *immer wieder* der emotionale Protest gegen die sozialen Verhältnisse, die junge Frauen anders sein lassen, als sie nach Ansicht des Autors schon immer – also in seiner Jugend – waren.

Das Feuilleton funktioniert auch hier wie ein Märchen, insofern es ein Wunder erzählbar macht. Daß eine Verwunderung oder Verwandlung der Wirklichkeit nur im Feuilleton erfolgen kann, expliziert der Autor in der Analogie von Feuilleton und Flirt. Fragt man dem Gemeinsamen nach, so denkt man zuerst an die Unverbindlichkeit, die wiederum eine gewisse Leichtigkeit assoziieren läßt, kurzum, insgesamt an ein heiteres Spiel auf einer Oberfläche, ein Schlittschuhlauf, der grazile Kurven ins unberührte Eis zeichnet. Das Wunderbare besteht darin, daß über einer drohenden Tiefe eine Textur von eigenwilliger Schönheit entstehen kann und so darüber hinwegtäuschen mag, daß das Eis brüchig wird. Mit dieser Metaphorik erschließt sich die eigenartige Zeitlichkeit des märchenhaften Feuilletons angesichts des bevorstehenden Untergangs der Weimarer Republik: Immer noch ist das Feuilleton dem Momentanen und dem Vergänglichen verhaftet, kennt nur das gesellschaftliche Präsens, doch formuliert und formiert es dieses als eine trügerische Projektionsfläche, in die es seine arabesken Gravuren als Muster der Hoffnung einträgt. Die Muster sprechen von der möglichen Schönheit eines anderen Präsens und mißachten absichtsvoll den dräuenden Einbruch der Oberfläche, deren Untergrund stets durchscheint.[162]

Machen wir an dieser Stelle eine Zäsur und resümieren die Entwicklung des feuilletonistischen Metadiskurses seit Beginn der Weimarer Republik. Für die ersten Jahre läßt sich festhalten, daß über das Feuilleton fast nur in und durch Narrationen reflektiert wird. In den Feuilletons erscheinen Ich-Erzähler, die sich zu ihrem Schreiben ironisch oder resignativ ins Verhältnis setzen und dabei ihr Erzählen nach zwei Grundmustern gestalten. Dies gilt bis zirka 1923, dem Jahr, an dessen Ende die Krisenjahre des republikanischen Neuanfangs als abgeschlossen gelten können und das Feuilleton in zeitlicher Koinzidenz dazu sich nicht mehr selbst befragt. Erst 1925 beginnt ein formal völlig veränderter Diskurs über das Feuilleton geführt zu werden. Die Erzählung und ihre narrativen Muster werden nicht mehr herangezogen, sondern ein eher theoretischer Duktus bestimmt den Ton, in dem nun nach

---

162 Insofern ist die Metaphorik und ihr Gehalt etwas wesentlich anderes als Schwabs Ballade vom Ritt über den Bodensee, eher handelt es sich um eine Bewegung, die sich prägnant in der Phrase *skating away on the thin ice of the new day* ausgedrückt findet.

Wesen und Wahrheit des Feuilletons, nach seinen Aufgaben und Möglichkeiten gefragt wird. Natur- und gesellschaftsgemäß werden unterschiedliche Vorstellungen entwickelt, die zwischen kompensatorischen und elitistisch-aufklärerischen Konzepten schwanken. Dieses Schwanken wird allerdings nicht theoretisch beantwortet, sondern praktisch entschieden durch die Weltwirtschaftskrise, die dem Feuilleton eine Heil- und Entlastungsfunktion zuweist, die ihrer Gestalt nach märchenhaft, dem Anspruch nach aufklärerisch ist, insofern es darum geht, Elemente der Zivilisation zu bewahren und gegebenenfalls zu entwickeln.

Diese drei Phasen zeigen, wie sehr das Feuilleton der sozialen Aktualität selbst noch in seinem Metadiskurs zugehört, denn sie folgen zeitlich genau den gravierenden Umbrüchen der Weimarer Republik: von der Krisenzeit der ersten Jahre bis 1923, über die ökonomische und politische Stabilisierungsphase von 1925 bis 1930 hin zu den politisch fatalen Entwicklungen in der Nachfolge der Weltwirtschaftskrise. Die Krise führt zu einer Reflexion des Feuilletons, die sehr genau dessen Wirkungs- und Geltungsanspruch ausmißt:

> »Man hat einen Einfall, es begegnet einem etwas, man erinnert sich an einen Moment, der einen prägen half, und man denkt: wenn du das erzählst, sagt vielleicht abends Vater bedeutungsreich zu Muttern: „Siehste, Anna!" oder Max schiebt seiner Freundin verschämt den Bogen hin: der eine lächelt und einer wird vielleicht sogar ein bißchen feierlich und tut aus einer kleinen Erschütterung heraus etwas Anständiges, streichelt seinen Hund oder knallt die Tür nicht so laut wie sonst oder gibt seiner Frau einmal wieder einen zärtlichen Kuß. Und man setzt an, schraubt den Füllfederhalter auf oder zieht, schon dampfend vor Arbeitslust, die Wachstuchhaube von der Schreibmaschine und will loslegen. Und da plötzlich bricht das über einen herein, was man heute Hemmungen nennt. Da ist Herr Laval und da ist China und Japan, und da sind sechs Millionen Arbeitslose, und da schlagen sich Studenten blutig, und da wird geraubt und gemordet und gerüstet und gedumpingt – und da wachsen einem um den Füllfederhalter und das bißchen Schreibmaschine mit einem Male riesige Mauern auf, und man fühlt sich mit seinem Einfallchen oder seiner Erinnerung wie ein Gefangener in einem unendlichen Schacht und sieht hinauf und denkt: bis da hinauf soll dein kleiner Ruf dringen? – und man schraubt verzweifelt am Drehwerk des Federhalters und läßt trostlos ein paar Bügel der Schreibmaschine sinnlose Buchstaben aufs weiße Papier schlagen...«[163]

Am Ende des demokratischen Zeitalters sind die Feuilletonisten verzweifelt und gehemmt, ihr Tun scheint trost- und sinnlos. Die kleinen Hilfen zum alltäglichen Überleben reichen nicht mehr hin, wenn der Alltag so viel größere Hilfe zur Wendung der Not erfordert. Was an Zweifel aufkommt, führt nicht zur grundsätzlichen Infragestellung des Feuilletons, sondern zur Frage, was es angesichts der gegenwärtigen Situation als immer noch gegenwärtiger

---

163 Gesell, Michael: Über die Schwierigkeit, Feuilletons zu schreiben. Vossische Zeitung 07.02.32.

3.3.4 Feuilleton schreiben. Narration und Reflexion

Text zu sagen habe. Die Antwort ist aus der Perspektive des Feuilletonisten verständlich und pragmatisch.

> »Man überlegt. Ist das Feigheit oder ist das Ehrfurcht vor dem Unheimlichen, das Weltgeschehen heißt, wenn es auch nur Erdengeschehen ist? Hat das kleine Leben überhaupt noch Sinn vor dem großen Leben? Darf man noch am Alltag herumbasteln, daß er etwas Form bekomme, wenn das gesamte Geschehen sich nur noch in Generationsetappen denken läßt? Diese Überlegungen könnten ebenso gut den Titel tragen: Über die Schwierigkeit, Feuilletons zu lesen. Denn es ist dieselbe Anstrengung, die der Leser vollziehen muß, wenn er aus der großen Welt des Hauptblattes in die kleine Welt des Feuilletons vordringen will – es sei denn, daß dieses Vordringen einfach eine Flucht ist [...]. Wir essen und trinken und putzen uns die Zähne und sehen einer spielenden Katze zu und hören Mozart und Weill. Trotz allem. Wir haben als Vorbild die schon tragisch große Disziplin der Millionen, denen es hoffnungslos dreckig geht. Wir müssen unsere kleine Pflicht tun. Und schreiben also auch die Feuilletons, ein paar Viertelstunden in dem kleinen Wortboot auf dem großen Taten- oder Un-Tatenstrom der Zeit zu treiben.«[164]

Schließlich bleibt doch nur weiterzumachen, weiterzumachen, wie alle anderen gleichfalls fortfahren, ihre Mühseligkeiten täglich neu angehen und darin ihre „kleine Pflicht" erfüllen. Wo aber kommt die Pflicht her, die offenbar das kleinere Übel ist, gegenüber den großen Unbequemlichkeiten, die bisweilen in der Verweigerung liegen, weiterzumachen wie bisher? Doch das Feuilleton ist geschildert als eine Form humanistischen Kunsthandwerks, das in seiner Orientierung auf das Kleine, eben an der Oberfläche der Zeit bleibt, auf ihr willenlos dahintreibt, bis zum point of no return, wenn die Strömung – hier genauer: die Bewegung – zufaßt und das Boot fortreißt über den Rand der bekannten und zivilisierten Welt hinaus...

Noch einmal: „Ist das Feigheit oder ist das Ehrfurcht vor dem Unheimlichen, das Weltgeschehen heißt, wenn es auch nur Erdengeschehen ist? Hat das kleine Leben überhaupt noch Sinn vor dem großen Leben? Darf man noch am Alltag herumbasteln, daß er etwas Form bekomme, wenn das gesamte Geschehen sich nur noch in Generationsetappen denken läßt?" Wenig später sagt der Autor, Feuilletonlesen dürfe keine Flucht sein, sei es nun aber Feigheit oder Ehrfurcht, so taucht in beiden Fällen das Weltgeschehen höchstens ver-wundert, in märchenhaftem Gewand auf, so daß dem Leser nicht viel anderes übrig bleibt als eine – bestenfalls – Kraft und Erholung gestattende Flucht beim Lesen des Feuilletons.

Noch einmal: „Wir haben als Vorbild die schon tragisch große Disziplin der Millionen, denen es hoffnungslos dreckig geht. Wir müssen unsere kleine Pflicht tun." Man stockt in Anbetracht des Tragischen: Woher rührt an dieser

---

164 Ebd.

Stelle die Tragik, wovon der Ton des Bedauerns? Kann die Disziplin zu groß sein? Die Ahnung der Tragödie teilt sich zwar mit, wird aber im nachfolgenden Satz zugunsten des rigiden Moralismus zurückgenommen. Das Feuilleton transportiert in seiner täglichen Erneuerung formal und inhaltlich, die Hoffnung, daß es irgendwie immer weiter geht, wohin auch immer...

Noch einmal: „ein paar Viertelstunden in dem kleinen Wortboot auf dem großen Taten- oder Un-Tatenstrom der Zeit [...] treiben". Eine Müdigkeit kennzeichnet diese Zeilen, die sich als Aureole über den Großteil der am bürgerlichen Kulturleben aktiv und passiv Beteiligten spannt. Diejenigen, die sich links politisiert haben oder immer schon politisch waren, kommen gegen die Trägheit und Gleich-Gültigkeit nicht an, und so wird das auf der Oberfläche treibende Feuilleton von rechts in die Tiefe gerissen.

Nur noch Spuren sind davon geblieben:

»Die Spuren des sogenannten Letzten, ja auch nur wirklich gewordenen sind selber erst Abdrücke eines Gehens, das noch ins Neue gegangen werden muß. Erst sehr weit hinaus ist alles, was einem begegnet und auffällt das Selbe.«[165]

---

165 Bloch, Ernst: Spuren. Frankfurt a. M. 1969, 220.

Nachwort

Ein Nachwort ist für die veraltende Schriftkultur immer ein wenig das, was für Kaufleute früher der Strich war, den sie unter die zu addierenden Beträge setzten, der das Ende der Aufstellung markierte und zugleich auf den nachstehenden Summenausdruck vorbereitete. Diese Bilanzlinie war einerseits Grenze und andererseits Gleichheitszeichen in einer vertikalen Rechenkultur. Ein Nachwort bildet zwar auch eine Grenze, die das Ende dessen, was in die Rechnung einzubeziehen ist, markiert, doch erfüllt es nicht die Funktion einer Identitätssetzung, sondern selbst als Resümee weist es stets seine Differenz zum Vorstehenden aus, zeigt dessen Leistungen und Lücken und hebt sich so auf, indem es zeigt, daß die Forschung noch nicht zu Ende ist.

Nachdem eingangs einige Grundmuster der Wien-Beschreibung vorgestellt worden waren – die Dominanz des Anschlußgedankens, die im Imaginären angesiedelte Topographie Wiens und seine Bindung an die Vergangenheit, das Perfekt von Klerikalismus und Feudalismus, setzte die eigentlich chronologisch orientierte Untersuchung der Berichterstattung ein.

Was man 1918/19 nach Berlin als Wien verkaufte, stand verständlicherweise im Zeichen von Krise und Neuanfang. Vor dem Hintergrund von Revolution und Inflation werden in für das Feuilleton ungewohnt breitem Ausmaß soziale Gegensätze thematisiert. Mit dem Fortbestehen der Krisensituation mehren sich Beschwörungen des Verlusts: Im republikanisch Neuen geht das gute Alte, ob es nun Wald, Kunst oder Küche heißt, verloren. 1920 schleicht sich in den behaupteten Untergang die Redewendung vom *immer noch* ein, jene Formel, mit der das Andauern einer zusehends imaginärer werdenden Vergangenheit beschworen wird. Die stereotype Wiederkehr des Ausdrucks signalisiert einen Optimismus, der durch die konjunkturellen Daten keineswegs gedeckt ist. Dafür wird deutlich, daß und wie sehr das Feuilleton selbst Konjunkturen unterworfen ist. So konnten sich innerhalb eines Jahres die dominanten Gehalte vom vorsichtig-trotzigen Optimismus in aggressiven Pessimismus und zur Beschuldigung der vermeintlich von außen kommenden Feinde Wiens und Österreichs verkehren.

Xenophobie wirkt auch 1921 fort, einem Jahr, das gekennzeichnet ist durch die weitere Normalisierung der Lebensumstände. Die wird nun zunächst in Motiven des Wunderbaren oder Märchenhaften beschrieben, gibt jedoch bald das Staunen über sich auf und kultiviert statt dessen eine Moralität, die in der vorhergehenden Notzeit keinen Platz im Feuilleton fand. Und so steht angesichts der Modernisierung des Wiener Alltagslebens auch das

Folgejahr unter dem Signet von Börse und Bar – den einen Anlaß zur Anklage, den anderen zur Selbstironie.

Das stetige Auf und Ab der Inflation nötigt den feuilletonistischen Tagesschriftstellern eine hohe Wendigkeit ab, um adäquat die jeweils akute Stimmung zu beschreiben. Sie bewegen sich, orientiert an den Kurven der Ökonomie, in einer schon zum Wahrnehmungsmuster gewordenen Doppelbewegung von einerseits Verfall und Krise, andererseits Heroismus des Durchhaltens oder Suche nach Anzeichen der Besserung. 1924 kommt das Schreiben, das permanent zwischen Verschärfung oder Entspannung der Notsituation pendelt, ans Ende und mündet in die Affirmation beschwingter Lebenskultur eines reanimierten Wien. Ein Credo des *wieder* wird ausgebracht, die Lebendigkeit Wiens durch großstädtisch anmutende Szenarien ins Feuilleton geholt. Zuvor jedoch hatte die seismographische Verzeichnung gesellschaftlicher Befindlichkeitsumschwünge zur Ausdifferenzierung der feuilletonistischen Schreibstrategeme geführt, die derartig verfeinert wurden, daß sie auch geringfügige Veränderungen der Tageslage beschreiben konnten. Nachdem sich die Situationen aber zusehends zu wiederholen schienen, entstand eine Reflexivität des Schreibens: Das Schreiben wird sich in der Akkumulation von Redewendungen, Stereotypen und Schreibmustern selbst zum Problem.

Indem die existentielle Not bzw. deren vermeintliche Überwindung nicht mehr mit Notwendigkeit Sujet des Feuilletons ist, wird es frei zu phantasmagorischen Erzähl- und Sprachspielen. 1925 liegen die vormaligen Verbindlichkeiten hinter den Feuilletonisten. So stürzen sie sich als erstes auf „Weiblichkeit" als Figurationsmöglichkeit ihrer Stadtbeschreibungen. Zweifellos greifen sie damit eine weit zurückreichende Tradition auf, doch eine genauere Betrachtung der skizzierten Weiblichkeitsbilder zeigt eine Vielzahl von Unterschieden: sowohl in bezug auf die allegorische Tradition als auch zwischen den verschiedenen Autoren. (Von Autorinnen kann hier noch weniger die Rede sein als ohnehin schon üblich.) Als spezifische Entwürfe der Wienerin treten einerseits das „süße Mädel" und andererseits die Amazone hervor. Indes ist das süße Mädel inzwischen kaum mehr denn historische Reminiszenz, die aufgerufen wird, um ihre Abwesenheit in der Gegenwart gebührend zu betrauern. Die Amazone hingegen ist keineswegs nur traumatische Wiederkehr der femme fatale des Fin de siècle, sondern meint selbständige, emanzipierte Frauen, die in der republikanischen Nachkriegszeit durch politische und berufliche Emanzipationsgewinne auch das Privatleben zu verändern beginnen.

Für Wien ergibt sich eine dominante Tendenz, weiblich imaginiert zu werden. Das gilt für Berlin ganz und gar nicht und läßt im Vergleich der beiden Städte eine strikte Rollenverteilung erkennen: Berlin spielt den männlichen Part, wenn das Metropolenpaar heterosexuell imaginiert wird. Macht man sich auf, eine Phänomenologie des Wieners zu schreiben, zeigt sich, daß der männliche Wiener so entworfen wird, daß die geschlechtliche Rollenverteilung der Stadtimagos darin fast ihre Entsprechung findet. Auf der Suche nach Beschreibungen des typischen Wieners, seines feuilletonistischen Phänotyps sozusagen, stellten wir überrascht fest, daß der Hausbesorger der am häufigsten porträtierte Wiener Typ war, daß es eine regelrechte Serie gab. Darin erscheint der Wiener als ein gelinde renitenter Subalterner im Zwischenreich von Privatem und Öffentlichkeit, als Schwellendämon, der an der Grenze von Wachen und Schlafen sein Geld verdient. Neben seiner Aufsässigkeit gilt ein kleinbürgerlicher Egoismus, eng verbunden mit xenophoben Zügen, als ausgemacht. Positiv vermerkt wird eine gewisse sprachliche Sensibilität, Fähigkeit zu Selbstreflexion und -ironie, wie zum Leben und Lebenlassen. Schließlich scheint ihm die Fähigkeit zum Träumen eigen, eine Kraft der Phantasie, die durchaus ambivalent bewertet wird.

Die narrativen Muster und Motive, in denen der Wiener beschrieben wird, verdichten sich, auf die Menge gesehen, zu einer relativ klaren Charakterstudie: zur Skizze des Kleinbürgers im Kapitalismus. Privates Glück, verstanden als Sicherheit und Behaglichkeit, als geordnetes und garantiertes Gedeihen, ist der leitmotivische Wunsch, der hinter allem Streben dieses Wieners zu stehen scheint. Die Form des Wunsches folgt sozialhistorisch aus der existentiellen Verunsicherung der Arbeitsbedingungen, der Deregulierung feudalistischer Rudimente des gesamtgesellschaftlichen Produktionsprozesses. Neid und Fremdenfeindlichkeit besitzen einen zwar nicht akzeptablen, aber einsehbaren Grund in der fundamentalen Konkurrenzsituation, in die sich die Individuen gesetzt finden, die sie nur über einen erst herzustellenden Solidarzusammenhang, in dem sie sich als gleichermaßen Abhängige begriffen, zu überwinden vermöchten. Einer solchen Politik steht der geschilderte Charakter entgegen, der sein individuelles Handeln und Begehren in die kollektive Politik fortsetzt. Möglicherweise aber ist es auch umgekehrt so, daß das Streben der Obrigkeit nach deutschem Anschluß und Ausschluß der „Fremden" auf das Individualverhalten rückwirkt.

In der Fluchtlinie der Debatte über die Österreicher, ihren deutschen Kern oder ihre multikulturelle Zusammensetzung erscheint die Figur des Juden. Damit geht geradezu zwanghaft – und selbst in bürgerlich-liberalen Blättern

– antisemitisches Ressentiment einher. Während der feuilletonistische Diskurs über Berlin Juden so gut wie gar nicht thematisiert, finden sie in den Wien-Feuilletons mehrfach Erwähnung. Sie werden so dicht am tradierten Klischee gezeichnet, daß sich die entsprechenden Wiener Schriftsteller, gelinde gesagt, jeden Anspruchs begeben, zu einer metropolitanen Kultur zu gehören, und statt dessen verdeutlichen, wie sehr in der bürgerlichen Kultur Wiens das Landvolk west.

Die feuilletonistischen Imagines – sei es der Wienerin, sei es des Wieners – bieten einen tiefen Einblick ins soziale Unbewußte, das in seiner Heterogenität geschlechtliche Ängste und Lüste ebenso nebeneinanderstellt, wie die positive Besetzung von einerseits Multikulturalität und andererseits militaristisch-imperialem Pangermanismus.

In der Stabilisierungsphase – um wieder auf die Chronologie der Wienberichterstattung zurückzukommen – zeigt sich deutlich, daß weder Wien noch Österrreich jemals wieder so werden wird, wie sie vor dem Krieg waren: Ein unaufholbarer Statusverlust verhindert die Wiederkehr vergangener Größe. In den Feuilletons führt diese Einsicht dazu, daß die zuvor so beliebten Alt-Neu-Vergleiche allmählich verschwinden. Gleichzeitig ist die Zukunft ungewiß, spitzen sich im Land politische Konflikte zu, von denen nur klar ist, daß sie gelöst werden müssen. Die Feuilletonisten finden sich zwischen versperrter Historie und unklarem Kommenden auf eine diffuse Gegenwart verwiesen. Im Verbund mit der verstärkten Abwanderung von Künstlern aller Art ins Reich führt das dazu, daß aus und über Wien kaum noch berichtet wird. Lediglich die zweite Modernisierung bildet ein zwiespältiges Dauerthema in den Jahren 1926 und 1927. Je nach Standpunkt wird sie als nicht weitreichend genug oder als schon bedrohlich fortgeschritten thematisiert.

War während der ersten Nachkriegsjahre ständig der Untergang der Stadt beschworen worden, scheint er 1928 eingetreten. Der Katastrophenfall, als ökonomisch-politischer gemutmaßt, hat dort stattgefunden, wo er am wenigsten erwartet wurde: in der kulturellen Sphäre. Die intellektuelle Produktion, die Wien früher auszeichnete, ist zum Erliegen gekommen. Provinzialisierung, eng verknüpft mit dem Verlust der Provinzen, ist unverkennbar. Sie führt zu einem weiteren Exodus der bis dato noch verbliebenen Kulturschaffenden und damit zum Exitus der städtischen Kunst-Szene, jedenfalls einer wenn schon nicht metropolitanen, so doch urbanen Kunstproduktion. Die Künstler verlieren die Geduld mit und das Interesse an der sich allzu unspektakulär reformierenden Stadt. Sie wandern dorthin ab, wo ihre ehedem spektakulären, das Gewohnte ins Unerwartete modulierenden – und damit wieder die Erwartungen bedienenden – Themen dankbar aufgenommen worden waren. Interessant wird Wien erst wieder als Katastrophe – Spiegelbild der sich in Berlin anbahnenden, von der dort freilich nicht so deutlich geredet werden konnte wie über das ferne, zur Katastrophe prädestinierte Wien. In den beiden Nachfolgejahren erlischt denn auch die Berichterstattung über Wien fast ganz, bis sie 1931 katastrophensüchtig angereizt wird, um 1932 wieder den Untergang der Stadt zu menetekeln.

Neben ökonomischen Gründen, vor allem im Gefolge der Weltwirtschaftskrise und neben der kulturellen Abwanderung ist die zusehends sich verringernde Präsenz Wiens im Berliner Feuilleton aber noch auf einen anderen Grund zurückzuführen, nämlich auf eine mediengeschichtlich signifikante Zäsur.

Bevor wir auf den eigentlich bedeutsamen Einschnitt zu sprechen kommen, sei noch einmal auf die mediale Vorgeschichte rekurriert. Das Wienbild des feuilletonistischen Diskurses hatte sich bis dato immer schon auf ein Reservoir der Bebilderung gestützt, das vorzugsweise aus Liedern und Operetten stammte oder sich darauf bezog. Von diesem vorbedeuteten Material schreibt sich ein Gutteil jener Skizzen her, die – zumeist von Besuchern stammend – Wien als Stadt der Wünsche und Träume entwerfen. Ein Wunschpotential nach dem besseren Leben artikuliert sich in diesen Stadttraumentwürfen – doch nur solange, bis dem Feuilleton mit dem Kino eine unschlagbare Konkurrenz erwachsen ist: Wien als geträumte oder gewünschte Stadt hat spätestens am Ende der Zwanziger Jahre seinen eigentlichen Ort im Filmtheater. Dort kann mittels Bebilderungen die Donaumetropole tatsächlich ins Imaginäre überführt werden, ohne daß der traumumwehte Blick vom Akzidentiellen des Realen verstört zu werden drohte. Ironie der Geschichte: je weniger Feuilletons über Wien in Berlin veröffentlicht werden, desto mehr Wienfilme entstehen in Babelsberg.

Doch nicht nur das topographische Wien löst sich in einer Berliner Imagologie auf, auch die Stadt-Akustik geht in den Äther und wird ein ortsenthobener Traum. Rundfunkverbundschaltungen und Radiosendungen tragen das zweite mediale Wien in die Ohren der Charlottenburger Stubenhocker und Radionauten. Wien als Zielort von Reisen und Erzählungen verschwindet aus dem Feuilleton und erscheint in den um die Mitte der Zwanziger Jahre eingerichteten Sonderrubriken für Film- und Radiokritik wieder.

Medien, im weiteren Sinn als technische Stifter von Verbindungen, bilden denn auch den materialen Grund des Verhältnisses von Wien und Berlin. Eisenbahn, Flugzeug und Bildtelegraphendienst werden in den Feuilletons auf unterschiedliche Weise thematisch: als Skizzen subjektiven Erlebens, der nur die Reise bedeutsam ist und nicht die Städte, die an Anfang und Ende stehen. Im Gegensatz dazu werden diese Reisen als Gelegenheiten aufgefaßt, einen kulturtypologischen Vergleich anzustellen, dem die Reise selbst entfällt: nur Ende und Anfang, Wien und Berlin zählen. Den Medien als Möglichkeitsgrund des Schreibens wird in den feuilletonistischen Texten kaum Raum zugestanden, es scheint vielmehr so, als affiziere das jeweilige Medium das Schreiben vom Reisen nur in geringfügigem Maße. Eher noch dominieren bewährte Schreibstrategien das Erzählen – selbst über so neue Apparaturen wie das Flugzeug. Das mag zu einem Gutteil auch dem Reiseziel Wien geschuldet sein, zu dem im Feuilleton ausschließlich sentimental journeys unternommen werden, so daß schon vor der Abfahrt und noch vor dem allerersten Blick auf die Stadt Gehirn und Gemüt fest zu gefühligen Vorstellungen und Ahnungen entschlossen sind.

Der konventionellen Hierarchie des Feuilletons folgend, nach der dem Theater (und der Theaterkritik) der erste Rang gebührt, findet die eigentliche Prüfung der Metropolen denn auch zunächst am Theater statt. Von Anfang an konkurrieren dabei zwei Thesen: die eine unterstellt lokalspezifische Traditionen, nach denen Wien intuitiv und gefühlsbetont, Berlin hingegen rational und analytisch ist. Die andere sieht dagegen eine ständige Diffusion zwischen den Kulturbereichen der beiden Metropolen, differenziert aber lediglich dahingehend, daß Berlin Fremden bereitwilliger Chancen einräume als Wien. Auflösen läßt sich der vermeintliche Widerspruch, wenn man einen selektiven Austausch annimmt, der die progressiven Wienerischen Kräfte nach Berlin zieht, während umgekehrt die Berolinischen Traditionalisten in Wien sich beliebter machen, als sie es in der märkischen Heimat sind.

Betrachten wir – ihren Feuilletonschilderungen folgend – die Wiener Kulturszene jener Jahre als eine geschlossene, kompakte Gesellschaft, so läßt sich diese Gemeinde der Kulturinteressierten und – produzierenden als selbst theatralisiert verstehen. Die Theatralisierung des öffentlichen kulturellen Bereichs setzt eine gewisse Homogenität, Abgeschlossenheit und Überschaubarkeit voraus, eine Szene, die sich selbst als solche versteht und mit einer darstellerischen Mission begabt sieht – zweifellos trifft das für Wien zu. Die theatralische Darbietung zielt nicht auf das richtige Bild, auf einen Verismus oder Realismus oder dergleichen, sondern auf das richtige Bild der richtigen Gesellschaft. Entsprechend werden Imagines einer möglichen schönen Gesellschaft, die sich freilich allzu oft auf die *feine Gesellschaft* beschränkt, beschworen. Wenn Wien seine kulturelle Präsentation also wesentlich auf eine theatralisierte Wirklichkeit abstellt, deren bedeutendster Exponent lange Zeit das Burgtheater war, dann muß die am Anfang der Zwanziger Jahre einsetzende Theaterkrise das kulturelle Selbstverständnis und die Selbstverständigung im Kern treffen. Zudem kann unterstellt werden, daß jegliche Form von kritisch-innovativem Theater den Selbstdarstellungsbedürfnissen der theaterfinanzierenden Schichten zuwiderläuft, unerwünscht ist. Berlins Theater- und Kritikerlandschaft sind demgegenüber viel zu heterogen, als daß sich derartige Beschränkungen durchsetzen ließen. Im Gegenteil: Die ausgeprägte Konkurrenzsituation zwingt zur ständigen Innovation. Innerhalb dieses sich permanent neu diversifizierenden Rahmens hat denn auch das Wienerische seinen Ort: der deutsche Süden, das bessere Leben als Leichtigkeit, Lachen und Liebe werden mit Wien verbunden. In Stücken, aber auch Darstellern, werden sie für Berlin inszeniert. Das erklärt ein gewisses Import-Export-Gefälle, da umgekehrt Berlin für Wien keinerlei Wunschpotential zu bergen scheint. Die Wiener Theater orientieren sich lediglich an kommerziellen Erfolgen Berlins, wenn sie dortige Produktionen bisweilen übernehmen.

Der Schritt vom Theater zum Buch verschiebt die Fragestellung vom sozialen Kontext der Produktion auf die Frage nach dem Stil. Der Stil ist innerhalb des zeitgenössischen Diskurses gleichzusetzen mit dem Autor; der Autor aber ist vor allem hinsichtlich seiner Männlichkeit bestimmt, so daß die Frage nach dem literarischen Stil auf die Frage nach dem Typus von Maskulinität hinausläuft. Aus preußischer Perspektive gliedert sich das Verhältnis klar: Norden gleich männlich, Süden weiblich. Leid und Arbeit kontrastieren mit Lust und Luxus. Betrachtet man die Gesamtheit des feuilletonistischen Räsonnements, dann werden alle weiteren, (schein-) opponierenden Dualismen mal diesem, mal jenem Pol zugeordnet. Der Wiener Blick setzt eine andere Konzeption von Männlichkeit voraus: In ihr wird der Mann nicht zuerst als Kämpfer aufgefaßt, sondern seine Souveränität – um die es natürlich auch den Wienern geht – liegt eher in der Fähigkeit zu ironischen Selbstdistanzierungen begründet. Freilich war der Kontrast nicht immer so deutlich, wie die häufig thematisierte Dichtergestalt Peter Altenbergs zeigt. Denn er wurde von Berliner Autoren ebenso positiv bedacht wie von den Wienern. Es scheint nach der Literatur des Fin de siècle eine Zeit gegeben zu haben, in der sich die Literaten und Literaturen vergleichsweise nahestanden. Die nun betonte, starke Differenz hat ihren Grund eher in veränderten Kontexten der Literatur, nämlich in jener Kriegsfolgen bedingten Monopolisierung Berlins als Metropole einer zweiten Modernisierung, die sich in Wien nur zögerlich und in wesentlich geringerem Maße durchzusetzen vermag. Die Dominanz

Berlins vereinnahmt die Gegenwart und beläßt die Donaustadt in der Vergangenheit. Daraus resultiert in kulturkritischer Perspektive eine klare Rollenverteilung: Der Kapitalismus, für den Berlin steht, wird ebenso verneint wie der adelige Ständestaat. Wenn es ein Zurück geben soll, dann zu einem unentfremdeteren Kapitalismus, der den Individuen mehr Platz zur Entfaltung ihrer „Individualität" läßt, in dem die Verdinglichung nicht so weit vorgeschritten ist wie nach der zweiten Modernisierung, die in Berlin den „Betrieb" bestimmt. Die Nischen des Jahrhundertwende-Kapitalismus, die zumindest dem Besitz- und Bildungsbürgertum offenstanden, enthielten immer auch ein utopisches Moment selbstbestimmter Lebensführung und Lebenskunst. Möglicherweise sind also die Rückständigkeiten der österreichischen Ökonomie, die sooft im Begriff des Phäakentums beklagt wurden, genau der Grund für das nicht minder häufig gepriesene Savoir-vivre. Die ökonomische Entwicklung wirkt sich mithin nicht nur auf die politische Stärke aus, sondern auch auf die kulturelle Definitionsmacht, ohne daß dies allerdings reflektiert werden würde. Wie sich am Beispiel eines Exkurses zur Musik zeigen ließ, setzen sich diese Entwicklungen in eine Vorstellung über die Differenz der Städte um, die deren zeitliche Orientierungen und die damit verbundenen Arbeitshaltungen spezifisch ausdeutet: Die defizitäre Arbeitsmoral der Wiener erscheint als besinnungsvolle Muße, die sich in Tradition gesichert weiß und dieser daher gedenkt, ohne irgendeine Notwendigkeit des Neuen zu verspüren. Das traditionslose Berlin hingegen muß einem unbewußten Imperativ folgen, um Tradition sich allererst schaffen zu können. Entsprechend werden die Zeitachsen, auf die die Kulturen vorwiegend orientiert sind, figuriert: Sie laufen in entgegengesetzte Richtung.

In der Zwischenzeit und Zwischenkultur stehen zwei Vermittler: Adolf Loos und Peter Behrens. Vom Leitdiskurs der Architektur her erschließen sie weitere kulturelle Bereiche, erleben aber trotz ähnlicher Vorstellungen unterschiedliche Schicksale. Der Wiener Skandalarchitekt und Krausgenosse, der seiner progressiv-funktionalistischen Entwürfe wegen aus Wien verbannt wurde, fand keinen Anschluß an die Berliner Moderne der Zwanziger Jahre. Die sah ihn zwar als Ahnherren, glaubte ihn jedoch schon überwunden. Umgekehrt verhält es sich bei Peter Behrens, der in Berlin zu denen zählte, die sich stark an Tradition orientierten und diese nur den Bedürfnissen einer neuen Zeit anzupassen suchten. Mit dem Konzept besaß er in Berlin zwar sicheren Rückhalt, erhielt aber in Wien eine wesentlich einflußreichere Position. Beide Mittlerfiguren indizieren einen realen Kern der unterschiedlichen zeitlichen Orientierung. Allerdings ist dabei Wien nicht zwingend in der

Vergangenheit zu verorten, eher könnte von einer relativ vorsichtigen Modernisierung gesprochen werden. Dafür sprechen verschiedene Gründe: Zunächst einmal ist das ökonomische Potential Wiens nicht so hoch wie das Berlins. Zudem dürfte die Risikobereitschaft durch die gravierende ökonomische wie kulturelle Verunsicherung aufgrund des Zusammenbruchs des vormaligen Reiches stark eingeschränkt worden sein. Schließlich ist auch – unabhängig von den internen Widrigkeiten der Wiener Kulturszene – aus eben den ökonomischen Gründen eine Abwanderung der Kulturproduzenten erfolgt. Spätestens nach dem Ende der Inflation 1923 beginnen sie, nach Berlin zu strömen. Dort können sie realistischerweise bessere Publikations- und allgemein Arbeitsmöglichkeiten erwarten. Der österreichische Zuzug hat in nicht unbeträchtlichem Maße zu der in der Mitte der Zwanziger Jahre in Berlin aufkommenden Wienmode beigetragen. Mehr als Erzeugnisse der Hochkultur betrifft sie die breite Popularisierung und Kommerzialisierung dessen, was als typisch Wienerische Lebenskunst vorgestellt wird. Mithin erstreckt die Mode sich vor allem auf Café, Küche und Kleidung. Dafür bieten die Zugezogenen die Infrastruktur an, eröffnen Cafés oder Restaurants, in denen die Kulturproduzenten für Atmosphäre sorgen. In diesem Handel befriedigt Wien in Berlin Bedürfnisse, die wenigstens andeutungsweise einer Ästhetisierung der Existenz nahekamen. Das besondere dieser Ästhetisierung besteht darin, daß sich signifikante Teile der jungen, sich als demokratisch verstehenden Republik ästhetischer Muster bedienen, die auf den Verfall einer großbürgerlich-adeligen Kultur – als kultivierten Verfall – rekurrieren. Oder genauer: auf Vorstellungen davon, denn tatsächlich spielt die reale Wiener Kultur für den Export keine Rolle. In der weiteren Analyse dieser Mode beginnt Wien wiederum, sich als Versprechen eines schöneren, weil ruhigeren Kapitalismus zu entdecken – und in zweiter Hinsicht auch als einen Wunsch, der dessen mögliche Überschreitung einschließt.

Wie aber haben die in Berlin lebenden Österreicher, immerhin ein Fünftel der ausländischen Bevölkerung Berlins, ihre Wahlheimat wahrgenommen? Offensichtlich besteht Einigkeit in den Klischees der Wahrnehmung des jeweiligen Gegenüber. Es zeigt sich so, daß zumindest mental ein Zusammenschluß bereits existiert. Denn man weiß sich zwischen Berlin und Wien in Selbst- und Fremdkritik einig: Für Berlin sprechen Organisation und Reichtum, gegen Wien Dilettantismus und ökonomische Impotenz. Für Wien wiederum die Lebensart, gegen Berlin das entsprechende Defizit. Die Wahrnehmungsmuster werden also in einer Wechselbeziehung erarbeitet, die der Annahme einer lokalen Tradition entgegensteht, weder gibt es ein genuin

Wienerisches Wien-, noch ein analoges Berlinbild. Gemeinsam ist den Wienern – leben sie nun in Berlin oder in der Heimatstadt – wie den Berlinern, bei aller Anerkennung der Leistungen, ein grundständiges Mißtrauen gegenüber Berlin. Nahezu alle Stadtvergleiche werden von dem nachhaltigen Verdacht grundiert, daß die bessere, effizientere Organisation nicht zugleich auch – oder wenigstens: noch nicht – die lebens- und liebenswertere Kultur hervorbringt.

Nächst dem Kultursektor, auf dem ein Gutteil dieser Vergleiche basiert, findet sich die alltägliche Arbeit und ihr jeweiliger soziokultureller Rahmen als signifikantes Gebiet in einer Vielzahl expliziter Stadt-Vergleiche. Innerhalb dieses Rahmens wird stets präsent gehalten: die Vorstellung von Berlin als einem betriebsamen Arbeitsmoloch einerseits, die Sehnsucht der Berliner und Berlin-Wiener nach dem unterentwickelteren (und daher behaglicheren) Kapitalismus der Wiener andererseits. Wenn sich gelegentlich bei feuilletonistisch dokumentierten Besuchen in Wien das explizite Anliegen findet, etwas von der Wirklichkeit der Arbeit oder der Arbeitenden zu berichten, klingt in den Berichten stets die Härte der Arbeitswelt an. Doch ebenso gewiß wird sie zugleich relativiert, rückt die Schilderung des Wochenend- oder Feierabendvergnügens in den Vordergrund. Angesichts dieser offensichtlichen Abwehrhaltung wird man davon ausgehen können, daß die vorgebliche Leichtigkeit des Lebens in der Phäakenstadt so tief im kollektiven unbewußten Wunschpotential begründet ist, daß aber auch nichts das Wunschbild zu irritieren vermag.

Das Unbewußte schreibt sich den Feuilletons ein. Der Versuch, die metaphorischen Fehlleistungen an der psychoanalytischen Methode orientiert zu interpretieren, fördert ein Gemeinsames zu Tage: Das Gemeinsame beider Städte liegt im Imago des gefräßigen Molochs. Im Falle Berlins formiert er sich als Drohung, zum subiectum einer anal geprägten Wirtschaft zu werden, während es im Falle Wiens die Bedrohung durch genitale Sexualität ist, die direkt zur männermordenden Amazone führt.

Dieser Grundstruktur der Figuration des Wien-Berlin-Verhältnisses entspricht in etwa die Formulierung des Verhältnisses von allgemeinem Journalismus und Feuilleton. In den selbstreflexiven Feuilletons finden sich immer wieder Verweise auf die geschichtliche Einbindung des Feuilletons. Noch der Versuch, ihm eine rein ästhetizistische Funktion zuzuweisen, macht deutlich, daß sich das Feuilleton auf von Inhalten ungetrübte Schönheit nicht ohne weiteres reduzieren läßt, da es den Bedürfnissen einer spezifischen Schicht zugehört und bestimmten politischen Konjunkturen unterworfen ist. Das

Feuilleton als Ort eines alltäglichen l'art pour l'art ist gekoppelt an die Stabilisierung des Bürgertums als eines politisch partizipierenden Subjekts. Das Feuilleton wird projektiert als Rekreationsbereich, der Sprachkunst und des Müßiggangs, während der generelle Journalist eher als Lohnarbeiter erscheint, der im Akkord die täglichen Ereignisse zu verarbeiten hat. In Anbetracht der seinerzeitigen geschlechtsspezifischen Arbeitsteilung innerhalb des Bürgertums ist daher leicht prognostizierbar, wie sich die sexuellen Konnotationen verteilen.

Bei der Reflexion des Journalismus in seiner Gesamtheit fällt eine starke Verknüpfung des Berufsfeldes mit dem Berufstätigen auf. Weit mehr als über die Aufgaben des Journalismus wird über den Typus des Journalisten räsoniert. Die gelegentlichen positiven Auskünfte zum Journalismus laufen gewöhnlich darauf hinaus, den Journalisten sich als Beurteiler und Bewahrer von Sitte und Moral berufen zu sehen. Diese selbstauferlegte Mission steht im Gegensatz zur Käuflichkeit der Zeitungen und ihrer Orientierung auf Verkäuflichkeit. Da die Publizisten so in einem Spannungsfeld von Sittlichkeit und Kommerzialität situiert sind, erhält ihre Position, die sich an beiden Polen und ihren Wechselfällen orientieren muß, etwas Changierendes, Ambivalentes. In der öffentlichen Meinung wird diese erzwungene Fähigkeit, auf die – produktionsbedingten – Wechselfälle zu reagieren, den Journalisten als charakterliches Defizit angeheftet.

Eine weitere Bestimmung des Zeitungsschreibers orientiert sich am Dichter, entsteht aus der Abgrenzung von diesem. Die Erörterung, was Dichter und Journalisten verbindet bzw. trennt, erzählt im Laufe der Zwanziger Jahre die Geschichte eines bedeutsamen Wechsels in der Selbsteinschätzung der Journalisten. Waren die ersten Äußerungen eher pejorativ gehalten, galt der Journalist sich selbst weit weniger als der Dichter und spottete seiner selbst als Tagesschreiber, der Vergänglichkeit anheimgegeben, als einer, dem keinerlei Ausbildung vonnöten sei, wendet sich die Wertung bis zur Mitte des untersuchten Zeitraums radikal. Der Dichter erscheint dann als veralteter Typus des Schriftstellers, der unzeitgemäß lange Texte mit Gehalten verfaßt, die gleichfalls nicht an der Zeit sind. Der Journalist – gleichfalls nun eine Variante des übergreifenden Genus Schriftsteller – erfüllt hingegen die Anforderungen der Zeit an Darstellungsform und -inhalt entschieden präziser.

Sucht man in den Selbstaussagen des Feuilletons jenseits der Charakterisierungen des Journalismus im allgemeinen nach Reflexionen des Feuilletons im besonderen, muß man verschiedene Äußerungsformen unterscheiden: Zunächst läßt sich eine Reihe von Narrationen ausmachen, in denen die Produktion des Feuilletons selbst in Form einer Ereignisschilderung dargestellt wird. Eine weitere Gruppe bilden diskursive Auseinandersetzungen über die formalen Möglichkeiten und inhaltlichen Aufgaben der Kritik, in deren Zentrum gewöhnlich die Kritik von Theater und Film stehen. Schließlich findet auch Kritik der feuilletonistischen Produktionen statt, allerdings vorzugsweise in Form von Buchbesprechungen; d. h., die Feuilletons werden erst dann kritisch behandelt, wenn sie, in Buchform gebunden, ihre Tagesgebundenheit vermeintlich hinter sich gelassen haben. Der Feuilletonist als Person spielt in der Diskussion um das Feuilleton eine weniger bedeutsame Rolle, als der Journalist sie in der um den Journalismus innehatte. Personalisierte Hinweise auf das Selbstverständnis des feuilletonistischen Diskurses finden sich allenfalls in Würdigungen der für das Feuilleton schreibenden Autoren zu Geburtstagen, in Nachrufen oder in Erinnerungen an gemeinsam verbrachte Zeiten.

Zu den Konstanten feuilletonistischer Selbstbeschreibung gehört der Wechsel der Perspektive, die Verkehrung von groß und klein. Umkehrung des gewöhnlichen Blicks ist *die* genuine Bestimmung der feuilletonistischen Arbeit an der alltäglichen Wahrnehmung. Die in den kleinen Texten behandelten Details lenken das Augenmerk auf Fluchtpunkte der alltäglichen Wahrnehmung, bedeuten diese, laden sie mit Sinngehalt. Die Steigerung der Bedeutung von scheinbaren „Kleinigkeiten" relativiert zugleich die großen theoretischen Aussagenkomplexe, da die Feuilletons ein „Wissen" am Konkreten gewinnen, das den zumeist unanschaulich vermittelten Ideen zu fehlen scheint. Die Bewegung ist die eines kleinen Gedankenspiels, das die soziokulturellen Bedeutungsmuster en detail erprobt und sie darin verfügbar macht, sie auf den „Boden der Tatsachen" zurückführt. Diese Erprobungen und Reduktionen stellen in ihren konkreten Anbindungen ein kulturgeschichtliches Material bereit. Damit stellen sie zugleich der großen Literatur, die längst ihre eigene Geschichtlichkeit in ihrer Intertextualität konstituiert hat, eine weitere geschichtliche Dimension an die Seite. In dieser Dimension wird das gesellschaftliche Präsens in seinen Ereignissen und deren semantischen Aufladungen oder diskursiven Mustern verschriftlicht. In der Arbeit am Alltäglichen, die sich ständig erneuert und verschwindet, gewinnen die Feuilletons in Abgrenzung von der Hoch-Literatur eine eigene Qualität. Diese Qualität ist das Überflüssig-Notwendige, eine Art von Luxus oder Verschwendung. Das gilt sowohl für die Schrift wie auch für die schriftstellerische Existenz. So halten Feuilleton und Feuilletonist das Versprechen einer Kultur der Preisgabe aufrecht. Die Feuilletonisten, emphatisch gesprochen, opfern sich der Gemeinschaft der Lesenden, verzichten auf den Eingang in den Olymp der Dichter und Denker für ein mühseliges Tagwerk, das den Zeitungslesern Freude und Unterhaltung und bisweilen Erkenntnis zuteil werden läßt. Diese Diskursfigur einer anonymen Arbeit am Gemeinwohl, das nur durch den Leserkreis beschränkt ist, hält die Fahne eines Idealismus hoch, der in der Wirklichkeit der Zeitungsschreiber durch den Charakter der Lohnarbeit, den gerade ihre Tätigkeit aufweist, relativiert wird.

Die reproduktive Seite und der Lohncharakter journalistischer Arbeit wird besonders deutlich, wenn die Kritik, an erster Stelle Theater- und Filmkritik, innerhalb des autoreflexiven Feuilletondiskurses problematisiert wird. Zunächst wird das Problemfeld durch drei Positionen konturiert: durch das Kunstwerk und den Künstler, den Kritiker und seinen Text, schließlich durch den Bezug auf das Publikum. Idealerweise wird die Kritik als Verknüpfung der drei Positionen gedacht: Der Künstler schuf das Kunstwerk, das der Kritiker rezipiert, um seine Rezeption in einem Text zu gestalten, den das Publikum (zu dem auch der Künstler gehört) liest und der damit gleich zweifach auf den Künstler und seine Kunst wirkt. Einerseits steuert die Kritik den Zulauf zum Kunstwerk, andererseits könnte die Kritik dem Künstler Rat geben für weitere Gestaltungen. Als Mittler zwischen Künstler und Publikum soll der Kritiker nun aber nicht auf das Publikum hören, sondern auf das Kunstwerk. Diesem allein muß er sich verschreiben und sich die Kritik von ihm diktieren lassen. Die Mittlerposition gerät derart in den emphatischen Stilisierungen des Kritikers zur Figur eines anderen Priesters.

Zumindest in den frühen Zwanziger Jahren wird die Kritik klar der Philologie entgegengesetzt. Es ist die Stimme des Blutes, die aus dem Kritiker und seiner Einfühlung – nicht Analyse – des Kunstwerks spricht. Auf diese Weise konstruiert sich bei den für die Zeitung schreibenden Kritikern noch vor der Hausse journalistischen Selbstbewußtseins eine Affinität zum tradierten Dichterbild.

1925 konturiert sich eine ausgeprägte Auseinandersetzung über Aufgaben und Ziele der Filmkritik. Von den spätestens seit 1913 das neue Medium begleitenden Reflexionen über Filmkritik unterscheidet sich diese Auseinandersetzung durch ihre Massierung. Sie besitzt weniger einen innermedialen denn handfest ökonomischen Grund. Die Kommerzialisierung speziell des heimischen Films befindet sich in der Krise. Das Feuilleton-Publikum soll entsprechend zum Konsum mobilisiert werden. Zu jener Zeit bestand noch keineswegs Konsens unter Rezipienten und Produzenten von (Hoch-) Kultur darüber, daß Film – auch – Kunst sei. Kritiker sollen also zum einen beitragen, die Filmkultur zu veredeln, ihr den Weg zur Kunst zu weisen bzw. dort zu mahnen, wo zu weit von diesem Pfad abgewichen wird. Mehr aber als zur Nobilitierung soll die Kritik zur effizienteren Kommerzialisierung des Films beitragen. Sie soll fürs Kino in toto und für spezielle Filme werben, auf diese Weise sichern helfen, daß das Filmgeschäft sich rentiert – und aufgrund der anwachsenden Gewinne der Film sich weiterhin in Richtung Kunst entwickeln kann. Insbesondere in der letzten Aufgabenzuweisung finden sich oftmals geradezu kulturimperialistisch anmutende Töne, die zum Kampf der deutschen Filmindustrie gegen Hollywood erschallten. Nachdem sich freilich um 1927 die Dominanzverhältnisse geklärt hatten und der deutsche Film sich zwar gut verkaufte, aber keinen Anspruch auf Weltgeltung gegenüber Hollywood mehr zu vertreten vermochte, endeten auch die Fragen nach Kunst oder Kommerz in der Filmkritik.

Eine der Eigenarten des Feuilletons sind narrative Texte, die das Feuilletonschreiben thematisieren und so eine Art narrativer Auto-Reflexion betreiben. Charakteristisch ist diesen Feuilletons neben der Person des Ich-Erzählers und dem Präsens die anfängliche Problematisierung des Schreibens. Sie taucht mitunter schon im Titel auf, verdeutlicht sich aber allemal in der Beschreibung der Umstände, die dem Schreiben im Wege stehen. Eine Standardbeglaubigung verzweifelter Bemühungen um Textproduktion ist die Beteuerung, der Verfasser wisse nicht, was er denn schreiben solle, und es sei ohnedies gleichgültig.

Zu weiteren Merkmalen zählt die direkte Ansprache des Lesers, eine Form des kolloquialen Umgangs, der angeblich spontan niedergeschriebenen Gedanken oder Formulierungen, um der Betonung der aktuellen Schreibsituation willen. Auf diese Weise wird narrativ ein Ereignis inszeniert, in dem der adressierte Leser ebenso imaginär ist wie der Ich-Erzähler. Auffällig an diesen selbstbezüglichen Feuilletons wirkt auch die Wahl der Titel. Sie sind entweder allgemein gehalten, lauten mithin schlicht *Feuilleton* oder *Still-Leben* oder versprechen eine Konkretion, etwa *Die Tür* oder *Feuerzeug,* die der Text dann nicht einlöst, sondern – bisweilen geradezu angestrengt – meidet. Aus diesen Elementen bilden sich zwei Grundstrukturen der narrativen Selbstreflexion feuilletonistischen Schreibens aus, die wir als Zäsur- bzw. Rahmentyp charakterisierten.

Doch nicht nur formale Konstanten lassen sich ausmachen. Angesichts dessen, daß ja in diesem Zeitraum das Ansehen des Journalismus allgemein und speziell auch des Feuilletons gestärkt wird, verwundert zunächst der befremdliche Rekurs auf traditionalistische Wertmuster, der in die paradoxe

Situation führt, daß innerhalb des Feuilletons Feuilletonisten gegen die Oberflächen- und Zerstreuungskultur polemisieren. Diese diskursive Deplaziertheit gewinnt eine gewisse Plausibilität, wenn man davon ausgeht, daß in dem Moment, in dem das Feuilleton sich anschickt, innerhalb des kulturellen Kanons den Platz einzunehmen, den zuvor die Literatur im engeren Sinne innehatte, auch der Diskurs, den diese Literatur führte, vom Feuilleton übernommen wird. Die Übernahme einer hochkulturellen Wertungsperspektive wiederum führt dazu, daß die feuilletonistische Selbstreflexion in der ironischen oder resignativen Narration nicht mehr fortgesetzt wird. Statt dessen wird das Feuilleton frei für neue Formen. Was am Verschwinden der „realen" Stadt Wien aus den Feuilletons zu beobachten war, läßt sich generalisieren. Der Film, der die Wunschbilder – hier: der Städte – in die Kinosäle bringt, entlastet das Feuilleton weitgehend von einer Bebilderungsfunktion, ähnlich der Entlastung, die die Photographie für die Malerei bedeutete. So entsteht ein Freiraum für komplexere und abstraktere, artifiziellere Gebilde. Den nutzten zum Beispiel Ernst Bloch oder Walter Benjamin, indem sie ihre Denkbilder lieferten. Vor dem Hintergrund der Filmentwicklung kann man außerdem die seit Mitte der Zwanziger in die bürgerlich-demokratischen Blätter dringende Reportage, die literarische Reportagemode, als eine Art arbeitsteilige Entlastung des Feuilletons begreifen. Die Reportage, im Duktus stärker dem Diskurs der übrigen Zeitung angenähert, zugleich dem Sensationismus der technischen Beschleunigungsmittel verschrieben, entlastete das durch den Film von der Wunschbildproduktion entlastete Feuilleton zusätzlich von den Funktionen unmittelbarer Alltagsorientierungen. Damit wiederum wurde ins Feuilleton als Sparte die Befriedigung jenes Bedürfnisses übernommen, das vom Kino zwar geweckt, aber von der Filmproduktion zunehmend weniger bedient wurde: das nach vermeintlich authentischer Wirklichkeit. In dem Maße, in dem das Kino zur Wunschfabrik wurde und auf die Nutzung seiner dokumentarischen Möglichkeiten verzichtete, entstand – bei gleichzeitiger Realismusemphase der „Neuen Sachlichkeit" – ein Defizit an medial als nüchterne Wirklichkeit präsentierter „Wirklichkeit". Dieses Defizit fand eine medientechnische Nische im Feuilleton. Jedoch nur solange, bis die „Wirklichkeit" so wirklich wurde, daß der Einbruch des Realen die mediale Realität des Feuilletons zerstörte, die Feuilletonisten exilierte oder gar vernichtete – sofern sie nicht zur Unterwerfung bereit waren und eine der Qualitäten des Feuilletons aufgaben. Die Qualität, die das Feuilleton in dem hier in Frage stehenden Zeitraum immer auch hatte: Versprechen einer besseren Wirklichkeit zu sein.

Bibliographie

Primärliteratur

a = Abendausgabe
m = Morgenausgabe
b = Beiblatt
lr = Literarische Rundschau
Beispiel: m1b = Morgenausgabe, erstes Beiblatt

Ohne Autorenangabe: Der Alleinkritiker. Tagebuch 25/1920, 844.
Ohne Autorenangabe: Von der kleinen Liebe. Tagebuch 1922, 766 f.
Ohne Autorenangabe: Zur Berufung von Peter Behrens nach Wien. Berliner Tageblatt 02.05.22 (a).
Ohne Autorenangabe: ohne Titel. Berliner Tageblatt 27.11.24 (m).
Ohne Autorenangabe: Peter Behrens und Wien-Berlin. Berliner Tageblatt 03.12.25 (a).
Ohne Autorenangabe: ohne Titel. Berliner Tageblatt 13.12.25 (mlr).
Ohne Autorenangabe[Großmann, Stefan]: [Auszug aus der Rubrik] *Tagebuch der Zeit*. Tagebuch 48/1926, 1782.
Ohne Autorenangabe: Berlin Wien in 5 ½ Stunden. Berliner Börsen Courier 22.03.27.
Ohne Autorenangabe: Wiener Würstel am Kurfürstendamm. Piowati gegen Wurstmaxe. Berliner Tageblatt 20.09.27 (m1b).
Ohne Autorenangabe: Sie können für 8 Mark ihr Bild nach Wien telegraphieren. Berliner Börsen Courier 27.11.27.
Ohne Autorenangabe: Berlin als zweite Heimat. Berliner Börsen Courier 05.02.28.
Ohne Autorenangabe: Victor Auburtin †. Berliner Börsen Courier 29.06.28.
Ohne Autorenangabe.: Wien. Berliner Börsen Courier 20.06.29 (a).
Ohne Autorenangabe: Weaner Schmarrn: Geschichten aus dem Wiener Blätterwald. Berliner Tageblatt 30.04.32 (m1b).

A. D.[Adolph Donath]: Berlin-Wien. Gezeichnete Architektur. Berliner Tageblatt 21.11.32.
Adelsberger, August: Besuch in Wien. Deutsche Allgemeine Zeitung 29.02.24 (a).
Adriaen: Tragödien und Farcen. Sparsam ist vornehm. Arnold Höllriegel und der Bund für Männerrechte. Berliner Tageblatt 25.05.27 (m1b).
    Wohnen oder Essen? Berliner Tageblatt 27.09.27 (m1b).
Andro, L.: Meine Heimat. Vossische Zeitung 19.05.23 (m).
    Die Achtzigjährige. Vossische Zeitung 31.05.23 (m).
Arndt-Steinitz, Della: Eine „Melange" am Kurfürstendamm. Berliner Tageblatt 30.08.27 (m1b).
Auburtin, Victor: Die Erfindung des Journalismus. Berliner Tageblatt 29.09.20.
    Das Feuilleton zu Ostern. Berliner Tageblatt 27.03.23.
    Wien. Berliner Tageblatt 01.05.23 (m1b).
    Wiener Spaziergänge. Berliner Tageblatt 05.05.23 (m1b).
    Die andere Seite. Berliner Tageblatt 12.05.23 (m1b).
    Impressionen. Berliner Tageblatt 15.05.23 (m1b).
    Wiener Brief. Berliner Tageblatt 12.06.27(m).
    „Als ich wiederkam…". Dreimal Wien. Berliner Tageblatt 28.07.27 (m1b).
    Ueber die Wiener Küche. Berliner Tageblatt 14.08.27.
Auernheimer, Raoul: Hugo von Hofmannsthal als österreichische Erscheinung. Neue Rundschau 2/1929, 660–666.

Bahr, Hermann: Österreich in Ewigkeit. Hildesheim 1930.
  Feuilleton. Vossische Zeitung. 15.01.26.
Balasz, Béla: Antwort auf die Rundfrage „Die Einwirkung der Kritik auf die Schaffenden". Literarische Welt 27/1927, 3.
Baumgarten, Franz Ferdinand: Wien. Berliner Tageblatt 10.11.21 (a).
Behne, Adolf: Die Kunst unter dem Strich. Tagebuch 45/1924, 1601 f.
Bernhard, Georg: Anschluß oder Abschluß. Vossische Zeitung 27.08.22.
Bie, Oskar: Ohne Ueberschrift. Berliner Börsen Courier 25.12.18.
Blass, Ernst: Filmkritik. Berliner Tageblatt 22.07.25.
Blei, Franz: In der Heimat. Berliner Tageblatt 04.09.25 (a).
  Besuch in Wien. Berliner Tageblatt 14.03.28 (m)
Brockhausen, Karl: Das neue Österreich. Vossische Zeitung 02.11.24 (5b).
Brentano, Bernard von: Wo in Europa ist Berlin? Bilder aus den zwanziger Jahren, Frankfurt a. M. 1981.

C. K.: Wienerisches. Ein Vorschlag zur Güte. Berliner Tageblatt 23.08.25 (m1b)
Csokor, Franz Theodor: Wien. Vossische Zeitung 30.08.25.

Diebold, Bernhard: Sinn der Kritik. Frankfurter Zeitung 21.11.24.
Dombrowski, Erich: Siegfried Bryk †. Der Mensch und Journalist. Berliner Tageblatt 03.09.24.
Donath, Adolph: Oesterreichische Künstler. Berliner Tageblatt 26.09.27 (a).
Dovvero-Hofer, Nina: Versuchung. Ein Momentbild. Berliner Börsen Courier 24.12.21.
Dymow, Ossip: Wien im Flug gesehen. Berliner Börsen Courier 25.01.29.

e.: Die Wohnungsnot der Liebe. Berliner Tageblatt 01.03.25 (m8b).
e.: Thomas Mann in Wien. Berliner Tageblatt 04.06.25 (a).
Eam: Wien in Berlin. Berliner Börsen Courier 09.03.29.
E. F. (mutmaßlich Else Frobenius): Donaufahrt des Schutzbundes. Deutsche Allgemeine Zeitung 05.06.24.
  Beim Heurigen. Wie man in Wien feiert. Deutsche Allgemeine Zeitung 25.06.24.
Ehrenstein, Albert: Städtewettkampf. Berliner Börsen Courier 04.11.24.
  Ins Leere gesprochen. Berliner Tageblatt 01.03.27.
Ehrenzweig, Stephan: Der literarische Anschluß. Literarische Welt 33,34/1930 [S. 1. (Sondernummer: Österreich)].
  Tonfilm-Wien. Literarische Welt 33,34/1929, 8.
  Wir Skribler. Tagebuch 41/1930, 1655 f.
Elbogen, Paul: Ein Wiener sieht Berlin. Tagebuch 7/1929, 270.
Eloesser, Arthur: An der schönen blauen Donau. Vossische Zeitung 13.07.29.
Enderes, Bruno v.: Der sterbende Prater. Deutsche Allgemeine Zeitung 16.12.26.
Engel, Fritz: Fred Hildenbrandt: Kleine Chronik. Berliner Tageblatt 09.05.26.
Eulenberg, Herbert: In Wien. Vossische Zeitung 28.11.22 (m).
  Wien. Vossische Zeitung 25.01.24 (a).
  Der Semmering. Vossische Zeitung 22.03.24 (a).
  Antwort auf die Umfrage „Die Tagespresse als Erlebnis". Literarische Welt 39/1929, 3f.

Faktor, Emil: Städtereise. Prag-Wien-Budapest II. Berliner Börsen Courier 03.03.21.
  Städtereise. Prag-Wien-Budapest III. Berliner Börsen Courier 06.03.21.
  Wiener Messefahrt II. Berliner Börsen Courier 21.09.21.
  Wiener Messefahrt III. Berliner Börsen Courier 25.09.21.
  Drei Tage Wien. Berliner Börsen Courier 18.04.24.
  Sling † Berliner Börsen Courier 23.05.28.

Federn-Kohlhaas, Etta: Die Wienerin in Berlin. Sie kennt sich hier nicht aus. Vossische Zeitung 10.07.29.
Feiber, Rudolf: Apotheose des Dreivierteltaktes. Berliner Tageblatt 24.09.25 (m1b).
Feuchtwanger, Lion: Antwort auf die Umfrage „Die Tagespresse als Erlebnis". Literarische Welt 39/1929, 3f.
Flake, Otto: In Wien und Prag. Neue Rundschau 2/1924, 977–992.

Fontana, Oskar Maurus: Ein Film von Wien. Berliner Börsen Courier 26.11.21.
    Wiener Symptome. Berliner Börsen Courier 19.12.22.
    Kleine Tragödien. Berliner Börsen Courier 15.02.23.
    Wiener Autoren in Wien. Berliner Börsen Courier 06.05.27
    Die Straße als Gesellschaft. Berliner Börsen Courier 01.01.32.
    Österreicher von heute. Berliner Tageblatt 28.11.32.
Frei, Bruno: Wiener Sommer. Berliner Börsen Courier 29.08.26.
Friedell, Egon: Berliner Eindrücke. Berliner Börsen Courier 27.12.24.
Frisch, Efraim: Bodenständigkeit. Berliner Tageblatt 30.11.31.
Fröhne, Friedrich: Café Wachtraum. Vossische Zeitung 25.05.32.

-ger: Das Ensemble Leopoldi-Wiesenthal. Berliner Tageblatt 03.06.25 (a).
Gesell, Michael [d. i. Hesse, Otto Ernst]: Der Brief. Vossische Zeitung 31.05.28.
    Ungeziefer – und andere Belehrungen. Vossische Zeitung 23.04.30.
    Über die Schwierigkeit, Feuilletons zu schreiben. Vossische Zeitung 07.02.32.
Glaser, Curt: Wiener Eindrücke I. Berliner Börsen Courier 09.07.20.
    Wiener Eindrücke II. Berliner Börsen Courier 10.07.10.
Gold, Alfred: Wiener Kinder in Dänemark. Berliner Tageblatt 22.10.20 (m).
Goldschmidt, Kurt Walter: Die unverstandene Kritik. Berliner Börsen Courier 19.07.22.
    Aphoristische Zukunftsmusik. Berliner Börsen Courier 21.11.22.
Großmann, Stefan: Zeitungschreibende Dichter. Tagebuch 27/1926, 946 f.
    Glück des Zeitungsschreibers. Tagebuch 33/1927, 1320–1323.
    Fred Hildenbrandt: Tageblätter. Tagebuch 37/1925, 1391 f.
Guillemin, Bernard: „Der rasende Reporter". Berliner Börsen Courier 21.05.25.

Haas, Willy: Der Konstabler. Tagebuch eines Deutschböhmen. Berliner Tageblatt 18.06.20 (m).
    Meine Meinung. Literarische Welt 35/1926, 2.
    Schmock hie und drüben. Literarische Welt 1/1931, 1 f.
Hahn, Arnold: Reise-Feuilletons. Tagebuch 36/1925, 1350 f.
Handl, Willi: Österreichische Erzähler. Neue Rundschau 2/1919, 1401–1404.
Harich, Walther: Antwort auf die Umfrage „Die Tagespresse als Erlebnis". Literarische Welt 39/1929, 3f.
Hatvani, Paul: Glaßbrenner in Wien. Berliner Börsen Courier 22.08.22.
Hausenstein, Wilhelm: Wiener Tagebuch I. Neue Rundschau 1/1932, 358–377.
    Wiener Tagebuch II. Neue Rundschau 1932/1, 633–659.
Heck, Ludwig: Wienerisches. Berliner Tageblatt 08.01.26.
Heimann, Moritz: Über das Authentische; ein Feuilleton. Weltbühne 14/1925, 505–510.
Heller, Fred: Wien-Berlin-Wien. Berliner Tageblatt 05.12.22.
Hertz, Friedrich: Deutschland und Oesterreich. Berliner Tageblatt 16.10.26.
Hildenbrandt, Fred: Weekend. Berliner Tageblatt 18.08.24.
    Egon Erwin Kisch: „Der rasende Reporter". Berliner Tageblatt 18.12.24.
    Tageblätter: Gesammelte Aufsätze. Berlin (Landsberg) 1925.
    Fahrt im großen Stil. Berliner Tageblatt 12.06.25 (a).
    Herbst über Salzburg. Berliner Tageblatt 03.09.25 (a).

Victor Auburtin: „Einer bläst die Hirtenflöte". Berliner Tageblatt 07.12.28.
Grosses schönes Berlin. Berlin 1929.
Hirschfeld, Georg: Beichte eines Wiener Mädchens. Vossische Zeitung 03.12.22 (4b).
Nur ein Wiener. Erinnerungen an Peter Altenberg. Vossische Zeitung 29.03.32.
Hofmannsthal, Hugo von: Das Schriftum als geistiger Raum der Nation. Neue Rundschau 2/1927, 11–26.
Höllriegel, Arnold [d. i. Richard Bermann]: Tagebuch eines Wieners. Berliner Tageblatt 14.10.18 (m).
Eine Hungersnot. Vossische Zeitung 22.01.19 (a).
Die Marine auf dem Trockenen. Vossische Zeitung 20.02.19 (m).
Die zerbrochene Krone. Vossische Zeitung 22.03.19 (m).
Die Hölle der bösen Frauen. Berliner Tageblatt 05.06.21 (m).
Das Herbstwunder. Berliner Tageblatt 23.9.21 (a).
Golkonda. Berliner Tageblatt 17.12.21 (a).
Ein Plato gesucht. Berliner Tageblatt 07.02.22 (a).
Die Weltpresse in Genf. Literarische Welt 2/1926, 2.
Donnerwetter inbegriffen. Berlin wird so amerikanisch. Berliner Tageblatt 14.11.29.
Hülsenbeck, Richard: In der Bahn. Berliner Tageblatt 04.07.23 (m).

Ihering, Herbert: Theaterkritik in Wien und Berlin. Berliner Börsen Courier 01.10.18, Literaturbeilage, 9.
Wiener Prosa. Berliner Börsen Courier 03.08.19.
Theaterkritik. Berliner Börsen Courier 01.01.21.
Gemeinschaft und Clique oder Der tobsüchtige Karl Kraus. Berliner Börsen Courier 25.06.24.
Klärung. Berliner Börsen Courier 11.12.24.
Geschichten aus dem Wiener Wald. Berliner Börsen Courier 03.11.31.

Jacob, Heinrich Eduard: Raimund zu seinem neunzigsten Todestage. Literarische Welt 37/1926, 1.
Berlin Amerika. Notiz vor einer Abreise. Berliner Tageblatt 27.09.27 (m1b).
Max Mells österreichische Sendung. Berliner Tageblatt 16.02.28 (m).
Der Festzug der 200.000. Die deutschen Sänger in Wien. Berliner Tageblatt 23.07.28 (a).
Zehn Jahre österreichische Republik. Berliner Tageblatt 13.11.28.
Theaterstadt Wien. Berliner Tageblatt 29.12.28.
Die Selbstmordgrippe. Berliner Tageblatt 20.03.29.
Österreichische Form. Neue Rundschau 2/1929, 667–673.
Wien und Berlin. Der Ruf nach dem österreichisch-deutschen Handelsvertrag. Berliner Tageblatt 13.02.30.
Die Dynastie der Hausbesorger. Berliner Tageblatt 09.03.30 (m4b).
Was geschieht in Österreich? Berliner Tageblatt 09.10.30.
Der Kampf gegen den Faschismus. Worum geht es am 9. November? Berliner Tageblatt 31.10.30.
Wien-Fälschung und Wien-Export. Literarische Welt 29/1931, 1 ff.
Jacobs, Monty: Alfred Kerr. Zum 60. Geburtstag am Sonntag. Vossische Zeitung 24.12.27.
J. E.: Wiener Küche. Berliner Tageblatt 06.05.28.
Joel, Kurt: Bild-Telegraphie Berlin-Wien. Ein neuer Abschnitt der Nachrichtenübermittlung. Vossische Zeitung 02.12.27.
Jokel, Richard M.: Großstadt macht Wochenende. Was macht Wien... Berliner Tageblatt Sonderbeilage Die Brücke 05.07.31.

Jouvenel, Robert de: Die Zeitungsindustrie. Tagebuch 28/1924, 954–957.

K.: Österreichische Kunst. Mittagsveranstaltung im Schauspielhaus. Vossische Zeitung 03.05.20 (a).

Kahane, Arthur: Die beiden Städte. Berliner Börsen Courier 13.05.26.
    Giampietro. Berliner Tageblatt 02.01.31 (a).
    Feuilleton. Berliner Tageblatt 13.01.31.

Kalenter, Ossip: Café. (11 Uhr 42 bis 11 Uhr 56 vormittags). Vossische Zeitung 21.07.23.

Kaus, Gina: Alfred Polgar: „An den Rand geschrieben". Literarische Welt 4/1926, 5.

Kayser, Rudolf: Robert Müller. Berliner Tageblatt 02.09.24 (m).

Kbg.: Journalismus und Tradition. Literarische Welt 44/1931, 2.

Kisch, Egon Erwin: Feuilleton. Bohemia 12.08.17.
    Journalismus als Buchliteratur. Berliner Tageblatt 12.07.25.
    Der rasende Reporter. Berlin 1926.
    Gesammelte Werke in Einzelausgaben / hrsg. v. Bodo Uhse u. Gisela Kisch. Fortgeführt von Fritz Hofmann und Josef Polacek. 10 Bände. Berlin u. Weimar 1960–1985.

Klabund: Im Prater blüh'n wieder die Bäume. Berliner Börsen Courier 06.06.28.

Kober, A. H.: Valutareise. Vossische Zeitung 13.10.21 (m).

Köhrer, Erich: Valutafahrten. Berliner Tageblatt 27.08.21 (m1b).

Koffka, Friedrich: Bemerkungen über Journalismus. Tagebuch 21/1925, 751–753.

Kolbenheyer, C. Guido: Antwort auf die Umfrage „Die Tagespresse als Erlebnis". Literarische Welt 39/1929, 3f.

Kornfeld, Paul: Die Berliner Kritiker. Tagebuch 16/1924, 529–533.

Kuh, Anton: Paraldehyd. Berliner Tageblatt 03.01.25 (m).
    Einer, der Wien haßt. Tagebuch 1926, 512 f.
    Die graue Krawatte. Tagebuch 17/1926, 571 f.
    Der lebende und der tote P. A. Peters Bruder. Berliner Tageblatt 18.05.27.
    Brief an eine Wiener Küchengehilfin. Berliner Tageblatt 08.06.28 (a).
    Legende vom süssen Mädel. Berliner Tageblatt 29.10.31 (m).

Kuhnert, A. Artur: Antwort auf die Umfrage „Die Tagespresse als Erlebnis". Literarische Welt 39/1929, 3f.

Lahm, Karl: Wiener Kommunisten. Vossische Zeitung 18.07.19 (a).
    Im Roten Ungarn. Vossische Zeitung 29.04.19 (a).
    Wiener Briefmarkenentwürfe. Vossische Zeitung 20.05.21 (a).
    Altösterreich. Vossische Zeitung 28.06.21 (m).
    Wien antwortet. Vossische Zeitung 25.07.21.
    Das Hysterisieren. Vossische Zeitung 28.07.21 (a).
    „Berliner Bluff". Vossische Zeitung 18.02.22.
    Die Zukunft der Wiener Burg. Vossische Zeitung 01.04.22 (m).
    Wiener Beifall. Vossische Zeitung 01.06.22.
    Zank aus dem Reiche. Vossische Zeitung 01.08.22.
    Wiener Theaterskandale. Vossische Zeitung 08.08.22 (m).
    Österreichisch. Vossische Zeitung 24.09.22.
    Abbau der Nullen. Vossische Zeitung 30.10.22 (a).
    Die Lehre. Vossische Zeitung 30.04.23.
    Der Blick nach Deutschland. Vossische Zeitung 23.11.23.
    Wien von heute. Vossische Zeitung 07.02.24.
    Ravag. Vossische Zeitung 17.01.25.
    Wiener Universitätskämpfe. Vossische Zeitung 04.06.25.
    Kraft und Schönheit im Wiener Prater. Vossische Zeitung 16.06.25.

Krieg der Mehlspeis! Vossische Zeitung 26.02.27.
„Das Wiener Weh". Vossische Zeitung 05.05.27.
Wild-Wien. Vossische Zeitung 20.07.27.
Wien und die Länder. Vossische Zeitung 02.08.27.
Der Tag von Wiener-Neustadt. Vossische Zeitung 09.10.28.
Deutschösterreich 1929. Vossische Zeitung 09.01.29.
Miß Universum. Vossische Zeitung 16.06.29.
Der österreichische Dichter. Ortners „Tobias Wunderlich". Vossische Zeitung 11.07.29.
Berliner Kunst in Wien. Vossische Zeitung 01.12.32.
Langer, Annette: Alt-Österreichisches Albumblatt. Berliner Börsen Courier 19.07.21.
Langer, Felix: Feuilleton. Berliner Tageblatt 05.04.28.
    Rehabilitierung Wiens. Werner Riemerschmid: das Buch vom lieben Augustin . Berliner Tageblatt 08.03.31 (mlr).
Latzko, Andreas: Die Tür. Berliner Tageblatt 31.08.20.
    Herbstglanz 1920. Berliner Tageblatt 07.11.20 (mlb).
    Wiener Ansichtskarten. Berliner Börsen Courier 30.03.24.
    Wiener Studie. Berliner Börsen Courier 15.06.24.
    Wiener Ansichtskarten. Berliner Börsen Courier 16.08.24.
Leip, Hans: Antwort auf die Umfrage „Die Tagespresse als Erlebnis". Literarische Welt 39/1929, 3f.
Lg.: Österreichische Autoren. (Kleiner Meistersaal). Berliner Börsen Courier 12.01.21.
L. H. [Leo Hirsch]: Elegie eines Filmmannes . Berliner Tageblatt 17.07.32.
Lissauer, Ernst: Das Erlebnis des Berliners. Berliner Börsen Courier 12.05.25.
    Glück in Österreich. Bilder und Betrachtungen. Frankfurt 1925.
    Oesterreich in Bildern. Berliner Börsen Courier 15.11.28.
Lohs, Karl: Politik im Film. Berliner Tageblatt 17.07.32.
Lucka, Emil: Der Wiener Wald stirbt. Vossische Zeitung 29.12.19 (m).

-ma: Außer Dienst. Ein Gegenwartsbildchen. Berliner Börsen Courier 27.07.22.
Mahrholz, Werner: Felix Austria. Vossische Zeitung 13.11.28.
Marilaun, Carl: Die roten Gardisten. Berliner Zeitung 19.11.18 (m).
    Was wird aus Wien? Deutsche Allgemeine Zeitung 31.01.19.
    Wiener Tagebuch. Vossische Zeitung 14.02.19 (a).
    Der große Wiener Sonntag. Deutsche Allgemeine Zeitung 23.02.19.
    Die Fremdenstadt wider Willen. Deutsche Allgemeine Zeitung 12.04.19.
    Die Straße unserer Freuden. Berliner Tageblatt 05.07.19 (a).
    Wiener September. Deutsche Allgemeine Zeitung 29.09.19.
    Bildnis des Wienerischen. Deutsche Allgemeine Zeitung 15.04.20 (a).
Meier-Graefe, Julius: Im alten Österreich-Ungarn. Berliner Tageblatt 08.08.20 (m).
Michel, Robert: Eine Fliege fliegt von Wien nach Berlin. Vossische Zeitung 13.07.28.
Molo, Walter von: Antwort auf die Umfrage „Die Tagespresse als Erlebnis". Literarische Welt 39/1929, 3f.
Müller, Robert: Wien, die versinkende Stadt. Neue Rundschau 2/1920, 870–874.
    Der letzte Österreicher. Neue Rundschau 1/1923, 560–569.
    Austria ... ultima. Neue Rundschau 2/1923, 652–659.
Musil, Robert: Der Anschluß an Deutschland. Neue Rundschau 1/1919, 345–352.
    Symptomen-Theater I. Neuer Merkur 1922, 179–186.
    Symptomen-Theater II. Neuer Merkur 1922, 587–594.
    Eine Geschichte aus drei Jahrhunderten. Berliner Tageblatt 27.03.27 (m).
Mynona [d. i. Friedländer, Salomo]: Garnichts! Berliner Tageblatt 02.09.20 (m).

Nacht, Johannes: Pflugschar und Flugsame. Berlin 1922.
Natonek, Hans: Stufen der Kritik. Deutsche Allgemeine Zeitung 21.06.19.
    Wiedersehen mit Wien. Deutsche Allgemeine Zeitung 03.02.20.
    Bruder Boxer. Deutschen Allgemeine Zeitung 09.11.23 und Berliner Börsen Courier 15.03.27.

Olden, Rudolf: Der erste Österreicher. Berliner Börsen Courier 09.08.22.
    Wie Wien heute aussieht. Berliner Tageblatt 18.03.27.
Ossietzky, Carl v.: Professoren, Zeitungsschreiber und verkrachte Existenzen. Tagebuch 5/1925, 159–162.

Palitzsch, Otto Alfred: Dichter und Journalist. Zu einem Buche von Joseph Roth. Vossische Zeitung 24.07.27.
P. E.: Raoul Auernheimer. Literarische Welt 2/1926, 6.
Pfister, Kurt: Die Kunststadt Wien. Berliner Tageblatt 09.05.22 (a).
Pick, Hans: Feuerzeug. Vossische Zeitung 17.10.23 (a).
Pick, Lupu: Filmkritik III. Berliner Tageblatt 08.08.25.
Plim Plam: Statt „Feuilleton – ‚Heimgart'"? Berliner Börsen Courier 21.08.27.
Polgar, Alfred: In Wien. Berliner Tageblatt 08.02.19 (a).
    Randbemerkung zu einem ‚Protest'. Berliner Tageblatt 14.04.19 (a).
    Wien. Berliner Tageblatt 08.03.19 (m1b).
    Sommer in Wien. Berliner Tageblatt 29.07.19 (a).
    Sommer 1920. Berliner Tageblatt 03.08.20.
    Die Sieger. Berliner Tageblatt 08.08.20 (m).
    Lokalbericht. Berliner Tageblatt 16.04.21.
    Lokalbericht. Berliner Tageblatt 07.06.21 (a).
    Wiener in Berlin. Berliner Tageblatt 11.11.22.
    Lokalbericht. Berliner Tageblatt 07.10.23.
    Herbstfrühling in Wien. Berliner Tageblatt 17.11.23 (a).
    Theorie des „Café Central". Berliner Tageblatt 30.12.23 (m).
    Beruf. Berliner Tageblatt 01.12.27.
    Theater in Wien. Weltbühne 22.01.29, 147.
    Heimat. Berliner Tageblatt 31.01.30 (m).
    Kleine Schriften. Hrsg. v. Marcel Reich-Ranicki in Zus. m. Ulrich Weinzierl. Reinbek 1982–1986.
Preis, Max: Wiedersehen mit Wien. Berliner Börsen Courier 30.07.19.
    Expedition nach Österreich. Berliner Börsen Courier 05.05.20.
    Der Watschenmann. Berliner Börsen Courier 01.06.20.
    Reiseandenken an Wien. Berliner Börsen Courier 19.04.22.

–r.: Rundfunk. Wiener Woche. Vossische Zeitung 02.04.31.
Rainalter, Erwin H.: Das sanierte Wien. Deutsche Allgemeine Zeitung 23.09.23 (a).
    Vom süßen Mädel. Deutsche Allgemeine Zeitung 14.03.26 (m).
    Auf der Suche nach Wien. Deutsche Allgemeine Zeitung 22.08.26.
    Wiener Fasching. Deutsche Allgemeine Zeitung 19.02.27.
    Es wird gewählt. Deutsche Allgemeine Zeitung 08.04.27.
    Bummel durchs Biedermeier. Deutsche Allgemeine Zeitung 12.05.27.
    Das andere Antlitz Wiens. Deutsche Allgemeine Zeitung 02.08.27.
    Schwarze Gefahr für Wien. Deutsche Allgemeine Zeitung 22.02.28.
    Die Stadt der Gerüchte. Deutsche Allgemeine Zeitung 13.09.29.
    Dichter Österreichs. Deutsche Allgemeine Zeitung 10.12.29.

Schöpferische Provinz. Deutsche Allgemeine Zeitung 27.08.30.
Redlich, Alexander: Reise durch Österreich. Vossische Zeitung 06.10.20.
Reifenberg, Benno: Gewissenhaft. Frankfurter Zeitung 01.07.29.
Remarque, Erich-Maria: Still-Leben. Berliner Tageblatt 02.06.23.
Renker, Gustav: Ein verlassener Herrschersitz. Deutsche Allgemeine Zeitung 15.03.19.
    Der sterbende Wienerwald. Deutsche Allgemeine Zeitung 30.11.19.
Rössler, Hermann: Hat Berlin existiert? Berliner Tageblatt 22.08.32.
Roth, Joseph: Reise nach Kultur-Wien. Berliner Börsen Courier 19.06.21.
    Feuilleton. Berliner Börsen Courier 24.07.21.
    Lob der Dummheit. Literarische Welt 39/1929, 3f.
    Werke, Bd. 1: Das journalistische Werk 1915–1923 / hrsg. v. Klaus Westermann. Köln 1989.
    Werke, Bd. 2: Das journalistische Werk 1924–1928 / hrsg. v. Klaus Westermann. Köln 1990
    Rundfrage: Berlin oder Wien? Um den Vorrang als europäische Musikstadt. Deutsche Allgemeine Zeitung 10.08.30.
Rundt, Arthur: Zwanzig Quadratmeter für Peter Altenberg! Berliner Börsen Courier 18.05.27.
Russwurm, Rudolf v.: Der Schutzmann in Höschen. Deutsche Allgemeine Zeitung 23.06.26 (a).

–s: Victor Auburtin †. Vossische Zeitung 29.06.28.
–s: Das alte Österreich auf der Berliner Bühne. Stefan Grossmann: Die beiden Adler. Literarische Welt 14,15/1931, 9.
Salten, Felix: Der verarmte Prater. Berliner Tageblatt 04.05.20 (m).
    Ein Wiener Schauspieler. Berliner Tageblatt 19.05.21 (m).
    Wien und Max Reinhardt. Eine Komödie unter Theaterleuten. Berliner Tageblatt 02.12.22 (a).
    Gesetz der Umwandlung. Berliner Tageblatt 01.04.26.
    Das Mädel schreit. Berliner Tageblatt 01.07.27 (a).
    Verständnis für Wien. Berliner Tageblatt 21.12.27 (m).
Schach, Max: Die Kunst geht nach Brot. Berliner Tageblatt 03.10.19 (a).
Scheffler, Karl: Wiener Revue. Vossische Zeitung 16.02.24.
Scheu, Robert: Der Publizist Vossische Zeitung 01.01.26.
Scholz, Wilhelm: Antwort auf die Umfrage „Die Tagespresse als Erlebnis". Literarische Welt 39/1929, 3f.
Schreyvogel, Friedrich: Antwort aus Wien. Berliner Tageblatt 05.04.28 (m).
Schulz, Franz: Die Filmkritik. Tagebuch 17/1929, 696–701.
Schwarzwald, Eugenie: Verdient der Berliner seinen Ruf? Erfahrungen einer Wienerin. Vossische Zeitung 02.11.23.
    Wien, der Schmelztiegel. Vossische Zeitung 06.12.30.
Sil-Vara: Sanssutzi. Vossische Zeitung 19.07.22 (a).
Sinsheimer, Hermann: Der Dr. Goes. Berliner Tageblatt 09.04.31.
    Kleine Woche Wien. Berliner Tageblatt 21.05.31.
    Prosa aus Österreich. Berliner Tageblatt 21.12.32.
Sling [d. i. Paul Schlesinger]: Feuilleton-Akademie. Vossische Zeitung 22.03.21.
Soyka, Otto: Die Hauptstadt ohne Reich. Deutsche Allgemeine Zeitung 29.11.18.
    Proteste. Deutsche Allgemeine Zeitung 11.03.19.
Steinecke, Ludwig: Österreich in Ewigkeit. Literarische Welt 33,34/1930, 1. (Sondernummer: Österreich).
Sti.: Mikrophon in Wien. Berliner Börsen Courier 31.03.31.
Strobel, Heinrich: Wiener Frühling. Berliner Börsen Courier 17.05.31.
    Das neue Wien. Berliner Börsen Courier 02.06.31 (m1b).
    Kloster, Kirchen und Prälaten. Berliner Börsen Courier 23.05.31.

Tergit, Gabriele: Grinzing in der Bar. Berliner Tageblatt 28.02.28 (m1b).
Tietze, Hans: Der neue Wiener Vormärz. Tagebuch 11/1927, 414–418.
Trebitsch, Siegfried: Falsches Maß. Wiener Glosse. Berliner Tageblatt 21.07.22 (a).
Tritsch, Walter: Wiedersehen mit dem Wiener Zug. Deutsche Allgemeine Zeitung 10.06.27.

Uhde, Sophie von: Jagd nach einem Feuilleton. Deutsche Allgemeine Zeitung 14.03.30.

Vischer, Melchior: Sekunde durch Hirn. Hannover u. a. 1920.
    Der Hase. Hellerau 1922.
    Fußballspieler und Indianer. Potsdam 1924.
    Diana. Leipzig 1934.
    Sekunde durch Hirn / Der Hase. Frankfurt a. M. 1988.
Vogeler, Erich: Rückblick. Berliner Tageblatt 22.10.21.
    Lucy Kieselhausen. Berliner Tageblatt 11.11.21 (a).

Walter, Adolf: Wiener Valuta. Vossische Zeitung 08.10.21 (a).
Wehrlin, Thomas [d. i.: Großmann, Stefan]: Der Verfall der deutschen Presse. Tagebuch 1/1923, 7–10.
Wickenburg, Erik: Das Feuilleton. Frankfurter Zeitung 08.07.29.
Winckler, Josef: Antwort auf die Umfrage „Die Tagespresse als Erlebnis". Literarische Welt 39/1929.
Wittner, Victor: Wien und ein Wiener. Literarische Welt 11/1927, 7.
    Der Wiener Komiker Hans Moser. Vossische Zeitung 09.06.28.
Wolff, Theodor: Victor Auburtin. Berliner Tageblatt 29.06.28.
Wolffenstein, Yella: Deutsches Geistesleben in Wien. Berliner Börsen Courier 06.02.19.

Zarek, Otto: Presse und Geistesarbeit. Tagebuch 1/1923, 24.
Zavrel, Lotte: Abfuhr aus Berlin. Vossische Zeitung 01.05.32.
Zelnick, Friedrich: Filmkritik II. Berliner Tageblatt 27.07.25.
Zuberbühler: An der schönen blauen Donau. Der Österreich-Film im Capitol. Deutsche Allgemeine Zeitung 16.08.26 (a).
–zz–: Wien am Kurfürstendamm. Der österreichische Einfluß auf Magen, Mode und Muse. Berliner Tageblatt 06.10.25.
Zz.: Berlin-Wien in fünf Stunden. Luftreise über Dresden-Prag. Bei Regen und Nebel. Berliner Tageblatt 02.04.27.

Sekundärliteratur und andere Schriften

Althusser, Louis : Du „Capital" à la philosophie de Marx. In: Althusser, Louis; Macherey, Pierre; Rancière, Jacques: Lire le Capital. Bd. 1. Paris 1965, 10–89. Dt: Das Kapital lesen. Reinbek 1972.
    Für Marx. Frankfurt a. M. 1974.
Aristoteles: Politik. 5.Aufl. München 1984.
Arntzen, Helmut: Karl Kraus und seine Gegner. Zur Funktion der Polemik in seinem Werk. Literatur und Kritik 193/194(1985), 167–187.

Balibar, Etienne: Für Althusser. Mainz 1994.
Barthes, Roland: Mythen des Alltags. Frankfurt a. M. 1964.

Benjamin, Walter: Der Erzähler. In: Gesammelte Schriften. Bd. II.2. Frankfurt a. M. 1977, 438–465.
Bloch, Ernst: Spuren. Frankfurt a. M. 1969.
Böke, H. et al. (Hrsg.): Denk-Prozesse nach Althusser. Hamburg 1994.
Bogdal, Klaus Michael: Symptomatische Lektüre und historische Funktionsanalyse. In: Bogdal, Klaus Michael (Hrsg.): Neue Literaturtheorien. Opladen 1990, 82–106.
Bohn, Volker: Kritische Erzählungen. Zur Prosa Alfred Polgars. Diss. Frankfurt a. M. 1978.
Boveri, Margret: Joseph Roth und die Frankfurter Zeitung. In: Merkur, 25(1971)280, 786–798.
Bronsen, David: Joseph Roth. Eine Biographie. Köln u. Berlin 1974.

Deleuze, Gilles: Sacher-Masoch und der Masochismus. In: Sacher-Masoch, Leopold von: *Venus im Pelz*. Frankfurt a. M. 1980, 163–281.
Deleuze, Gilles; Guattari, Félix: Anti-Ödipus. Kapitalismus und Schizophrenie. Frankfurt a. M. 1977.
Dolbin, B. F.; Haas, Willy: Gesichter einer Epoche. Frankfurt a. M. u. West-Berlin 1964.
Dovifat, Emil: Der Feuilletonismus – Stilform und journalistische Haltung. In: Zeitungslehre, Bd. II. 4. Aufl. Berlin 1962, 82–91; vgl. a. 5. Aufl. Berlin 1967, 86–95.

Eckstein, Ernst: Beiträge zur Geschichte des Feuilletons. 2 Bde. 2. Aufl. Berlin 1876.

Flaubert, Gustave: An Louise Colet (Brief vom 27. März 1853) zitiert nach: Konkret 1/1991, 7.
Foucault, Michel: Folie et déraison. Histoire de la folie à l'âge classique. Paris 1961.
Überwachen und Strafen. Frankfurt a. M. 1976.
Fritsche, Gerhard: Die Kritiken Alfred Polgars in der ‚Weltbühne' als Spiegel des Wiener Theaters 1906–1929. Masch. Diss. Wien 1964.

Geisler, Michael: Die literarische Reportage in Deutschland. Möglichkeiten und Grenzen eines operativen Genres. Königstein/Ts. 1982.
Grab, Walter: Egon Erwin Kisch und das Judentum. In: Grab, Walter; Julius H. Schoeps (Hrsg.): Juden in der Weimarer Republik. Stuttgart u. Bonn 1986, 218–243.
Greuner, Ruth: Alfred Polgar. Epitaph auf einen Dichter. In: Greuner, Ruth: Gegenspieler. Profile linksbürgerlicher Publizisten aus Kaiserreich und Weimarer Republik. Berlin 1969, 127–157.

Hackert, Fritz: Robert Walser, Feuilletonist. In: Der Deutschunterricht, 23(1971), Beiheft 1: Provokation und Idylle, 7–27.
Hegel, Georg Wilhelm Friedrich: Phänomenologie des Geistes, Frankfurt a. M. 1986.
Helvétius, Claude Adriaen: Vom Menschen, seinen geistigen Fähigkeiten und seiner Erziehung. Frankfurt a. M. 1972.
Hermand, Jost; Trommler, Frank: Die Kultur der Weimarer Republik. Frankfurt a. M. 1988.
Hessler, Ulrike: Bernard von Brentano – ein deutscher Schriftsteller ohne Deutschland: Tendenzen des Romans zwischen Weimarer Republik und Exil. Frankfurt a. M.u. a. 1984.
Hoffmann-Axthelm, Dieter: Stadtbild-Baumeister. In: Boberg, Jochen u. a. (Hrsg.): Die Metropole. Industriekultur in Berlin im 20. Jahrhundert. München 1986, 66–79.
Hofmann, Fritz (Hrsg.): Servus Kisch. Erinnerungen, Rezensionen, Anekdoten / unter Mitarb. von Josef Polacek. Berlin u. Weimar 1985.
Hofmann, Fritz: Egon Erwin Kisch. Der rasende Reporter. Biografie. Berlin 1988.

Jäger, Christian: „Die Wirklichkeit ist eine Konstruktion". Überlegungen zur Bestimmung des feuilletonistischen Diskurses. In: Les annuelles. Histoires de revues 7/1996, 149-159.

Phase IV. Wandlungen des Sachlichkeits-Diskurses im Feuilleton der Weimarer Republik. In: Jahrbuch zur Literatur der Weimarer Republik 2/1996, 77–108.

Jäger, Christian; Schütz, Erhard (Hrsg.): Glänzender Asphalt. Berlin im Feuilleton der Weimarer Republik. Berlin 1994.

Jäger, Georg: Das Zeitungsfeuilleton als literaturwissenschaftliche Quelle. Probleme und Perspektiven seiner Erschließung. In: Wolfgang Martens (Hrsg.): Bibliographische Probleme im Zeichen eines erweiterten Literaturbegriffs: 2. Kolloquium zur bibliographischen Lage in der germanistischen Literaturwissenschaft, Weinheim 1988, 53–71.

Kauffmann, Kai: „Es ist nur ein Wien!" Stadtbeschreibungen von Wien 1700-1873. Wien 1994.

Kaus, Gina: Von Wien nach Hollywood. Frankfurt a. M. 1990.

Kittler, Friedrich: Aufschreibesysteme 1800/1900. 2. Aufl. München 1987.

Kotze, Hildegard von: Feuilleton und Feuilletonismus als Stilmerkmal impressionistischer Kulturepochen. Masch. Diss. Berlin 1957.

Kracauer, Siegfried: Die Angestellten. Frankfurt a. M. 1971.

Kraus, Karl: Heine und die Folgen. Die Fackel 329/330, 31.08.11, 1–33.

Kronberger, Hans: Zwischen Kriegspropaganda und Subversion. Egon Erwin Kisch an der Wende vom bürgerlichen Journalisten zum Revolutionär. In: Text u. Kritik 67: Egon Erwin Kisch. München 1980, 48–54.

Le Rider, Jacques: Das Ende der Illusion. Die Wiener Moderne und die Krisen der Identität. Wien 1990.

Marcus, Paul Erich: Heimweh nach dem Kurfürstendamm. Aus Berlins glanzvollsten Tagen und Nächten. Frankfurt a. M. u. West-Berlin 1986.

Meunier, Ernst; Jessen, Hans: Das deutsche Feuilleton. Ein Beitrag zur Zeitungskunde. Berlin 1931.

Mikoletzky, Juliane: Die Wiener Sicht auf Berlin, 1870–1934. In: Brunn, Gerhard; Reulecke, Jürgen (Hrsg.): Metropolis Berlin. Berlin als deutsche Hauptstadt im Vergleich europäischer Hauptstädte 1871–1939. Berlin u. Bonn 1992, 471–528.

Müller, Hans-Harald; Eckert, Brita: Richard A. Bermann alias Arnold Höllriegel. Österreicher – Demokrat – Weltbürger. Eine Ausstellung des Deutschen Exilarchivs 1933–1945. München u. a. 1995.

Müller, Heiner: „Mich interessiert der Fall Althusser...". Gesprächsprotokoll. Alternative 137/1981, 70–72.

Müller, J. C. et al.: Der Staat in den Köpfen – Anschlüsse an Louis Althusser und Nicos Poulantzas. Mainz 1994.

Müller-Funk, Wolfgang: Joseph Roth. München 1989.

Nagl, Tobias: Louis Althusser. In: Spex 9/1995, 50–53.

Nienhaus, Stefan: Das Prosagedicht im Wien der Jahrhundertwende. Altenberg – Hofmannsthal – Polgar. Berlin u. New York 1986.

Nürnberger, Helmut: Joseph Roth. Reinbek 1981.

Pfaller, Robert: Althusser – Das Schweigen im Text. Epistemologie, Psychoanalyse und Nominalismus in Louis Althussers Theorie der Lektüre. München 1996.

Philippoff, Eva: Alfred Polgar. Ein moralischer Chronist seiner Zeit. München 1980.

Plank, Ilse: Joseph Roth als Feuilletonist. Eine Untersuchung von Themen, Stil und Aufbau seiner Feuilletons. Diss. Erlangen 1967.

Polacek, Josef: Egon Erwin Kisch und das Theater in Berlin. In: Margarita Pazi; Zimmermann, Hans Dieter (Hrsg.): Berlin und der Prager Kreis. Würzburg 1991, 243–264.

Rohrbacher, Stefan; Schmidt, Michael: Judenbilder. Kulturgeschichte antijüdischer Mythen und antisemitischer Vorurteile. Reinbek 1991.

Sahl, Hans: Memoiren eines Idealisten. Bd. I. Hamburg u. Zürich 1990.

Scherpe, Klaus R.: Ideologie im Verhältnis zur Literatur: Versuch einer methodischen Orientierung am Beispiel von Wolfgang Koeppens Roman *Tauben im Gras*. The German Quarterly 1983, 6–26.

Schlenstedt, Dieter: Egon Erwin Kisch. Leben und Werk. Berlin 1985.

Schütz, Erhard: Kritik der literarischen Reportage. Reportagen und Reiseberichte aus der Weimarer Republik über die USA und die Sowjetunion, München 1977.

Moral aus der Geschichte. Zur Wahrheit des Egon Erwin Kisch. In: Text u. Kritik, H. 67: Egon Erwin Kisch, München 1980, 38–47.

Die Sprache. Das Weib. Der weibische Feuilletonist. In: Passage für Kunst und Politik. 1/1993, 57–70.

„Synthese von technischer Lebenshaltung und Geisteskultur" oder Gesellschaftsmangel und Gemeinschaftssuche. Literarisch-publizitische Ingenieurskultur in der Weimarer Republik. In: Jahrbuch zur Literatur der Weimarer Republik 1/1995, 93–114.

Schwedler, Rainer: Das Werk Alfred Polgars. Die Spiegelung der politischen und sozialen Realität in der Kurzprosa des Wiener Feuilletonisten. Diss. Hamburg 1973.

Schweinitz, Jörg (Hrsg.): Prolog vor dem Film. Nachdenken über ein neues Medium. Leipzig 1992.

Siegel, Christian: Egon Erwin Kisch. Reportage und politischer Journalismus. Bremen 1973.

Reporter: Schriftsteller der Wahrheit. In: Text u. Kritik 67: Egon Erwin Kisch, München 1980, 16–23.

Sprengel, Peter / Streim, Gregor: Berliner und Wiener Moderne. Vermittlungen und Abgrenzungen in Literatur, Theater, Publizistik. Wien 1998.

Sültemeyer, Ingeborg: Das Frühwerk Joseph Roths 1915–1926. Studien und Texte. Wien, Freiburg u. Basel 1976.

Todorow, Almut: „Wollten die Eintagsfliegen in den Rang höherer Insekten aufsteigen?" Die Feuilletonkonzeption der *Frankfurter Zeitung* während der Weimarer Republik im redaktionellen Selbstverständnis. In: Deutsche Vierteljahresschrift [...], 62(1988)4, 697–740.

Das Feuilleton der Frankfurter Zeitung. Zur Grundlegung einer rhetorischen Medienforschung. Tübingen 1995.

Utz, Peter: Tanz auf den Rändern. Frankfurt a. M. 1998.

Weigel, Sigrid: Traum – Stadt – Frau. Zur Weiblichkeit der Städte in der Schrift. In: Scherpe, Klaus R. (Hrsg.): Die Unwirklichkeit der Städte. Großstädte zwischen Moderne und Postmoderne. Reinbek 1988, 173–196.

Weinzierl, Ulrich: Er war Zeuge. Alfred Polgar. Ein Leben zwischen Publizistik und Literatur. Wien 1978.

Alfred Polgar. Eine Biographie. Wien u. München 1985.

Typische Wiener Feuilletonisten? Am Beispiel Salten, Blei, Friedell, Polgar und Kuh. In: Literatur und Kritik 191/192(1985), 72–86.

(Hrsg.): Stefan Zweig. Triumph und Tragik. Aufsätze, Tagebuchnotizen, Briefe. Frankfurt a. M. 1992.

Westermann, Klaus: Joseph Roth, Journalist. Eine Karriere 1915–1939. Bonn 1987 (zugl. Diss. Tübingen 1985).

Wunberg, Gotthart: Die Wiener Moderne. Stuttgart 1981.

Zohn, Harry: Karl Kraus. Frankfurt a. M. 1990.

Deutscher Universitäts Verlag
GABLER · VIEWEG · WESTDEUTSCHER VERLAG

"Literaturwissenschaft / Kulturwissenschaft"

Herausgeber: Klaus-Michael Bogdal, Erhard Schütz, Jochen Vogt

DUV Literaturwissenschaft

Jens Brachmann
Enteignetes Material
Zitathaftigkeit und narrative Umsetzung in Ingeborg Bachmanns "Malina"
1999. 277 Seiten, Broschur DM 58,-/ ÖS 423,-/ SFr 52,50
ISBN 3-8244-4331-7
Daß Ingeborg Bachmann in "Malina" Motive, Sentenzen und Paraphrasen anderer Autoren aufgenommen hat, ist in der Forschung nur vereinzelt zur Kenntnis genommen worden. Der Autor gibt einen Überblick über das dichte Netz intertextueller Verweise.

Birthe Hoffmann
Opfer der Humanität
Zur Anthropologie Franz Grillparzers
1999. 220 Seiten, Broschur DM 48,-/ ÖS 350,-/ SFr 44,50
ISBN 3-8244-4343-0
Dieses Buch widerlegt aus einer wirkungsästhetischen Perspektive die These, Grillparzer verteidige in seinen Werken eine überindividuelle Ordnung gegen die subjektivistischen Tendenzen seiner Zeit.

Sabine Schmidt
Frauenporträts und -protokolle aus der DDR
Zur Subjektivität der Dokumentarliteratur
1999. 355 Seiten, Broschur DM 78,-/ ÖS 569,-/ SFr 71,-
ISBN 3-8244-4317-1
Die Autorin analysiert Frauenporträts, die in Zeitschriften der DDR zwischen 1971 und 1989 erschienen, und vergleicht sie mit literarischen Protokollsammlungen.

Die Bücher erhalten Sie in Ihrer Buchhandlung!
Unser Verlagsverzeichnis können Sie anfordern bei:

Deutscher Universitäts-Verlag
Abraham-Lincoln-Straße 46
65189 Wiesbaden

http://www.duv.de